JN290062

花工房
高橋護

コニファーガーデン

コツのコツ

園主が教える
選び方・育て方

農文協

まえがき

　私は日光にほど近い宇都宮市郊外の小高い山に囲まれた里で、15歳のときから農業に汗を流し、15年前よりコニファー専門のナーセリー（苗の生産・販売）「花工房」を営んでおります。現在、日本には世界中から約300種のコニファーが集められ、流通していますが、'ゴールドクレスト'のように圧倒的な人気がありながら、日本の自然環境に適さず、いずれ枯れてしまう品種も少なくありません。日本でのコニファー栽培の歴史が浅いため未知の部分が多いのです。「花工房」では、魅力に富み、かつ日本の風土でも育てやすい品種を選抜し、現在約160品種の苗を育て、主にインターネット通販で販売しています。

　コニファーガーデンの大きな魅力のひとつは、いままでの業者任せの和風庭園と違い、誰もが自分で設計して植え付け、自分で管理しながら、末永くその成長を楽しむことができることです。

　本書では、私のいままでの経験やホームページに寄せられた全国のお客様の体験や質問を元に、コニファーの正しい選び方と正しい育て方を、詳しく具体的に紹介しました。植物栽培の基本となるイロハも初心者にわかりやすく解説しました。

　お客様が愛情込めて育てた樹を、数年後に枯らしてしまったり、泣く泣く切り倒すことにならないよう生産現場から編み出された栽培法なので、いままでの園芸書に書かれている内容とはいくつか食い違いがあります。しかし、「花工房」でも自信をもってこの方法で育てております。

　コニファーのある暮らしをいつまでも満喫できるよう、多くの方にお役に立てていただき、コニファーガーデンがますます日本各地に広まっていくことを願っています。

　　　2007年6月

　　　　　　　　　　　　　　　　　花工房　髙橋　護

もくじ

まえがき…1

PART 1
目と心を癒す コニファーガーデン

1- コニファーガーデンに魅せられて…7
2- 自分でつくろうコニファーガーデン…10
 コラム●コニファーは芝生と相性が良い…13
 コラム●スタンダード仕立てもおすすめ…16
3- コンテナコニファーガーデンをつくろう…17
 コラム●よくある質問 Q＆A…20

PART 2
品種選びコツのコツ

1- 初めての品種選びのポイント…22
2- コニファーは姓と名前を覚えよう…24
3- 美しくデザインするコニファー選びのコツ…26
4- 枯らさない品種選びのコツ…29
5- おすすめコニファーの生育特性…36
 ヒノキ科ビャクシン属…37
  ビャクシンの仲間…37
   ビャクシン'ブルー ポイント'…37
   ビャクシン'ウインター グリーン'…38
   ビャクシン'オウレア'…38
   ビャクシン'ピラミダリス'…38
   ビャクシン'モナーチ'…38
   ビャクシン'スパルタン'…39
   ビャクシン'エクスパンサ バリエガタ'…39
   ビャクシン'ロブスタ グリーン'…39
  コロラドビャクシンの仲間…40
   コロラドビャクシン'ブルー ヘブン'…40
   コロラドビャクシン'ムーングロウ'…40
   コロラドビャクシン'ブルー アロウ'…41
   コロラドビャクシン'ウイッチタ ブルー'…41
  セイヨウネズの仲間…41
   セイヨウネズ'センチネル'…41
   セイヨウネズ'ゴールド コーン'…42
   セイヨウネズ'改良スエシカ'…42
  ニイタカビャクシンの仲間…42
   ニイタカビャクシン'ブルー スター'…42
   ニイタカビャクシン'ブルー カーペット'…43
   ニイタカビャクシン'ホルガー'…43
   ニイタカビャクシン'ゴールデン ジョイ'…43
  フィッツェリアーナビャクシンの仲間…43
   フィッツェリアーナビャクシン'セイブロック ゴールド'…43
  エンピツビャクシンの仲間…44
   エンピツビャクシン'グレイ オウル'…44
  ハイビャクシンの仲間…44
   ハイビャクシン'ナナ'…44
  アメリカハイビャクシンの仲間…45
   アメリカハイビャクシン'ゴールデン カーペット'…45
   アメリカハイビャクシン'ウイルトニー'…45
   アメリカハイビャクシン'ライム グロー'…45
   アメリカハイビャクシン'ヒュージス'…45
  ハイネズの仲間…46
   ハイネズ'ブルー パシフィック'…46
   ハイネズ'シルバー ミスト'…46
   ハイネズ'サンスプラッシュ'…46
  サビナビャクシンの仲間…47
   サビナビャクシン'カルガリー カーペット'…47
 ヒノキ科ウスリーヒバ属…47
  ウスリーヒバの仲間…47
   ウスリーヒバ…47
 ヒノキ科ヒノキ属…48
  ヒノキの仲間…48
   ヒノキ'ナナ グラシリス'…48
   ヒノキ'ヤツブサヒノキ'（八房ヒノキ）…49
   ヒノキ'タツミ ゴールド'…49
   ヒノキ'ナナ ルテア'…49
   ヒノキ'グロボーサ バリエガタ'…49
   ヒノキ'コラリフォーミス'…49
   ヒノキ'オウゴン チャボヒバ'…49
  サワラの仲間…50
   サワラ'ゴールデン モップ'…50
   サワラ'ゲッコウヒバ'…50
   サワラ'ツクモヒバ'…50
   サワラ'オウゴンツクモヒバ'…51
   サワラ'ナナ'…51
  ヌマヒノキの仲間…51
   ヌマヒノキ'リトル ジャーミー'…51
   ヌマヒノキ'レッド スター'…51

ヒノキ科ホソイトスギ属 …52
　アリゾナイトスギの仲間……………………52
　　アリゾナイトスギ'ブルー アイス'…52
　　アリゾナイトスギ'ブルー アイス白細身系'…53
　　アリゾナイトスギ'ピラミダリス'…53
　　アリゾナイトスギ'サルフレア'…53
　　アリゾナイトスギ'ブルー マウンテン'…53
ヒノキ科レイランドヒノキ属 …54
　レイランドヒノキの仲間……………………54
　　レイランドヒノキ'ゴールド ライダー'…54
　　レイランドヒノキ'シルバー ダスト'…54
ヒノキ科クロベ属…55
　ニオイヒバの仲間………………………………55
　　ニオイヒバ'グリーン コーン'…55
　　ニオイヒバ'グロボーサ オウレア'
　　　（'ゴールデングローブ'）…56
　　ニオイヒバ'ダニカ'…56
　　ニオイヒバ'デグルート スパイアー'…56
　　ニオイヒバ'エメラルド'…56
　　ニオイヒバ'ミラー'…56
　　ニオイヒバ'ホルムストラップ'…57
　　ニオイヒバ'ラインゴールド'…57
　　ニオイヒバ'イエロー リボン'…57
　　ニオイヒバ'マリセンズ サルファー'…57
　　ニオイヒバ'ヨーロッパ ゴールド'…57
　　ニオイヒバ'グロボーサ ボール'…57
ヒノキ科コテノガシワ属…58
　コノテガシワの仲間……………………………58
　　コノテガシワ'コレンス ゴールド'…58
マツ科モミ属…59
　コロラドモミ（コンカラー）の仲間…………59
　　コロラドモミ'ビオラシア'…59
　チョウセンシラベの仲間………………………60
　　チョウセンシラベ'シルバーロック'…60
　　チョウセンシラベ'シルバーショウ'…60
　アルプスモミの仲間……………………………60
　　アルプスモミ var. アリゾニカ…61
　　アルプスモミ'コンパクタ'…61

マツ科トウヒ属…61
　コロラドトウヒの仲間…………………………62
　　コロラドトウヒ'ホプシー'…62
　　コロラドトウヒ'ブルー ミスト'…62
　　コロラドトウヒ'オメガ'…62
　　コロラドトウヒ'コスター'…63
　　コロラドトウヒ'グラウカ グロボーサ'…63
　　コロラドトウヒ'モンゴメリー'…63
　コーカサストウヒの仲間………………………63
　　コーカサストウヒ'スカイランズ'…63
　　コーカサストウヒ'オウレア'…64
　　コーカサストウヒ'ウイルト コンパクタ'…64
　カナダトウヒの仲間……………………………64
　　カナダトウヒ'コニカ'…64
　　カナダトウヒ'サンダース ブルー'…65
　　カナダトウヒ'アルバータ ブルー'…65
　　カナダトウヒ'レインボーズ エンド'…65
マツ科ヒマラヤスギ属…65
　ヒマラヤシーダーの仲間………………………65
　　ヒマラヤシーダー'オウレア'…66
　　ヒマラヤシーダー'カール ファチス'…66
　　ヒマラヤシーダー'アルボ スピカ'…66
　アトラスシーダーの仲間………………………66
　　アトラスシーダー'グラウカ'…66
　　アトラスシーダー'グラウカ ペンデュラ'…67
　　アトラスシーダー'オウレア'…67
マツ科ツガ属 カナダツガの仲間…67
　　カナダツガ'イエデロ'…67
　　カナダツガ'ペンデュラ'…67
マツ科マツ属 クロマツの仲間…68
　　クロマツ'バンショウショウ'
　　　（'八房クロマツ'）…68
スギ科スギ属 スギの仲間…68
　　スギ'グロボーサ ナナ'…68

6- コニファーの変色も知って品種選び…69
7- 植え付け後の成長パターン…73

PART 3

コニファーガーデンのつくり方・育て方

1- コニファーガーデンのデザイン……76
　1- 現況図を作成する…76
　2- 植栽図を作成する…76
　　コラム●外壁面に沿った狭い場所や軒下
　　　などは要注意…78

2- 植え付け適期と苗の入手……………79
　1- 植え付け適期…79
　2- 購入先を選ぶ…79
　3- ポット（鉢）苗か、根巻き苗か…81
　4- コニファー苗はほとんどが挿し木苗…82
　5- こんな種類は接ぎ木苗がおすすめ…83

6- 苗は0.8～1.2m程度の
　　　サイズのものがおすすめ…84
　コラム●早く目隠ししたい場合は大きな苗を…85
3- 庭への植え付け方……………86
　1- 植え付け準備…86
　2- 植え付け…88
4- 鉢栽培………………………93
　1- 強健なコニファーを選ぶ…93
　2- 鉢は小さめの乾きやすいものを…93
　コラム●根の張りだした不織布ポット
　　　　コニファーの植え付け方…96
　3- 用土は赤玉土のみが安心、安全…97
　4- 鉢への植え付け方…98
　5- 室内での栽培は1週間が限度…99
　6- 鉢栽培は夏越し対策が不可欠…99
　7- 植え替えの時期と方法…101
5- 肥料の施し方………………102
　1- 肥料のやりすぎが失敗の元…102
　2- 肥料は3カ月以上効き続ける
　　　緩効性肥料を…103
　3- 施肥は春先、年1回でOK…105
　コラム●肥料の基礎知識…106
　4- 肥料は樹冠円周の表面に…107
6- かん水の仕方………………109
　1- 失敗の一番の原因は水のやりすぎ…109
　2- 春夏秋冬で違うかん水の基本…111
　3- 植物にとって夜露は重要です…112
　コラム●ニオイヒバの仲間は葉焼けに注意…112
7- 整枝・剪定…………………113
　1- 整枝・剪定は
　　　コニファーの身だしなみ…113
　2- 幼木期につくる基本スタイル…114
　3- 剪定適期は新芽が
　　　伸び始める直前の2～3月…114
　4- 頂部先行で伸びる
　　　円錐形コニファー…115

　5- 横枝先行で伸びる円錐形コニファー…116
　6-「魚の骨状態」になりやすい
　　　レイランドヒノキやコノテガシワ…117
　7- 円錐形コニファーは
　　　芯を常に1本に…118
　8- 匍匐性種も幼木期から剪定し、
　　　側枝の発生を促す…119
　9- 成木の刈り込み剪定…120
　10- マツ、モミ、トウヒの剪定…122
　11- 無手入れの放任樹の強剪定法…125
　12- 芯の立て直し方…127
　コラム●「頂部優勢」を知らなきゃ
　　　剪定はできません…129
8- 雑草対策……………………130
　1- 雑草対策の極意は草が
　　　生えないようにすること…130
　2- 樹皮マルチ資材で覆う…130
　3- 防草シートを敷く…132
9- 病害虫防除…………………133
　1- 病害虫に強く、無農薬栽培も容易…133
　2- 石灰硫黄合剤の冬季散布は
　　　おすすめ…133
　3- 病害虫別、おすすめ薬剤防除…134
　コラム●よくあるこんな質問…137
10- 寒地の冬越し対策…………138
　1- 雪の重みで枝が広がり裂ける…138
　2- 枝を結束するだけで十分…138
　3- 雪で折れた枝の処置法…138
11- 間引きと再移植……………139
　1- コニファーガーデンの宿命…139
　2- 移植が難しいコニファー…140
　3- 掘り上げ作業の手順…140

資料●おすすめコニファーの特性と管理の目安…144
　　　「花工房」ガイド…150

写真撮影●赤松富仁　写真提供●佐藤光恵　撮影協力●斉藤　孝　イラスト●角　慎作　レイアウト・DTP制作●條　克己

PART 1
目と心を癒す
コニファーガーデン

植栽し十数年経った「花工房」のコニファーガーデン

1 コニファーガーデンに魅せられて

佐藤さん（山形県）のコニファーガーデン

目と心を癒すコニファーの緑

　「自分で植えたコニファーを眺めるとストレスを解消され、ますます愛着が湧いてくることに、自分でも驚いています。こんなにわくわくするアイテム（コニファー）を分けていただき、ローンに追われつつの暮らしにも楽しみが見つかった気分です」（「花工房」ホームページより）。

　普段の暮らしの中では特別に意識されませんが、緑には目と人の心を癒す力があるようです。それは、人類の進化の過程で無意識の深部に格納されていますが、ふと立ち止まったときに湧き上がってくるのです。毎日ハードな仕事に追われ、植物に思いを馳せる時間などないかも知れませんが、庭に緑があれば朝や休日には自然と目に飛び込み、目や心を癒してくれます。

コニファーガーデンの魅力

「植えるまで何もなかった殺風景な庭が、コニファーを植えただけでがらりと変わりました。思わずうっとり眺めてしまい、前から見たり横から見たり、立って眺め座って眺め、二階のベランダから見下ろしたり窓を開けては眺めたり…。一日中何かにつけては眺めています」

「コニファーと付き合い始めてたった1年ですが、黄色系、緑系、青系、シルバー系など、多彩なカラーリーフだけでなく、それが季節によって微妙に変化するのです。コニファーのお陰で季節の移り変わりを日々感じながら生活を送ることができるようになりました」

「花工房」のホームページには毎日のように、このようなお客様からのメッセージが送られてきます。多くの方がコニファーに魅せられるのは、住宅が洋風化して、門かぶりのマツや玉造りのツゲなど、いままで主流だった庭木が似合わなくなり、新しい花壇などのガーデニングを楽しむ庭木として、コニファーがたくさんの魅力をもっているからでしょう。

コニファーとは針葉樹の総称です（分類上、イチョウも含まれます）。いままでのマツやスギ、ヒノキもコニファーですが、いまから15年ほど前から、世界中から観賞性の高い品種がたくさん導入されるようになりました。日本で品種名をつけた樹種のほかに、近年外国から輸入された300種前後が市場に流通しています。当然日本の気候に合わない品種もありますが、多彩で個性的な品が、コニファーの魅力を豊かにしています。コニファーの魅力をまとめてみましょう。

1 狭い庭でも、広い庭でも品種を選べば楽しめます

樹高が10m、樹幅5mを超える大きな品種から、大きくなっても40cm程度で手のひらに乗る小さな品種まであります。品種を選べば、狭いスペースでも楽しめます。

2 樹形も豊富、コンビネーションが楽しめます

コニファーの樹形は、狭円錐形、円錐形、広円錐形、円柱形、円筒形、枝垂れ形、球形、半球形、盃状形、匍匐形など多彩で、自然と美しい樹形になります。用途や庭に適した樹形を選ぶことができ、組み合わせて美しく立体的にデザインする楽しみがあります。

3 葉色も多彩で四季の移り変わりが楽しめます

葉色も緑色、暗緑色、淡緑色、黄色、シルバー色、斑入り種と多彩です。と

くにシルバー色（灰白色、銀白色、銀青色と表現される）は在来の樹木にはまったくないので、すごいインパクトがあります。さらに冬の寒さに当たると突然、褐色や茶褐色、赤銅色に変色する品種もあります。春になると反対に、ある日突然黄緑色（春の色）に変色します。

このようにコニファーは年間観賞価値が衰えず、サイズ、樹形、葉色の三つをうまくコーディネートすると、立体感のあるカラーリーフガーデンができます。

4 香りで癒すマイガーデン森林浴

ヒノキ風呂に入ったり、スギ山やヒノキ林に入ると何かしらさわやかな感じがして、いらついた心がいつの間にかリラックスしてきます。これは針葉樹のもつフィトンチッド効果です。コニファーガーデンをつくると自宅にいながら森林浴ができます。鎮静作用のある香りをかぐだけでも心が癒されます。すべてのコニファーから香りが発散されるわけではありませんが、アリゾナイトスギ'ブルーアイス'は、そばに近づいただけでプーンと独特の香りが漂ってきます。ニオイヒバ、ヒノキの仲間は、葉をこすると気持ちの良い香りがプーンと漂ってきます。試してみてください

5 植え付けも管理もらーく楽

流通しているコニファーの大部分は1.5m以下で、鉢で育てられた鉢苗なので、自家用車で運ぶことができ、植え付けも女性の方でも子どもでも、家族で楽しみながら簡単にできます。

また、従来のマツなどの庭木と比べて、剪定などの難しい手入れが必要ありません。数年に1回、軽く刈り込む程度で美しい姿を維持できます。

'ブルーカーペット'など成長が旺盛な匍匐形のコニファーを空いたスペースに植えれば、グランドカバープランツとなり、完全に雑草を抑止することができます。さらに、常緑樹で葉が細かく落葉量が少ないので、落葉が飛散してご近所に迷惑をかける心配はありません。

6 コンテナーガーデンでも楽しめます

コニファーは地植えがおすすめですが、小さな鉢での寄せ植えから、多少大きめなプランターに植えて、ベランダや庭先、屋上などでも楽しむこともできます。草花などと混植した寄せ植えは、たった1鉢でも自然の景観を楽しむことができます。また各種の植物を植え込むと、自然本来の土壌環境となるためか、大変育てやすくなります。品種にもよりますが植え替えなしで3年程度、状況によっては5年も楽しむことができます。

② 自分でつくろうコニファーガーデン

CONIFER

マイガーデンのできるまで

佐藤さんのコニファーガーデン

2005年4月28日
[花工房]から33種33本が届きました。とにかく早く植えてやらねばと、主人と2人で2日間かけて玄関前の約16㎡を50㎝程度掘り起こしました。正直、この作業が一番大変でした。

4歳の長男も手伝ってくれました。

2005年5月1日
植栽。この日は私たちの5年目の結婚記念日。あらかじめデザインしたように、奥に円錐形の高成長種、中間から前に成長の遅い球形・半球形種、縁沿いに匍匐種を植え、飛び石の通路には芝生を張りました。

2005年12月
夏のコニカへの散水や雑草取りなど、緑の中の作業は気持ち良い。秋、気温が下がるとともに緑葉はあせ、予想以上に横伸びした'ゴールドライダー'は黄色が一段と鮮やかに。
当地の冬は吹雪が吹き荒れるので、見よう見まねで雪囲いをしてやりました。

2007年6月
今年は小枝の先端に実のような新芽がつき、それが春になって芽吹くと、まるで衣替えをするようにいっせいに鮮やかな緑色となりました。
樹皮マルチをかき分けると、ごく浅い位置に根がいっぱい張りめぐっていました。

業者まかせはおすすめしません

　日本古来の手法による日本庭園は、とても素人ではつくることも管理することも不可能です。しかし、コニファーガーデンならどんな方でも、色彩感覚さえあれば簡単にできてしまいます。日本庭園は美しい樹形に仕立てられた成木を植え、植え終わった時点で完成した庭の姿になります。そのため経費も莫大にかかり、完成後は、その姿を維持していくため、また庭師さんにお世話にならなければなりません。

　その点、コニファーガーデンは、植える木は１m前後の苗が大部分ですから、価格も安く、片手で持つことができ、植え付けも簡単です。コニファーガーデンは植え付けしたら完成ではなく、年々大きく美しい姿に変わっていきます。手入れもちょっとしたコツさえわかれば、誰でもできます。それが大きな楽しみなのです。

　業者に依頼すれば余計な悩みは解消されますが、経費は半端ではありません。なかには、将来込み合ってくることなどはおかまいなしに、１本でも多く植えて儲けようとする業者もいます。しっかりした業者なら良いのですが、コニファーは新しく日本に導入された庭木なので、コニファーの知識がない業者が多いのです。業者にまかせると、植えられた品種の特性もわからず、数年後トラブルが発生しても対処のしようがなくなってしまいます。「花工房」では、業者まかせにするのはあまりおすすめしません。

◆DIYだからこそ愉しめます

「ここ半年ぐらい、時間さえあれば庭をどのようにしていこうか…ばかり考えています。コニファーの種類、配置、他の木々草花とのバランスなどなど。考えているときも楽しく、植え付けるときも楽しく、またこれから成長していく時々もきっと楽しいでしょうね」(「花工房」ホームページより)。

コニファーガーデンの最大の醍醐味は、観賞することだけでなく、デザインから植え込み、さらにはその後の管理まで、自分で楽しみながらつくって育てていくことにあるのです。自分自身が関わってこそ愛着もあり、愛おしくもなってきます。草花などと違ってコニファーは長く付き合う植物です。ときには肥料を与えたり、場合よっては薬剤散布も必要でしょう。伸びすぎれば整枝・剪定も必要です。とにかく成長とともに適切な管理が待っています。面倒が先に立つようでは話になりませんが、それを上回る喜びも感動もあり、癒しもあるのです。

植物を育てることは子どもを育てるのと一緒ですが、植物は言葉を発しません。日々の観察で植物が発したサインを捉え、的確に対応していかなければなりません。物言わない植物の成長をじっと観察するのは本当に愛おしいものです。植物はうそをつかず、人をだましたりもしません。こびることもなく、かけた愛情にそっと答えてくれます。この感動や愉しみは、最初からDIY(do it yourself)でスタートしてこそ味わえるのです。

■コニファーは芝生と相性が良い

芝生とこれほど相性の良い植物はほかにありません。この組み合わせの相乗効果は本当にすばらしいです。その理由はわかりませんが、見ているとうっとりしてしまいます。スペースに余裕のある場合は、是非芝生も利用してください。その場合に注意しなくてはならない点は、コニファーの幹元に芝が進入しないようにすることです。専用のエッジ資材がありますが、数十センチ程度の資材を地面に差し込むだけで芝の進入を防げます。

●コニファーガーデンには
　球根がよく似合う

コニファーの唯一の欠点は、ピンク系、赤系、オレンジ系の葉色の品種がなく、また花が咲かないことです。この欠点を補うには、ガーデン予定地の一部を花壇用として確保し、宿根草や球根、かん木類と組み合わせることをおすすめします。とくに球根類はあまり手入れを必要とせず、気軽に楽しめます。アリュウム、クロッカス、フリチラリア、スノードロップ、ヒヤシンス、ムスカリ、リコリス、スイセン、チューリップ、ユリなどを、樹と樹のスペースに余裕のある場所へ植え付けます。開花時期の異なる球根を組み合わせると、早春から初秋ころまでは十分楽しむことができます。ユリは半日陰でも育つので樹木の下などにはもってこいの球根です。

コンテナコニファーガーデン

枕木を並べた「花工房」のコンテナコニファーガーデン
単鉢植えのコニファーを周囲に配置し、憩いのテーブルにコニファーと草花の寄せ植えを飾りました。居間から続くウッドデッキやベランダ、屋上などにつくれば、居ながらにして森の緑陰が楽しめる小部屋になります。

コニファーをあえて這い性のアメリカハイビャクシン'マザーローデ'にし、後ろにフッキソウを入れました。夏と冬で変わる色を楽しめるよう、一緒に植えるものは常緑のものを選びました。和風の場所にも、洋風の場所にも合います。

中心に'ブルースター'のスタンダード仕立てを植え、'ブルースター'の色と形を引き立たせるために、周りにはブルー系の葉色のものは入れずに、鮮やかな黄色のゴールデンモップとミニバラを添えて彩り、鉢の下へ垂れてボリュームが出るようブラキカムを入れました。

小さな森をイメージしてつくりました。季節で色の変わらないビャクシンを奥に、色が変わる'ラインゴールド'をその前に、這い性の'マザーローデ'と'ブルースター'、そこに季節感を出すミニバラを添え、こんもりとまとめました。

あせらず**数年**かけて**植**えましょう

コニファーガーデンの完成までの大まかな流れ、手順は以下のとおりです。
①好きなコニファーガーデンのイメージを描く
②植えたい品種の特性を知り、自分の環境に合っているか確かめる
③庭のスペースを測りデザインし、必要なコニファーを決める
④苗を入手して植え付ける

コニファーガーデンデザインの基本は、観賞位置から見てもっとも奥の部分となる隣地や道路との境界部分は、目隠しと景観の背景となるよう、緑系の比較的樹高の高い品種を選び、手前には匍匐性種を、中間部には樹高が中間で、形や色彩のやや異なったものを好みで選んで配置することです。

初めての方は、この奥、手前、中間を一度に植えて完成させることはさけましょう。一度に仕上げようとするため、最初からつまずいて先に進めなくなってしまうのです。最初に奥と手前の品種を決めて植え付け、変化や趣向を凝らす中間部の品種は、奥と手前の成長や姿を確認してから、プランを再検討して決めます。このように2～3回に分けてデザインして仕上げましょう。実際の感じは植えてみないとつかみにくいからです。奥や手前も一度に植えず、数回にわけて、まずはとりあえず植えてみるという感じのほうが無難です。

とはいっても、どこに何を、何本植えるかが悩みの種で、最初の一歩がなかなか踏み出せないで躊躇している方も多いかと思います。でも、品種の選び方やデザイン、植え付け方も、ちょっとしたポイントさえわかれば失敗することはありません。手順に沿って進めて行けばいつの間にか仕上がります。ただし、労力を惜しまなければの話です。

さぁー、手づくりのコニファーマイガーデンに挑戦しましょう。「花工房」が最初の一歩を元気良く踏み出すために、肩をポンとたたいて差しあげましょう。

コラム　スタンダード仕立てもおすすめ

1mほどのまっすぐな幹に球形種などを接ぎ木したスタンダード仕立ては、1本でも植えると強力なインパクトをもつガーデンへと変身します。鉢植えを玄関先などに置くのもおすすめです。成長が遅く自然と球形になる品種を接ぎ木しているので、剪定などの手入れも必要ありません。

３ コンテナコニファーガーデンをつくろう

CONIFER

気軽に楽しめる**鉢植え**コニファーガーデン

　１本だけを植える単植と、数種類のコニファーや草花などを植える寄せ植えとがあります。寄せ植えは、一つの鉢の中でいろいろな種類を一度に楽しめます。ベランダや玄関先などの小さなスペースでも、寄せ植え鉢を置くだけでちょっとしたコニファーガーデンになります。コニファー同士で相性が悪いとか、一緒に植えると病虫害が増えるといったものはないので好きなものを選んでください。

　寄せ植えするコニファーを選ぶコツは、できるだけ高さが揃わないように、中心に植えるもの、あるいは後ろに植えるものを一番背の高いものにして、外側へ向かってだんだん低いものにすると、奥行きや立体感をだすことができます。

　また、葉色、質感の違うものを組み合わせると、それぞれの良さが引き立ちます。ブルー系にはイエロー系やグリーン系を合わせると、お互いの色の違いがよりきれいに見えます。同じ葉色の組み合わせでも、葉の堅いもの、柔らかいもの、色の濃淡が違うものなどを組み合わせると、質感の違いが味わえる落ち着いた一鉢になります。

　組み合わせる種類はご自分の好みでかまいませんが、それぞれの品種がこの先どう成長していくのか、将来の樹形を考えながら選ぶと失敗が少ないでしょう。

　草花との組み合わせも選び方は同じです。一年草は花の期間が長いものを、宿根草は葉も美しいものを選ぶと、同じ形で長く楽しむことができます。

水や**肥料**のやりすぎに**注意**

　鉢は素焼き、プラスチックなど好きなものでOKです。ただし、苗の根鉢に比べて鉢が大きすぎると、水もちが良くなりすぎて根腐れをおこす心配があります。

　用土は赤玉土のみでもOKです。腐葉土などは入れなくても、肥料分は緩効性肥料の追肥だけで十分です。年に１～２回くらい（春先と６月ころ）追肥してあげるだけです。葉の色や芽吹きが良くなります。緩効性の化成肥料なら臭いや虫の心配もありません。

　水やりは、土の表面が白く乾いてきたらたっぷりとあげる、という感じです。土がいつもびっしょり濡れているようだと根腐れをおこしやすくなります。水をやる前に一度土の色を見て確認しましょう。

　寄せ植えにした鉢は、伸びた枝や込んできた枝を剪定して整えるくらいで、そのまま５年前後は楽しむことができます。

寄せ植えの手順　どの角度からも見られるコニファーの寄せ植え

1 鉢の中に土を入れる。このとき、植え付ける木の根鉢の上面が鉢縁下3〜5cmの高さになるように調節しておくと後の作業がやりやすくなる。

2 中心となる木（'ロブスターグリーン'）をポットから抜き、軽く根をほぐして入れる。

3 中心の木の両脇に'スワンスゴールデン'、'ウィッチタブルー'を同じように根鉢の高さを揃えて、軽くほぐして入れる。

4 同じようにして、空いているところに'ラインゴールド'、'ゲッコーヒバ'、'ブルーパシフィック'、'ゴールデンモップ'、'ウィルトニー'を入れる。

5 根と根のすきまに土を入れていく。入れながら木の向き・傾き・高さを調整していくと仕上がりがきれいになる。

6 最後に鉢の外側をポンポンとまんべんなくたたいて土を落ち着かせる。

7 たっぷり水やりをし、完成。

正面を決めてつくる草花との寄せ植え

1 植える苗を鉢に入れ、バランスを見て植え付ける位置を決める。

2 鉢底に少し用土を入れる。植え付けたときの土の高さをみるため一番大きなものを鉢の中に入れて調節すると良い。

3 正面の一番奥に植える'サルフレア'の根鉢の下部を軽くほぐす。

4 'サルフレア'を植え位置に入れ、次の'ブルーアロウ'苗の根鉢上面の高さが'サルフレア'の根鉢上面と揃うよう用土を入れる。

5 'ブルーアロウ'を同じように軽くほぐし、'アルフレア'の左に入れる。

6 'デグルートスパイアー'を'サルフレア'と'ブルーアロウ'の真ん中くらいになるように入れる。この後、全体に土を少しずつ足しておくと草花が入れやすくなる。

7 前中心にはブラキカムを入れ正面の位置を決める。

8 ブラキカムの右側に'ゲッコウヒバ'、左側に'ラインゴールド'を入れる。その両側にビオラ、最後に左の端に'ウィルトニー'を入れる。全体のバランスを見ながら調整するのがポイント。

9 すきまに土を入れ、鉢をたたいて土を落ち着かせ、十分に水やりして完成。

10 完成

19

コラム　よくある質問 Q&A

Q コニファーは花粉が発生しますか？花粉症が心配ですが…

コニファーはマツやスギと同じく裸子植物なので、花粉（胞子）をつくり球果の中に種子を実らせます。まったく心配ないとはいえませんが、スギ、ヒノキの花粉量と比較したら家庭のコニファーなど物の数ではありません。コニファーの花粉で花粉症が悪化したという報告も届いていません。あまり神経質になることはないでしょう。

なお、花粉や球果は老木になるほど、また地植えよりも鉢植えのほうがつきやすいです。球果は観賞性もあり、つけたままでも問題ありません。

Q 'ゴールドクレスト'は何回植えても枯れてしまいました。原因は？

コニファーの中でこれほどきれいな葉色や樹形、香りをもった品種はほかになく、圧倒的な人気があります。しかし、残念ながら日本の自然環境に適さず、枯れやすい、いずれ枯れることがわかってきました。植える場合はそれを承知してください。「花工房」では'ゴールドクレスト'の苗は生産していません。

Q ５〜６月ごろ、ニオイヒバの下枝の一部が茶色に枯れてしまいました…

ニオイヒバ特有の症状で、秋の時期に多く見られますが、春の５〜６月ころにもこの症状が発生します。これは病気でなく、品種によって差が大きいですが、どんなコニファーにもおこる落葉です。鉢植えの場合によくこの症状は現われます。とくに樹勢が弱っていたり肥料切れをおこしたりしていると顕著に現われます。多少見苦しくはなりますが、これが原因で枯れることはありません。

Q 庭の門のコニファーの株元が褐色になり枯れてきました！　原因は？

よく病気と間違えられますが、多分「犬のオシッコ」が原因でしょう。意外と知られていませんので注意してください。

被害箇所は地際から 30 ㎝前後の部分のみで、オシッコがかかった部分だけが褐色になって枯れ、その部分の再生は絶望的です。そのほかの部位にはまったく進行しないので見分けがつきやすいです。犬を放し飼いにしている場合は、まず疑ってみてください。野良犬にも要注意です。

PART2
品種選びコツのコツ

「花工房」のコニファーガーデン

1 初めての品種選びのポイント

CONIFER

1- おすすめ品種は一概には言えません

実際にコニファーガーデンをつくろうとしたとき、最初の品種選定の場面で行きづまってしまうことがよくあります。名前の知られている品種はざっと3000種、現在国内に流通している品種だけでも300品種以上はあるでしょう。数が多すぎて、何を基準に選んだらよいか迷ってしまうのも当然です。

「おすすめの品種は何ですか、おすすめの品種を教えてください」とよく聞かれますが、誰にでも、どこにでもおすすめできる品種などありません。植え付ける場所によって気象や広さなど環境がすべて違うからです。また、コニファーを植える目的や好みも庭の場所や人によってすべて違います。コニファーの好みは千差万別、十人十色です。

品種選びの手順は、まず植える目的（目隠しなど）や自分の好みの品種をリストアップし、次にその品種の特性を把握し、植える場所の環境に合っているかどうかを判断し、不向きな品種はリストから外していきます。残った品種でカラーバランスや樹形の組み合わせを考えて選択します。最初から完璧など求めないで、次のような方法で気軽に取り組んでください。

2- 近所やニュータウンの庭を見て回る

住んでいる地域、とくに新しい住宅団地を重点に、どんなコニファーが植えられているか見て回ることは大変賢い方法です。その地域でどのような品種が元気に育つか、将来的にどのくらいの大きさになるかなどが、テストなしで判断できます。また、失敗したコニファーガーデンも他山の石とすることができます。

お客様からこんなメールもありました。

「先日、近所のコニファーを見て回ったところ、植え付け後4〜5年以上経ったコニファーには立派なものが少ないことに気がつきました。手入れ不足や日照不足で枯れ込んでいるもの、極端に植え込みの間隔が狭いために樹形が変形しているもの、無理やり刈り込んだもの、庭の広さに対して大きくなりすぎているものなど…。これらは明らかにコニファーの種類・性質を知らず、将来の予想もせず手当たりしだいに植えてしまったための失敗だと思っています」

美しく元気に育っている好みのコニファーガーデンが目についたら、植え付け後何年か、どんな品種なのかを思い切って尋ねてみましょう。コニファー好き同士なら、意外と親切に答えてくださると思います。参考意見なども

伺えれば最高の勉強になります。元気よく育っていればその土地に適している品種と判断して良いと思います。そっくり真似ても良いし、好みで品種を入れ替えれば意外と簡単にデザインができてしまいます。

3- 園芸雑誌・本、業者のホームページを参考にする

園芸雑誌やコニファーの書籍を活用しましょう。いろいろなコニファーガーデンの写真や設計図を見て、好みのガーデンデザインを探します。満足とまではいかないまでも、そこそこのデザインの庭が見つかるはずです。見つかったらそれをそのままコピーしても良いし、嫌いなものは好みのものに差し替えます。または2、3点を選んでその中の良いところだけを利用すれば簡単です。迷ったら、まずこの方法を実践してみてください。

コニファー図鑑の写真から好みの品種を選んだ後、条件にそぐわない品種を削除して絞っていくとよいでしょう。また、「花工房」など生産者のホームページ（HP）をご覧になるのもおすすめします（「花工房」のホームページは http://hanacobo.com/ です）。品種の特性だけでなく、お客様のつくったいろいろなコニファーガーデンも載っています。

ご近所のコニファーガーデン

コニファーは姓と名前を覚えよう

1- 学名かフル和名で覚えよう

数多いコニファーの種類や特性を知るには、品種名だけでなく、学名（あるいは和名のフルネーム）も覚えることをおすすめします。

その理由のひとつは、コニファーの中には、まったく別のコニファーなのに、同じ品種名のコニファーが数多くあるからです。

たとえば、オウレア（'Aurea'）と名乗る品種は、ビャクシン'オウレア'やアトラスシーダー'オウレア'、コーカサストウヒ'オウレア'、ビャクシン'オウレア'など38品種、グラウカ（'Glauca'）と名乗る品種も28品種もあります。単に「'オウレア'」をくださいといっても、どのオウレアなのかわからないのです。品種名は育成者が勝手に、その品種の特徴などから名付けることができるためにこのようなことが生じています。'オウレア'のほかにも、下表のような名前がよく使われていますが、その意味を知っておくと便利です。「ビャクシン'オウレア'」は黄金色のビャクシンという意味になります。

もうひとつの理由は、学名で覚えておけば、その品種の生育特性も類推できるからです。学名は世界共通で、品種ごとに、属名→種小名→品種名の順にラテン語で表わされています。属名と種小名が、いわば血縁を表わす「姓」です。

たとえば、トウヒ属（Picea）ホプ

【コニファーの品種名の意味】

ラテン表記…カタカナ表記	意　味
Variegata…ウァリエガタ、ヴァリエガタ、バリエガタ	「斑入り、斑紋がある」葉が斑入り
Aurea…アウレア、オーレア、オウレア	「黄金色」葉が黄色や黄金色
Glauca…グラウカ	「灰白色」葉が灰白色を呈している
Globosa…グロボサ、グロボーサ	「球形、球状」樹形が球状
Compacta…コンパクタ	「緻密であること」枝が細かく分岐し枝葉が緻密
Squarrosa…スクアロサ	「突起などで凹凸がある」樹冠が凸凹している
Nana…ナナ	「小さい、矮性」小型や矮性の種類
Minima…ミニマ	「極めて小さい」かなり小型や矮性の種類
Pyramidalis…ピラミダリス	「ピラミッド状」ピラミッド状の樹形
Fastigiata…ファスティギアタ、ファスティギアータ	「枝が叢生し直立している」ロケット状や円柱状の樹形になる
Prostrata…プロストラタ、プロストラータ、プロストレイト	「平伏した」匍匐性であるか、樹高が極めて低い
Pendula…ペンデュラ、ペンドゥラ、ペンジュラ	「下垂する」枝垂れ性の種類

	属名	種小名	品種名
学名	*Picea*	*pungens*	'Hoopsii'
	ピケア	プンゲンス	'フープシー'
和名	コロラドトウヒ 'ホプシー'		

シーの学名は上記のようになります。

外国から導入された新しい品種は大きくなった現物を見る機会がないので、どんな生育をするかわかりませんが、学名がわかれば、同じ属名・種小名の品種の特性から、大まかに判断可能です。

ちょっとアルファベットは…という方は、和名の姓名で覚えておきましょう。

「*Picea pungens* 'Hoopsii'」の和名は、「プンゲンス 'ホプシー'」あるいは「コロラドトウヒ 'ホプシー'」です。和名は属名・種小名をわかりやすい言葉に直して、姓にしています（本書では「コロラドトウヒ 'ホプシー'」と表記）。姓名で覚えておけば、たとえば「コロラドトウヒ 'グラウカグロボーサ'」は、'ホプシー' と同じコロラドトウヒで、灰白色（グラウカ）の球状（グロボーサ）のコニファーであることがわかります。

2- 原産地を知ることが大切

植物を育てる上で大切なことは、「原産地はどこか！」ということです。コニファーの原産地は全世界にあり、それぞれのコニファーの生育特性は、その原産地の気候や土壌などの環境に適応しています。その原種をもとにさまざまな園芸品種が育成されていますが、原種の特性が大きく変わることはありません。

コニファーは品種名だけでなく種小名を姓として覚えることが大切なのは、ほとんどの種小名が原産地ごとに名付けられているからです。種小名（姓）を覚えておくと、同じ姓の品種は、同じ原産地の気候風土に育った仲間なので、生育特性が似かよっているのです。36〜68頁の「5 おすすめコニファーの生育特性」で、この種小名ごとにまとめて生育特性を掲載したのはそのためです。

ただし、原産地が同じだからといって、どんな属も特性が同じということではありません。たとえば日本に自生しているマツ、ヒノキ、スギ、サワラなどは日本の気候に適応したコニファーですが、それぞれ自生している環境が違うので、生育特性や適地環境がそれぞれ違います。

> ホプシーはピケア プンゲンスが姓名、ホプシーが名前。姓名と名前を覚えておくこと

美しくデザインするコニファー選びのコツ

1- 目的や場所の広さに合わせて

コニファーを植える目的や場所によって、選ぶ品種が違ってきます。目隠しにするのか、コニファーガーデン風にするのか、玄関先など小スペースにスポット的に数本植えるのか、あるいはベランダなどで鉢植えにするのかなど、目的によって品種が限られてきます。

目隠しを目的に、隣地や道路との境界に列植する目的でしたら、ニオイヒバでも緑系の'グリーンコーン'や'エメラルド'など、円錐形の樹高が高くなる品種が好まれます。意外と利用が少ないですが、コノテガシワの'コレンスゴールド'もおすすめです。横幅もあまり出ませんし、しっかりした根張りで倒伏もしにくい品種です。これらはいずれも強健種で初心者にもおすすめです。

コニファーガーデン風にする場合には奥のほうに大型種の緑系を、手前には匍匐性種を用いて、中間部には樹形と色彩をバランス良く配置します。個性のある品種を数種混ぜるとより効果的となります。

玄関先などの小スペースの場所では、アクセント的な意味合いで、中型から小型種で樹形のきれいなもの、しかも葉の付き方が緻密であまり刈り込みの必要がないものがよいでしょう。カナダトウヒの'コニカ'などはもっともおすすめです。コニファーの「スタンダード仕立て」などもおもしろいでしょう。手入れがいらず、現形を維持しやすいので大きく育って困る心配はありません。

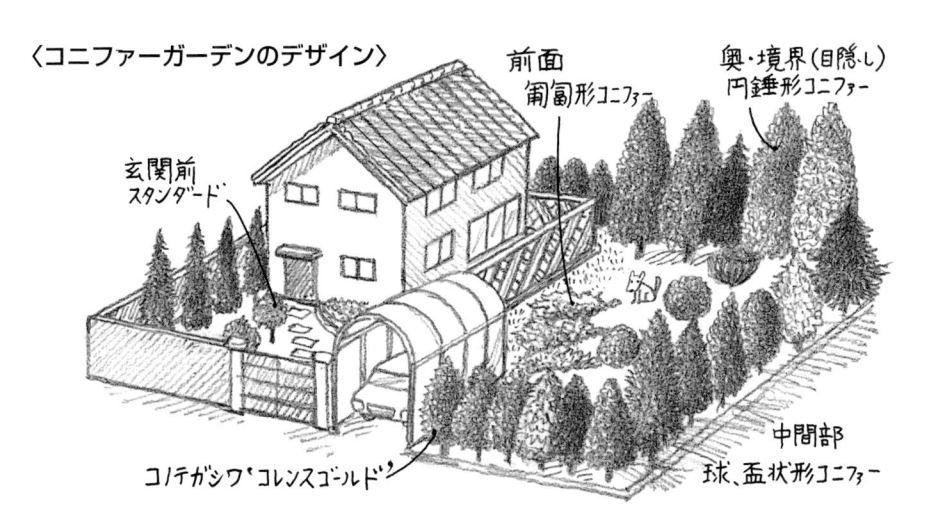

〈コニファーガーデンのデザイン〉

- 玄関前 スタンダード
- コノテガシワ'コレンスゴールド'
- 前面 匍匐形コニファー
- 奥・境界(目隠し) 円錐形コニファー
- 中間部 球、盃状形コニファー

2- 樹形の特徴を生かして組み合わせる

[円錐形] 狭円錐形やずんぐり形の広円錐形、円筒形など、種類も品種も豊富、葉色も多彩で、利用も圧倒的に多いです。高木となるものが多いですが、ヌマヒノキ'レッドスター'のように樹高が1.5m前後の小型のものもあります。用途で一番多い目隠しやコニファーガーデンの背景には、このタイプ以外にないといってもよいです。モミやヒマラヤスギなどはシンボルツリーにもなります。

[球形・半球形・盃状形] 成長が遅く、病害虫の被害も少なく、樹高は最大で1m程度です。刈り込めば、何年でも同じ大きさを維持できます。狭い場所やコニファーガーデンのアクセントとして利用されます。広いスペースに埋めるように群植すれば雑草も生えなくなります。「花工房」では、大きくならない特徴を生かして、接ぎ木してスタンダード仕立てをつくっています。

[匍匐形] 幹枝が地面を這うように高さ10〜50cmに伸びて覆う、グランドカバープランツのコニファーです。コニファーガーデンの前面に配置すると美しくなります。ハイネズやアメリカハイビャクシンなどは、傾斜した土手や石垣などに枝垂れて伸びていきます。低く這うアメリカハイビャクシン'ゴールデンカーペット'は高さ10cm以下で、完全に匍匐して芝生のように地面を覆います。ただし、除草効果は高さ40〜50cmくらいになるもののほうがよいです。

[枝垂れ性] アトラスシーダー'グラウカペンデュラ'やカナダツガ'ペンデュラ'などの枝垂れ性のコニファーは、その姿が個性的でアクセントにおすすめです。アトラスシーダー'グラウカペンデュラ'やカナダツガ'ペンデュラは、目的の高さまで支柱を立てて伸ばすと、それ以上高くならず、八方に枝が垂れたユニークな樹形になり

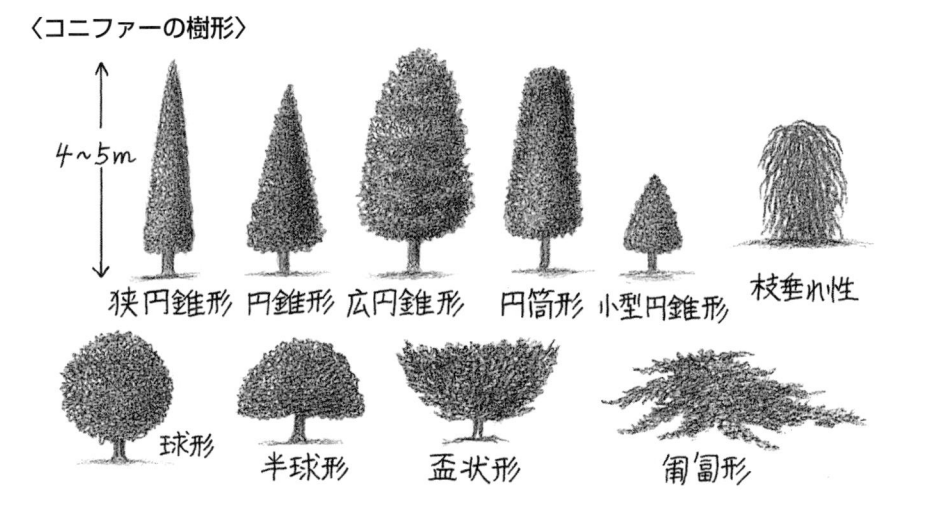

〈コニファーの樹形〉

4〜5m

狭円錐形　円錐形　広円錐形　円筒形　小型円錐形　枝垂れ性

球形　半球形　盃状形　匍匐形

ます。

3- 全体の6～7割は緑色系のコニファーにする

コニファーにはさまざまな葉色があり、また冬季に変色するものも少なくありません。斑入りの品種もあります。いろいろな葉色のコニファーを組み合わせて、コニファーのカラーリーフガーデンを楽しみたいものですが、あくまで丈夫な緑色系が基本です。黄色系やシルバー系は緑色系の引き立て役と認識してください。好みの問題ですが、見飽きず落ち着いた色彩的バランスから考えると、全体の6～7割は緑色系のコニファーにすることが基本です。

また、後述するように（72頁参照）、極小型の黄色系品種や斑入り種は、緑色系やシルバー系に比べて、樹勢が弱く育てにくい側面もあります。

4- 植え付け間隔は成長速度に合わせて

植栽間隔は、その品種が一番きれいになるだろう大きさ（樹高と樹幅）を想定して決めるのが基本です。一番きれいになるだろう大きさとは、植えてから7～10年後、生育がやや緩慢になる生育中期の大きさです。生育中期以後も伸び続けますが、それからは剪定などによって樹高や横幅を一定に維持しやすいからです。

品種によって成長速度が違うので、同じ大きさの苗を植えても、この生育中期の大きさは品種によって違います。そのため、適正な植え付け間隔もそれぞれ違います。低成長種は間隔を狭め、高成長種ほど間隔を空けて植え付けないと、数年後には間隔がアンバランスになり見苦しくなります。逆に植え付けた当初はアンバランスになるのが適正なのです。

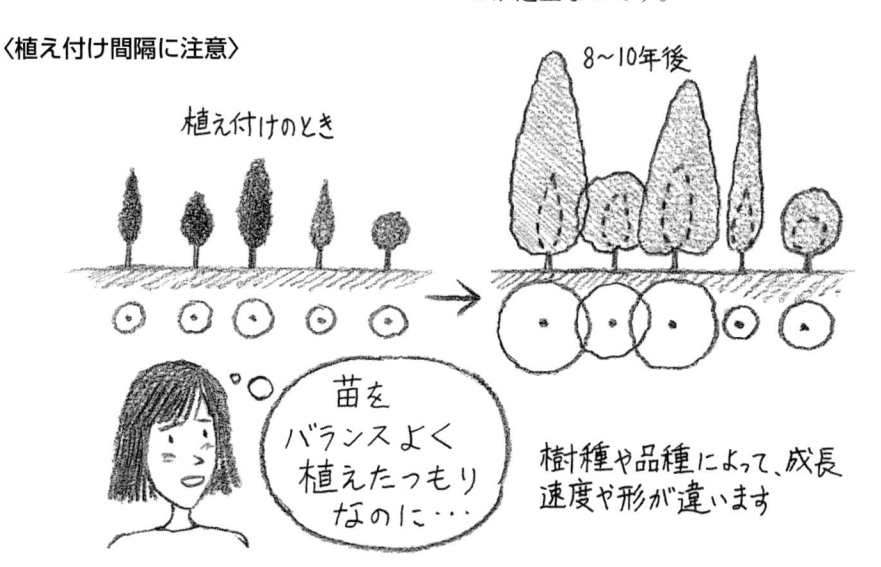

〈植え付け間隔に注意〉

植え付けのとき　　8～10年後

苗をバランスよく植えたつもりなのに…

樹種や品種によって、成長速度や形が違います

枯らさない品種選びのコツ

1- 日本では育てにくく枯れやすい品種は最初にカット

「花工房」では育ちやすく美しい品種を選んで栽培していますが、一般に多く流通している品種が育てやすい品種とは言えません。その代表種がモントレートイトスギ'ゴールドクレスト'です。コニファーの中でこれほどきれいな葉色と、樹形、香りをもった品種はほかにありません。それ故に圧倒的な人気と需要があり、ある意味ではコニファー普及の功労者（樹）です。

しかし、残念ながらその多くが国内の環境に適さず数年のうちに枯れ、「コニファーは枯れる」という悪いイメージも広げてしまったのです。

そのほか、ローソンヒノキの仲間も国内の気候に合わないことが判明し、生産の現場からは消えてしまいました。「花工房」では、人気があっても下表のような品種は生産していません。国内の環境に合わない品種は今後も見つかると思います。現時点では想像もできないような問題も発生することが十分推測されます。自分の庭の環境に合った品種を選ぶことができるようになることを願っています。

2- 最初は強健で価格も安い高成長種がおすすめ

一般的に、あまり大きくならない低成長種よりも、成長速度が速く年間30～40cm以上も伸びる高成長種のほう

【一般に流通しているが育ちにくいので、最初にさけたい品種】

和　名	品　種　名	取り扱わない理由
モントレートイトスギ	ゴールドクレスト	すばらしい樹形と、葉色はコニファー中随一だが、病気の発生で枯れる確率が高く、また根張りも大変悪く、大きくなると倒れやすい。
	ウイルマ	ゴールドクレストより枝葉が緻密な分だけより病気に弱い。
セイヨウヒノキ	スワンスゴールデン	耐寒性がなく、樹性が弱い。接ぎ木苗ならおすすめ。
ローソンヒノキ	コルムナリスグラウカ	ある程度大きくなってから枯れる確率が大変高いので、ローソンヒノキ系は枯れるのを覚悟で購入してください。
	シルバースター	エルウッディの名でも流通している。枯れる確率が大変高い。
サワラ	ボールバード	強健ですばらしい葉色で人気があるが、生育が旺盛で手に負えなくなるのと、大きくなると内部が蒸れて観賞価値が著しく低下する。大きくしないのであればおすすめ。
エンピツビャクシン	バーキィー	強健種で生育も旺盛、その分1.5m以下では観賞価値に乏しく、類似のブルーヘブンなどのほうがはるかに優れている。

が、樹勢が強く、どんな環境でも耐え強健です。高成長種は樹勢が強く、放任状態でもぐんぐん成長します。少々環境の悪い場所でも、肥料など施さなくても元気良く育ちます。

　成長が遅く、また大きくならない低成長種は狭い庭には適していますが、樹勢の弱い品種が多くデリケートで、育てにくい傾向があります。初心者がいきなり低成長種を植えるのは推奨しません。危険です。しかも、低成長種は育苗にも長期間かかるため、価格も割高で高成長種と比べると一桁価格が違うほどです。その点、高成長種はサイズに比較して価格が大変に安いのが特徴です。

　たとえば、ニオイヒバの仲間の'グリーンコーン'と'デグルートスパイアー'は、いずれも狭円錐樹形でよく似ていますが、成長速度は'グリーンコーン'のほうが速く、明らかに強健です。同じコロラドビャクシンの仲間でも、成長の速い'ブルーヘブン'は強健ですが、それよりも成長が遅い'ウイッチタブルー'は比較的樹勢が弱く、まれに枯れることもあります。

　小型の低成長種はコンパクトなので日本の住宅事情にはうってつけですが、何の知識もない初心者が飛びつくのはおすすめできません。価格も高いので枯れた場合の落胆が大きすぎます。人気のあるコロラドトウヒ'ホプシー'なども初心者が植える品種ではありません。初心者はまず強健な高成長種でコニファーの特性を十分理解し

〈育てやすさのランキング〉

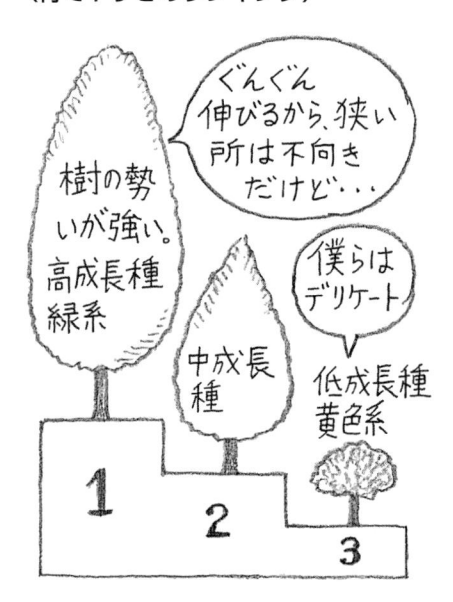

てから、低成長種をお求めになることをおすすめします。

　ただし32頁の表に示したように、低成長種でも丈夫で育てやすい品種もあるので、よく吟味することです。

　また、葉の色から大まかにコニファーを分けると、緑色系、黄色系、シルバー系（銀青系）、斑入り系に分れられます。

　このなかで、丈夫さからいうと緑色系が一番です。緑のものが一番光合成能力が高いからです。極小型の黄色系や斑入り系は、日陰の日照不足や直射日光に弱く日焼けしやすい傾向があります。コニファーガーデンの奥や、目隠し目的に植える場合は、緑系の高成長種が断然おすすめです。

3- 成木になったときの樹高や樹幅を考えて選ぼう

植え付け後のお客様の問い合わせで一番多いのが、「大きくなりすぎて困っている」というものです。コニファーは道路や隣家からの「目隠し」を目的に、敷地の境界に沿って列植する場合が多いので、どうしてもこのような失敗が多いのです。

「まだ植えて1年も経ってないのですが、コニファーがきゅうくつそうにしている姿を見るたびに、もう少し間隔を空けていたらと…こんなに成長が早いとは思っていませんでした。最初は植えることに頭がいっぱいで、これくらい空けていたら大丈夫だと思っていました」

大きくなってしまい移植しようとしても、根の切断、損傷を伴う再移植は、ほとんどのコニファーは困難です。初心者が安全に再移植できるのは、植え付け後1年以内が目安で、数年経過してしまうと移植してもほとんどが枯れてしまいます。1本おきに切り倒すか、思い切って全体を刈り込んだり、上部を切り戻して低くするほかありませんが、コニファーの自然樹形はもはや楽しめません。

コニファーは何十年、あるいは百年以上も成長し続ける樹木です。和風の庭の庭木は美しい樹形に仕立てた成木なので、植え付け後はあまり大きくなりませんが、コニファーの苗は、挿し木や接ぎ木して数年の、人間でいえば幼児か小学生の幼木です。人間も中学生や高校生になると急成長するように、コニファーも植え付け後数年すると一気に伸長します。

植え付け後の成長速度（年間伸長）や成長パターン（74～75頁参照）は、種類や品種によって違います。年間30～40cm以上伸びるものは10年で4～5mにもなります。広いスペースなら気になりませんが、一般住宅地でここまで成長するとかなりの圧迫感があり、室内への日当たりや風通しが悪くなってしまいます。

品種選びの際には、10年先の樹高や横幅を考えて選ぶことが大切です。狭い庭では、次頁の表のようなあまり大きくならない品種がおすすめです。

しかし、成人になると身長がストッ

〈高成長種と低成長種〉

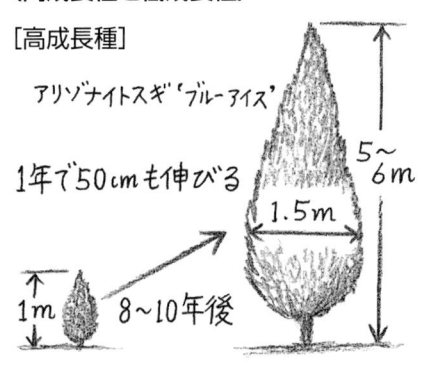

[高成長種]

アリゾナイトスギ'ブルーアイス'
1年で50cmも伸びる
1m　8～10年後　1.5m　5～6m

[低成長種]

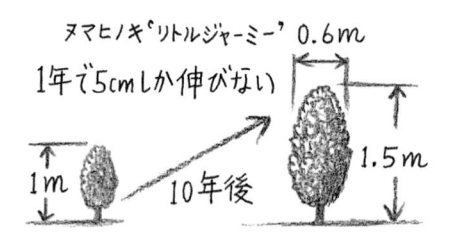

ヌマヒノキ'リトルジャーミー'　0.6m
1年で5cmしか伸びない
1m　10年後　1.5m

プするように、コニファーも7〜10年前後になると伸長がやや鈍化する生育中期となります。

36〜68頁の「5 おすすめ品種の生育特性」では、この生育中期の樹高と樹幅の目安を示しました（これ以上伸びないということではない）。

植え付け間隔の目安も巻末の表に示しましたが、一般に目隠し用の大型種は1m以上必要です。粗い目隠しなら2m程度でよいでしょう。小型種でも0.5〜0.8m程度必要です。匍匐性種でも、大型になるニイタカビャクシン'ブルーカーペット'などは2m以上は必要です。

【1坪くらいの狭い場所にも向く品種】 樹高の目安：(高) 4m以上 /(中) 1〜4m以下 /(低) 1m以下

属　名	円錐形・楕円形	球形・半球形・盃形	匍匐形
ヒノキ	オウゴンチャボヒバ（高） ナナルテア（低） タツミゴールド（中） ヤツブサヒノキ（中） マリアン（中） メローツィーン（？）		
サワラ		ベイビーブルー（低） ゲッコウヒバ（低） ナナ（低） ツクモヒバ（中） オウゴンツクモヒバ（低）	
ヌマヒノキ	リトルジャーミー（中） レッドスター（中）		
スギ		グロボーサナナ（低）	
セイヨウネズ	ゴールドコーン（中） センチネル（中）		
ハイネズ			サンスプラッシュ（低）
アメリカハイビャクシン			ゴールデンカーペット（低） ウイルトニー（低） アイシーブル（低）
サビナビャクシン			カルガリーカーペット（低）
コロラドビャクシン	ブルーアロウ（高）		
ニイタカビャクシン		ホルガー（低）	ゴールデンジョイ（低）
カナダトウヒ	レインボウズエンド（中） サンダースブルー（中）		
ゴヨウマツ		ナスハチブサ（中）	這性ヤツブサ（低）
クロマツ		コトブキ（低） バンショウショウ（低）	
ニオイヒバ	デグルートスパイアー（高）、 ラインゴールド（中）	ダニカ（中） ミラー（低）	
カナダツガ	ペンデュラ（中）**(枝垂れ形)**	イエデロ（中）	

4- 耐寒耐暑性、日当たりなどをチェック

コニファーの原産地は世界各地にあるため、耐寒性や耐暑性、好む日照条件や土壌水分などが違います。品種選びでは、地域の気象条件とともに家の敷地内でも、方位や建物の位置、広さなどによって環境が違うので、植え付け場所の環境を見定めて、品種を選びましょう。

①耐寒性、耐暑性をチェックして

寒さには強いが暑さには比較的弱く、夏に30℃以上の熱帯夜が続く暖地には不向きなものは、シベリヤ原産のウスリーヒバや、トウヒ類、モミ類、ツガ類です。逆に冬の寒さに弱く、マイナス6℃以下になる寒地には不向きなものは、ニオイヒバ類やコノテガシワ類、レイランドヒノキ類、ホソイトスギ類などです。

ビャクシン類は寒さにも暑さにも強く、日本全国どこでもおすすめです。

しかし、耐寒性や耐暑性は、湿度（夏は湿度が高いほど暑さに弱くなり、冬は低いほど寒さに弱い）や、通風（風通しが良いほど暑さに強くなる）、肥培程度（肥料が多いほど寒さに弱い）などによっても左右されるので注意してください。

②日当たりが悪い日陰には…

日中2、3時間程度しか日が当たらない半日陰地でも、大部分の品種が栽培可能です。とくに生育時期（4～11月）に半日程度の日照が確保できれば問題ありません。冬は休眠期となるので、日陰でもかまいいません。

生育時期に日陰になる場所では、品種本来のきれいな葉色にならず、樹形も緻密にはなりませんが、育たないことはありません。現に北側の外壁に沿ってニオイヒバ'ヨーロッパゴールド'が植えられ観賞性も問題なく育っている事例をよく見かけます。北側の部分が道路、空き地などで解放されている場合には、日陰地でも意外と元気に育つものです。これは、日陰・半日陰を好むのではなく、日陰環境に適応力があるからです。適応力が強く、日陰地

【半日陰・日陰の場所に向く品種】 樹高の目安：(高) 4m以上 /(中) 1～4m以下 /(低) 1m以下

属　名	円錐形	球形・半球形・盃形
ヒノキ	コラリフォーミス（中）、ナナルテア（低）、ナナグラシリス（中）、マリアン（中）、メローツィーン（?）	グロボーサバリエガタ（低）
サワラ		ゲッコウヒバ（低）、ナナ（低）、ツクモヒバ（中）、オウゴンツクモヒバ（低）
ニオイヒバ	デグルートスパイアー（高）、グリーンコーン（高）、エメラルド（高）、ホルムストラップ（中）、ラインゴールド（中）、マリセンズサルファー（高）	ダニカ（中）、グロボーサボウル（低）、ミラー（低）
スギ		グロボーサナナ（低）
カナダツガ	ペンデュラ（中）(**枝垂れ形**)	イエデロ（中）

に強い品種は、スギやヒノキ、サワラ、ツガ、ニオイヒバ、イヌマキの仲間です。ただし品種によって条件が異なるので、1～2本植えて様子を見ることも必要でしょう。

一方、トウヒの仲間、ヒマラヤスギの仲間、ビャクシン類の仲間は適応力が弱いので、日陰ではさけたほうが無難です。

とくにトウヒの仲間、なかでもコロラドトウヒ（プンゲンス）は日陰地では絶対に生育できません。また、シルバー系や黄色系、斑入り種などは、茎葉に葉緑素が少なく光合成能力が劣るため、日陰地ではよく育ちません。

ただし、日陰に強い品種でも、幼木時期は生命力旺盛なので環境への対応力が強いですが、成木から老木へとなるにつれ、だんだん樹勢も適応力も衰え、樹形が乱れてきます。

③日当たりの良い南側を嫌うものもある

終日陽が当たる南側は植物にとって最高の場所ですが、このような南側を苦手とする品種があります。第一に、直射日光に当たると葉焼けしやすい斑入り種はさけます。極小型の黄色系品種もさけたほうが無難です。

第二に、暑さにやや弱いモミやトウヒの仲間、ツガの仲間は、南側はさけたほうがよいでしょう。クリスマスツリーの'ウラジロモミ'の鉢栽培は、日当たりの良い南側は禁物です。日陰か半日陰で育てましょう。

第三に、根が浅く乾燥に弱くやや湿った場所を好むニオイヒバの一部（'デグルートスパイアー'や'マリセンズサルファー'など）もさけたほうが無難です。これらは強い直射日光に当たると葉焼けする心配があります。

同じ仲間でも小型種ほど弱い傾向があり、とくに極小型の黄色系の品種では注意が必要です。とくにこれらのコニファーの鉢栽培は、日当たりの良い南側、とくにコンクリートの上などに置くことは禁物です。鉢内温度が上がり根が弱わって必ず枯れます。気温よりも地温、鉢温度のほうが影響が強いのです。

〈これらは日陰地ではムリ〉

トウヒの仲間　ヒマラヤスギの仲間　ビャクシンの仲間　黄色種・斑入り種　匍匐種

4- 鉢植えコニファーは根張りの良い強健種を

ベランダや屋上で鉢植えにして楽しむのもコニファーの魅力です。しかし鉢植えは、地植えに比べて根の張る空間が限られるうえ、鉢温や水分の変化が激しいため、同じ品種でも地植えに比べて樹勢が弱くなり、枯れやすくなります。樹勢が弱い品種や弱ると見栄えが悪くなる品種は向きません。

鉢植えに向く品種は、細根が多く根張りが良い品種です。直根型のモミやヒマラヤスギなどは、鉢植えには向きません。また高木となるものはそれに見合う大きな鉢でないと倒れてしまいます（70頁の「葉色・樹形・高低成長種別おすすめコニファー」を参照）。

〈鉢の中は地中と比べ劣悪環境〉

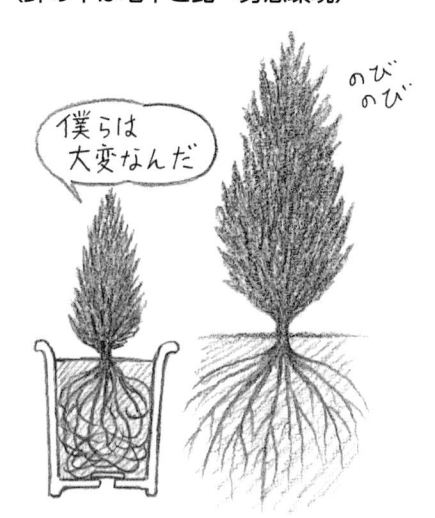

- 根の張る空間が限られ、狭い
- 地温、水分、肥料分の変化が激しく、過不足になりやすい

【鉢植えに向く品種】

(**太字**は耐陰性があり、明るい室内なら栽培できる品種)

品種名	円錐・楕円形	球・半球・盃形	匍匐形
ヒノキ	コラリフォーミス、マリアン、メローツィーン、ナナグラシリス、ナナルテア、オウゴンチャボ、タツミゴールド、ハツブサヒノキ		
サワラ		ベイビーブルー、ナナ、ツクモヒバ、ゲッコウヒバ、オウゴンツクモヒバ	
レイランドヒノキ	ゴールドライダー		
ビャクシン	オウレア、スパルタン		
アメリカハイビャクシン			ゴールデンカーペット、ライムグロー、ウイルトニー
ハイビャクシン			ナナ
サビナビャクシン			カルガリーカーペット
コロラドビャクシン	ブルーアロウ、ウイッチタブルー		
ニイタカビャクシン		ブルースター	ゴールデンジョイ
カナダツガ	**ペンデュラ（枝垂れ形）**	**イエデロ**	
ゴヨウマツ		ナスハチブサ（那須八房）	這性ヤツブサ
クロマツ		コトブキ、バンショウショウ	
ニオイヒバ	ラインゴールド		

5 おすすめコニファーの生育特性

現在国内にたくさんの品種が輸入されて出回っていますが、すべての品種が日本の気候に合うわけではありません。コニファーは日本に導入されてから日が浅く、古い品種でも40年以内、新しい品種は数年です。導入されて年月が浅い外国原産の品種は、日本の気候風土に合うかどうか、まだ未知のものが多いのです。樹高にしても最終的に日本で何メートルになるかは、はっきり言えないものが多いのです。そのため、本によって樹高や樹幅の表記が異なっています。

記載した樹高や樹幅、病虫害、耐寒耐暑などのデータはあくまでも、「花工房」のある宇都宮市石那田町で、自らが体験したデータを元に判断したものです。絶対的なものではなく、品種によっては必ずしも当てはまりません。あくまでも参考値です。

【凡例】

Juniperus chinensis 'Blue Point' …学名
ビャクシン'ブルー ポイント' …和名
AA　広円錐　5×1.5(0.3)m　鉢△

> AA…A（おすすめ度）A(栽培難易度)
> 　おすすめ度…栽培も容易で観賞価値も高いものをAとし、ABCの3段階評価。
> 　栽培難易度…丈夫で栽培の容易なものをAとし、ABCの3段階評価。
> 広円錐…樹形　「△△→○○」は育つにつれ△△樹形から○○樹形に変わることを示す。
> 5×1.5(0.3)m…樹高×樹幅（幼木期から生育が緩慢になる安定期までの年間伸長）

鉢△…鉢栽培適正、◎○△×の4段階評価。

「花工房」の環境条件

宇都宮市は栃木県のほぼ中央部に位置して、北西部に国際観光地日光がある。「花工房」は宇都宮と日光を結んだほぼ中間点に位置し、準高冷地の気象環境となっている。内陸的気候のうえに周りは小高い山に囲まれた小盆地で寒暖の差が極度に大きく、夏は暑く、冬は寒いといった環境。降霜は早い年で10月17日ころには見られ、冬季はマイナス13℃程度まで下がり底冷えする。雪は少なく多い年でも数回程度、積雪も40cm以下で晴天の多い乾燥した日が多い。春から秋にかけての降雨は比較的多い。真夏は40℃程度まで上昇することもある。

> もっとも丈夫で樹形も多く、どこでもおすすめ二重丸

Juniperus ● ジュニペルス

ヒノキ科ビャクシン属

　ビャクシン属には、ビャクシン、セイヨウネズ、ハイネズ、アメリカハイビャクシン、サビナビャクシン、コロラドビャクシン、ニイタカビャクシンなどがあります。

　コニファーの中でもっとも暑さ寒さに強く、病虫害も比較的少なく丈夫です。虫がつかず育てやすいものといったら、この属の仲間から選ぶのが一番です。潮風にも強いといわれています。樹形も狭円錐形から広円錐形、半球形、盃状形、匍匐形とさまざまあり、初心者向きの入門種としてとくにおすすめしたいグループです。

　太い根が少なく細根も少ないので、活着や根張りがやや悪いですが、移植適期（3月）に、根巻きをして地上部の切り戻し（3〜5割）をしっかり行なえば、比較的無難に移植もできます。葉に触るとチクチク痛いのが難点です。また、ナシなどの果物の産地では赤星病の中間寄主となるので、配慮が必要です。

ジュニペルス ヒノキ科ビャクシン属

> 中国・日本原産で寒さ・暑さに強く、丈夫で育てやすい

Juniperus chinensis ● ジュニペルス　シネンシス

ビャクシンの仲間

原産地●日本、中国
代表種●ビャクシン'ブルーポイント'
樹形●横張型とはならず狭円錐形〜広円錐形の密な樹形となる品種が多い。
成長速度●中くらいでコンスタント
葉●黄金色、緑色、青味など豊富。針葉は硬く鋭く尖って触るとチクチク痛い。
根●太い根が少なく細根も少ない。根張りは良いほうではなく移植はやや難しい。
病虫害●特別見当たらない。
耐寒耐暑性●寒さにも暑さにも強い。
好適環境●日当たりと風通しが良く、やや乾燥気味の環境を好む。環境適応能力が強いが、じめじめした日陰地には不向き。
剪定●全体を刈り込むより樹形ラインよりはみ出た部分を切り取る程度が良い。
そのほか●'ロブスタグリーン'、'ウインターグリーン'などは球果がつきやすく、半年以上も観賞できる。

Juniperus chinensis 'Blue Point'
ビャクシン'ブルー ポイント'
AA　広円錐　5×1.5（0.3）m　鉢△
冬には紫みが増し、目隠しにしても美しい。

Juniperus chinensis 'Winter Green'
ビャクシン'ウインター グリーン'
AA　円錐　5×1.5（0.2）m　鉢△
冬も変色せず緑色で美しい。

Juniperus chinensis 'Aurea'
ビャクシン'オウレア'
AA　広円錐　4×1.2（0.1）m　鉢○
冬は黄金色になり成長は遅く、日陰にはやや弱い。

Juniperus chinensis 'Pyramidalis'
ビャクシン'ピラミダリス'
AA　円錐　5×1.5(0.2) m　鉢△
丈夫で緑色の枝が密生して伸び、冬は紫みを増す。

Juniperus chinensis 'Monarch'
ビャクシン'モナーチ'
AA　狭円錐　5×1 (0.3) m　鉢△
細くまっすぐに伸び、冬も灰緑色で美しい。

Juniperus chinensis 'Spartan'
ビャクシン 'スパルタン'

AB　狭円錐　5×1.2（0.2）m　鉢◎
鉢栽培にも向くので、ベランダの目隠しにおすすめ。
冬は茶褐色に変色。

Juniperus chinensis 'Expamsa Variegata'
ビャクシン 'エクスパンサ バリエガタ'

AA　匍匐　0.5×1.5（0.2）m　鉢△
斑入りが美しい匍匐種で、幼苗期は真夏の葉焼けに注意。

Juniperus chinensis 'Robusta Green'
ビャクシン 'ロブスタ グリーン'

AA　狭円錐　4×0.8（0.2）m　鉢○
幹をややくねくねさせてゆっくり成長し、球果がよくつき、狭い場所にも向く。

ヒノキ科ビャクシン属 ジュニペルス

カラーリーフが楽しめるスリムな円錐形
Juniperus scopulorum ● ジュニペルス スコプロルム
コロラドビャクシンの仲間

原産地●北米西部のロッキー山脈の山麓
代表種●ビャクシン'ブルーヘブン'
樹形●枝が直上したスリムな円錐形。
成長速度●ビャクシンの仲間より樹高は低いがスピードはやや速い。
葉●シルバーブルーが多く、シルバー系コニファーの大部分はこの仲間たち。
根●細根が少ないゴボウ根で移植はやや難しい。
病虫害●肥料が多いと病気が出ることがある。
耐寒耐暑性●暑さには強いが耐寒性は不明。マイナス10℃以下になる地方では越冬に注意。

好適環境●日当たりと風通しが良く、排水の良い、やや乾燥気味の環境を好む。
施肥●肥料不足や移植後は美しいシルバーブルーが緑色に変色してしまう。しかし多肥すると病気が発生しやすいので有機質肥料を少量施す。やや樹勢が弱いので、周りのコニファーから少し離して植え、競合をさける。
剪定●幼木時代はボリュームに欠けるので先端部を何度か切って下枝を多くしボリュームをつける。つまった樹形にするには年1回程度は全体を刈り込む。

Juniperus scopulorum 'Blue Heaven'
コロラドビャクシン'ブルー ヘブン'
BB 狭円錐 5×1.5(0.3)m 鉢×
ブルーが美しく、成長も速いが、過肥は厳禁。1.5mくらいから強くなりボリュームが増す。根張りが弱く移植は困難。

Juniperus scopulorum 'Moonglow'
コロラドビャクシン'ムーングロウ'
AA 円錐 4×1.5(0.2)m 鉢◎
細い円柱状の樹形で、'ブルーヘブン'よりも根張りが良く、枝も密な樹形になる。無肥料ではシルバー色が出ない。冬は紫色を帯びる。

Juniperus scopulorum
'Blue Arrow'

コロラドビャクシン
'ブルー アロウ'

AA　極狭円錐　4×1 (0.3) m　鉢○
細身の円錐形が美しく狭い場所に最適。先端の幹分かれが少ない。根張りはやや弱い。

Juniperus scopulorum
'Wichite Blue'

コロラドビャクシン
'ウイッチタ ブルー'

AB　円錐　3×1.2(0.2) m　鉢◎
この仲間では一番発色が良くブルーがきれい。とくに新緑が美しい。

ヒノキ科ビャクシン属　ジュニペルス

成長が遅く狭円錐形で狭い敷地におすすめ
Juniperus communis ● ジュニペルス コムニス

セイヨウネズの仲間

- **原産地**●ヨーロッパ
- **代表種**●'センチネル'
- **樹形**●極めて細身の狭円錐、極細円筒の樹形。独特な樹形シルエットを楽しめる。
- **成長速度**●遅い。
- **葉**●細枝が直立して伸び、極細の針葉がすべて上向きにつき触るととても痛い。
- **根**●根張りが悪く強健種とはいえない。細根も少ないので移植はやや難しい。
- **病虫害**●密生した枝にメイガ類の幼虫がつく。枯れないが発生したら防除は必要。
- **耐寒耐暑性**●暑さにやや弱く、夏30℃以上の日が続く暖地にはやや不向き。'センチネンタル'は寒さにもやや弱い。
- **好適環境**●日当たりと風通しが良く、排水の良い乾燥気味の場所を好む。日陰でない狭い敷地の円錐形樹種としておすすめ。
- **施肥**●肥料はほとんど必要なし。
- **剪定**●ある程度成長すると頂部に側枝が何本も立ち上がり、見苦しくなる。早めに主幹1本になるよう切り取る。

Juniperus communis 'Sentinel'

セイヨウネズ 'センチネル'

BB　狭円錐　3×0.5 (0.2) m　鉢△
寒さにも弱く冬季マイナス10℃以下になる地方では注意。積雪にも弱い。耐陰性も弱いので日当たりに植える。

Juniperus communis 'Gold Cone'

セイヨウネズ'ゴールド コーン'

AA　狭円錐　3×0.6 (0.15) m　鉢◎
新芽が黄金色に輝くが伸びきると消える。冬はやや褐色を帯び、成長は遅く、鉢栽培でも強い。

Juniperus communis 'Suecica'

セイヨウネズ'改良スエシカ'

AA　狭円筒　4×0.8 (0.3) m　鉢○
成長も遅く先端に側枝も発生しにくいので剪定も必要なし。極細円筒形で横幅を出したくない場所に向く。暑さにもやや強い。

●雑草抑制効果が高くグランドカバーに最適

ヒノキ科ビャクシン属　ジュニペルス

Juniperus squamata ●ジュニペルス スクァマタ

ニイタカビャクシンの仲間

- **原産地**●中国
- **代表種**●'ブルースター'
- **樹形**●半球形、盃状形、匍匐形。少し立ち上がって横張する性質が強く、完全に匍匐するタイプより格段に雑草を抑え込む。広大なスペースには'ブルーカーペット'がすばらしい。
- **成長速度**●成長旺盛な強健種が多いが極遅いものもある。
- **葉**●青緑色が多い。針葉は密生していてチクチク感があまりない。
- **根**●細根は少なく根張りも良くないが、移植は比較的簡単。
- **病虫害**●特別見当たらない。
- **耐寒耐暑性**●いずれも強い。
- **好適環境**●日当たりと風通しが良く、排水の良いやや乾燥気味の環境を好む。環境適応能力が高く落葉樹の樹下でも育つ。
- **施肥**●肥料はほとんど必要ない。
- **剪定**●勢いよく伸びた先端部を切る。切らないと密な樹形にはならない。

Juniperus squamata 'Blue Star'

ニイタカビャクシン'ブルー スター'

AA　半球　0.5×1.5 (0.05) m　鉢◎
成長が極遅く丈夫な矮性種。半球形種ではとくにおすすめ。日当たりを好むが多肥は嫌う。狭い場所やスタンダード仕立てに最適。

Juniperus squamata 'Blue Carpet'
ニイタカビャクシン 'ブルー カーペット'
AA　匍匐　1×3（0.5）m　鉢△
成長の速い強健種で匍匐種ではもっとも横に伸びるので広いスペースが必要。栽培は容易でブルーの枝が幾重にも重なって放射状に伸びる。冬は茶褐色を帯びる。

Juniperus squamata 'Holger'
ニイタカビャクシン 'ホルガー'
AA　匍匐・盃　1×1.2（0.3）m　鉢○
'ブルーカーペット'を小型にしたタイプで、狭い場所に向く。やや斜めに枝が伸び幾重にも垂れる。強健で育てやすい。

Juniperus squamata 'Golden Joyy'
ニイタカビャクシン 'ゴールデン ジョイ'
AB　匍匐　1×1.5（0.1）m　鉢◎
コンパクトで枝葉が密で、萌芽期は黄金色が見事。夏は黄緑色。

ヒノキ科ビャクシン属　ジュニペルス

● 黄色が美しい生育旺盛なやや盃状形種

Juniperus pfitzeriana ● ジュニペルス フィッツェリアーナ
フィッツェリアーナビャクシンの仲間

原産地●ニイタカビャクシンとビャクシンの種間雑種
代表種●'セイブロックゴールド'
樹形●やや地面から立ち上がって放射状に横に広がる盃状の匍匐タイプで、雑草を抑える力が強い。
成長速度●匍匐形種の中で極めて成長が速く伸びすぎて困るほど旺盛。
葉●葉色は多彩で冬や春に変色するものが多い。
根●根張りは悪くはないが細根は少ない。
病虫害●特別見当たらない。
耐寒耐暑性●いずれも強い。
好適環境●日当たりと風通しが良く、やや乾燥気味を好む。環境適応能力が高い。
剪定●勢いよく伸びた先端部を切らないと密な樹形にはならない。

Juniperus pfitzeriana 'Saybrook Gold'
フイッツェリアーナビャクシン 'セイブロック ゴールド'
AA　盃状　1.5×2（0.3）m　鉢○
年中黄色、生育は旺盛で観賞価値が高い。日陰では黄色が淡くなる。雑草もよく抑える。

ヒノキ科ビャクシン属 ジュニペルス

もっとも大きくなる盃状形のグランドカバーコニファー
Juniperus virginiana ●ジュニペルス ビルジニアナ
エンピツビャクシンの仲間

原産地●北米西部
代表種●'グレイオウル'
樹形●よく枝分れして直径幅2mほどの盃状形に伸びる。雑草を抑える力が強い。
成長速度●ニイタカビャクシンより成長が速く、強健で育てやすく、広い場所のグランドカバーコニファーの最有力。
葉●よく枝分かれし、葉は細かく柔らかい。
根●根張りは悪くはないが細根は少ないので移植はやや難しい。
病虫害●特別見当たらない。
耐寒耐暑性●いずれも強い。
好適環境●日当たりと風通しが良く、やや乾燥気味の環境を好むが、環境適応力が高く、どこでも植えられる。
剪定●何もしなくても枝が密生するが、長い枝を切り戻すと密な樹形になる。

Juniperus virginiana 'Grey Owl'
エンピツビャクシン 'グレイ オウル'

AA　盃状　1×2（0.4）m　鉢△
成長が旺盛な強健種で、冬もあまり変色せず、グランドカバーとして最有力。伸びた枝を適宜切りつめるとさらに密な樹形に。

ヒノキ科ビャクシン属 ジュニペルス

日本原産の強健なおすすめ匍匐性種
Juniperus procumbens ●ジュニペルス プロクンベンス
ハイビャクシンの仲間

原産地●日本
代表種●'ナナ'
樹形●匍匐形。
成長速度●鉢栽培ではあまり伸びないが、地植えすると変身し旺盛な強健種に。
葉●枝は太く針葉も太く短いので、他のビャクシンに比べて触っても痛くない。
根●細根は少なく根張りも良くないが、移植は比較的簡単。
病虫害●特別見当たらない。
耐寒耐暑性●いずれも強い。
好適環境●日当たりと風通しが良く、乾燥気味の環境を好むが環境適応力が高い。
剪定●先端部だけでなく側枝も平均して伸びるので、剪定しなくても密な樹形になる。

Juniperus procumbens 'Nana'
ハイビャクシン 'ナナ'

AA　匍匐　0.5×2（0.3）m　鉢◎
幼苗は先端を剪定しないと密な樹形にならない。主幹を少し立ち上げてから地面に匍匐させるとすばらしいシルエットとなる。

ヒノキ科ビャクシン属 ジュニペルス

カラーリーフも楽しめる匍匐性コニファー
Juniperus horizontalis ●ジュニペルス ホリゾンタリス
アメリカハイビャクシンの仲間

原産地●北米西部
代表種●'ゴールデンカーペット'
樹形●いずれも匍匐性種で、'ウイルトニー'や'ゴールデンカーペット'は芝生のように地面を這う。'ライムグロー'や'ヒュージス'は幾分立ち上がって盃状形に匍匐。地面を這うタイプは雑草には負けてしまうこともあるので除草はしっかり行なう。
成長速度●中くらいなものが多い。
葉●冬季に品種によって紫みを帯びた緑色、褐色、赤銅色、シルバーに変色。針葉は触ってもチクチクした痛みはない。
根●細根は少なく根張りも良くないが移植は比較的簡単。
病虫害●見当たらない。
耐寒耐暑性●いずれも強い。
好適環境●日当たりと風通しが良く、排水の良いやや乾燥気味の環境を好む。環境適応能力が高いので、どこにでも植えられる。
剪定●よく分枝するが、勢いよく伸びた先端部を切らないと密な樹形にはならない。

Juniperus horizontalis 'Golden Carpet'
アメリカハイビャクシン'ゴールデン カーペット'
AA 完全匍匐 0.1×2(0.3)m 鉢◎
'ウイルトニー'の黄色種で地面の凸凹に沿って完全に匍匐。冬はとくに鮮やか。

Juniperus horizontalis 'Wiltonii'
アメリカハイビャクシン'ウイルトニー'
AA 匍匐 0.1×3(0.3)m 鉢◎
マット状匍匐種の最有力種。マルチで泥ハネを防ぐと蒸れない。冬は紫みを帯びる。

Juniperus horizontalis 'Lime Glow'
アメリカハイビャクシン'ライム グロー'
AA 立匍匐 0.5×1(0.2)m 鉢◎
幾分立ち上がって這う強健種。冬は褐色を帯びる。

Juniperus horizontalis 'Hughes'
アメリカハイビャクシン'ヒュージス'
AA 立匍匐 0.8×1.5(0.3)m 鉢○
枝葉がやや粗いが、成長が速く強健なシルバー種。冬はとくに鮮やか。

ジュニペルス
ヒノキ科ビャクシン属

樹勢はやや弱く枝がやや粗い匍匐種
Juniperus conferta ● ジュニペルス コンフェルタ
ハイネズの仲間

原産地●アメリカ、日本
代表種●'ブルーパシフィック'
樹形●いずれも地面を芝生のように完全に匍匐するタイプ。
成長速度●比較的遅く樹勢も強くないが、'ブルーパシフィック'は生育が速く旺盛。
葉●ほかの匍匐系種より枝葉はやや粗く、針葉もやや大きい。
根●細根は少なく根張りも良くない。移植は困難。
病虫害●特別見当たらない。
耐寒耐暑性●暑さには強いが、'ブルーパシフィック'は耐寒性がやや弱い。
好適環境●日当たりや風通し、排水の良い乾燥気味の環境を好む。耐寒性以外は環境適応能力は高い。
剪定●勢いよく伸びた先端部を切らないと密な樹形にはならない。
除草●雑草が生えて負けやすいので、雑草対策は重要。

Juniperus conferta 'Blue Pacific'
ハイネズ 'ブルー パシフィック'
AA　匍匐　0.3×3(0.5) m　鉢◎
成長は速いがやや寒さに弱く、北関東など冬季マイナス8℃以下になる地方では注意。支柱に誘引して垂らすのもおもしろい。

Juniperus conferta 'Sunsplash'
ハイネズ 'サンスプラッシュ'
CC　匍匐　0.3×1.2(0.1) m　鉢△
密に斑が入った黄色種で、樹勢がやや弱く、高温時に黄色部分が葉焼けしやすい。

Juniperus conferta 'Silver Mist'
ハイネズ 'シルバー ミスト'
('シルバー ライニング')
BB　匍匐　0.3×1.5(0.2) m　鉢○
樹勢が弱く成長が遅い。狭い場所にはおすすめ。

ヒノキ科ビャクシン属 ジュニペルス

成長が遅く乾燥に強いので狭い場所やロックガーデンに

Juniperus sabina ●ジュニペルス サビナ
サビナビャクシンの仲間

- **原産地**●ヨーロッパ
- **代表種**●'カルガリーカーペット'
- **樹形**●匍匐形。
- **根**●細根は少なく根張りが良くないので移植はやや難しい。
- **病虫害**●特別見当たらない。
- **耐寒耐暑性**●いずれも強い。
- **好適環境**●日当たりと風通しが良く、やや乾燥気味の環境を好む。
- **剪定**●剪定の必要はない。または伸びすぎた枝の先端部をわずかに切りつめる。

Juniperus sabina 'Calgar Carpet'

サビナビャクシン 'カルガリー カーペット'

AA 匍匐 0.3×1.2（0.1）m 鉢△
成長が遅い矮性種で、カーペットのように地面を覆い、冬は茶褐色に変色する。

寒地向きのヒノキの葉に似た美しい匍匐種

Microbiota ●ミクロビオタ
ヒノキ科ウスリーヒバ属

シベリア原産でヒノキ科ウスリーヒバ属の匍匐性のコニファー。葉はビャクシン属と違って触っても痛くなく、ヒノキ、サワラをさらに緻密にした感じの細い枝葉で、シダ類と見間違う形状をしています。そのそよとした優しい感じのする姿は大変美しく、一段高い場所などに植えると自重で下垂してくるなど、すばらしい魅力ももっています。

ヒノキ科ウスリーヒバ属 ミクロビオタ

寒さに強い寒地向きの匍匐性強健種

Microbiota decussata ●ミクロビオタ デクサータ
ウスリーヒバの仲間

- **原産地**●東シベリア
- **代表種**●ウスリーヒバ（原種）
- **樹形**●匍匐形、やや立ち上がり気味。
- **成長速度**●生育旺盛な強健種。
- **葉**●気温が下がると褐色に変色。
- **根**●細根も比較的多く、根張りは良い。
- **病虫害**●とくに見当たらない。
- **耐寒耐暑性**●寒さには驚くほど強いが、暑さと過湿に大変弱く暖地には不向き。
- **好適環境**●冷涼地で、排水の良いやや乾燥気味の環境を好む。鉢栽培はさける。

Microbiota decussata Kom

ウスリーヒバ

AB 匍匐 0.4×2.0（0.2）m 鉢×
高温に弱いので半日陰か高木の下に向く。剪定の必要はない。冬は褐色に変色。

細根型で移植しやすく価格も安い日本原産の丈夫なコニファー

Chamaecyparis ●カマエキパリス

ヒノキ科ヒノキ属

　ヒノキ属のグループには、日本原産のヒノキとサワラの仲間、それに北米原産のヌマヒノキの仲間があります。私はおすすめしていませんが、ローソンヒノキもこの仲間です。

　挿し木が容易なので苗の価格が比較的安く、品種数も多く、コニファーを代表するグループです。

　ヒノキ属のコニファーは、いずれも細根が多く、いわゆるゴボウ根といわれる太い根は張りません。細根型の樹種は、地上部の葉が水分を多く必要とする傾向があります。換言すれば細根は水分を多く吸収するために発達した根の形状です。そのため、このヒノキ属は当然水分を好む傾向が強く、極端な乾燥地には向きません。やや湿り気のある、やや日陰となる環境を好みます。それさえ気をつければ、細根が多いので移植はしやすく、刈り込み剪定も必要なく、暑さや寒さにも強く、一部を除き病虫害の発生もほとんどないので育てやすいコニファーです。また、多くが冬に茶褐色や黄金色に変色するのも魅力です。

●カマエキパリス
ヒノキ科ヒノキ属

強健で成長が遅く、狭い半日陰・日陰におすすめ

Chamaecyparis obtuse ●カマエキパリス オブツサ

ヒノキの仲間

原産地●日本
代表種●'ナナグラシリス'
樹形●枝葉が密で1～2mのコンパクトな円錐形、球形、半球形。
成長速度●極遅いものが多く、狭いスペースに最適。芯が立って伸び始めるまでが遅い。
葉●冬に茶褐色、黄金色に変色。葉を触るとさわやかなヒノキ独特の良い香りがする。
根●細根が多く、根張りはすこぶる良い。鉢栽培にも向く。
病虫害●特別見当たらない。
耐寒耐暑性●いずれも強い。
好適環境●やや日陰地を好み日陰のドワーフガーデンには定番。肥沃でやや湿りがある場所を好み、乾燥地には不向き。
剪定●樹形が乱れにくく剪定の必要なし。

Chamaecyparis obtusa 'Nana Gracilis'

ヒノキ 'ナナ グラシリス'

AA　半球→円錐　1×0.6（0.05）m　鉢◎
最初は芯が立ちにくい。日陰地のドワーフコニファーの定番。強日射・乾燥地は不向き。

Chamaecyparis obtusa 'Yatsuhusahinoki'

ヒノキ'ヤツブサヒノキ'（八房ヒノキ）

AA　広円錐　1×0.5（0.05）m　鉢◎
成長は超遅く不整形な円錐に。小苗は鉢で育てたほうが良い。小スペースにおすすめ。

Chamaecyparis obtusa 'Tsatsumi Gold'

ヒノキ'タツミ ゴールド'

AA　球→広円錐　2×0.8（0.08）m　鉢◎
黄緑種の強健種。大きくならず樹形も乱れない。芯が立ちにくいが育てやすい。

Chamaecyparis obtusa 'Nana Lutea'

ヒノキ'ナナ ルテア'

CC　半球→円錐　0.5×0.5（0.02）m　鉢◎
黄色の矮性種。生育が遅く芯が立ちにくい。日照不足だと黄色が薄れる。鉢植えに最適。

Chamaecyparis obtusa 'Globosa Variegata'

ヒノキ'グロボーサ バリエガタ'

AA　球　1×1（0.1）m　鉢△
斑入りで冬は褐色を帯びる。半日陰に向き、自然に球形になる。

Chamaecyparis obtusa 'Coralliformis'

ヒノキ'コラリフォーミス'

AA　狭円錐　2×0.8（0.02）m　鉢◎
幼木は球形で芯が立つまでに時間がかかるが育てやすい。冬は茶褐色を帯びる。

Chamaecyparis obtusa 'Ougonchabohiba'

ヒノキ'オウゴン チャボヒバ'

AB　狭円錐　4×0.8（0.05）m　鉢◎
年間黄金色で葉焼けもしない。成長が極遅く、鉢植えにも向く。

ヒノキ科ヒノキ属 カマエキパリス

強健で日陰でも育つ育てやすいコンパクトな半球形コニファー

Chamaecyparis pisifera ●カマエキパリス ピスィフェラ

サワラの仲間

原産地●日本
代表種●'ゴールデンモップ'
樹形●枝葉が密につくコンパクトな半球形。目隠しには不向き。
成長速度●ヒノキ属ではもっとも遅く、強健で育てやすい。
葉●葉を触ると独特のさわやかなサワラ臭の香りがする。
根●細根が多く、根張りはごく良い。
病虫害●特別見当たらない。
耐寒耐暑性●いずれも強い。
好適環境●日陰にも強く、湿りを好むが乾燥にも強く、環境適応能力が非常に高い。
剪定●樹形の乱れが少なく樹形ラインより伸びすぎた部分を摘む程度で良い。
水やり●'ゲッコウヒバ'や'オウゴンツクモヒバ'などは、幼木期は真夏に葉焼けしやすいので水やりが必要。

Chamaecyparis pisifera 'Golden Mop'

サワラ'ゴールデン モップ'

AA　半球　2×1.5（0.2）m　鉢△
黄金色で芯が立ちにくく若木は半球形。強い枝は早めに切除する。鉢植えでは美しい黄金色にならない。（写真は冬の姿）

Chamaecyparis pisifera 'Gekkohiba'

サワラ'ゲッコウヒバ'

AA　半球　0.8×1.2（0.05）m　鉢◎
羽毛状の青緑色の葉で、新葉の先端が乳白色。幼木はやや樹勢が弱く夏に葉焼けしやすい。日当たりを好み、冬はベージュ色に変色。（写真は冬の姿）

Chamaecyparis pisifera 'Tsukumo'

サワラ'ツクモヒバ'

AA　半球　1×0.8（0.03）m　鉢◎
成長が極遅く、枝葉のつまった美しい球形が乱れず、和風の庭にも向く。

Chamaecyparis pisifera 'Ougontsukumo'

サワラ 'オウゴンツクモヒバ'

CC　半球　0.5 × 0.5（0.02）m　鉢◎
成長が極遅く幼木は育てにくい。年間黄金色で真夏の日焼けに注意。鉢植えに最適。
（写真は接ぎ木によるスタンダート仕立て）

Chamaecyparis pisifera 'Nana'

サワラ 'ナナ'

AA　半球　0.5 × 0.5（0.02）m　鉢◎
ツクモヒバよりもさらに成長が遅く、枝葉が密で美しい。

コンパクトな円錐形だが、寒さに弱く気難しい

Chamaecyparis thyoides　●カマエキパリス　ツヨイデス

ヌマヒノキの仲間

●カマエキパリス
ヒノキ科ヒノキ属

原産地●北米
代表種●'レッドスター'（'パープルフェザー'）
樹形●枝が直上～斜上に伸び小型狭円錐形。
成長速度●極遅い小型種の代表種。樹勢がサワラやヒノキに比べて弱く、とくに幼苗時代は大変育てにくく、想像以上にデリケート。
葉●小さな鱗葉で冬季に茶褐色～赤紫色に変色。
根●細根が多く、根張りは良い。

病虫害●特別見当たらない。
耐寒耐暑性●暑さには強いが、耐寒性が弱くマイナス6℃以下になる地方では越冬に要注意。
好適環境●やや湿った日陰地で肥沃な土壌を好むので乾燥地はさける。鉢植えはかん水を多めに。
剪定●幼苗から芯が何本も立ち上がりやすいので1本に間引く。剪定の必要はあまりない。

Chamaecyparis thyoides 'Little Jamie'

ヌマヒノキ 'リトル ジャーミー'

BB　狭円錐　1.5 × 0.6（0.05）m　鉢◎
緑青色の針葉は柔らかく、冬は褐色を帯びる。幼木はやや気難しく、乾燥・強日射を嫌う。

Chamaecyparis thyoides 'Red Star'

ヌマヒノキ 'レッド スター'

BB　円錐　2.0 × 0.8（0.15）m　鉢◎
幼木は芯が立ちにくい。冬は赤紫を帯び、マイナス8℃以下では越冬困難。乾燥地も不向き。

生育旺盛な高木だが根張りが浅いので倒伏に注意

Cupressus ● クプレッスス

ヒノキ科ホソイトスギ属

　樹高4～6mの独特の形状をした円錐形の生育旺盛な高木で、観賞性の高い品種がたくさんあります。葉は鱗葉でチクチク感もなくニオイヒバの仲間のような圧迫感もあまりありません。アリゾナイトスギやセイヨウヒノキの仲間などがあります。

　発根が極めて悪いので挿し木での増殖は難しく、再移植はまず不可能です。発根しても根は数本のみの片根状態で、放射状に張り出しません。その根も柔らかで細根も少ないため、幹を支える力が非常に弱く、強風の当たる場所には向きません。接木苗を選び、将来のスペースを十分確保して植えることが大切です。

クプレッスス／ヒノキ科ホソイトスギ属

香りが強く観賞性も高いが、毎年刈り込み倒伏防止

Cupressus arizonica ● クプレッスス　アリゾニカ

アリゾナイトスギの仲間

原産地●北米
代表種●'ブルーアイス'
樹形●狭円錐～円錐形
　枝葉主幹とも柔らかくクネクネ状態で生育し支柱がないと倒れてしまう。'ブルーアイス'は5～8年経過すると必ず倒れてくる。
成長速度●極速いものが多い。鉢栽培ではボリュームが出にくいが、いったん地植えすると一気に成長を開始して旺盛になる。
葉●コニファー中もっとも香りが強く、室内に置くとむせるくらいの強い香りがする。
根●根張りが悪い。ルーピング状態の苗は完全に根をほぐしてから植え付けること。
病虫害●特別見当たらない。
耐寒耐暑性●暑さには強いが、耐寒性がやや弱く冬季マイナス10℃以下になる地方では越冬に十分注意。
好適環境●日当たりと風通しが良く、排水の良いやや乾燥気味の環境を好む。環境適応能力が高いが日陰地に不向き。風が強い場所では支柱が必要。
剪定●萌芽力が強く生育旺盛なので年に一度は全体を刈り込む。倒伏防止のためにも必要。

Cupressus arizonica 'Blue Ice'

アリゾナイトスギ'ブルー アイス'

AA　円錐　6×1.5（0.5）m　鉢△
白色のワックスがついたシルバーの鱗葉が美しい（触ると落ちる）。旺盛に育つので年1回は刈り込みコンパクトに育てる。根張りが悪いので倒伏に注意。

Cupressus arizonica 'Blue Ice'
アリゾナイトスギ'ブルー アイス白細身系'
AA　狭円錐　6×1.2(0.5) m　鉢△
'ブルーアイス'の特性と同様。'ブルーアイス'より樹幅が狭い。

Cupressus arizonica 'Pyramidalis'
アリゾナイトスギ'ピラミダリス'
AA　狭円錐　6×1.2(0.5) m　鉢△
'ブルーアイス'に比べ枝葉が繊細。根張りが悪く将来は支柱が必要。年1回刈り込む。

Cupressus arizonica 'Sulfurea'
アリゾナイトスギ'サルフレア'
AA　円錐　5×1.2(0.2) m　鉢△
'ブルーアイス'よりも成長が遅く、クリーム色のパステルカラーが美しいおすすめ品種。根張りが悪いので倒伏に注意。(右は冬の姿)

Cupressus arizonica 'Blue Mountain'
アリゾナイトスギ'ブルー マウンテン'
AB　不整形広円錐　0.8×1(0.1) m　鉢○
花工房作出のオリジナル品種。成長が極遅く、大きくならない。根張りは悪いが倒伏の心配はあまりない。

> 生育旺盛な高木種だが根張りが悪い

Cupressocyparis ●クプレッソシパリス
ヒノキ科レイランドヒノキ属

ホソイトスギ属のモントレーイトスギとアラスカヒノキの属間雑種で、生育旺盛で大きな円錐形となります。萌芽力が強く刈り込みにもよく耐えるので、生垣やトピアリーにも向いていますが、ホソイトスギ属と同様、根張りが悪く、耐寒性も弱いのが欠点です。

生育は旺盛な広円錐コニファー、倒伏や寒さに要注意

× *Cupressocyparis leylandii* ●クプレッソシパリス レイランディー
レイランドヒノキの仲間

原産地●北米
代表種●'シルバーダスト'
樹形●枝葉の密生した大型の広円錐樹形。
成長速度●極めて旺盛で伸びる。
葉●ブルー、黄色、斑入りなど。
根●太い根が少なく細根も少ない浅いゴボウ根。倒伏しやすく強風の当たる場所には不向き。再移植はまず不可能。
病虫害●特別見当たらない。
耐寒耐暑性●暑さには強いが、寒さに弱く冬季マイナス8℃以下になる地方では十分注意。
好適環境●日照を好み、排水の良い場所。
剪定●株間を十分確保して植え、成長したら全体を刈り込み倒伏を防ぐ。'シルバーダスト'は幼木期に幹や枝の先端を刈り込まないと、魚の骨枝になってしまう。

Cupressocyparis leylandii 'Gold Rider'
レイランドヒノキ 'ゴールド ライダー'

AA　広円錐　5×2(0.2) m　鉢◎
年中黄金色。冬にマイナス8℃以下、とくに乾風が吹く地方は不向き（右上は冬の姿）。

Cupressocyparis leylandii 'Silver Dust'
レイランドヒノキ 'シルバー ダスト'

AB　広円錐　5×1.5(0.4) m　鉢△
濃緑の葉に乳白色の斑が入り美しい。魚の骨枝なので剪定し枝数を増やす。

丈夫で根張りも良く、苗も安いおすすめ品種

Thuja ●ツヤ

ヒノキ科クロベ属

　クロベ属には種小名 *Thuja occidentalis*（ツヤ オクシデンタリス）、和名「ニオイヒバ」しかありません。名前からして良い香りがするのかなと思いきや、葉を摘んで指先でこするとほのかな香りが漂う程度です。

　細根性で根張りが良く丈夫で、発根力が旺盛で素人でも簡単に挿し木ができるので、苗の価格はもっとも安いです。また、コニファー中では唯一、移植が簡単にできるので、流通苗の大部分は根巻き苗です。そのため、初心者向きの育てやすいコニファーとして真っ先におすすめします。利用頻度も高く目隠し用として一番多く植栽されています。形状はヒノキ、サワラによく似ていますが、性質はかなり異なっています。

ツヤ　ヒノキ科クロベ属

葉色が美しく、安価で育てやすい、もっともおすすめ

Thuja occidentalis ●ツヤ オクシデンタリス

ニオイヒバの仲間

原産地●北米
代表種●'グリーンコーン'
樹形●円錐形、半球形。
成長速度●比較的遅い。
葉●淡緑色、黄金色、オレンジイエローなどがあり葉色が美しい。
根●細根が多く根張りが良いため、水や肥料をやや好む。鉢植えでは水も肥料もやや多めに。反面太い根が張らないので大きくなると体を支えられないこともある。
病虫害●ときどきミノムシがつくぐらいで特別見当たらない。
耐寒耐暑性●寒さや暑さにも比較的強く、日陰地でも生育可能。冬季マイナス15℃以下になる地方では寒害を受けることもあり、積雪地帯では雪焼けや雪害などにも注意。
好適環境●やや日陰の湿り気のある、肥沃な場所を好む。少量施肥すると葉色が鮮やかになる。
剪定●あまり必要ないが、刈り込んでコンパクト樹形を維持することもできる。主幹が何本も立ち上がることがあるので、早めに1本だけ残して切り取る。

Thuja occidentalis 'Green Cone'

ニオイヒバ 'グリーン コーン'

AA　狭円錐　5×0.8(0.4) m　鉢△
明るい緑色が美しく、安価で目隠し用として最適。何本も立ち上がる芯は早めに切り取る。大きくなると傾くことがある。

Thuja occidentalis 'Globosa Aurea'
ニオイヒバ 'グロボーサ オウレア'
('ゴールデン グローブ')

AA 半球　1.5 × 1.5(0.1) m　鉢△
春は黄金色で徐々に黄緑色になり冬は褐色を帯びる。
強健種で、狭い場所では刈り込んでコンパクトに。

Thuja occidentalis 'Danica'
ニオイヒバ 'ダニカ'

AA　半球→球形　1.0 × 1.0(0.1)m　鉢○
やや湿り気の半日陰に向く。成長が遅く狭い場所に向く。冬は茶褐色を帯びる。

Thuja occidentalis 'Degroots Spire'
ニオイヒバ 'デグルート スパイアー'

AB　狭円錐　4.0 × 0.6(0.2) m　鉢○
'グリーンコーン' の矮性種。乾燥地や強日射の場所は不向き。冬はやや茶褐色に。

Thuja occidentalis 'Emeraud'
ニオイヒバ 'エメラルド'

AA　狭円錐　4.0 × 1.5(0.3) m　鉢△
淡い緑で冬はややベージュに。葉が密になって触れ合うと蒸れて枯れやすい。

Thuja occidentalis 'Milleri'
ニオイヒバ 'ミラー'

AA　半球　0.3 × 1.0 (0.05) m　鉢○
矮性で成長が遅く鉢植えにも向く。マイナス10℃以下では凍害、真夏は葉焼けに注意。（写真は接ぎ木によるスタンダード仕立て）

Thuja occidentalis 'Holmstrup'

ニオイヒバ
'ホルムストラップ'

AA　円錐　3×1.5（0.1）m
　　鉢○
グリーンコーンの極矮性種で成長は半分以下。狭い場所の目隠しに。冬は茶褐色に。

Thuja occidentalis 'Rheingold'

ニオイヒバ 'ラインゴールド'

AA　半球→円錐　2×0.8（0.08）m　鉢◎
オレンジで冬は枯れたような銅色になる。初めは半球形で芯が立ち始めると円錐に。蒸れやすく枝が折れやすい。雪害に弱い。

Thuja occidentalis 'Yellw Ribbon'

ニオイヒバ 'イエロー リボン'

AA　円錐　4×1.5（0.3）m　鉢○
'ヨーロッパゴールド' に似ているが本種のほうがスマート。新梢が黄金色で冬は黄色みを帯びる（日陰では黄金色にならない）。刈り込んでボリュームをつける。

Thuja occidentalis 'Marijssens' s Sulpher'

ニオイヒバ
'マリセンズ サルファー'

AB　広円錐　4×2（0.2）m　鉢△
鶯色の葉色が美しく冬は茶褐色になる。乾燥地には不向き。植え付け後1、2年は葉焼けしやすく気難しい。

Thuja occidentalis 'Europe Gold'

ニオイヒバ
'ヨーロッパ ゴールド'

BA　円錐　4×1.5（0.2）m
鉢△
新梢は黄金色で夏は黄緑色、冬は全体が黄金色に（日陰では黄金色にならない）。施肥をして刈り込むときれいな樹形になる。

Thuja occidentalis 'Globosa Boule'

ニオイヒバ 'グロボーサ ボール'

AA　半球　不明（0.02）m　鉢◎
極矮性種で成長が超遅く、自然に半球形になる。緑色で冬は褐色を帯びる。

> 強健で成長が速く、葉色の変化が美しい

Thuja orientalis ●ツヤ オリエンタリス
ヒノキ科コノテガシワ属

　根張りが良く、直根が伸びて倒伏にも強く、強健で成長も速く、苗も安い高木種。早く大きく育てたい場合の最有力候補です。さらに冬季は赤銅色や茶褐色に変色し、春に気温が上がると同時に黄緑色と変身する。好みもありますがその変化する姿も美しいものです。このような色に変色するコニファーはないので、１本植えてみたいコニファーです。これといった病虫害もなく、初心者向きの品種としておすすめ。繁殖はやや難しい。大きくなるが、萌芽力が抜群で、幹だけ残す強剪定でコンパクトにできる唯一のコニファーです。

ツヤ オリエンタリス／ヒノキ科コノテガシワ属

> 大変強健で大きくなるが、強剪定もできるおすすめコニファー

Thuja orientalis ●ツヤ オリエンタリス
コノテガシワの仲間

原産地●中国
代表種●'コレンスゴールド'
樹形●円錐形。
成長速度●極めて旺盛で速い。当然、苗の価格も安い。挿し木はやや難しい。
葉●黄緑色。冬季に赤銅色や茶褐色に変色。
根●細根が多く根張りが良く、将来は直根が深く張り出すので倒伏にも強い。
病虫害●特別見当たらない。
耐寒耐暑性●いずれも強いが、寒さにはやや弱いので、特別寒い地方では防寒が必要。
好適環境●日照や水分を好む。環境適応能力は極めて高いが、日陰には不向き。
剪定●刈り込みなどせずとも自然に円錐形を保つ。樹形ラインより伸びすぎた部分を刈り込む。横幅が出てじゃまになった場合には、右上の写真のように幹だけを残してすべての枝を切って丸坊主にしても、萌芽力が大変強く、芽が吹いて１～２年後には極細身の円錐樹形になる。

Thuja orientalis 'Collens Gold'
コノテガシワ'コレンス ゴールド'

AA　狭円錐　５×１（0.4）m　鉢△
萌芽力が強いので強い刈り込みが可能。大きくなっても小さく仕立て直すことができる。生垣にも最適。

独特な風情があり、シンボルツリーとしておすすめ

Abies ●アビエス
マツ科モミ属

　モミ属にはコロラドモミ（コンカラー）、チョウセンシラベ、アルプスモミなどがあり、いずれも独特の風情があり、初めて見た人を虜にしてしまう魅力をもっています。庭のシンボルツリーとしてもおすすめです。

　生育の特性も独特です。大部分のコニファーは生育適温であれば年間何度も新芽が伸びます。しかしモミ属は、春の新芽が伸びきると、その後は翌春まで成長しません。そのため成長が遅く、苗の生産にも長い年月が必要です。しかも挿し木が困難で、すべて接ぎ木でしか苗生産できません。そのため流通苗の大部分は輸入品で、一般的な品種より一桁価格が高いです。根は直根で細根も多いです。幼苗期は成長が遅くやや育てにくいですが、下枝に十分枝葉がつくと直根が土中深く伸び始め、と同時に芯が自然と立ち上がり、樹勢も強くなり勢いよく伸び出します。この生育特性をよく理解して育てることが重要です。

　モミ属は冷涼な気候を好み、寒さに強く暑さに弱い寒地向きコニファーで、暖地にはやや不向きです。半日陰地を好む傾向が強く、とくに幼苗時期は強日射下では衰弱しがちです。極端に乾燥する場所はさけ、やや日陰の湿り気味の場所に植えます。目立った病虫害はありません。

芯が立ち上がれば一気に伸びる

Abies concolor ●アビエス コンカラー
コロラドモミ（コンカラー）の仲間

原産地●北米西部
代表種●'ビオラシア'
樹形●円錐形。
成長速度●とくに芯が立ち上がるまでが遅い。その後は一気に年間50cm前後成長。
葉●濃緑色、灰緑色など。
根●細根も多い直根。
病虫害●病虫害の発生は見られない。
耐寒耐暑性●寒さには強いが暑さに弱い。
好適環境●やや冷強地。気候が合えば元気に生育する。暖地にはやや不向き。
剪定●芯が立つまでは剪定をしない。直根が張り出すと同時に芯も自然と立ち上がってくるので樹形ラインよりはみ出した枝を切り取る。前後左右にまんべんなく枝がつくよう剪定する。

Abies concolor 'Violacea'
コロラドモミ 'ビオラシア'
AB　円錐　5×1.5（0.3）m　鉢×
芯が立ち上がると旺盛に生育。

マツ科モミ属 アビエス

針葉が反り返り葉裏の白色が大変美しく独特の風情

Abies koreana ●アビエス コリアナ

チョウセンシラベの仲間

- **原産地**●朝鮮半島
- **代表種**●'シルバーロック'
- **樹形**●円錐形。幹は太く柔らか。
- **成長速度**●芯が立つまでが遅い。
- **葉**●針葉は日本のモミのように鋭くはなく、丸みを帯びて幾分小さめ。園芸種は針葉が反り返って葉裏の白色が目立ち大変きれい。
- **根**●直根で細根も多く根張りは良い。
- **病虫害**●病虫害の発生は見られない。
- **耐寒耐暑性**●耐寒性が強く寒地向き。
- **好適環境**●土壌水分とわずかに日陰のある場所。気候が合えば元気に生育する。
- **剪定**●芯が立つまでは剪定しない。直根が張り出すと同時に芯も立ち上がってくるので樹形ラインよりはみ出した枝を切りバランスを整える。

Abies koreana 'Silberlocke'

チョウセンシラベ'シルバーロック'

AB 円錐 4×1.5 (0.05→0.2) m 鉢×
針葉が枝のまわりにねじれ、銀白色の葉裏が美しい。毬果もつきやすい。

Abies koreana 'Silver Show'

チョウセンシラベ'シルバー ショウ'

AB 円錐 4×1.5 (0.05→0.2) m 鉢×
芯が立ち上がるまでは低成長。'シルバーロック'と似ているが、こちらのほうがおすすめ。

マツ科モミ属 アビエス

コロラドトウヒ'ホプシー'より人気が出る？ 有望種

Abies lasiocarpa ●アビエス ラシオカルパ

アルプスモミの仲間

- **原産地**●北米
- **代表種**● var. アリゾニカ
- **樹形**●円錐形。
- **成長速度**●遅い。小スペース住宅環境にも向く。比較的幼苗でも芯が立ちやすい。
- **葉**●コロラドトウヒに劣らないすばらしいシルバーブルーの品種もある。葉も短くソフトタッチで柔らかく、幹も太く比較的丈夫。
- **根**●直根だが細根も多く根張りは良い。
- **病虫害**●病虫害の発生は見られない。
- **耐寒耐暑性**●耐寒性が強く寒地向きの品種。暖地にはやや不向き。
- **好適環境**●やや冷強地。やや湿り気のあるわずかに日陰のある場所。
- **剪定**●芯が立つまでは剪定をしない。直根が張り出すと同時に芯も自然と立ち上がってくるので樹形ラインよりはみ出した枝を切り取り樹形バランスを整える。

Abis lasiocarpa　var.arizonica

アルプスモミ var. アリゾニカ

AB　円錐　3×1.2（0.05→0.15）m　鉢×
針葉が短く枝もつまって生育。芯が立つまでは見劣りするが、小さくても芯が立てばすばらしい姿になる。

Abies koreana 'Compacta'

アルプスモミ'コンパクタ'

AB　円錐　2×1.2（0.05→0.1）m　鉢×
アリゾニカよりもコンパクトで葉が密生。

苗の価格は高いが人気が抜群、ケムシ防除が必要

Picea ●ピケア

マツ科トウヒ属

　コニファーのイメージにぴったりの個性をもっていて人気があります。挿し木が困難なため接ぎ木苗が大部分です。そのため価格が高いことが難点。いずれも直根で、モミ以上に直根の張り出しまでの初期段階の生育が極めて緩慢で、接ぎ木後、芯が立ち上がるまでには最低3～4年程度は必要です。5年間も芯が立たない場合があります。いったん直根が伸び始めて、芯が立ち始めると成長スピードは速くグングン伸び出します。直根が伸びだしてからは移植は困難になります。この特性を理解しないと良い結果は望めません。

　またトウヒ属の最大の欠点は害虫がつくこと。ほかのコニファーにはつかなくても、この仲間には間違いなく「ケムシ」が取りつくので防除が必要です。

マツ科 ピケアトウヒ属

もっとも人気があるが高価で、防除器具が不可欠

Picea pungens ●ピケア プンゲンス

コロラドトウヒの仲間

原産地●北米西部
代表種●'ホプシー'
樹形●円錐形。
成長速度●芯が立つまでが遅い。
葉●独特の銀青系。鋭い針葉。
根●細根も多く根張りは良い。直根が張り出すと旺盛に伸びる。直根が張り出すと移植は難しい。
病虫害●ケムシ類、シンクイムシ、メイガ類などが好んでつく。4m以上にも育つので、薬防除器具がないと防除作業も困難。防除ができない人は手を出さないほうがよい。
耐寒耐暑性●寒さには強いが暑さはやや苦手。
好適環境●日当たりと風通し、排水の良いやや乾燥気味の環境を好む。耐陰性が弱く、風通しが悪く日陰になる場所では枯れる。
剪定●樹形ラインよりはみ出た枝を切り取る程度で放任。

Picea pungens 'Hoopsii'
コロラドトウヒ 'ホプシー'

CB 円錐 5×1.5(0.3)m 鉢△
ワックスがのった灰青色の針葉が長く、枝が水平に伸びる。人気が高いが、1mくらいになるまでの小苗時代は気難しいので注意。

Picea pungens 'Blue Mist'
コロラドトウヒ 'ブルー ミスト'

BB 円錐 4×1.5(0.2)m 鉢△
コロラドトウヒの中でもっとも成長が遅く、枝葉も密に発生する。芯の立ち上がりも遅い。

Picea pungens 'Omega'
コロラドトウヒ 'オメガ'

AA 円錐 5×1.5(0.3)m 鉢△
芯が立ち始めるのが比較的早く育てやすい。針葉も小さく、枝葉もやや粗い。

Picea pungens 'Koster'

コロラドトウヒ'コスター'

BB　円錐　5×1.5 (0.2) m　鉢△
枝葉が密でボリュームのある円錐形の樹形。接ぎ木苗は芯が立つまで支柱を。

Picea pungens 'Glauca Globosa'

コロラドトウヒ
'グラウカ グロボーサ'

AA　半球→極広円錐　2×1.5(0.1) m　鉢○
強健で育てやすく、成長が遅く、葉が密生する矮性種。最初は半球形だが芯が立つと広円錐形となる。

Picea pungens 'Montgomery'

コロラドトウヒ'モンゴメリー'

AA　半球→極広円錐　2×1.5 (0.1) m　鉢○
'グラウカグロボーサ'と似ているが、本種のほうが頂芽が上部に向かって伸びる。

●マツ科　●ピケア トウヒ属

針葉は硬く小さく、枝つきもやや粗く、圧迫感は弱く観賞価値が高い

Picea orientalis ●ピケア オリエンタリス

コーカサストウヒの仲間

原産地●西アジア
代表種●'スカイランズ'
樹形●円錐形。枝つきもやや粗いので枝葉による圧迫感は弱い。
成長速度●比較的ゆっくりで観賞価値が高い。芯が立ち上がるまで数年かかる。
葉●針葉は硬く小さいので触ってもソフトタッチで痛くはない。
根●細根も多く根張りは良い。直根が張り出すと旺盛に伸びる。直根が張り出すと移植は難しい。
病虫害●ケムシ類、シンクイムシ、メイガ類がつく。
耐寒耐暑性●耐寒性は強いが、暑さはやや苦手（コロラドトウヒよりも暑さに強い）。
好適環境●日照を好む。排水の良いやや乾燥地を好む。
剪定●自分自身できれいな円錐形の樹形を保つ。樹形ラインよりはみ出た枝は切る。

Picea orientalis 'Skylands'

コーカサストウヒ'スカイランズ'

AB　円錐　4×2 (0.2) m　鉢○
年間黄金色で成長も遅く、小苗時代は芯が立ちにくい。日差しが強いと葉焼けする。西日はさける。

63

Picea orientalis 'Aurea'
コーカサストウヒ 'オウレア'
BA　広円錐　5×2 (0.2) m　鉢△
新芽が黄色で次第に濃緑色に変わる。粗い枝葉はやや斜上し枝先が垂れ下がる。成長は意外とゆっくり。微香がある。

Picea orientalis 'Wellt Compacta'
コーカサストウヒ 'ウイルト コンパクタ'
AA　広円錐　3×1.2 (0.03→0.1) m　鉢○
枝葉が細く短く、成長が遅いので、鉢栽培にも向く。芯が立つまではとくに遅い。

ピケア
マツ科トウヒ属

成長が極めて遅く、放任してもきれいで人気が高い
Picea glauca ●ピケア　グラウカ
カナダトウヒの仲間

原産地●北米
代表種●'コニカ'
樹形●緻密な円錐形。クリスマスツリーとしても大変な魅力。
成長速度●極めて遅い。とくに小苗を植えたときはがまんが必要。
葉●短い針葉。
根●細根も多く根張りは良い。直根が張り出すと移植は難しい。
病虫害●ケムシ類やハダニがつく。高温乾燥が続くと必ず発生し、放置すると枯れる。
耐寒耐暑性●耐寒性は強いが、暑さはやや苦手。
好適環境●風通しが良く、排水の良いやや乾燥気味の環境を好む。
剪定●剪定なしでもきれいな円錐形の樹形を保つ。芯が何本か立ち上がったら見つけ次第切り取る。

Picea glauca 'Conica'
カナダトウヒ 'コニカ'
AB　円錐　3×1.5 (0.1) m　鉢◎
成長が極遅い矮性種で暖地では広円錐になる。通風を良くし、有機質マルチなどで地温の上昇を抑えると良い。

Picea glauca 'Sander's Blue'

カナダトウヒ'サンダース ブルー'

AB　円錐　2×1.2（0.1）m　鉢◎
白みを帯びたブルーの枝葉が密生する矮性種。

Picea glauca 'Alberta Blue'

**カナダトウヒ
'アルバータ ブルー'**

AB　円錐　2×1.2（0.1）m　鉢◎
'コニカ'のブルーの突然変異品種。

Picea glauca 'Rainbows End'

**カナダトウヒ
'レインボーズ エンド'**

AB　円錐　2×1（0.05）m　鉢○
成長速度が極遅く'コニカ'の半分程度。水不足になると葉焼けし褐変。

強健で成長が速く、葉色の変化が美しい

Cedrus ● セドゥルス

マツ科ヒマラヤスギ属

　広円錐形の高木で、針葉は極細長く、枝葉は幾分枝垂れ気味につき優雅なシルエットを形取ります。苗は挿し木ができないため接ぎ木苗しかなく、流通量は極めて少ないので価格もやや高めです。ただし、温度があれば年間成長するので、モミやトウヒ類に比較すると比較的安いです。幼苗時代は軟弱で支柱が必要ですが、直根が張り出すと旺盛に生育します。細根は少なく太い根が張り出しますが移植は可能です。排水の良いやや乾燥気味の土地を好み、日陰地には向きません。まれにケムシ類がつきますが、大きな病虫害は少ないです。

高木となる強健種で、広い庭のシンボルツリーに

Cedrus deodara ● セドゥルス デオダラ

ヒマラヤシーダーの仲間

原産地●ヒマラヤ
代表種●'オウレア'
樹形●枝が垂れ下がる独特の円錐形。広いスペースではシンボルツリーとして最適。
成長速度●極強健で成長スピードが速い。
葉●針葉が長く、葉色もいろいろ。
根●太いゴボウ根が張り出す。根鉢をよくほぐして植えないと根張りが悪くなる。

病虫害●ケムシ類がつくことがある。
耐寒耐暑性●強健種だが、品種によっては耐寒性が疑問。とくに幼木は寒さに弱い。
好適環境●日当たりの良いやや乾燥地を好む。東北以北では寒害に注意する。大木となるのでスペースを十分確保。
剪定●放任すると下枝が少なくなるので、何度か先端部を切断し下枝を多くする。

Cedrus deodara 'Aurea'

ヒマラヤシーダー'オウレア'

AA　広円錐　6×2.0 (0.5) m　鉢×
幼木の耐寒性がやや弱い。成長は旺盛。春の黄金色が黄緑色になり冬はベージュに。

Cedrus deodara 'Karl Fuchs'

**ヒマラヤシーダー
'カール ファチス'**

AA　円錐　4×1.5 (0.5) m　鉢△
成長はやや遅く、枝が細くやや密になる。

Cedrus deodara 'Albo Spica'

**ヒマラヤシーダー
'アルボ スピカ'**

AB　円錐　6×1.5 (0.6) m　鉢×
成長は旺盛で枝がやや下垂。白い新芽がきれい。幼木期は支柱が必要。

マツ科 ヒマラヤスギ属 セドゥルス

狭い庭にも適するが寒さに弱いので要注意

Cedrus libani atlantica ● セドゥルス リバニ アトランティカ

アトラスシーダーの仲間

原産地●モロッコ
代表種●'グラウカ'
樹形●円錐形。枝垂れ性品種もある。
成長速度●ヒマラヤシーダーより遅く極遅いものもある。
葉●ヒマラヤシーダーに比べて針葉が3分の1以下で密度が粗いので、圧迫感が少ない。小スペースでも利用できる。
根●太い根が張り出し細根は少ない。
病虫害●病気の発生はないがケムシ類がつく。
耐寒耐暑性●耐寒性が弱くやや温暖地向き。冬季マイナス6℃以下になる地方では越冬に十分注意。
好適環境●日当たりの良いやや乾燥地を好む。
剪定●伸ばしたくない場合は何度も先端部を切断する。先端部の成長を抑えないと下枝が少なくなってしまう。

Cedrus libani atlantica 'Glauca'

**アトラスシーダー
'グラウカ'**

AA　円錐　10×2 (0.3→0.6) m　鉢△
幼苗は寒さにやや弱い。成長が速く旺盛で10m以上の高木となる。

Cedrus libani atlantica 'Glauca Pendula'

アトラスシーダー 'グラウカ ペンデュラ'

BC　枝垂れ　?×1.2（0.2→0.5）m　鉢×
伸ばしたい高さまで支柱に誘引し、その後は放任して垂れ下げる。寒さにやや弱い。

Cedrus libani atlantica 'Aurea'

アトラスシーダー 'オウレア'

BB　円錐　2×1.2（0.03→0.15）m　鉢△
寒さに弱く暖地向き。成長も極遅く、枝が粗く伸びる。冬は黄金色に。

寒さと日陰に抜群に強いコニファー

Tsuga canadesis ●ツガ　カナデンシス

マツ科ツガ属 カナダツガの仲間

　ツガ属のコニファーは、日本の「コメツガ」と同様、高山帯や寒地に自生していて寒さに対しては極度に抵抗力があり、また日陰地にも大変強いです。高木種もありますが、矮性種と枝垂れ種がおすすめです。

原産地●北米東部
代表種●'イエデロ'
樹形●半球形、枝垂れ形の品種は枝先がやや下垂し独特な風情。アクセントに最適。
成長速度●幼苗は成長も遅いが、いったん成長を開始すると勢いよく伸び、強健種に変貌。
葉●針葉は細く長く枝葉も細く緻密。

根●太細根も比較的多く、根張りは良い。
病虫害●風通しが悪いとまれにカイガラムシが取りつく。
耐寒耐暑性●寒さには驚くほど強いが、暑さにやや弱い。
好適環境●やや日陰のある場所で風通しの良いところ。
剪定●伸びすぎたら刈り込む程度。

Tsuga canadensis 'Jeddeloh'

カナダツガ 'イエデロ'

AA　半球　2×1.5（0.15）m　鉢◎
日陰にもっとも強い矮性種。中心部がくぼみ盃状に。カイガラムシがまれにつく。

Tsuga canadensis 'Pendula'

カナダツガ 'ペンデュラ'

AB　枝垂れ　2<×1（0.4）m　鉢◎
支柱をしないと匍匐し、支柱をすると数メートルの高さになって下垂する。日陰に強い。

> 見直したい矮性種・匍匐種のクロマツ

Pinus thunbergii ● ピヌス ツンベルギー

マツ科マツ属 クロマツの仲間

　マツは日本原産で、緑と言ったらまず「マツ」を連想するほど、日本庭園にはなくてはならない木です。しかし、マツはきれいな樹形を保つには、毎年、熟練者が手でこまめに整姿しなければなりません。

　しかし、マツでも匍匐性種や球形になるタイプは、場所もとらずほとんど管理も必要ないのでおすすめします。

原産地●日本の海岸地帯。潮害にも強い。
代表種●'バンショウショウ'(八房クロマツ)
樹形●円錐形、球形、匍匐形。
成長速度●原種は生育旺盛でだが、矮性種や匍匐種は遅い。
葉●濃緑。
根●細根も比較的多く、根張りは良い。
病虫害●春から夏にマツケムシ類がつく。
耐寒耐暑性●いずれにも強い。
好適環境●日当たり、風通し、排水が良く、やや乾燥気味の土を好む。日陰には不向き。
剪定●小型種、匍匐種には必要ない。

Pinus thunbergii 'Bamshosho'
クロマツ 'バンショウショウ'('八房クロマツ')
AA　匍匐　0.4×1.5 (0.05) m　鉢◎
完全横張り性種。乾燥に強いが過湿や日陰には弱い。

> 日本原産の日陰に強い強健コニファー、矮性種がおすすめ

Cryptomeria japonica ● クリプトメリア ジャポニカ

スギ科スギ属 スギの仲間

　日本に自生し日本の気象環境に順応した丈夫な樹種です。矮性の園芸種を選べば、狭い庭にも利用できます。日陰にも強く、やや湿った土壌環境を好むので北側などの日陰地に最適。細根も多く根張りは良く、矮性種なら剪定もとくに必要ありません。

原産地●日本
代表種●'グロボーサナナ'
樹形●矮性・球形種がおすすめ。
成長速度●ゆっくりした成長。
葉●緑色。
根●細根も比較的多く、根張りは良い。
病虫害●とくに見当たらない。
耐寒耐暑性●いずれにも強い。
好適環境●やや日陰で湿り気のある場所。
剪定●矮性種では必要ない。

Cryptomeria japonica 'Globosa Nana'
スギ 'グロボーサ ナナ'
AA　半球　0.5×1 (0.05) m　鉢◎
矮性でほとんど手入れがいらない。夏の乾燥にはやや弱い。

コニファーの変色も知って品種選び

　コニファーにはさまざまな葉色があり、葉色の組み合わせでカラーリーフガーデンをつくりたい方が増えています。次頁の表のように、大きく分けると緑色系、シルバー系、黄色系、斑入り系とがありますが、品種選びの際に知っておかなければならないことは、季節によって変色することです。

1- 緑色系も冬季に変色

　晩秋から早春にかけて、ほとんどの緑色系コニファーは葉色がくすんできます。新芽のころの鮮やかな色ではなくなります。しかし、なかには美しく変色するものがあります。

　サワラ'ウインターゴールド'は春から秋は普通の緑色であまり取り柄のない品種ですが、気温の低下とともに11月ころから見事に輝いた黄金色に変色します。黄色系品種としてはもっともきれいな品種かも知れません。冬になると是非欲しくなる品種です。コノテガシワ'エレガンテイシマ'系やヌマヒノキ'レッドスター'なども春から秋は黄緑や緑青色ですが、冬になると褐色や赤、赤胴色に変身します。

　これは落葉広葉樹の紅葉と同じしくみで、気温が低下し葉にデンプンや糖などの養分がたまると葉色が変色するのです。変色を嫌う人もいますが、カラーリーフガーデンが好きな方は、積極的に利用することをおすすめします。ただし、気温との連動でおこるので、気温の下がらない暖地で望むのは難しいかも知れません。

2- 黄色系では冬季一段と黄金色が増す

　黄色系の多くの品種は緑色系とは異なり、冬季に一段と鮮やかな色に変身します。春から秋はさわやかな黄緑色のサワラ'ゴールデンモップ'は冬になるとさらに鮮やかな黄金色になります。黄色系でもニオイヒバ'ラインゴールド'やアメリカハイビャクシン'ライムグロー'などは枯れた色のような褐色～赤胴色に変色します。

　このような見事な変色には、冬季の気温が低いこと、しかも晴天の日が多いことが条件になります。冬に曇天の日が多い日本海側では、発色はよくないかも知れません。「花工房」のある北関東は、冬季晴天が多く、東北地方以上に寒いので見事な黄金色が観賞できます。

3- 新芽の時期が美しいシルバー系が色あせるのはなぜ

　コロラドトウヒ'ホプシー'に代表されるシルバー系は、灰青色を帯びた新芽の時期がもっともきれいです。しかし、夏から秋、冬と経過するにつれ白色があせ、翌春にはほとんどが緑色となってしまいます。

　これはシルバーブルーが葉そのものの色でなく、葉の表面についたワックスの色だからです。手でこすると色ははげ落ちるので、すぐわかります。

【葉色・樹形・高低成長種別おすすめコニファー】

		円錐型		
		高成長種		低成長種
緑系品種	ビャクシン	モナーチ、ピラミダリス、ロブスタグリーン、スパルタン、ウインターグリーン、ブルーポイント	ヒノキ	コラリフォーミス、ドラス、メロークツイン、ナナグラシリス（幼木は球形）、オパール、ヤツブサヒノキ
	ニオイヒバ	デグルートスパイアー、エメラルド、グリーンコーン、マリセンズサルファー	ヌマヒノキ	リトルジャーミー、レッドスター、トップポイント
	セイヨウネズ	改良スエシカ	カナダトウヒ	コニカ
	カナダツガ	ペンデュラ	コウカサストウヒ	ウイルトコンパクタ
			ニオイヒバ	ホルムストラップ
シルバー系品種	コロラドモミ	ビオラシア	アルプスモミ	コンパクタ
	チョウセンシラベ	シルバーショウ、シルバーロック		アルバータブルー、サンダースブルー
	アルプスモミ	アリゾニカ、	カナダトウヒ	
	アトラスシーダー	グラウカ、グラウカペンデュラ		
	ヒマラヤシーダー	カールファチス、シルバースプリング		
	ヌマヒノキ	グラウカ		
	アリゾナイトスギ	ブルーアイス、ブルーアイス白細身系、ピラミダリス		
	コロラドビャクシン	ブルーアロウ、ムーングロウ、スプリングバンク、	コロラドビャクシン	グレイグリーム、ウイッチタブルー
	コロラドトウヒ	ファットアルバート、ブルーミスト、エリッチフレーム,、ホプシー、コスター、モヘミー、オルデンブルグ、オメガ	コロラドトウヒ	グラウカグロボーサ（幼木では球形）、モンゴメリー
黄色系品種	アトラスシーダー	オウレア	ヒノキ	マリアン、オウゴンチャボヒバ、タツミゴールド
	ヒマラヤシーダー	オウレア、クリームパフ	ニオイヒバ	ホルムストラップイエロー
	レイランドヒノキ	ゴールドライダー		
	アリゾナイトスギ	サルフレア		
	ホソイトスギ	オウレア、スワンスゴールデン		
	ビャクシン	オウレア		
	セイヨウネズ		セイヨウネズ	コセールドコー
	コーカサストウヒ	オウレア、スカイランズ		
	ニオイヒバ	イエローリボン	ニオイヒバ	ラインゴールド（幼木時期は球形）
	コノテガシワ	コレンスゴールド		
斑入り	レイランドヒノキ	シルバーダスト		
	カナダツガ			

（太字は匍匐型）

球形＆匍匐型			
高成長種		低成長種	
ヒノキ	グロボーサバリエガタ	ヒノキ	バセット、ナナグラシリス、オパール
ハイネズ	**ブルーパシフィック**	サワラ	**ナナ、ツクモヒバ**
ハイビャクシン	ナナ	ハイビャクシン	**グリーンモンド**
ニオイヒバ	ウッドワーディ	サビナビャクシン	カルガリーカーペット
カナダツガ	イエデロ	ゴヨウマツ	**ハイセイハチブサ、ナスハチブサ**
ウスリーヒバ	ウスリーヒバ	クロマツ	コトブキ、バンショウショウ
		スギ	グロボーサナナ
		ニオイヒバ	ダニカ、ミラー、グロボーサボウル
		サワラ	ベイビーブルー
		アリゾナイトスギ	ブルーマウンテン
		ハイネズ	**シルバーミスト**
アメリカハイビャクシン	**ヒュージス**	アメリカハイビャクシン	**アイシーブルー、ウイルトニー**
ニイタカビャクシン	**ブルーカーペット、ブルースパイダー、ホルガー**	ニイタカビャクシン	ブルースター
エンピツビャクシン	グレイオウル		
フィッツェリアーナビャクシン	セイブロックゴールド	ヒノキ	ケルダロ、ナナルテア
ニオイヒバ	ゴールデングローブ（グロボーサオウレア）	サワラ	オウゴンツクモヒバ
		ハイネズ	サンスプラッシュ
サワラ	ゴールデンモップ	アメリカハイビャクシン	**ゴールデンカーペット、ライムグロー**
ヒノキ	ナナルテア	ハイビャクシン	**オウレア**
		ニイタカビャクシン	**ゴールデンジョイ**
		ニオイヒバ	ラインゴールド（将来は円錐形）
ビャクシン	**エクスパンサバリエガタ**	サワラ	ゲッコウヒバ
		カナダツガ	ゲンチュホワイト

また、肥料が切れたり、日照不足だったり、移植した当初など、樹勢が落ちた場合でもシルバーブルーが消えてしまうことがあります。根の状態が悪いと、シルバーブルーにならずに青緑色のままのこともあります。

4- 斑入り種や黄色葉種、銀緑葉種は虚弱体質？

葉が緑色になるのは、光合成の工場である葉緑素があるからです。ところが、植物には突然変異をおこす性質があり、通常枝変わりと言っていますが、葉の一部に葉緑素がない斑入り種が現われたり、葉緑素が少ない黄色葉の植物が出現します。きれいに発色したものは昔から珍重されてきました。大きくならない極小型種、矮性種が出現することもあります。

コニファーにもサワラ'ゲッコウヒバ'、レイランドヒノキ'シルバーダスト'、ビャクシン'エクスパンサバリエガタ'、ハイネズ'サンスフラッシュ'など、斑入り種がいくつかあります。しかし斑入り種は葉緑素が少なく、白色の部分はまったくないので光合成でデンプンをつくることができません。そのため、人間でいえば虚弱体質のコニファーとなります。しかしそれだけではすまないのです。

白色が多く発生した部分は、真夏に葉焼けをおこします。葉焼けすると、その部分はやがて枯れてしまいます。斑入り種の特性を知らないで買い求めてから、「枯れた」とクレームがくることがありますが、これは斑入り種の宿命で策のしようがありません。レイランドヒノキ'シルバーダスト'は、この症状が先端部にときどき現われます。当然成長点は枯れてなくなります。しかし、そのまま放置していても側枝がいつの間にか伸び出してきて、何事もなかったかのように成長を開始します。この症状は樹勢がつくと少なくなるので、加齢とともに減少します。

また、斑入り種でも緑葉のほうがやや優勢に伸びるので、伸ばし放題にしていると斑入り葉がなくなってしまうことがあります。数年に一度はよく見て、緑葉が多くなりすぎたと感じたときは、緑葉を間引くようにして切り取ります。斑入り種をお求めになる場合は、このことをしっかりわかったうえでお求めください。

黄色種、銀緑色種も斑入り種ほどではありませんが、緑色葉種に比べると樹勢・成長力が弱い虚弱体質を抱えています。

南側が葉焼けした斑入り種のサワラ'ゲッコウヒバ'

植え付け後の成長パターン

同じ樹形でも品種によって、植え付け後の育ち方のパターンが違います。品種を選ぶ際にも、また植え付け後の管理をするうえでも、このことを知っておくことが大切です。

1- 品種によって成長パターンが違う

たとえば細身で成長の速い代表品種のコロラドビャクシン'ブルーヘブン'は、苗のときは枝幅が極端に少なくボリュームがまったくない状態で、真上に向かって伸びる特性があります。しかし、4m程度に成長すると上に伸びる成長率が弱まり、自然と横枝が張り出してきます。刈り込まないとうっとうしいくらいに張り出し、いつの間にかボリュームがつき、存在感も出てきます。この品種を苗時代の枝幅を見て植え付けると大変なことになります。

ただし、このような樹高優先で伸長する系統の品種は、頂部の成長部位を何度切断してもいつの間にか芯が立ってきます。この性質を利用して成長を抑えることもできます。

反対に下枝が多くて上に伸びにくい品種の代表種は、ニオイヒバ'ヨーロッパゴールド'です。この品種は、とくに苗のときは横に伸びて上にはまったく伸びず、まるで球形種のようです。しかし、しっかりと根が張り株が大きくなると、ある日突然の如く勢い良く芯が伸び始め、4mもの円錐形の樹形になります。このような品種は、逆に幼木期に下枝を思いっきり切り落とす剪定をすると上によく伸びるようになります（116頁参照）。

また、根の形状が直根性のモミやトウヒの仲間は、植え付けてから10年くらいは非常に成長が遅く年間10cm程度しか伸びません。しかし直根がしっかり伸び始めると、ある日突然に年間1mも伸長するように変身します。ニオイヒバ'ラインゴールド'もある程度成長が進むといつの間にか芯が立ち上がり球形から円錐形になります。

〈樹高優先タイプと樹幅優先タイプ〉

[樹高優先タイプ]
コロラドビャクシン'ブルーヘブン' 4m

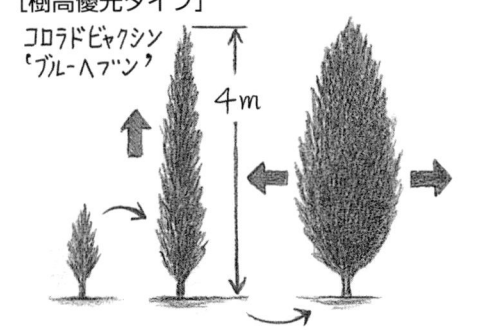

[樹幅優先タイプ]
ニオイヒバ'ヨーロッパゴールド'
最初は球形種？

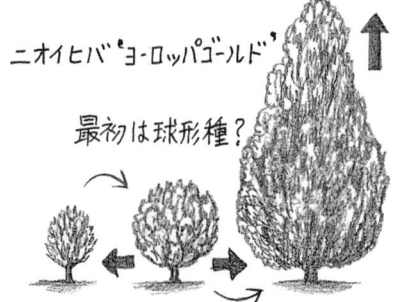

2- 根の形態で違う生育特性

コニファーの根群の形態を大きく分けると下図のように、細根型、ゴボウ根型、直根型に分けられます。

①直根型（モミ、トウヒの仲間）

直根型は直根が地中深く張り高木になるため、排水の良い土壌が適します。細根が少ないので移植はやや困難で、鉢栽培にはあまり適しません。とくにモミの仲間は不可能です。また、挿し木しても発根しにくいため、接ぎ木苗がほとんどです。そのため苗も比較的高くなります。

さらに、これらの仲間は通常、年に一度、春から初夏にしか成長しません。前述したように、初期の成長は非常に遅く、しびれを切らすほどですが、ある程度地上部に枝葉の財産がつくと、自根が伸張し始め、いままでの成長は何だったのかと思わせるほど一気に速くなります。樹高4～5mくらいになると、直根は2m以上、最先端までだと3m程度まで土中深くまっすぐに伸び、地上部を支え、乾燥や強風にも強くなります。一日も早く直根を張り出させるよう、初期生育を促すことがキーポイントとなります。

②細根型（ヒノキ、サワラ、ニオイヒバ、コノテガシワ、ウスリ―ヒバの仲間）

細根型は細かな根が表層にたくさん張り巡りコンスタントに成長します。細根が多いので移植は比較的容易で、鉢植えにも適しています。挿し木が容易なので、苗も比較的安価です。

しかし、根が表層に張るため乾燥に弱く、細根は酸素や水、肥料を比較的多く要求するので、幼木期は気難しい品種が多いです。

③ゴボウ根型（ホソイトスギ、ビャクシン類、レイランドヒノキの仲間）

直根型と細根型の中間のタイプで、やや太く細根が比較的少ないゴボウのような根が何本か伸びます。品種によってゴボウ根の数は異なりますが、ホソイトスギの仲間は根の数が少なく根張りが弱いため、移植や挿し木は困難で、倒伏にも弱い特性があります。

〈根の形状と生育特性〉

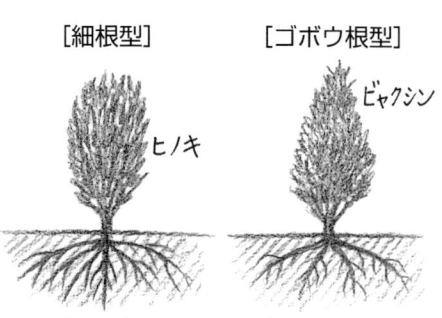

[直根型]
芯が立つと急成長
モミ
最初は伸びない

[細根型]
ヒノキ
根張りが良いが乾燥、過湿に注意。

[ゴボウ根型]
ビャクシン
根張りが悪く、倒伏に注意。

PART 3
コニファーガーデンの つくり方・育て方

斎藤孝さん（神奈川県）のコニファーガーデン

コニファーガーデンのデザイン

1- 現況図を作成する

コニファーガーデンで失敗しないためには、広さや環境に合った品種を選び、植え付け本数、植え付け位置をあらかじめ決めることが大切です。そのためには、植栽設計図を作成しましょう。広い面積でなければ、植栽するスペースだけでもかまいません。

①敷地と家屋の位置の測量

敷地を巻尺で測量し、方眼紙に100分の1から30分の1程度の縮尺で正確に書き込みます。次に境界線から家の建物までの距離を測り、家屋の位置とガーデンスペースとなる場所を方眼紙に記入します。通路、大きな木、上下水道の配管、排水桝などの位置も測って記入しておきます。この敷地の現況図を何枚かコピーしておきます。不動産登記書や家の建築時の測量図をコピーして利用すると手間が省けます。

②方位を確認し、植栽スペースの日当たりを確認

四季によって陽射しの角度が変わるので注意し、日当たり、半日陰（一日3時間前後日が当たる場所）、日陰（一日中直射日光が当たらない場所）に分けて、植栽スペースの日照条件を塗り分けてみます。

③主に眺める場所から写真撮影

主に観賞する位置から写真を撮って、目隠ししたい隣接の建物や生活施設、あるいは借景として生かしたい風景などを確認し、目隠しコニファーとして必要な樹高や位置などを確認します。

2- 植栽図を作成する

①植栽ゾーンを決める

現況図に植栽する範囲、ゾーンを描きます。新たに通路や花壇をつくったり、パーゴラ、デッキなどの構造物を設けたりする場合は、あらかじめその位置や範囲を記載します。

②奥列、前列、中列の順に樹種を決める

前述したように、コニファーガーデンの配置の基本は、眺める位置から見て、もっとも奥のほう（フェンス、または隣との境界側）に、成長速度が速く大型に育つ緑系コニファーを配置します。もっとも手前側に成長の遅い小型種、球形小型種、匍匐系種などを選び、中間部にはやや個性のあるものや中型種を樹形や葉色のバランスを考えて選定するのがコツです。

基本的な葉色バランスのポイントは、緑色のものを半分以上にすることです。黄色、シルバー系が全体の半分以上にならないように調整します。何色を多く植えようと好みの問題ですが、「目と心に潤いを」を目指すならばこのほうが落ち着きます。

〈植栽図作成の手順〉

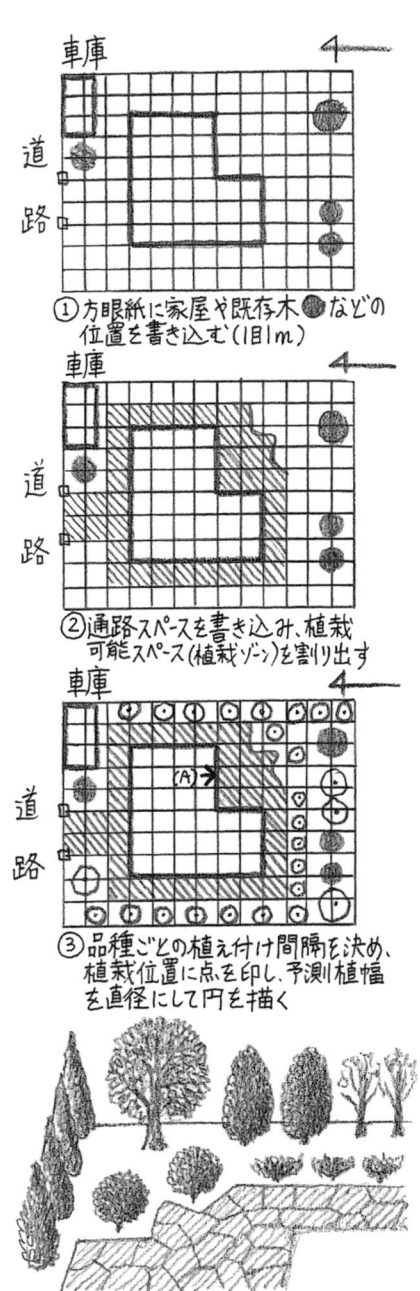

①方眼紙に家屋や既存木●などの位置を書き込む（1目1m）

②通路スペースを書き込み、植栽可能スペース（植栽ゾーン）を割り出す

③品種ごとの植え付け間隔を決め、植栽位置に点を印し、予測植幅を直径にして円を描く

④主に見る場所(A)からの見取り図を描く

③植栽ゾーンごとにコニファーの植栽位置を記入

　選定したコニファーの品種の7〜10年後の成木期の樹幅（成木樹幅）を、巻末の表で確認し、さらに樹間にすきまができるよう余裕のある間隔を決めます。たとえば、ニオイヒバ'グリーンコーン'の場合、成木樹幅が1mですから多少余裕を見て1.2mとします。通常、植え付け間隔1.2mは大型種の最低間隔です。

　1.2mごとに印をつけ、1mの縮小サイズを直径にしてコンパスで円を書き込んでいきます。このようにすると樹木が何本必要で、どの程度の密度になるかが何となくつかめてきます。

　ちなみに小型種や細身の品種、匍匐種の植え付け間隔の目安も、成木樹幅を目安に決めていきますが、匍匐種は枝葉が交差するので樹幅以下でもかまいません。しかし、いずれも最低でも0.6m以上空けることが基本となります。

④配色する

　次にコンパスで描いた円に色をつけていきます。このようにするとカラーバランスが大雑把につかめます。

⑤見取り図を描いてみる

　平面図ができたら、これをもとに遠近法で見取り図を描いてみると、実感が出てきます。将来の高さ、大きさを想定して頭の中でスケッチをするようにして描いていきます。正確に書くには難しいですが、これでおよその景観がわかります。

コラム　外壁面に沿った狭い場所や軒下などは要注意

　建物の外壁と道路などの境界との間の狭い細長い場所に、目隠しを目的にコニファーが植えられている事例が多く見受けられます。国内の住宅環境からして当然のことですが、このような場所は、小型種でしたらまだしも、4m程度に成長する大型コニファーはさけましょう。通路の移動性も損なわれるだけでなく、コニファーにとってもこのような場所は過酷な環境だからです。横幅の張らない中・小型の強健種を選んで植えましょう。

　このような場所は、元々通風があまり良くないので、葉焼けしやすい環境です。とくに南側の外壁に面した部分は、真夏には輻射熱でものすごい高温になってしまいます。換気扇やエアコンの排出口もあったりします。これらも十分考慮し、暑さに弱い寒地向きの品種もさけます。とくに暑さに弱いモミの仲間は要注意です。カナダトウヒ'コニカ'などは高温乾燥で間違いなくハダニがとりつきます。

　西側の外壁に沿った場所は、強い西日が当たります。西日がアスファルトの道路やコンクリートなどの外壁に反射して当たるため、暑さに弱い品種、乾燥に弱く葉焼けしやすい品種は耐えられません。乾燥を嫌う'グリーンコーン'や'エメラド'などのニオイヒバ類は、西日が当たる西側部分が葉焼けをおこすことがあります。

　さらに軒先など建物の際は、建物の土台やコンクリート桝など、地下遮蔽物があるため根が十分に張ることができません。さらに、雨に降っても水が浸透しにくく、とくに窓際などは直接雨が当たらないので、コンテナ栽培のようにかん水が必要です。このような場所には、乾燥にやや弱いヒノキ、スギ、ニオイヒバ類は適さず、乾燥気味土壌を好むマツ類などが適しています。

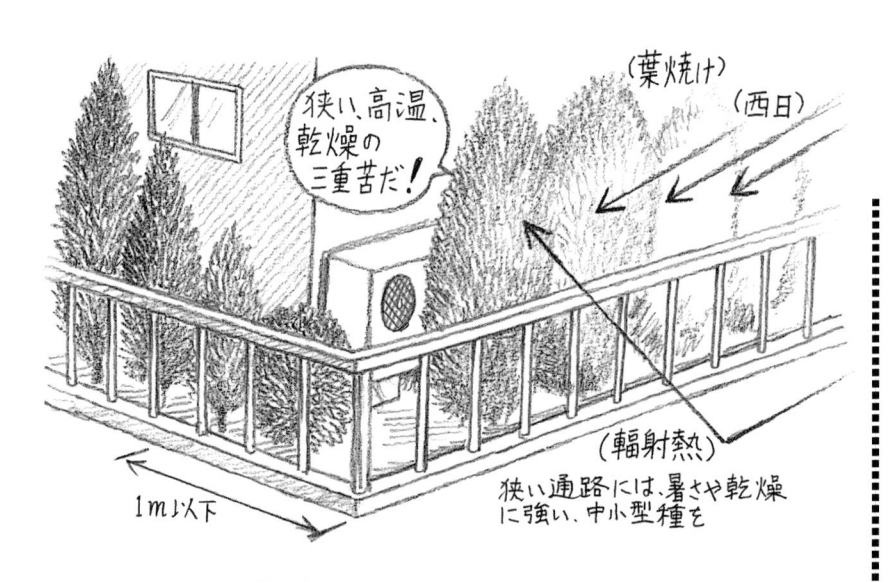

2 植え付け適期と苗の入手

1- 植え付け適期

　植え付けや移植は後述するように、根巻き苗は真夏と真冬はさけますが、ポット（鉢）苗でしたら年間いつでも可能です。6〜9月ごろに植え付けたものは、1カ月以内で白い根がたくさん張り出し、引っぱっても抜けない状態になります。こうなれば倒伏にも乾燥にも強くなり、かん水なども無用になります。

　しかし根巻き苗はもちろんですが、ポット苗でも11月以降は春までは、地上部の成長はストップし、地下部の根も発根、伸張しません。寒冷地（目安として冬季マイナス6℃以下になる地方）では、ポット苗でも秋から冬の植え付け・移植は原則的にさけ、3月中旬から9月下旬までとします。関東以北の寒冷地で気温が急激に下がってくる10月以降に植え付けると、発根せず活着しないまま冬を迎え、十分に吸水ができず枯れる確率が限りなく高くなります。晩秋の植え付けは危険が高いので暖地以外ではさけます。もっともおすすめな植え付け・移植時期は、地温・気温が上昇し、新芽や新根が伸び始める3〜4月です。苗もこの植え付け時期に合わせて入手するようにします。

2- 購入先を選ぶ

　コニファーの苗の購入先は、ホームセンター、園芸店、植木業者、生産者、通販とさまざまあります。生産者の圃場へ行って直接気に入った品種を購入するのが理想ですが、現在、100種以上もの種類を生産、販売をしているところは全国に指で数えても余ってしまう程度しかありません。入手先は近くのホームセンターや園芸店、あるいは通販・ネットショップなどが一般的となりますが、以下のようなことに注意して選びましょう。

①ホームセンター・園芸店

　まずお店の担当者に、コニファーの今度の入荷時期を聞き出します。なぜかと言いますと、入荷したときから近いほど、傷みが少なく、生産畑直送の新鮮さがあります。さらに入荷直後は

〈コニファーの植え付け適期〉

苗	地域	1	2	3	4	5	6	7	8	9	10	11	12
ポット苗	寒冷地				▨▨	▨▨	▨	—	—	—			
	暖地			▨	▨▨	▨▨	—	—	—	—	—		
根巻き苗	全国				▨▨	▨▨	—	—	—	—			

▨▨ 適期　　— 植え付け可能

「花工房」の苗生産圃場

大量に入荷するので、たくさんの苗の中からもっとも条件の整った株を求めることができるからです。間違っても残り少ない時期に求めたり、長く鎮座していたような在庫品を買ってはいけません。枯れた場合の対処も聞いておきます。植物は消耗品ではなく、育てる生き物ですから、購入後もいろいろと問題が発生します。そのときにしっかりとサポートしていただけないと途方に暮れてしまうことになります。

②通販・ネットショップ

通販・ネットショップでは現物が見られないので、まず購入後のサポートがしっかりしているか最初に確かめます。また、販売業者の中には、自分では生産しないで注文を受けてから生産者に求めて発送する業者も少なくありません。信頼がおけるかどうかは、販売者自らが生産していることが絶対条件です。できたら一度生産の現場を確認してから購入することをおすすめします。

カタログやホームページのおいしい文言とか、価格に惑わされると結局後悔することになります。購入する場合も、まず少量購入して安全性を確かめることをおすすめします。

③植木屋、生産者

園芸書の多くには「しっかりした苗、よくしまった苗、根鉢がしっかりしたものを選びましょう」などと書かれていますが、これでは抽象的でよくわかりません。コニファーについてもっとも詳しく知っているのは、苗生産者です。生産の現場を訪ねて、圃場の苗を目で確かめてから求めることが、もっとも勉強になり確実です。

圃場を見た瞬間、整然と育成中の苗が並んでいて栽培施設などもきちんと整理整頓されていること、雑草などが生い茂っていないこと…このポイントを見極めれば、生産品を見なくとも生産品の品質は自ずとわかります。

このチェックポイントに合格している生産者なら安心です。反対に、この条件に合わないようでしたら購入を見送ります。生産の現場を訪ねると、書籍では得られない貴重な栽培情報をいろいろ教えてもらうことができます。当然ながら枯れた場合の対処も聞いておきます。

根巻き苗とポット苗
左：畑で2m以上にも大きくなった根巻き苗
　　（ニオイヒバ'エメラルド'挿し木後5年）
右：いつでも植え付けができるポット苗

3- ポット（鉢）苗か、根巻き苗か

　コニファーの苗には、ポット（鉢）苗と根巻き苗とがあります。ポット苗とは黒いポリポットか、やや堅めのプラスチックポットなどの容器で、最初から最後まで栽培された苗を指します。根巻き苗とは、畑で栽培し、注文時に掘り上げて根の部分をコモなどで巻いて出荷された苗です。

　いずれの苗にも長所と短所があり、その後の育ち方が大変異なるので、購入時には必ず確認します。

①ポット（鉢）苗…活着が良く、年中いつでも植え付けできる

[長所] ポット苗の長所は、元々そのポットで育てられた苗なので根が切られていないため、植え傷みせずにすぐ新根が伸びてきて活着することです。年間を通じて植え付けはできます（寒冷地では晩秋から早春はさける）。ポット苗なら時期はまったく問いません。年間を通じて希望の時期に移植ができます。庭に植えた時点から停滞することなくすばらしい生育を示します。

　このような植え付け後の生育から一般的に、根巻き苗よりもこのポット（鉢）苗がおすすめです。

[短所] 限られた用土、限られた容積で育てられるので、生産者がいくら努力しても畑栽培の根巻き苗をしのぐ苗はできません。ボリュームが不足したり、葉色などに色艶がなかったり、畑栽培された根巻き苗と比べると見劣りします。そのうえ畑栽培と比べて、生育量が2割程度はダウンし、栽培設備やかん水、肥料などの栽培管理に費用がかさむため、育苗コストがかかり、生産者にはあまりメリットがありません。そのためポット苗は、1m以下の苗が大部分です。

[ポット苗のチェックポイント] コニファーにとってもっとも重要なのは地上部の見かけの部分ではありません。重要なのは目に触れにくい根の部分です。多少地上部にボリューム不足があったり、見かけが若干劣っていても、根をいっさい切断していないポット苗は、植え付け後短時間で地上部の生育

は旺盛になります。

　ポット苗は色艶が良くて、見るからに元気そうな苗を選びます。間違っても鉢底から根がたくさん張りだした苗はさけます。このような苗はルーピング（根づまり）を起こして根が老化して樹勢が弱っています。また、明らかに肥料切れと思われる苗、見るからに貧弱な苗もさけます。ポット苗でもこのような苗は、活着が悪く、活着しても正常な姿に回復するまでには数年の月日が必要となります。

②**根巻き苗**―植え傷みしやすく、夏と冬の植え付けは禁物

[長所]　畑で根を縦横無尽に張り巡らし、水分と養分、とくに微量要素も十分に吸収して育つため、ポット苗と比べて生育も良く、樹形や葉色なども雲泥の差があり見応えのあるすばらしい苗になります。生産コストもポット苗に比べて安いので、比較的大きな苗も売られています。

[短所]　根巻き苗は、出荷前に畑から掘り上げ、根の部分が崩れないようにコモなどを巻いた苗です。この掘り上げ時に半分以上の根が切断されてしまうため、当然ながら植え付け後の活着が悪く、植え傷みが発生します。

　コニファーの根は元々細根が少ない種類が多いため、植え傷みが極端に出ます。植え付け時期が悪かったり、根の切断量が多い場合には枯れる危険が高くなります。枯れないまでも、少なくも1年以上生育が停滞し伸長しないこともあります。

樹種によっては2年間くらい本来のシルバーにならない場合もあります。ただし、根巻き苗でも、ニオイヒバやコノテガシワのグループは、発根力が強く細根が多いため、根巻き苗でも植え傷みはあまり問題になりません。

[根巻き苗のチェックポイント]　いずれにしても、根巻き苗は植え付け時期が限定されます。低温で新根が伸びない冬と、真夏の高温時期の植え付けは、枯れる危険が高いので原則的にさけます。とくに寒地では10月以降の根巻き苗の植え付けは厳禁です。新根が伸び始める春が植え付けの最適期です。

　また、根巻き苗はポット苗以上に、掘り上げてからの時間が経過すればするほど樹勢が落ちてきます。いつ入荷したものかを確かめ、地上部ばかりでなく見ることのできない根張りも観察する必要があります。

　地上部が見るからに健康そうな苗でも、コモで巻かれた根鉢の部分を手で触ってみて柔らかくブヨブヨしているような苗は、細根が少なく根張りが悪い証拠なのでさけます。植物にとって根は命です。

4- **コニファー苗**はほとんどが**挿し木苗**

　植物の繁殖には、種から育てる実生と、挿し木や取り木、接ぎ木、成長点培養などの栄養繁殖と呼ばれている方法があります。国内に流通しているコニファー苗の大部分は挿し木苗です。

　種から育てる実生苗は挿し木苗に比べて、寿命が長く、また強健になる特

左：育苗中の挿し木苗
'ゴールドライダー'
（挿し木後3〜4年）
右：育苗中の接ぎ木苗
台木の切り口（矢印）が
見える'ホプシー'
（接ぎ木後2年）

徴があります。実生苗には芽生えたときに最初に伸びる直根がありますが、挿し木苗には直根がないからです。また、芽生えたときからその栽培環境に順応して育つので、自然と丈夫な個体だけが選抜され、環境適応能力の強い苗ができるのです。

　実生苗の最大の欠点は、「親と同じものができにくい」ことです。野菜や草花はほとんどが実生苗ですが、それは親によく似た苗になるように選抜を繰り返した固定品種か、両親の良い性質だけを受け継ぎ均等な性質をもった苗となる一代交配品種（F1品種）だからです。けれども、この一代交配品種の種子を採ってまいても、親と同じものにはなりません。

　挿し木や取り木、接ぎ木をして苗をつくれば、親の性質をそのまま受け継いだ苗が手軽にできるため、コニファーも含めて、果樹や庭木などの樹木の苗はほとんどが挿し木を主体にした栄養繁殖苗です。

5 こんな**種類**は**接ぎ木苗**がおすすめ

　挿し木苗がほとんどですが、挿し木をしても発根しにくい種類や、根張りが悪い種類は、発根・根張りの良い異なる品種の苗（台木）に接いだ接ぎ木苗で増やします。どんな品種でも接がる（活着する）わけではありません。植物は科→属→種→品種という順に分類されますが、接ぎ木が可能なのは、同じ「属」同士か同じ「種」同士です。接ぎ木苗は、接いだ部分にビニールテープがついていたり、接いだ部分が膨らんでいるのですぐにわかります。

　国内で流通しているコニファーの接ぎ木苗は、ほとんどが輸入品です。「花工房」では接ぎ木苗生産に力を入れていますが、接ぎ木苗をつくるには、台木専用品種を別途に数年間栽培しておかねばならず、専用の施設と設備も必要となります。さらに高度の接ぎ木技術力がないとできません。失敗すればせっかく育てた台木がムダとなってしまいます。そのため接ぎ木苗はどうし

ても高額となります。

「花工房」ではコニファーの接ぎ木苗は、以下のような目的で行なっています。多少高価になりますが、栽培は容易で生育も旺盛になるのでおすすめします。

①挿し木が困難な直根性品種の繁殖

発根力が弱く挿し木をしても発根しない、あるいは発根しても樹勢が弱い品種は、発根力が強い、樹勢の強い台木に接ぎ木して苗をつくります。直根型のトウヒ類、モミ類、アトラスシーダー、ヒマラヤシーダーなどの園芸種は大部分この部類に入ります。コロラドトウヒ'ホプシー'が高価なのはこのためです。

②生育の極端に遅い品種の生育を速くする

ヒノキ'ナナルテア'など成長速度が超遅い品種は、強健性で成長の速い品種を台木にして接ぎ木すると、成長が速くなり短期間に販売可能な大きさになります。

③根の弱い品種、根張りが悪く倒れやすい品種の改良

ホソイトスギ属の仲間は、地上部は大変すばらしいですが、いずれも樹勢が弱く、根張りが大変悪い欠点があります。これらの品種は、同属の中で根張りが良く樹勢の強い品種に接ぎ木すると、樹勢もすばらしく旺盛になり、根張りも良くなって欠点が改善されます。「花工房」では、アリゾナイトスギの仲間はすべてアリゾナイトスギ（原種）の実生苗に接ぎ木をしています。

ビャクシンの台木に球形種のニイタカビャクシン'ブルースター'を接いだスタンダード仕立て。剪定なしでも自然に球形となる

④匍匐種・球形種などを穂木にしたスタンダード仕立て

「花工房」では接ぎ木技術を応用して、成長が遅い匍匐形から半球形のコニファーを幹が立ち上がって伸びるコニファーに接ぎ木をし、独特なスタンダード仕立てを生産しています。ニイタカビャクシン'ブルースター'のスタンダード仕立てをつくろうとすると何十年という歳月がかかりますが、接ぎ木をすれば数年で立派なものができます。コニファーの新しい魅力として今後普及されることを願っています。

6- 苗は 0.8 ～ 1.2 m 程度のサイズのものがおすすめ

地植えする場合は、樹高 0.8 ～ 1.2 m 程度のサイズが価格も手ごろでおすすめです。上に伸びる品種は、小さい

苗でも最低、直径15cm鉢（5号鉢）以上の鉢に植えられ、樹高60cm以上のもの求めてください。小さい苗ほど価格は安くなりますが、根張りが十分でないため植え付け後の生育が良くないからです。9cm鉢（3号鉢）の苗をいきなり地植えすると、枯れたり、枯れなくともその後の生育が極端に遅れてしまいます。とくに横張性の品種は、18cmポット（6号鉢）以上のサイズが良いと思います。

予算の関係で小さな苗を求めた場合は、ひと回り大きな15cm以上の大きな鉢に植え替え、ある程度大きく育ててから地植えにします。ポットは布製のスローグローイングポットが一番のおすすめですが、市販されていないのでプラ鉢でも問題はないでしょう。スローグローイングポットは不織布でつくられた袋状のポットで、水はけがよく当然かん水過剰でも過湿にもなりにくく、酸素が側面からも十分供給されるので、大きなサイズでも根腐れをおこしません。また根の老化を長期間防止できます。

苗の大きさ（レイランドヒノキ'ゴールドライダー'）
大：25cmポット（挿し木後5年）、中：15cmポット（挿し木後4年）、小：12cmポット（挿し木後3年）

なお、鉢やコンテナ栽培する苗は、小さなポット苗でもあまり心配ありません。

コラム　早く目隠ししたい場合は大きな苗を

早く目隠しになるよう大きな根巻き苗を植える方もいますが、大きな苗ほど活着や根張りが悪くなりやすいので、目隠しが目的でも、5〜8年後に丁度良い樹高や大きさになる小さめの苗を植えるのが理想です。しかし環境によっては、いま直ちに目隠しが必要な場合もあると思います。その場合には、特別成長の速い高成長種の1.2〜1.5mのサイズの苗を選んでください。場合によっては1.8mクラスの苗も必要かと思います。高成長種とはいっても、植え付け当年はほとんど成長せず、伸び始めるのは翌年からになります。

3 庭への植え付け方

1- 植え付け準備

●堆肥や腐葉土は必要なし、石灰類も無用

　土つくりというと、堆肥や腐葉土、牛糞を入れ、石灰類をまいて酸度矯正することだと思っている方が多いと思います。多くの園芸書にもそう書かれています。しかし、根が生育する土の中の環境条件としてもっとも大切なことは、土中に根が呼吸する酸素が十分に保たれていることです。牛糞とか、腐葉土はその次の次程度のもので、あってもなくてもどうでもよいようなものです。コニファーは大変丈夫な樹木なので、地植えの場合にはあえて堆肥や腐葉土は必要ありません。鉢植えでも物理性の良い赤玉土を使えばあえて必要ありません。

　必要ないというよりも、市販の腐葉土や牛糞堆肥は完熟していないものが多いので、施すと微生物が繁殖して酸素が奪われてしまったり、有害なガスが発生したりして、かえって根を弱らせることが多いのです。初心者は絶対に腐葉土や堆肥を入れないでください。また酸性土壌の改良の石灰も必要ありません。たとえ酸性でも無視して結構です。

●深さ50cm以上掘り起こし、土中に酸素を補給

　土中に酸素を十分に保つには、土を深く掘り起こし、すきまの多い膨軟な土にし、水はけを良くすることが何より大切です。とくに、コニファーを植える庭は、畑とはまったく異なり、十分すぎるほど地面が踏み固められています。砂利を敷きつめてある場合もあります。埋め立てた造成地などでは、下層に瓦礫が埋められている場合もあります。

　このような宅地の土壌環境は、コニファーの根にとって劣悪です。花壇をつくったときに黒土を入れてあるから大丈夫‥と思われる方もいるでしょうが、問題は黒土の下の固い下層です。この下層をしっかり掘り起こさないと、コンクリートの上にただ単に黒土をのせた状態と変わりません。このような土壌状態では酸素補給はおろか、降水後の雨水がこの下層に停滞して地下に浸透しません。当然のことながら、

酸素不足になって根腐れが発生します。土中の環境は見えないので気づきにくいですが、コニファーがうまく育たず枯れてしまう原因は、酸素不足、水はけの悪さによる根の障害、根腐れがほとんどなのです。

　まず地面を深く掘り返して、土中に十分酸素を補給することです。植え付け前の準備としては、これ以外何もありません。これをクリアーして初めてスタートラインに立つことができます。できれば植え付け予定場所を全面に深く掘り起こします。深さは最低50cmです。とても無理というのであれば、植える位置の部分だけ直径50cmくらい掘り起こします。通常石混じりの土で踏み固められているので、簡単には掘り起こせません。スコップの刃先をサンダーか大型のヤスリで触ると手が切れる程度に研磨すると、掘り起こし作業が大変楽になります。

　小石などが出てきてもまったく心配ありません。大きな石や瓦礫は取り除いたほうが良いですが、小石はあったほうが水はけや空気の流通が良くなって、コニファーにとっては、むしろありがたいのです。石混じりの土だと植え付け作業は大変ですが、コニファーにとって最高の土壌となります。

　作業開始前にインターホン、上下水道の配水管、電線ケーブルなどの地下埋設物の位置を事前に確認し、損傷しないよう注意してください。一般的なコニファーの根は、深さ40cm程度までは伸びるとは思いますが、それより深く埋設されていれば、埋設物の上に植え付けても心配はありません（高木となるヒマラヤシーダー類、メタセコイヤなどは深く張るのでさける）。

　体力勝負ですが、ここはがまんのしどころです。多分朝から行なうと夕方には口も聞きたくないほどの疲労感が

〈深さ50cmまで掘り起こそう〉

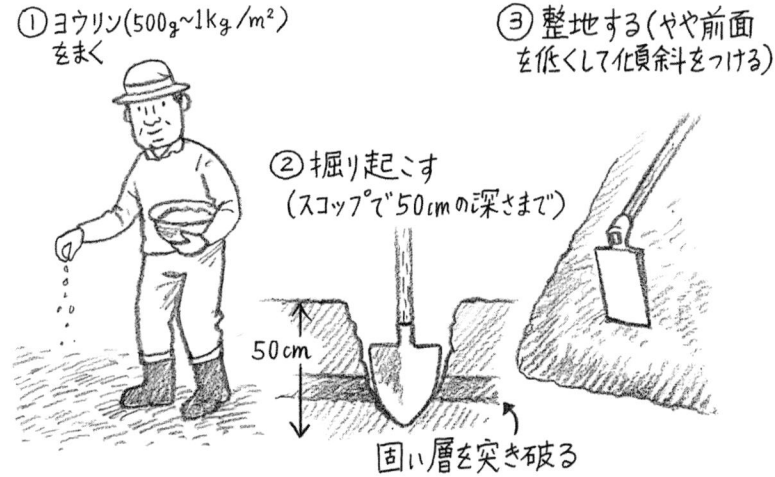

①ヨウリン(500g〜1kg/m²)をまく

②掘り起こす（スコップで50cmの深さまで）

③整地する（やや前面を低くして化粧斜をつける）

50cm

固い層を突き破る

漂うでしょう。

●できたら、ヨウリンだけは施したい

この掘り起こす際に、腐葉土や堆肥はあえて入れる必要はありませんが、熔成燐肥（ヨウリン）を、1㎡当たり500〜700gまいてから掘り起こし、下層までよく混合すれば最高です。とくに火山灰土の土はリン酸不足になりやすいので、1kgくらい多めに施しておくことをおすすめします。プロや上級者は完熟したバーク堆肥も入れますが、良質のバーク堆肥は入手しにくいので、一般にはおすすめしません。一般の方が施す場合は、中国産のソウタンがおすすめです。

排水の点から植え付け場所は、アプローチや前面の芝生よりわずかに高くするのが理想です。盛り土をする場合は赤玉土の小粒を補充してください。黒土は腐植に富みますが、土壌粒子が細かいので理想の土ではありません。コニファーは黒土よりも、酸素を多く含んでいる赤土を好みます。粘土質の土の場合には、軽石の小粒などを少量混ぜるのもよいでしょう。また、石灰質土壌とか、土中に重金属が入っている、塩分を含んでいるなどの特別な土でない限り、土を入れ替える必要はありません。

2- 植え付け

●植え付け間隔は
　成木樹幅と成長速度を目安に

コニファーはこれから育つ苗を植えるので、間隔を広くして植えないと失敗します。将来の高さは比較的考慮されますが、横幅までは気が回らずに植えて失敗される方が多いようです。最初はさびしいくらいに間隔を空けて植えないと、すぐきゅうくつになってしまいます。

品種によって成長速度が違うので、苗の横幅の何倍と一律に決めることはできません。成長の速いものほど間隔を広げ、遅いものはそれほど広げる必要はありません。その違いを考慮しないと、植え付けた当初はバランスが良くても、数年するとバランスの悪い景観になってしまいます。成長の速いものと遅いものとを隣り合わせにする場合は、とくに注意してください。

植え付け間隔は基本的に最終成長樹幅以上に空けることが樹木にとっては理想ですが、これを基準にすると最終樹幅になるのは数十年先になるので、その間は必要以上にすきまが多いさびしい景観をがまんしなければならなくなります。ですから、10年後前後の成長が緩慢となる生育中期の樹幅を目安に間隔を決めるとよいでしょう。

4、5m以上になる高木タイプで樹幅も2m前後になる広円錐樹形のコーカサストウヒ'オウレア'などは、最低でも2m以上は空ける必要があります。樹幅のスリムな狭円錐のニオイヒバ'デグルートスパイアー'（目安樹幅0.8m）などは1m以上空ければよいでしょう。極細身のセイヨウネズ'センチネル'（目安樹幅0.5m）などでは0.6mでも可能です。小型種で極成

〈植え付け間隔の目安〉

高木＝コーカサストウヒ'オウレア'

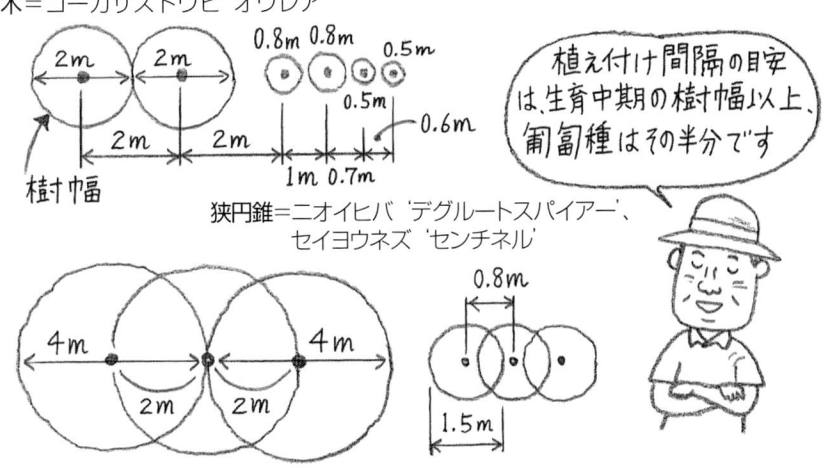

狭円錐＝ニオイヒバ'デグルートスパイアー'、セイヨウネズ'センチネル'

匍匐種＝ニイタカビャクシン'ブルーカーペット'

植え付け間隔の目安は、生育中期の樹幅以上、匍匐種はその半分です

長の遅い品種は 0.4〜0.6 m 程度以上あれば良いです。

匍匐種は枝が重なってもよいので、成木樹幅 1.5 m 前後の標準的な成長種は、0.8 m 程度が目安です。芝生のように完全匍匐するアメリカハイビャクシン'ゴールデンカーペット'（目安樹幅 2m）は、多少密に植え付けても良いと思います。匍匐性種でも成長の旺盛なニイタカビャクシン'ブルーカーペット'（目安樹幅 4 m）は最低でも 2.0 m は必要で、単木で見たほうがきれいな盃状形のフィッツェリアーナビャクシン'セイブロックゴールド'（目安樹幅 2 m）などでは 2 m 以上の間隔をとって品種本来の姿を観賞すべきです。

●植え付け位置に苗を仮置きし、バランスチェック

掘り起こし作業が終了したら、いよいよ植え付けの準備に入ります。作成した植栽図を見て計測し、実際の植え付け場所へ目印をつけていきます。もっとも簡便な目印は運動会などで白線を引くときに使用する消石灰（園芸店から小袋で入手）がよいでしょう。余っても土壌改良としても使用できます。または支柱を植え付け位置に差して立ててもよいでしょう。

次に目印をつけた場所へ鉢のまますべての苗を配置してバランスを見ます。前後左右は当然いろんな角度で何回も何回も納得のいくまで位置を調整し、最後にメインの観賞スポットから見て最終チェックをします。これでバランス的に問題がなければ実際の植え付け作業に入ります。

●根巻き苗はコモつきのまま、ポットのルーピング苗は根の処理をして

根巻き苗は、コモのついたまま（根

〈ルーピング苗の処理〉〉

① 鉢底から出た根をハサミで切り落す。
② 鉢周を足で軽く踏みつける。
③ 鉢から抜き、下部の巻いた根や土をほぐし、長い根は切りつめる。

巻きのまま）植え付けます。コモは絶対にはがさないこと。はずすと土が崩れて根が傷みます。コモは気温が高いと1カ月程度で自然に腐るので、心配ありません。ただし、ビニールなどの資材を使用していた場合には、その資材とヒモは取り去ってください。

ポット苗では根の状態を見て、鉢底部に二重、三重にトグロを巻いた状態（ルーピング）のものは下部の根をほぐして、あまりに長い根は先端部を切断してから植え付けます。このとき多少用土が落ちたり、わずかに根を切断しても活着などにはまったく影響ありません。ルーピングしていないものは、そのまま植え付けます。

鉢底に根がトグロを巻き、底の穴から根が出ているものは、鉢がなかなか抜けません。このような場合は、鉢底の穴から出ている根を全部切断し、鉢周を軽く足でたたき、できるだけ傷めないように根鉢を取り出します。極端にルーピングしている苗は根が弱っているので、ポット苗でも根巻き苗と同様に、気温がある程度上がった春に移植したほうが無難です。

●植え付ける深さは根鉢が隠れる程度

植え穴は、根鉢を入れたとき、根鉢の上部が地面の高さよりわずかに、5cmくらい高くなる程度の深さにします。そして植え穴を埋め戻してから、根鉢の上に5cm程度の盛り土をします。間違っても根鉢をすっぽりと深く入れ、覆土が10cm以上になるような深植えは厳禁です。

深植えするほど空気の流入が悪くなり、水はけも悪くなって根の生育が悪くなります。成木はある程度深植えにも耐えますが、苗、とくに低成長種は深植えに弱いので慎重に土を戻します。地面よりもわずかに高く植えても、深く掘り起こし軟らかくなった土は、1～2年後には必ず沈下します。逆に根鉢が露出するほど高く植えると、乾燥や高温などで根が傷み活着が悪くなるので禁物です。

植え付けたら樹の周りにぐるりと土を寄せて土手をつくり、土俵のような水溜めをつくっておきます。

●かん水して水極め

植え付けたら、先につくった水溜まりにバケツ1杯程度の水を注ぎ、水をためます。水が周りにこぼれるようなら、土を寄せて土手をかさ上げします。そして水が引かないうちに、苗の幹を握って手早く前後左右に数回揺すり、

根とその周りの土が密着するようにします。これを「水極め」といいます。大きな樹の場合は、根鉢の周囲を棒で突きながら密着させます。

　水が引いてきたら幹を垂直になるように直します。完全に水が引いてから、水溜まりの土手土を全部戻し、片足程度の自重で軽く踏み固めます。固く踏みつけるのは厳禁です。これで植え付けは完了です。

　地植えの場合、植え付け後のかん水は、この1回でまず必要ありません。ただし7～8月の夏に植え付けしたときは、1～2日おきにかん水します。その後は朝夕、葉水を葉が湿る程度にかけてください。土が湿るほどかけると多すぎです。葉水をかけることによって蒸散を抑えられ、葉から水分が補給されます。春の植え付けでも乾燥しやすい土壌では、同様のかん水、葉水が必要になります。とくに活着が遅れやすいルーピング苗は注意が必要です。

● 1.5ｍ以上の樹などには支柱を

　植え付け後、強風で揺すられると伸び始めた新根が切れてしまい、ますます活着や根張りが悪くなってしまいます。しかし、ほとんどのコニファーは他の樹木と違い、棒状で風圧を受けにくいので、通常は支柱を立てる必要はありません。一般に1.5ｍ以下の苗でしたら支柱は必要ありません。

　支柱が必要な場合は、1.5ｍ以上の苗、自分で掘り取った苗、強風の当たる場所へ植え付けた苗、元々幹がクネクネしているアリゾナイトスギ'ブルーアイス'や枝垂れ性の品種などです。

　支柱の材料はホームセンターなどで売られている緑色をしたポールが良いと思います。高さは植えた樹木の高さにもよりますが、1.2～1.5ｍで親指程度のやや太めのものがおすすめです。差すときに根を多少傷めてもまったく問題ありません。風当たりの強い場所で支柱が必要な場合も、1.5ｍ以下の樹なら幹に沿って1本立てれば十分です。2ｍ以上の大きな樹やクネクネした揺すられやすい品種には、2、3本使用します。

　継続的に長期間支柱が必要な場合には、建設用の足場パイプがおすすめです。48.6㎜パイプを使用します。長さは2～6ｍまで、1ｍごとにサイズが揃っています。このパイプの打ち込む端に先の尖った金具を取り付けると、打ち込む作業が楽になります。

　結わえるヒモは少し太めな柔らかいヒモがよいでしょう。園芸資材コーナーなどに置いてあります。結わえる程度は多少あそびをもたせてください。きつく結ぶと幹に食い込んでしまいます。1～2年程度で取り外すか、結わえ直しをします。

　大型の樹木の場合は、ヒモを結ぶ幹の部分に根巻き用のコモを巻きつけてから結ぶか、太めのビニールホースを縦に切って幹にかぶせて、ここの部分を結束すると幹にヒモが食い込む心配がなくなります。

〈植え付け方の手順〉

❶ 深さ50cmまで掘り起こした後、根鉢よりやや大きな植え穴をあける。植え穴の深さは根鉢の上面が地面よりも5cmくらい高くなるくらいにする（植えるところだけ起こす場合は深さ50cm以上の深い大きめの穴を掘り、同様の高さまで埋め戻す）。

❷ 根鉢の周囲に土をつめるように入れ、周囲に土俵のような円形の水溜め土手をつくる。

❸ 水を根鉢周囲にしばらくとどまるくらいたっぷりとかける。

❹ 苗の幹を持ち、前後左右に揺らして、根鉢と土を密着させる。

❺ 水が引いたら幹を垂直にし、水溜めの土手を崩し、根鉢の上面が隠れる程度に、5cmくらい盛り土する。

❻ 片足で軽く踏み、土を落ち着かせて終了（樹高1.5m以上のものには支柱を立てる）。

4 鉢栽培

CONIFER

1- 強健なコニファーを選ぶ

　植物を育てたことのない初心者の方は、地植えから始めることをおすすめします。根が張る鉢内の環境は、狭く限られているうえ、鉢内の温度（地温）や水分、酸素（空気）、さらには肥料分が激しく変動し、根の環境が地植えに比べて非常に劣悪だからです。管理する場所、かん水の仕方、肥料の与え方など、かなりの技術力がないと鉢で健全に育てることは難しいです。

　強いて鉢栽培する場合は、なるべく強健種を選択します。また、鉢栽培では品種本来のきれいな樹形に育ちにくいので、鉢栽培でも比較的樹形がきれいになる品種を選定することも大切です。

2- 鉢は小さめの乾きやすいものを

●鉢は根鉢と同等かやや大きなものを

　鉢栽培でもっとも重要なことは、鉢は、移植する苗の根鉢よりもやや大きいくらいの幾分小さめなものを使用することです。大きな鉢に植えると根の張っていない部分の用土が常に湿った状態になり、根腐れがおきやすいからです。間違っても大きな鉢を使用してはいけません。

　購入した苗が鉢の底からたくさんの根が出ていた場合には、ひと回り大きな鉢へ植えてください。根が出ていないようでしたら同じ大きさの鉢で十分です。根巻き苗はコモを巻いた根の部分が無理なく入る程度の大きさにしてください。

　鉢のサイズは5号、6号と号数が大

〈根鉢よりひと回り大きい、小さめの鉢に〉

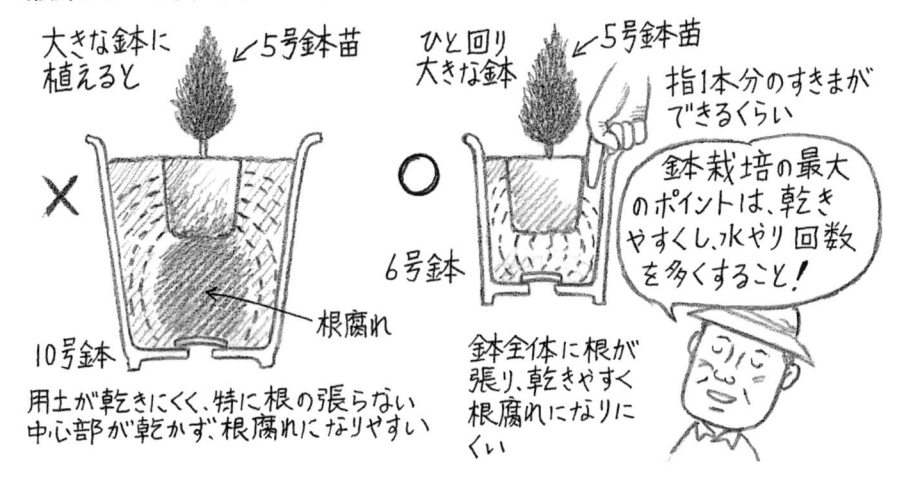

大きな鉢に植えると　←5号鉢苗
×
10号鉢
用土が乾きにくく、特に根の張らない中心部が乾かず、根腐れになりやすい

ひと回り大きな鉢　←5号鉢苗
○
6号鉢
指1本分のすきまができるくらい
鉢全体に根が張り、乾きやすく根腐れになりにくい

鉢栽培の最大のポイントは、乾きやすくし、水やり回数を多くすること！

きいほど、鉢上部の直径が大きくなります。1号大きくなるごとに約3cm（1寸）大きくなります。6号鉢の鉢上部の直径は18cmで、号数に3を掛けた数値が鉢の直径となります。ひと回り大きな鉢とは、6号鉢のコニファーなら、直径がわずか3cm大きい7号鉢に植え替えるという意味です。根鉢を入れても鉢との間に指が入る程度のすきましかできません。このような小さめの鉢に植えると、その後の植え替えは、成長の速い品種で1年ごとに、それ以外の品種では2～3年間で植え替えします。植え替えが面倒だからと、いきなり大きな鉢に植えるのは厳禁です。

前述のように鉢内の理想的環境は、乾きやすく頻繁に水が与えられる状態です。植物は元来乾燥状態のほうが根張りがよく元気に育ちます。かん水は水分の補給だけでなく、鉢内の古い空気を追い出し、新しい空気（酸素）を土中に補給する役目を担っています。常に用土が湿っていると、根が酸素不足のために腐ってしまいます。

鉢の深さは、直径とほぼ同じに普通鉢、直径よりも短い浅鉢、直径よりも長い深鉢とがあります。深さが深いほうが水はけも良くなるので、コニファーには浅めよりかは深めの鉢のほうが向いていますが、安定が悪く倒れやすくなります。高さ1.4m程度のものは、直径30cm前後、深さ28～30cmの10号鉢くらいが良いと思います。高さ1.7m前後の苗は、直径33～35cm前後、深さ28～30cm前後の11、12号鉢が適当です。2年以上経過したら、また、ひと回り大きな鉢へ鉢替えします。

●**おすすめのスリット鉢**

通気性の良い素焼き鉢が植物を育てるには、もっとも適した鉢といわれてきましたが、現在ではプラスチック鉢やテラコッタ、化粧鉢、布製ポットなどいろいろな材質の鉢があります。おしゃれ感覚優先で鉢を選ぶことが多いと思いますが、植物を思うのであれば、鉢の大きさと同様に、鉢の材質も、乾きやすく空気（酸素）の流入が良いものが理想です。空気の流入の良さでは、

鉢の種類
左より：化粧鉢、プラスチック鉢、スリット鉢の大と小、ポリポット、不織布ポット（奥）

不織布でつくられた布製ポットが一番です。経済性から選ぶとプラスチック鉢、観賞性から選ぶと化粧鉢やテラコッタになりますが、これらは通気性が悪いので用土が乾きにくい欠点があります。

材質はプラスチックですが、八角形の鉢の側面底部に切り込みのあるスリット鉢は、通気性、排水性が良いばかりでなく、根がルーピングしないので、もっともおすすめします。

スリット鉢での根の張り方は、鉢壁に沿って下部へ伸び出すまではいままでの鉢と一緒ですが、鉢底に届いた根がいままでの鉢の根と違い、鉢底でグルグルとトグロを巻かないのです。鉢底に突き当たった根は、わずかに切れ目のあるスリットの角部分まで伸びると、不思議なことに上部へと向かって伸びたり、鉢内部へと張り出します。

いままでの鉢では、根は酸素が多い鉢壁面に向かって伸びていき、鉢の内部へ張り出すことはほとんどありません。そのためルーピング状態になると、根のない鉢の中心部がますます乾きにくくなり、根は老化し、地上部も衰弱してきます。

スリット鉢なら数年栽培してもルーピングの発生はまったく見られません。そのため根の老化が少なく、数年栽培すると一般の鉢との差が歴然と地上部に現われます。

最近では園芸資材のコナーでもよくスリット鉢が売られており、「花工房」ではすべてのポット苗栽培に、このス

スリット鉢の根の張り方
底でトグロを巻かず、底から内部や上部に垂直に張る。

リット鉢を使用しています。プラスチック鉢なので観賞性に欠けますが、ひと回り大きなお気に入り化粧鉢などの底部に小石などを入れて、その中にスリット鉢を入れると、観賞性も良くなり、倒伏や真夏の鉢温度も抑制されます。

●**不織布ポットのすすめ**

ポリエステル（不織布）でつくられた通気性、通水性に優れた袋状のポットです。生産者用ですので一般には販売されておりません（「花工房」ではおわけしています）。この布製ポットは、スリット鉢と同様、根のルーピングが抑えられ、鉢内全体に細根が張りめぐります。鉢のように地上に置いて栽培すれば、5年間程度は太い根が布鉢を貫通して外に張り出すことはなく、植え替えなくとも根が老化せず、地上部も健全に育ちます。と同時に成長の速い品種でも地上部の成長を3割程度は抑えることができるので、コンパクトに育てたい場合にはおすすめです。さらに根が老化せず細根が多くなるので、大きくなったコニファーでも

移植が容易になります。

　不織布ポットに植えたまま畑に埋めて育てることも1年間以内ならできます。植え付け位置がはっきり決まらないときなどは、一時このようにして仮植えしておき、位置が決まった時点で掘り上げて、不織布をカッターなどで縁から底の部分まで4カ所切り開き、ポットをはがして定植とします。

　また花壇やテラコッタなどに草花と一緒に寄せ植えし、半年ないし1年ごとにつくり直す場合には、コニファーをこの不織布ポットに植えたまま寄せ植えすると、草花も育てやすく、コニファーの植え替えも容易になります。

　不織布ポットを埋めて育てると、一部太い根の張り出す品種は、1年程度で根が不織布ポットから突き出て張り出すことがあります。このような品種は、ポットを埋めずに地上栽培とします。

　ただし、冬季マイナス8℃以下に下がる地方で地上栽培する場合は、寒さで枯れる危険性があるので、冬季のみ必ず地中栽培に切り替えてください。夏は地上、冬は地中栽培でも大丈夫です。一般の庭木もコニファー同様に不織布ポット栽培ができますが、常緑樹はコニファー同様、冬は地中栽培にします。落葉樹でも耐寒性の弱いものは、冬季のみ地中栽培をしたほうが無難です。

　以上のように不織布ポットは優れた点が多数ありますが、あくまでも緊急避難的なもので、永久的に使用するポットではありません。間違いのないようご注意ください。

コラム　根の張りだした**不織布ポットコニファー**の植え付け方

　数年間不織布ポットを地中栽培して太い根がポットから張り出したものは、ポットがはがしにくくなるだけでなく、鉢内部に細根が少なくなり根張りが悪くなっているので、ポットを切り開いて植えると枯れる危険があります。

　このような場合は、4月ころ地中よりポットを掘り出し、不織布ポットのまま2～3カ月程度地上栽培します。地上栽培すると外に張り出した根は自然と枯れ、ポット内部に新根が張り出します。

　ポット内の根張りが良くなったら、張り出した太い根をハサミでポットの際ですべて切り取ってください。そしてカッターなどで不織布を縦に縁から底の部分を経由して反対側まで2分割するように切ってポットをはがし、根鉢を崩さないようにして、植え付けます。

3- 用土は赤玉土のみが安心、安全

　コニファーのコンテナ・鉢栽培では用土が大変重要です。理想的な用土は保水力があり、水はけや通気性が良く、酸素を多く含んだ用土です。この相反する条件を満たす用土として赤玉土をおすすめします。黒土は保水力はあるものの水はけ・通気性が悪いので厳禁です。

　一般に市販の培養土には、この赤玉土に腐葉土やピートモス、牛糞堆肥などが混合されていますが、用土には腐葉土など余計な資材はいっさい混入しないでください。あくまで、赤玉土単体で植えることをおすすめします。普通の苗の植え付けには赤玉土の小粒の単体で、大きな苗で直径30cmを超える大型容器に植える場合は、小粒に中粒を1〜3割混ぜます。

　赤玉土単体は最高の用土ではありませんが、もっとも安全に、しかも簡便に栽培できる用土なのです。まずは枯らさないということをクリアーするには、この赤玉土単体に限ります。若干の微量要素補給として、バーク堆肥、または腐葉土などの有機物を1〜2割加味すれば完璧な用土となりますが、あえて混ぜる必要はありません。経験を積んで知識もついてくれば良いですが、初心者がへたに混ぜると根を食害するコガネムシの幼虫を誘発したり、未熟なものだとかえって根腐れの原因となる心配があるからです。

　ピートモスなども混ぜると水もちが良くなる反面、乾きにくくなって根腐れが発生したり、逆に一度乾かしてしまうと吸水しにくくなるなど、過湿と過乾燥が極端に発生し、かん水が大変難しくなってしまいます。

　寄せ植えする場合など、草花専用の用土を使用する人もいますが、通常水もちが良いようにブレンドされているので、もし使われるのであれば軽石か、赤玉土の小粒を適量混合してからご使用ください。また、赤玉土単体なら水はけが良いので、鉢底に入れるゴロ土もいっさい入れません。ゴロ土を入れても排水が特別良くなることはありません。

〈用土は赤玉土小粒のみが安心〉

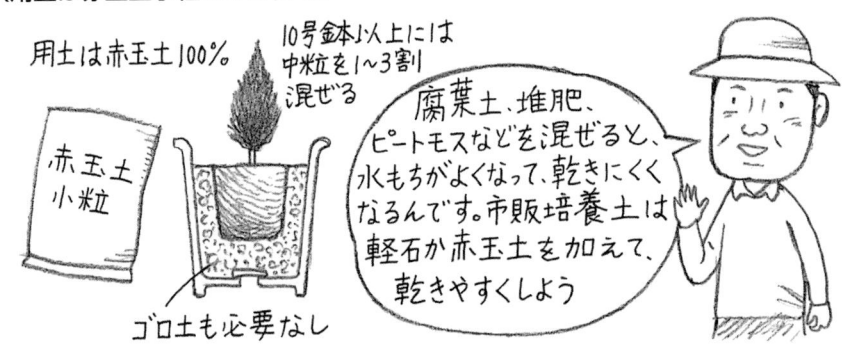

用土は赤玉土100%。

10号鉢以上には中粒を1〜3割混ぜる

赤玉土小粒

ゴロ土も必要なし

腐葉土、堆肥、ピートモスなどを混ぜると、水もちがよくなって、乾きにくくなるんです。市販培養土は軽石か赤玉土を加えて、乾きやすくしよう

4- 鉢への植え付け方

　まず、ポット苗の根鉢の上面が鉢の縁下3～4cmの高さになるように、鉢の下部に用土をつめます。コニファーを寄せ植えする場合は、いずれの根鉢の上面が同じ高さになるように、深さを調整します。そして根鉢をその上に置いて周囲に用土をすきまがないように、鉢の壁面を軽くたたいたり揺すったり、菜箸などで鉢の周りを突いたりして、鉢底のほうまで用土を行き渡らせます。

　根鉢の上面も1cmくらい用土をかぶせ、鉢を持って数回トントンと軽く打って用土を落ち着かせ、幹の曲がりを修整して完了です。そして最後にたっぷりとかん水します。

　植え付け時の肥料は禁物です。新根が伸び始め活着してから、緩効性肥料を置き肥します。新根が伸び始めると新芽も伸び始めるので判断できます。かん水も用土が乾くまで待って、たっぷり与えることが原則です。とくに植え付け後活着するまでは、常時湿らせていると新根の伸びが悪くなり、過湿が続くと根腐れしやすいので注意してください。乾き方は天気や生育状態によって変わるので、一律に何日おきというわけにはいきません。

〈寄せ植えの手順〉

① 1番大きな苗の根鉢上面が鉢縁下3～4cmになるよう用土を入れる

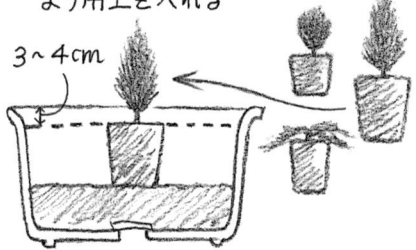

② 次の苗も根鉢の上面の高さをそろえ、すきまに用土を詰める

③ 菜箸でつっつき、すきまなく詰める

④ 鉢を持って地面に軽くトントンと打ちつけ、用土を落ち着かせる　上面を1cmくらい覆土

⑤ たっぷりとかん水する

5- 室内での栽培は1週間が限度

園芸店では観葉植物的なイメージで売られているので勘違いをされてしまうかも知れませんが、コニファーは室内栽培できる観葉植物ではありません。明るい窓越しでの短時間栽培は可能でしょうが、長期に渡っての室内栽培は厳禁です。本来、雨露の当たる野外に地植えする植物です（とくにヒノキ、ヒバの仲間は屋外の夜露〈雨〉に当てないと弱ってしまう）。

植物は光がなくては生きられません。観葉植物は低日照に耐える植物が選ばれているので室内でも育ちますが、コニファーは品種によって多少違いがありますが、ほとんどが室内の明るさでは生きていけません。デリケートな'コニカ'などは必ず枯れます。サンルームとか、半日以上日が当たる場所でしたら可能ですが、玄関などの光が入らない場所では栽培は不可能です。室内は屋外の日陰地よりも何十倍も暗いことをわかってください。観賞するために1週間程度の短期間でしたら問題ありませんが、室内で連続して栽培することはできません。とくに春から秋の成長期間中は、たとえ1週間といえども、かなりのダメージを受けてしまいます。12cmポット以下の幼苗は日陰に耐える傾向がありますが、観賞できるようになった大きなものは、枯らすために育てているようなものです。是非とも…という方は、ある程度日陰に強い種類を選んで、明るい窓辺で小さい苗でテストしてから育ててください。

鉢植えでは倒伏してしまうので、しっかり固定できない場合は、大きく育つ品種はさけるべきです。

6- 鉢栽培は夏越し対策が不可欠

鉢栽培では真夏の高温と、真冬の低温からいかにして保護するかがコニファーの死活問題になります。人は暑ければ木陰に入ったり、エアコンのあるところに移動して体温調整できますが、植物は自ら退避ことができません。地植えの場合は深く根が張っているので、夏越しや冬越しは比較的容易ですが、鉢栽培では、真夏の炎天下に置かれた鉢内の温度は外気温以上に上昇します。肥料や水はよくあげますが、もっと温度、とくに根が育つ鉢内の温度に気配りしましょう。寒冷地生まれの品種が多いコニファーにとって、日本の夏は決して過ごしやすい環境ではありません。以下その鉢栽培の夏越し対策のいくつかを解説します。

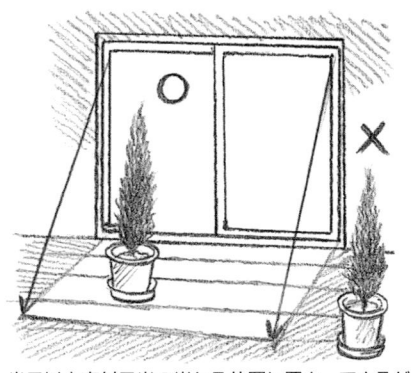

半日以上直射日光の当たる位置に置き、できるだけ屋外に出す

①強日射となる住宅南側の外壁際には置かない

住宅南側の外壁際の真夏の環境は最悪です。さらに地面がコンクリートだったり、アスファルト道路に面していると、外壁から反射する輻射熱と、地面からのダブル熱で鉢内温度は想像を超える高温となります。デリケートなコニカなどは、間違いなくハダニがついたり、高温に耐えきれず著しく衰弱し、最悪の場合には枯れてしまうこともあります。真夏は涼しい木陰か自宅の北側へ移動し、保護します。

②スノコや人工芝、ウッドチップを敷き、打ち水

ほかに置く場所がない場合には、コンクリートやアスファルトの上に、熱を吸収しにくいスノコや人工芝、ウッドチップなどを敷いて、少しでも鉢内温度を下げる工夫をします。さらにはこれらの資材に打ち水をして、気化熱で温度を下げることも効果的です。

もっとも鉢温度を下げる効果があるのは、地面に防草シートを敷いた上に鉢を置く方法です。

③二重鉢にする

ひと回り大きな鉢の中にすっぽり栽培鉢を入れてしまう二重鉢にすると、鉢と鉢のすきまで遮温され、鉢温が抑えられます。二重鉢管理は鉢内温度を下げる手段としてはかなり有効な手段です。

④地面に鉢を埋める

敷地にスペースがある場合は、地面を掘って鉢を埋め込む方法も有効です。地温は安定しているので、この方法は寒冷地での鉢栽培の冬越し対策としても有効です。

⑤強日射に強い植物の陰に置く

ベランダなどでは、前面に日射に強

〈夏越し対策〉

い植物を置いて少しでも太陽光を遮へいすると、大きな植物の蒸散効果も重なって高温が抑えられます。

⑥夕方、葉水を毎日かけて夜間の気温を下げる

葉水をかけると、その気化熱で温度が下がります。ただし日中はさけ、地面が濡れるほどの水は過多になるのでさけましょう。

7- 植え替えの時期と方法

用土とか、品種によって異なりますが、通常2～3年に一度は植え替えが必要となります。発根旺盛なニオイヒバ系では2年に一度、発根量の少ないビャクシン系でも3年程度が限界でしょう。植え替えは移植と同様、少なからず根を傷めるので、元気に育っていて問題がなければ行なう必要はありません。

植え替えが必要になったと判断する目安は、鉢底から大量に根が張り出したり、かん水をしても外に流れ出てしまい内部まで水が行き渡らなくなったり、地上部の樹勢が衰え元気がなくなり始めたときです。

植え替えの適期は、根の活動開始直前の春先か、活動開始初期ごろが理想です。根巻き苗の植え付けと同様、秋から冬の植え替えは原則禁止です。

鉢底にルーピング（鉢底に根がトグロを巻いた状態）が見られたら、必ず根をよくほぐしてから植えます。手に負えないほどルーピングしている場合は、老化した根の一部を切断して新しい根の発根を促します。多少の根の切断はまったく心配ありません。

ひと回り大きな新しい鉢を用意し、植え付けと同様の方法で植え付けます。

〈植え替えの時期の目安〉　　〈ルーピング苗の処理〉　〈鉢替え〉

樹勢が衰え、葉の色が悪くなる

かん水しても、なかなかしみ込まずウオータースペースにたまる

鉢底から根が何本も伸び出す

ほぐす

底部分を軽く手か熊手でかいて、トグロを巻いた根をほぐして、短かくカット

ひと回り大きな鉢に、同じ用土（赤玉土小粒）で植え替える

肥料の施し方

1- 肥料のやりすぎが失敗の元

●肥料やりはほとんど必要なし

　地植えのコニファーには、肥料はあまり必要ありません。肥料不足よりも、むしろ施し過剰のほうが問題となります。とくに初心者は肥料のやりすぎの失敗が多いのです。肥料やりは、ある程度経験を積んでから行なうほうが賢明です。肥料が少なければ当然ゆっくりとした生育となりますが、生育が停滞するわけではありません。むしろ、少しでも生育を遅らしてコンパクトに育てたい場合には、肥料は少ないほうが良いのです。無肥料でも枯れることはありませんが、肥料が多すぎると間違いなく枯れます。

　コニファーは基本的に自然の野山に自生している植物です。根が水分と養分を求め張り出し、自らが必要な養分を吸収する機能を備えています。品種にもよりますが、とくに大型で強健種のコニファーには肥料の必要はないと思ってよいでしょう。必要があるとしても、植え付け直後と、活着して1〜2年程度の根が十分に張る前までの期間で、それ以後は必要ありません。

●地植えはシルバー系や黄色系の一部に、鉢植えはすべての品種に必要

　ただし、黄色系の一部、シルバー系の一部のコニファーの中には、肥料不足になると品種本来の葉色にならない品種があります（シルバー系でも'ブルーアイス'などは無肥料で十分）。また、枝葉の密な樹形を保つためにもある程度の肥料は必要です。しかし、これらの品種でも、葉の色艶が良く、順調に成長していれば施す必要はなく、与える場合も少なめにします。

　肥料が必ず必要なのは、限られた容積、用土の中に根が張って育つ鉢植え栽培（コンテナ栽培）です。鉢栽培

〈肥料が必要なコニファー〉

シルバー系
カナダトウヒ
'サンダーズブルー'

黄色系
ニオイヒバ
'ヨーロッパゴールド'

鉢植え

肥料はほとんど必要なし。やり過ぎて枯らすことが多い。ただしシルバー系、黄色系の一部は肥料を多少やらないと鮮やかな色が出ない

鉢栽培には不可欠だが…

では、肥料を求めて自在に根を伸ばすという植物の基本能力を奪っているからです。かん水も同様に必要となります。そのため、かん水のたびに肥料も流亡するので、なおさら施肥が必要になります。しかし、限られた容積と用土なので、地植え以上に肥料のやりすぎの危険があります。「花工房」がコニファーの鉢栽培をあまり推奨しないのは、このことが大きな理由です。栽培技術のなかで、肥料やり（施肥）とかん水が一番難しいのです。

● 肥料をやりすぎるとどうしていけないの？

肥料をやりすぎておこる障害の第一は、「肥料焼け（肥焼け）」です。植物は水に溶けた肥料を根から、浸透圧や毛管現象を利用して吸収しています。浸透圧の作用とは、根の中の細胞液の濃度を濃くして、根の周りの水を吸収して根の内部の濃度を薄めるようにして、水や肥料を吸収します。

ところが、肥料を多量に施して、根の周りの濃度が根の細胞液の濃度よりも高くなってしまうと、水や肥料を吸収できなくなるばかりか、逆に根の細胞液が奪われ脱水症状を引き起こしてしまいます。

これが「肥料焼け（肥焼け）」です。肥料焼けすると根が弱って下葉が枯れてきます。ひどいときは根腐れして枯れてきます。初心者の中には、この姿を肥料不足だと勘違いして、再び肥料を与える方がいます。

肥料過剰の障害は、このほかにも軟弱に育って病害虫の発生が多くなったり、吸収する養分のバランスが崩れてしまうこともあります。これは日照が不足で光合成によるでん粉生産が少ないのに、肥料（とくにチッソ）が多いと樹体内で栄養バランスが崩れてしまうからです。日陰地、半日陰地のコニファーには、肥料は通常の半分程度に減量します。

2- 肥料は3カ月以上効き続ける緩効性肥料を

● 化学肥料なら、リン酸の多い、ジワジワ溶け出す緩効性肥料を

もっとも理想的な肥料の施し方は、植物が育つために必要な肥料分が、必要とする時期に合わせて少しずつ溶けて、ジワジワと持続することです。この条件が植物にとってもっとも嬉しい肥料環境です。しかし多くの肥料の溶け出し方や濃度は、肥料の種類や量だけでなく、気温、水分などによっても

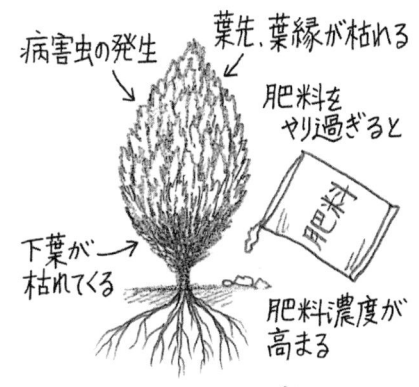

〈肥焼け〉

病害虫の発生
葉先、葉縁が枯れる
肥料をやり過ぎると
下葉が枯れてくる
肥料濃度が高まる

細根が枯れ、やがて根腐れに

変化してしまいます。

　肥料を大別すると有機質肥料と、化学肥料（無機質肥料）に分けられます。化学肥料（化成肥料）は、植物の成長に多く必要なチッソ（N）、リン酸（P）、カリ（K）の三要素が入っています。微量要素まで混入された微量要素入り化成肥料まであります。普通の化学肥料は、肥料成分当たりの価格が格安で、手軽に使用できますが、速効性で高濃度の肥料成分が一気に溶け出してしまいます。使用方法を誤ると悪影響があるので、コニファーには絶対に使用しないでください。熟練者でも控えるべきですが、とくに初心者は1袋20kg入り1,000円前後で売られている化成肥料は絶対に使用しないこと。また、液肥はもっとも速効性で肥料効果は持続しません。希釈濃度を間違えなければ肥料焼けの心配はありませんが、失敗する危険が高いのでコニファーには厳禁です。

　化学肥料を使用するなら、この化学肥料の欠点を改良した緩効性肥料や緩効性被覆肥料と呼ばれている肥料を使用してください。なかには1年間も肥料効果がジワジワと持続するものもあります。最低でも3カ月以上肥料効果が持続する緩効性肥料を使用してください。とくにリン酸配合比の高いタイプをおすすめします。リン酸が十分植物に吸収されると、幹が太く、根張りが良くなって立派な樹に育ちます。

　「花工房」では、「ライトCM」、または「ウッドマップ」という商品名で生産者向きに売られている緩効性肥料をおすすめしています（メーカー：サングリーン㈱）。「グリンマップ」という緩効性肥料でつくられていて、チッソ5％、リン酸30％、カリ5％、苦土（マグネシウム）15％を含み、元肥、追肥として使用できます。肥料成分が水に少しずつ溶けるので、直接根に肥料が触れても肥料焼けがおこりにくい肥料です。リン酸や苦土が多く含まれているので、まず根の伸長を助け無理なく植物の成長を促す効果があります。大変高価な肥料ですが、価格に見合った以上の効果が期待できます。「花工房」では20年以上、この肥料を使っています。

● **有機質肥料なら油粕（あぶらかす）がおすすめ**

　有機質肥料は自然界にある天然物、動植物からつくられたもので、肥料を施してから微生物によって徐々に分解されてから少しずつ効いてくるので、根にやさしい肥料です。また、有機質肥料にはさまざまの微量要素が含まれ、化学肥料では真似できない、すばらしい葉色や花色を楽しませてくれる効果があります。

　ただし有機質肥料の中でも、牛糞や鶏糞などの家畜糞肥料は、肥効の持続のコントロールの面などから初心者には不向きな肥料です。とくに鶏糞は化学肥料並に速効的なので厳禁です。おすすめするのが菜種から油を絞った後の油粕です。価格も安くどこでも手に入るのでおすすめします。ぼかし肥などと呼ばれている、油粕と骨粉を混ぜ

て発酵させたものもあります。肥料効果は弱いですが、植物にやさしく、地球にもやさしい肥料と解釈してよいでしょう。

　有機質肥料の欠点は、取り扱いがやや面倒なことと、悪臭、虫などが発生することです。もうひとつの欠点は、大部分の有機質肥料はチッソ主体でリン酸とカリ分が少なく、三要素の配合バランスが悪いことです。油粕はリン酸肥料が少ないので、骨粉や化学肥料のリン酸（ヨウリンなど）で補う必要があります。有機質肥料はこのような欠点があるので、鉢栽培では使用しないようにしてください。必ず3カ月以上肥効が持続するタイプの緩効性化学肥料を使用します。

3- 施肥は春先、年1回でOK

●施肥時期は油粕は12月から1月末、緩効性化学肥料は3月から4月

　油粕は、気温が高くなってから施すと、ウジが発生したり、臭いが発生したりしてご近所迷惑になるのでさけます。寒い時期に施す理由は、独特の臭いや、ウジムシなどの発生を回避できる点にあります。成長を停止している寒い時期に施してもむだだと思いがちですが、油粕は冬にじっくりと分解し、肥料の必要となる春先から効いてきます。また、地上部は成長しなくても、土中では一足先に根の活動が始まっているので、早めに施します。油粕でも、気温が高い時期に施すと分解発酵が急激に進み、一気に肥料濃度が上がり肥料焼けをおこすことがあります。気温の上がる4月以降は注意が必要です。とくに鉢植えに油粕は厳禁です。

　緩効性化学肥料は施したときから少しずつ効いてくるので、これから生育を開始する3〜4月ころが施肥適期です。

　その後の施肥は葉色を見ての判断になりますが、一般的に地植えでは、この3〜4月ころの施肥のみの年間1回限りとします。それ以上施してはいけません（初心者は無肥料をおすすめします）。過ぎたるは及ばざるがごとしです。とくに8月に入ってからの施肥は厳禁です。8月からは新芽を伸ばすのでなく、デンプンなどの養分を来年のためにため込む時期だからです。

●鉢栽培でも「緩効性肥料を年1回春に」が原則

　鉢栽培でも原則的には、3カ月以上肥効が持続するタイプの緩効性化学肥

〈肥料は緩効性化学肥料〉

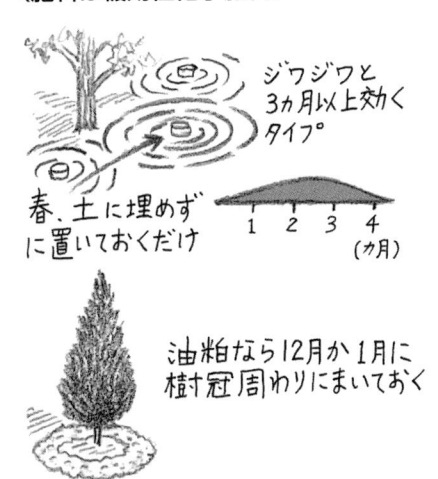

ジワジワと3ヵ月以上効くタイプ

春、土に埋めずに置いておくだけ

油粕なら12月か1月に樹冠周りにまいておく

料を、この3〜4月に年間1回施すだけで十分です。草花のコンテナや鉢栽培ではハイポネックスなどの液肥がよく使われていますが、もっとも速効性で肥効期間は1週間くらいですぐなくなります。液肥はあくまで緊急用の補助肥料で、生育スパンの長いコニファーには基本的に向きません。すぐに肥効が切れてくるので何回も施すことになり、費用もかかり、手間も大変です。液肥はコニファーには厳禁です。

> コラム
> ## 肥料の基礎知識

●植物にとって肥料とは？

人間の食物の栄養素は、炭水化物（デンプンや糖など）、タンパク質、脂質、ミネラル（リン酸、カルシウム、亜鉛、鉄など）、ビタミンなどですが、植物は炭水化物を、葉で太陽の光と水と二酸化炭素を合成して自ら生産しています。これを光合成といいます。タンパク質もこの生産した炭水化物と根が吸収したチッソを合成して自ら生産しています。脂質も炭水化物を再合成してつくっています。ビタミンなども炭水化物とミネラルを合成してつくっています。

つまり、植物にとって必要な食べ物の第一は、太陽の光と水と二酸化炭素です。根から吸収される栄養は、ほとんどがチッソ、リン酸、カリ、マグネシウム（苦土）のように、炭水化物と合成されていない無機栄養です。

有機質肥料を施しても、ほとんどは微生物が無機栄養まで分解してから吸収されます。このことが、人間（動物）と植物の栄養の大きな違いです。

根から吸収するチッソやカリやミネラルなどの無機栄養は、土中に多少なりとも含まれているので、地植えの場合にはそれほど神経質になることはないのです。土はこれらの無機栄養を吸着して貯蔵する機能をもっているからです。

●チッソ肥料は両刃の剣

肥料の成分には、多く必要となるチッソ（N）、リン酸（P）、カリ（K）の三要素と、カルシウム（Ca）、苦土（Mg）、イオウ（S）、ホウソ（B）、マンガン（Mn）、鉄（Fe）などの微量要素とがあります。

市販の肥料には、この三要素、N（チッソ）- P（リン酸）- K（カリ）の含まれている量が％で表示されています。10-10-10と表示されている肥料は、チッソ10％、リン酸10％、カリ10％が含まれていることを意味しています。微量要素は必要量が少なく、通常、土壌中に含まれていたり腐葉土などからも補給されるので、特別意識して施す必要はありません。

樹木にとって三要素の中でもとくにチッソとリン酸が重要な肥料です。カリ肥料は実肥とも呼ばれ、主に果実を成長させたり貯蔵養分を貯めたりする際に多く必要となりますが、樹木にはそれほど施す必要はありません。

チッソ肥料は細胞をつくるタンパク質の材料であり、また光合成を行なう葉緑素の成分です。主に成長するときに必要となり、葉を育てるのにもっとも必要な成分です。チッソが不足すると葉色が淡くなり、成長も鈍ってきます。施すとみるみる緑が濃くなり、よく成長してくるので、効果がもっともわかりやすい肥料

4- 肥料は**樹冠円周の表面**に

●溝を掘って土中に施すことは厳禁

　樹木の枝が伸びた樹形の輪郭線を樹冠といいます。施肥の位置は、その中でももっとも大きな枝を張り出した枝の真下付近が、肥料効果の高い位置です。この幹を中心とした枝の先端部下の土壌表面に円状に施します。

　参考書によっては「少し溝穴を掘って、その中に施し埋め戻します…」とありますが、これは絶対に行なわないです。

　逆に、多く施しすぎても害が出やすいのがチッソ肥料です。葉色がどす黒くなり、葉が垂れてきたり、軟弱徒長気味になったり、病虫害が多くなったりと、その害もはっきりわかります。根の肥料焼けの原因もこのチッソ過剰がほとんどです。チッソは土壌水分、気温によっても溶出速度が速まるので肥料焼けの危険性が高いのです。緩効性肥料の多くは、このチッソ分がジワジワ溶け出すように改良されています。

●リン酸は最初に多く施しておくことが肝心

　チッソと比較してリン酸は、その肥料効果は外見からでは判断しにくい性質があるので初心者は軽視しがちですが、目に見えない部分でもっとも大切な作用をしています。リン酸は、光合成に関与していたり、細胞分裂を促す作用を担ったりなど、独特の役割をしています。根肥とも呼ばれ、まず幼苗時期にしっかりとリン酸を吸収させないと、根は細くわずかしかは張らず、極めて不健康な弱々しい苗になります。根張りだけでなく、茎も極めて細く、枝葉も著しく少なくなります。リン酸が不足するとずっしりとしたよくしまった樹形にはならないのです。それはその後の生育にも強い影響力をもち、ある程度育った樹でも根張りが悪かったり、幹が太らず明らかに不健康そうに見える場合は、リン酸が欠乏していることが多いのです。

　また、リン酸肥料は施したからといって肥効が現われにくい特性があります。つまりチッソと違って効きにくいということです。リン酸を施しても、その大部分が土に吸着され根が吸収できなくなってしまうのです。とくに酸性の強い土壌や火山灰土壌などで、この現象が顕著です。

　リン酸をよく吸収させるには、石灰を施して酸性を矯正するとか、堆肥を施すとか、土中にほとんど溶け出さないで根に触れることで肥効が現われる「く溶性リン酸」を含んだリン酸肥料（ヨウリンなど）を多く施すなどの対策が必要です。

　一般的には10-10-10など三要素が均一に含まれた肥料が多いですが、多少価格が高くなりますが、チッソ1に対してリン酸2程度の、10-20-10のようなリン酸の多い肥料がおすすめです。リン酸肥料でも、水によく溶ける水溶性リン酸よりも、水に溶けずに土に吸着されず、植物の根から分泌される酸や土壌中の有機酸によって溶け出す「く溶性リン酸」（ヨウリンなど）がコニファーにはおすすめです。水溶性のリン酸は流亡したり、土に吸着されやすいからです。

【施肥量の目安】

樹　　　高	油 粕 の 量	緩効性化学肥料の量 （10-10-10）
樹高 1.0 m前後の木／1 本	600 cc前後	20 g前後
樹高 1.5 m前後の木／1 本	1000 cc（1㍑）前後	30 g前後

でください。

　ある程度肥料の知識、経験がある方は心配ありませんが、初心者には危険です。溝を掘って土中に施すと肥料効果も高まりますが、ガスなどの発生で根を傷める危険があること、肥料の分解が早まり肥料が一気に溶け出す危険が高くなります。肥料の量が適切でしたら問題ありませんが、どうしても過剰に施しやすいので、絶対にさけるべきです。

　過剰施肥による肥料焼けは、有機質肥料も、化学肥料も一緒です。土壌表面にまくと、ガス障害も肥料焼けの心配もありません。肥料は安全性優先で施すことが第一です。

● 施す量は品種や場所で調整

　施す肥料の量は品種、生育状況、年数、生育場所などで調整します。目安は上表のとおりです。

　この数値はあくまでも目安です。同じ品種でも生育状況や生育環境によって異なるので、最初は少ない量でテストしてから適量を見つけてください。

　たとえば、日陰地、半日陰地の場合は、肥料は通常施肥量の半分程度に減量します。植物は太陽光が十分に当たりデンプンが十分に生産できないと、肥料を吸収してもそれを体内で消化して成長に使うことができないからです。

　日陰地のコニファーはデンプン生産量が少ないため、ちょっと多く施すと体内で肥料（とくにチッソ）過剰となり、思いもよらない病気の発生を招いてしまう危険があります。

〈施肥の原則〉

×　溝を掘って埋めるとダメ

施肥は桜が咲く頃、1回のみ

鉢栽培の場合も1回のみ

日陰地のコニファーには半分程度に

かん水の仕方

1- 失敗の一番の原因は水のやりすぎ

●地植えのコニファーには
　絶対かん水をしない!!

　施肥とともに難しいのがかん水ですが、地植えのコニファーには、植え付け直後以外はかん水の必要はありません。ただし、真夏の干ばつや、幼苗期の乾燥時、あるいは水分を要求する品種は、例外的にかん水が必要です。

　植物の根は水分を求めてどんどん根を張り出す性質があります。土壌水分が多いと自ら根を張り出して水分を吸収するという作業を怠けてしまいます。つまり過保護の害です。このことはコニファーだけに限らず、植物全般に共通していえることなので、しっかり学びとってほしいです。また、土壌は人間が思ったほど乾燥していません。表面は乾燥していても根が張る位置の土壌は、意外と水分は保たれています。地面を掘り返してみるとすぐわかります。このことをまず認識してください。植物は、酸素が十分でやや乾燥気味な土壌条件のほうが、太くてたくさんの根が深く張ります。

　「花工房」の畑でもよほどのことがない限り、かん水することはまずありません。家庭のコニファーも一緒です。ちょっと乾いたからといってかん水を繰り返すと、細くて弱々しい根が数少なくしか張りません。根が深くに張ら

（図中）
地植えのコニファーには、かん水無用
上層は乾いていても下層は湿っている
根は養水分を追い求めるように深く伸びていく

ないので、逆に乾燥に弱くなってしまいます。さらにかん水過多で水分が多いと、土中の酸素が少なくなって呼吸ができず、根腐れをおこして枯れる危険が非常に高くなります。乾燥状態になっても、滅多に枯れることはありません。

●鉢栽培ではかん水が不可欠だが----

　しかし、限られた容積、限られた用土で育てる鉢栽培、コンテナ栽培では、かん水は不可欠です。「花工房」では現在も何万鉢ものコニファーの苗を鉢で育てています。小さな鉢で育てる盆栽の世界には「水やり3年」という名言がありますが、まさに鉢栽培では、かん水が生命線になる、もっとも難しい基本技術です。

　よく「かん水は毎日ですか、何日お

きですか」という質問が多いですが、かん水間隔は一律的に何日おきにとはいえません。むしろ、かん水は機械的に毎日とか、何日おきとかという感覚でしてはいけません。

かん水の必要度は、それぞれ栽培環境や時期、天気や気温によって日々変動するものです。さらに鉢の種類、用土の種類、鉢の置き場所、品種、鉢の大きさ、植え替え後の年数などさまざまな条件によって変わってきます。

確かな数値基準がないので、勘に頼らざるを得ず煩雑ですが、見方を替えれば植物との関わりをもてる楽しみもそこから生まれます。このことをわずらわしいと思う人は、植物を育てるうえで基本的に不向きです。

かん水の基本を簡単な文言で表現するとしたら、「鉢内に十分湿り気があるうちは絶対にかん水はしない、乾くまで待って、乾燥したらじゃぶじゃぶかける」ということです。鉢栽培でも根の性質は地植えと同様です。機械的に頻繁にかん水をしていると、根張りが悪くなるだけでなく、酸素不足で根腐れをおこし枯れてしまいます。実は鉢栽培で枯らすもっとも多い原因は、かん水過多による根腐れです。

鉢の用土は表面が乾いても鉢底までは乾いていません。意外と内部の土は湿っているものです。このことをしっかり認識することも大切です。実際に植物の立場に立ってかん水のタイミングを判断するには、表面の土が乾いていても用土の中へ指を差し込んで確かめてみることです。鉢底を見てかん水の判断をすることも有効な手段です。

そして、どの程度用土が乾燥していたら、地上部はどのような状態なるのか、観察を繰り返せば、かん水が必要なタイミングを感覚でつかめるようになります。

前述したように鉢栽培では乾燥を防ぐよりも、いかに乾きやすくするかのほうが大切です。鉢は幾分小さめなものを使用して、早く乾くようにします。木の大きさに比べて大きな鉢に植えると乾くのが遅くなり、根張りが悪くなり、根腐れをおこしやすいのです。間違っても大きな鉢を使用してはいけません。

かん水の極意は、早く乾く環境にしたうえで、かん水回数をできるだけ多くすることです。このことに尽きます。とくに乾燥気味の土壌を好み、根腐れしやすいコニファーは意識して水はけ

〈かん水は季節によって手加減〉

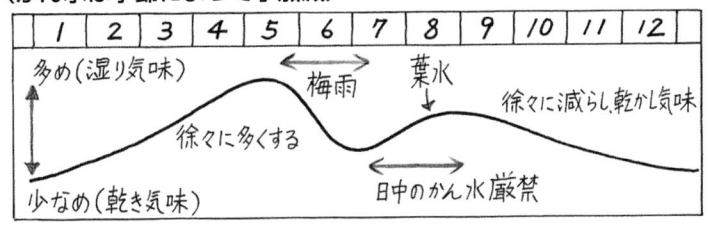

| 1 | 2 | 3 | 4 | 5 | 6 | 7 | 8 | 9 | 10 | 11 | 12 |

多め(湿り気味) ←→梅雨 葉水↓ 徐々に減らし乾かし気味
徐々に多くする
少なめ(乾き気味) ←→日中のかん水厳禁

がより良い乾く用土を使用します。

　かん水をするときは、夕立のごとく鉢底から水が必要以上に流れ出すまで十分に水やりします。かん水はただ単に水分を補給するだけではありません。鉢底から水が流れ出すことによって、古い空気が追い出され、新しい酸素が鉢内に取り込まれます。速く乾き、かん水回数が多くなれば、それだけ根に十分酸素を補給でき、健全な生育にすることができるのです。

2- 春夏秋冬で違うかん水の基本

[春のかん水]　地上部は冬のままでも、根は春の気温の上昇とともにひと足先に活動を開始します。しきりに水分を吸収して春の萌芽に備えます。冬の乾燥状態から徐々にかん水回数を増やしていき、新芽が伸び始めたらさらに量を多くしていきます。

　年間の生育ステージの中でもっとも水分を要求する時期は、どんな植物でも春の新芽の伸び出しから新芽が固まるまでの期間と、花の咲く植物では開花期間です。この期間は十分に水分を与えることが基本です。

　そして初夏を迎えるころには新芽も伸長を止めて固まり始めるので、かん水量も減らしていき、梅雨時期には乾燥気味にかん水をひかえます。

[夏のかん水]　真夏の暑さでも、用土が乾かなければかん水の必要はありません。人情的に水をかけたくなりますが、その場合には葉水程度にとどめて、用土が過剰に湿るようなことがないようにします。

　かん水する時間帯も夕方が基本です。日中でのかん水は厳禁です。暑い日中にかん水すると鉢内の温度が一気に上がり、かけた水は熱湯となり、真夏の高温で活力の弱った根は煮えたぎってしまいます。しかもコンクリートやアルファルト上に置かれた鉢は、最悪の結果となります。真夏の炎天下でのかん水は絶対禁物で、しおれていても夕方涼しくなってから行ないます。

[秋のかん水]　徐々にかん水量を減らしていきます。品種によって適温であれば年中新芽が伸びるものもありますが、秋の芽の伸びを抑えないと来年のための貯蔵養分が少なくなってしまいます。気温が下がってくると植物も水分を要求しなくなり、休眠時期に入る体勢に移ります。水分を少なくすることによって、真冬の寒さを乗り切る体勢ができてきます。

[冬のかん水] 冬は寒さのため、植物は休眠したり、活動を休んでいたりします（暑さに弱いクリスマスローズ、シャクナゲ類などは夏に休眠）。この休眠期は、よほど乾かなければ必要ありません。水分が多いと根腐れをおこしたり、耐寒性が弱くなったりします。ただし、ヌマヒノキやスギ、ヒノキの仲間は、冬季でもかん水をしなければ乾燥障害が現われるものもあります。

3- 植物にとって夜露は重要です

●鉢栽培も入梅からは屋外で

かん水とは違いますが、空気中の水分、湿度も植物の生育に大きな影響があります。とくに植物にとって夜露に当てることはとても大切で重要で、健全に育てるためにも絶対に必要です。

この効果は、夜露に含まれる成分などではなく、夜間から朝方にかけて気温が下がり湿度が上がる冷涼な環境が、植物の生命活動を活発にさせるのではないかと解釈しています。人にたとえるなら、安眠みたいなものかもしれません。夜露に当てた植物と当てなかった植物では、その生育スタイルに歴然とした差が現われます。理論は説明できませんが、栽培の現場では非常に大切なことです。

これは意識して夜露に当てるという意味ではありません。野外で栽培すれば当然夜露にも当たります。鉢植えのコニファーも、入梅時期から年内一杯まで屋外で雨に当てると、より健全に生育し、幹が太くなり見るからに力強い樹形となります。

反対に室内で2年以上栽培したコニファーは著しく衰弱してしまい、やがて枯れてしまうコニファーもあります。ヒノキ、サワラ類は、とくにこの傾向が強いので、室内栽培してはいけません。これは日照不足も一因ですが、夜露に当たらないことも大きな原因です。ただし、ビャクシンの仲間に限っては、日照不足にならなければ室内でも比較的問題なく生育します。

コラム　ニオイヒバの仲間は葉焼けに注意

葉焼けは、土中から吸収する水分以上に葉から水分を奪われるときに発生します。真夏に異常高温になる地域、通風の悪い場所、とくに問題になるのは西日が当たる場所です。コニファーのすぐ後ろにコンクリートなど日射を反射するような構造物がある場所では、厳重注意環境です。

'グリーンコーン'や'エメラルド'などニオイヒバの仲間は、湿り気味の土壌を好み、強日射を嫌い、葉焼けしやすいので通風の良い場所へ植えてください。ある程度は日陰にも耐えます。

ニオイヒバの仲間でも'マリセンズサルファー'は例外的で、植え付け後1～2年間くらいは葉焼けをおこしますが、根張りがしっかりしてくると葉焼けしなくなります。いずれにしても、葉焼けしても通常は軽微で生育にはさほど支障なく、回復も早いです。

7 整枝・剪定

CONIFER

1- 整枝・剪定はコニファーの身だしなみ

　整枝・剪定とは、庭木や盆栽では「樹木のきれいな樹形を長年維持する手法」、果樹などでは「作業性を良くし、収量が多くなるように幹や枝を仕立てる手法」ということです。コニファーも庭木ですが、コニファーはコニファー自身がきれいな樹形を整える力を備えています。マツなどの仕立て物の庭木とは基本的に違い、コニファー自身が自然につくる樹形、自然樹形が基本ですので、コニファーに限っては整枝・剪定をあまり難しく考える必要はありません。1年に一度、または数年に一度樹形ラインに沿って伸びすぎた枝を切り取ってやる「お手入れ」と思ってください。特別身構えてする手入れではありません。誰でもコツさえわかれば、簡単にできます。

　しかし、コニファーを売るセールストークとして「コニファーは無手入れ」「手入れ要らず」と盛んに言われ続けてきたため、コニファーはまったく手入れが必要ないと思い込んでいる方が少なくありません。ガーデンデザインの本を見ても、車窓から目に入るコニファーも、ホームセンターの見本園でも、大部分は手入れがされていません。コニファーは「管理入らず」、というイメージだけが定着してしまったのは残念です。

　放任でも樹形が崩れないカナダトウヒ'コニカ'や低成長種の一部の例外品種を除いて、大部分のコニファーは少しだけ手入れをしないときれいな樹形は望めません。まして住宅環境から狭いスペースに植えられることが多いので、コンパクトに、しかも美しい樹形を維持していくには、ある程度の手入れが絶対に必要です。一般的なコニファーは10年程度で4m前後には成長します。伸ばし放題にできるスペースは少ないはずです。

　なお、剪定で切った枝葉は樹上から全部取り除いてください。枯れた枝葉が樹上に残っていると、美観も悪くなるだけでなく、病虫害発生の原因にもなります。地面に落ちたものは美観さえ気にしなければそのままでも問題はありません。

剪定はコニファーの身だしなみのお手入れ

2- 幼木期につくる基本スタイル

簡単な手入れが必要な、もうひとつの理由があります。庭木などは立派な樹形に仕立てた成木を植えることが普通ですが、コニファーはほとんどが樹高1ｍ前後の幼木からスタートします。これがコニファーの魅力でもありますが、幼木から成木になる過程は、樹形の基本形をつくる期間でもあるからです。

コニファーは何年でも成長する樹木であることをしっかり認識し、幼苗時期から適切な整枝・剪定をすることが、美しい樹形を楽しむためには絶対必要です。その剪定技術といっても、大部分のコニファーは伸びすぎた枝を摘んでやる、そんな簡単なことなのですから…。

ただし、前述（73～74頁）したように、コニファーの種類（属・種小名）や品種によって育ち方が違うので、剪定のポイントも違ってきます。また、成木期に入るとほとんど刈り込み剪定の必要のないものと、必要なものとがあります（巻末の表参照）。

育ち方の特徴から、いくつかの仲間の剪定ポイントを紹介しましょう。

3- 剪定適期は新芽が伸び始める直前の２～３月

剪定の適期は、春、寒さが少し緩んだ時期から新芽の伸び出す直前です。新芽が伸び出す以前でしたら、冬に多少早く行なってもまったく問題ありません。2～3月ごろが良いと思います。とくには春しか新芽が伸びないマツ科のコニファーは、すべてこの時期に剪定します。新芽が伸び出してからの剪定は厳禁です（マツのミドリ摘みは例外）。

ただし、寒地では寒さが緩んでから行ないます。樹冠の外周部は防寒コートを兼ねています。剪定によってこのコートをはがされ、いままで保護されていた内部の枝葉が急に露出し、強い光や風雨、寒さにさらされると、その障害をもろに受けてしまうからです。

生産の現場では6月から7月ごろにも実施することがありますが、2ｍ以上に育った樹は春の1回のみで十分です。8月から1月の期間は原則的にさけます。この時期に行なうと翌年の貯蔵養分が少なくなるばかりか、剪定後、古葉が露出した見苦しい状態が翌春まで長く続くことになるからです。

【剪定の適期】

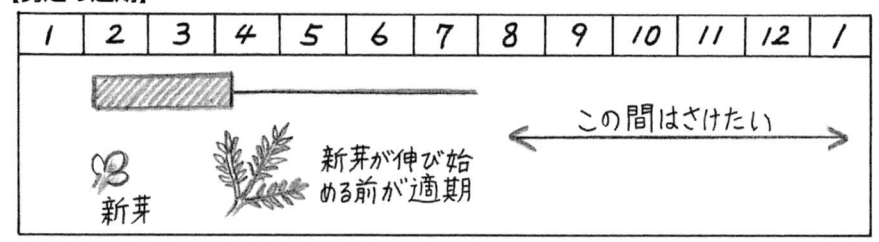

4- 頂部先行で伸びる円錐形コニファー

●幼木期に芯を切り横枝を伸ばす

コニファーは生育段階によって枝の伸び方が違ってきます。円錐系に育つコニファーの大部分は、幼苗期は上に向かってグングン伸びますが、横枝はあまり発生しません。ところがある程度成長すると停滞期に入り、上に伸びるスピードが落ちてくると同時に、今度は横枝が張り出してボリュームが出てくるという特性があります。

たとえば、萌芽力が強く成長が旺盛なホソイトスギの仲間の'ブルーアイス'は、幼木期は思ったほど横枝は伸びず、ひょろっとした感じで上にだけ伸びてしまいます。ところが2mを超えるころからは横張り樹形へと変わってきます。ビャクシンの仲間の'ブルーヘブン'も幼木期は細身で上に向かって伸びるばかりで、エンピツ状態となります。いずれは下枝にもボリュームがついてきますが、無手入れのままだと下枝が少なくなりボリュームのある樹形になりにくいのです。

この頂部優先で伸びる円錐樹形のコニファーは、幼木期に年1回、春先に主幹の先端の成長点部を摘む感覚で切ってやると、その下の側枝が一時的に勢力を増して数が増して伸びてきます。小さな木の先端を切ることにはためらいもあるでしょうが、幼木期は木の活力が強いので、切っても短時間で新しい新芽が伸び出してきます。

その後、切った先端部に新たなリーダー（芯）がいつの間にか立ち上がってきます。

そして1.5m以上に成長して成木期に入り始めると、今度は横枝が必要以上に伸び始めます。根張りの悪い'ブルーアイス'の場合、伸びるがままに横枝を繁茂させると自分自身が立っていられず倒伏してしまいます。

そこで、成木期には、倒伏防止も兼ねて、刈り込みバサミで横枝も含めて全体を刈り込みます。このわずかなお手入れで品種本来の良さが発揮されます。

ブルーアイスの幼木期の剪定（芯切り）

左：頂部優先で伸びるブルーアイス。下枝が欲しいところまで思い切って切り戻す。

右：切り戻したところ（矢印）から下に枝数が多くなった翌年の姿。

ビャクシン'オウレア'の成木期の剪定
左：旺盛に伸びた下部の横枝　中：横枝を樹形ラインに合わせて刈り込む　右：剪定後

5- 横枝先行で伸びる円錐形コニファー

●幼木期に横枝をカットし芯を伸ばす

ほとんどの円錐形コニファーは幼木期は頂部優先で伸びますが、逆に下枝ばかりが伸びて、幹の先端の芯が伸びにくい品種もあります。代表種は、ニオイヒバ'ヨーロッパゴールド'です。この品種はとくに苗のときには横に伸びて上にはまったく伸びず、まるで球形種のようです。しかし、しっかりと根が張り株が大きくなると、ある日突然のごとく勢いよく芯が伸び始め、4mもの円錐形の樹形になります。

このような品種は、逆に幼木期に下枝を思いっきり切り落とす剪定をすると、早く芯が上によく伸びるようになります。このほか、ヒノキの'ナナグラシリス'や'ナナルテア'、'タツミゴールド'なども同様です。

幼木期に横枝先行で伸びるニオイヒバ'ヨーロッパゴールド'の剪定
左：横枝優先で伸び、球形種のような樹形のヨーロッパゴールド　中：下部の枝を強剪定　右：剪定後の姿

6-「魚の骨状態」になりやすい レイランドヒノキやコノテガシワ

●幼木期に芯と横枝の先端を切る

　レイランドヒノキの仲間の'ゴールドライダー'も幼木期の剪定が重要です。'ゴールドライダー'も幼木期は側枝が出にくく、しかも枝が手のひらのように左右、平面状にしか発生しません。この症状を「魚の骨状態」と呼んでいますが、このままだと下枝にボリュームが不足するばかりか、バランス的に大変見苦しい魚の骨状態が長く続きます（1m以上になると樹勢がつき、自然と四方にまんべんなく枝が伸びてくる）。

　幼木期に「魚の骨状態」になりやすいコニファーは、同じレイランドヒノキの'シルバーダスト'やコノテガシワの仲間の'コレンスゴールド'などがあります。この「魚の骨状態」を解消するためには、まず'ブルーアイス'と同様に芯を切断して横枝となる側枝の発生を促し、さらに側枝の先端部も切断します。すると側枝から角度の違う小枝が伸びてきて、魚の骨状態が修整されます。

　幼木時期の整枝剪定は特別な技術も道具もいりません。春に新芽が伸び出す直前に、前年伸びすぎた側枝の2～3割程度を切り取るか、手で摘んでしまうのです。幼木時代はこれで十分です。新芽の伸びる前に実施すれば7月ごろには小枝が多数伸び、倍のボリュームに変身します。たったこれだけのことで1.5mを超えるころになれば、枝葉がまんべんなく発生し、側枝も力強く真横に張り出してきてボリューム感のある樹形に仕上がります。

　栽培環境と好みによっては全体を刈り込むことが必要となりますが、'ゴールドライダー'はより自然の風情を楽しみたいので、スペースに余裕があれば全体を刈り込む剪定はさけたほうがよいでしょう。スペースに余裕があるのであれば、真横に元気良く張り出したこの品種独特の風情を楽しみましょう。

下枝が少なく、伸びた枝も左右に「魚の骨状態」になったコノテガシワ。
この苗の場合、魚の骨状態の枝の下まで切り戻し、下枝を多数発生させる。魚の骨状態の枝を残す場合は、その枝を幹近くまで切りつめる。

幹の切り戻し後、下枝が八方に伸び魚の骨状態も解消される。

7- 円錐形コニファーは芯を常に1本に

　円錐樹形のコニファーは幹を1本、まっすぐに伸ばします。ところが、頂部に同等の勢いの強い側枝が、2本、3本と直立して伸びることがあります。品種によって幼苗期から発生するものと、一定の高さになって成長が鈍化する停滞期に入ると発生するものとがあります。

　たとえば'ゴールドコーン'などセイヨウネズの仲間は、幼苗期から発生します。頂部に元気の良い側枝を見つけたら早めに元から切り取ります。頂部の側枝が芯のように立ち上がって大きくなってから切ると、その部分に枝がなくなって見苦しくなるので切りにくくなります。そのまま放置しても生育にはまったく支障はありませんが、芯（幹）が複数になって見苦しくなってしまいます。横張りの良いボリュームのある樹形を好む場合には、その必要はないかと思いますが、元来細身の狭円錐樹形が売り物の品種なので、頂部が何本にも分かれてしまう姿は好ましくありません。積雪地帯では、雪の重みで枝裂けが発生して最悪の樹形となることもあります。

　成長停滞期に入ってから、このような強い直立側枝が頂部付近に発生しやすい品種もあります。たとえば、ニオイヒバの仲間の'グリーンコーン'は4～5mに成長すると成長スピードが停滞してきて、必ず頂部付近に芯を負かすような元気の良い側枝が何本も発生してきます。そのまま放任すると著しく美観を損ねてしまうので、見つけしだい早めに根元より切り取ります。放置して大きく育ってから切断すると、樹形回復に長期間必要となります。

[芯に沿って直立して伸びる側枝は早めに切除]

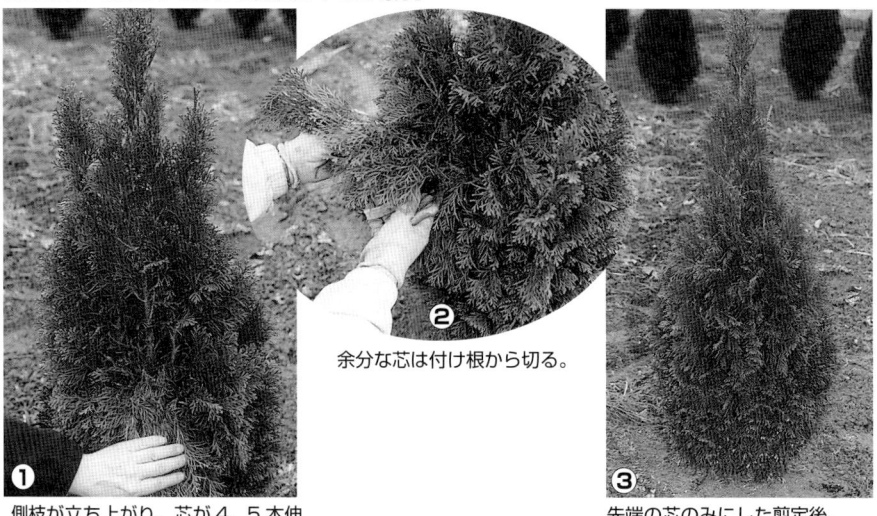

❶ 側枝が立ち上がり、芯が4、5本伸びてきたニオイヒバ'エメラルド'。

❷ 余分な芯は付け根から切る。

❸ 先端の芯のみにした剪定後。

8- 匍匐性種も幼木期から剪定し、側枝の発生を促す

グランドカバープランツとして地面を這う、ハイネズなどのコニファーを植えた場合も、剪定が必要です。匍匐性のコニファーの剪定は、樹形を気にせず気軽に行なうことができます。

放射状に伸びた各枝の先端部を年に1〜2回程度切断します。切る長さは品種やその生育状況によって異なりますが、前年に伸びた枝の長さの3分の1から半分程度を切断します。株元近くまで深く切断しても新芽が吹いてくるので心配はありません。頂部を切りつめることによって、側枝が何本も勢い良く発生し、地面をすきまなく覆うようになります。切らずにそのまま成長させると株元に枝葉がまったくない丸見え状態となって大変見苦しくなります。適切に剪定すると株元から枝葉の密生したきれいな樹形が楽しめるのです。

ただし、やや立ち上がって匍匐するタイプのコニファーは、いずれも生育旺盛な品種が多いので、スペースに余裕がある限り伸びるに任せたほうがすばらしい樹形となります。代表種としてニイタカビャクシンの仲間の'ブルーカーペット'がありますが、この品種は3m四方くらい雄大に伸びます。あまり伸ばしたくない場合には、地面を這うタイプに準じた剪定を実施します。元気良く伸びた枝を半分程度に切断するとよいでしょう。元気よく伸びた枝をただ単に切り取るだけの簡単な作業です。

なお、球形種のコニファーは、大きく育ててもスペースに支障がない場合には整枝・剪定はまったく必要ありません。ある程度成長を抑えたい場合にのみ、軽く全体を刈り込みます。

匍匐種のハイネズも、植え付け後数年間は、長く伸びた枝を株元近くまで切り戻して枝数を増やし、株元に四方にムラなく伸びるようにする。

剪定により枝数が増え、幾重にも重なるように伸びてきたハイネズ'ブルーパシフィック'。

9- 成木の刈り込み剪定

　1.5m以上と大きくなり成木期に入ってからの刈り込みバサミによる刈り込み剪定は、スペースに余裕があればあえて必要はありません。行なう場合でも、2～3年に一度程度でよいでしょう。毎年行なう必要はありません。

　成木期の剪定は、大きくなりすぎて全体を刈り込んでコンパクトにする場合と、崩れた樹形のバランスを修整する場合があります。

　樹形バランスの修整では、枝が発生しすぎている箇所や樹形ラインより大きくはみ出している枝、全体のバランスを崩している箇所などを、刈り込んだり、剪定バサミで切り取ったりして樹形全体のバランスを調整します。とくに太い枝が張りだして枝葉が必要以上に密生している箇所は、その太い枝を樹形ラインよりも奥で、深めに切り取ります。太い枝ほど勢いの強い芽が何本も伸びてくるからです。これは全体を刈り込む場合も同様です。

　全体を刈り込みバサミで刈り込む場合も同様に、品種ごとに自然にできる樹形ラインを基準に行ないます。品種によって三角形の頂点の角度が広かったり、狭かったりします。希望の三角形の樹形ラインを頭に描いて、樹形ラインより外れた部分を刈り込みバサミで切り取れば良いのです。好みによって、刈り込みの程度（深さ）で三角形の角度を狭くしたり、広くしたりすることができます。

　刈り込む手順は、まず刈り込みバサミで円錐の下から頂点に向かって浅く刈り込み、いったん後方に下がってそのラインを再確認し、全体の樹形ラインを想定して刈り込み深さを調整します。後方で誰かに見てもらうのも良い方法です。

　そして、この樹形ラインに沿うように下から上に刈り込み、コニファーの周りを回るように刈り込みます。想定した樹形ライン通りに刈り込んだら作業は完了です。

［ビャクシン'オウレア'の剪定］

①側枝が飛び出し樹形バランスが乱れたビャクシン'オウレア'。
②剪定バサミで、はみ出した側枝を樹形ラインより奥で切る。
③剪定後の姿。

[アリゾナイトスギ'ブルーアイス'の成木期の剪定]

❶ 横幅のボリュームがつきすぎ、芯も2本伸びている。

❷ まず芯のように直立した側枝を元からカット。

❸ 支柱などを置いて刈り込むラインを見定める。

❹ 刈り込みバサミで最下部を樹形ラインに沿って刈り込む。

❺ 下部から上部へ樹形ラインの角度を保って刈り込む。

❻ 頂部の側枝も刈り込み、側枝の発生を促す。

❼ 刈り込んだ樹形ラインに沿って、同様に下部から頂部に向かって樹をまわるようにして刈り込む。

❽ 飛び出した太い側枝は、剪定バサミで樹形ラインより奥でさらに切り戻す。

❾ 剪定後の姿

10- マツ、モミ、トウヒの剪定

●刈り込みバサミ剪定は禁物

同じ円錐形でも、根が直根性のマツやモミ、トウヒの仲間は、植えてから数年は成長が遅いですが、直根が伸びだすと芯が立ち上がってグングン伸びてきます。下枝の枝葉が多くなり樹勢がつかないと直根が伸び出さないので、これらは芯が伸びないからといって下枝を切りつめることは厳禁です。

マツやトウヒ、モミの仲間の剪定で、もうひとつ重要なことは、刈り込みバサミで全体を一律に剪定ができないことです。これらの仲間は、1年に一度しか新芽が伸びません。新芽は主幹やすべての枝の先端につき、通常3本以上が三方に枝分れするように固まって伸びてきます。このような枝を車枝といいます。マツ科のコニファーはこれを繰り返して成長するので、この車枝の段数を数えれば樹齢がわかります。

新芽のほとんどが枝の先端にあるので、刈り込みバサミで一律に刈り取ってしまうと、新芽がすべて切り落とされてしまいます。また、これらの枝は太いので、刈り込みバサミでの剪定は困難です。

これらの仲間は萌芽力が比較的弱いので、切る場合は、右頁下図のように、葉のついている部分のAか、枝と枝の分岐部の付け根のCで、長い枝を切り戻すように切り取ります。枝の中間の葉のついていない部分のBで切ってはいけません。葉のない部分で切ると、新芽が吹かず、その枝が枯れてしまうこともあります（とくにマツは要注意）。

剪定バサミで、樹形ラインを意識しながら、1本1本の枝の切る位置を見定めて剪定していきます。基本は刈り込み剪定と一緒で、全体を見て樹形ラ

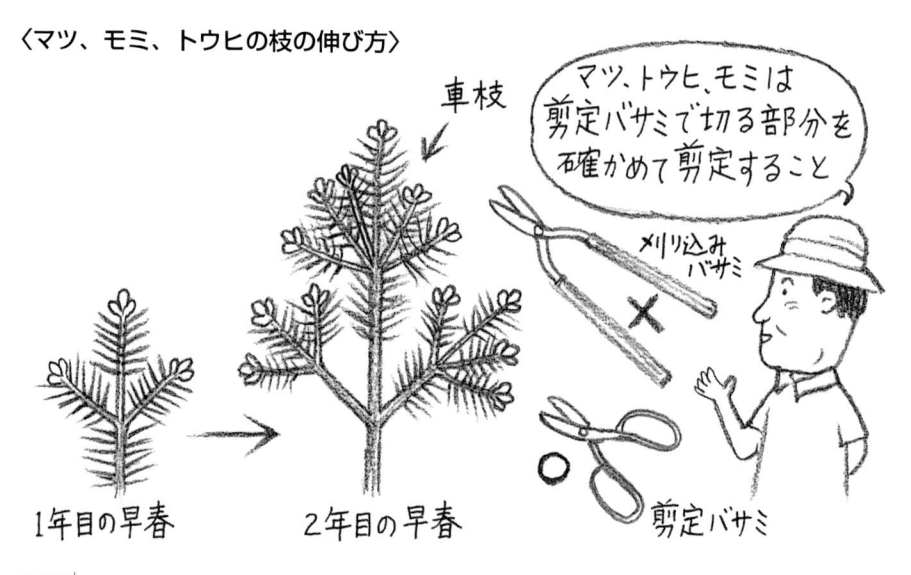

〈マツ、モミ、トウヒの枝の伸び方〉

インよりはみ出た部分のみを切り取ります。太くて枝葉が密生している枝は、樹形ラインより少し奥まったところで切断し、樹形ラインよりくぼんだ感じにします。また、これらマツ科のコニファーの剪定時期は、新芽が伸び出す前の1～3月（休眠期）が適期です。新芽が伸び出してからの剪定は原則的に禁止です。

● 枝のバランスを良くする剪定法

コロラドトウヒ（プンゲンストウヒ）の仲間で人気の高い'ホプシー'は、樹勢が本格化する1.5mころからは芯が立ち成長量が旺盛となり、幹から伸びる側枝（車枝）の間隔が粗くなります。側枝の先端の小枝間隔も粗くなります。つまり、このままでは枝葉の間隔が粗くなり、密な樹形にはなりません。そこで以下のように剪定します。

[幹の芯の剪定] 幹の先端に伸びる芯を希望の間隔にするよう短く切りつめます。切りつめる位置は前年度に伸びた部分（通常30cm前後）を、好みの位置、一般的には半分程度の位置で切りつめます。

[先端の車枝の間引き] 幹の先端部からは、上記の芯とともに、数は年によって変わりますが、通常3本以上の脇枝が主幹とほぼ直角に伸びます。この頂部の車枝をそのまま伸ばすとバランスを崩すので、必ず間引きます。間引くときに注意することは、その上段の枝や下段の枝と重ならない方向に伸びている枝を残し、1段の側枝を3本以下に間引きます。上段と下段の枝が重なり合うのは良くありません。

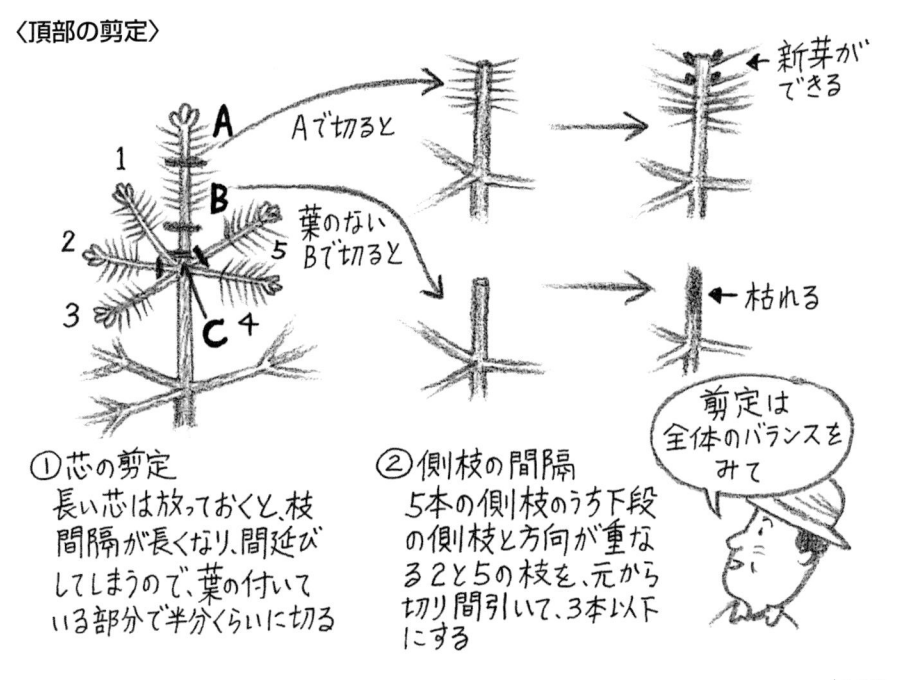

〈頂部の剪定〉

① 芯の剪定
長い芯は放っておくと、枝間隔が長くなり、間延びしてしまうので、葉の付いている部分で半分くらいに切る

② 側枝の間隔
5本の側枝のうち下段の側枝と方向が重なる2と5の枝を、元から切り間引いて、3本以下にする

剪定は全体のバランスをみて

このように側枝を四方八方に均等に、また段と段との間隔も均等になるように配置すると、全体にバランスが良く、自然と安定感のある樹形に仕上がります。上段と下段の間隔が狭くてバランス的に不自然な場合には1段の車枝をすべて切り取ります。

[側枝の剪定]　側枝の先端部も通常3本以上の枝が枝分れして車枝で伸びます。枝の真ん中の一番勢いが強く長い枝を、枝分れした元で切断し間引き、3本以下にします。真ん中の枝を放置すると、成長の良い真ん中から伸びた枝は、翌年にはさらに大きく伸び、粗い、間延びした樹形になってしまいます。残った脇枝は、やや成長力が弱く短いので、樹形ラインがよりスリムになります。短い枝を残すと節間が短くなると同時に、真ん中の切断された付近からは小さな芽が発生して、さらに枝葉が増えます。つまり密な樹形と変身します。

　また、枝葉の込み合いバランスも調整します。枝葉の込み合っている箇所や全体に枝葉が多い箇所、特別太い枝が張りだした箇所を重点に、先端部ではなく、幹よりの小枝の分岐部で切り戻します。

　そのほか、折れた枝、立ち枝（側枝から直立気味に伸びている枝）、逆向きに伸びた枝（幹から外側でなく、幹寄りの内側に向かって伸びている枝）、バランス的に不均衡な枝などは、その付け根から切り取ります。

　この剪定作業は、マツのように毎年は必要ありませんが、枝の伸びすぎが感じられたら実施します。通常、数年に一度程度の頻度でよいでしょう。

　剪定の基本は樹形や枝葉の量（濃淡）のバランスの取り方にあります。均等な枝の配置を考えて行ないますが、この剪定作業は経験を積まないと難しいとは思います。

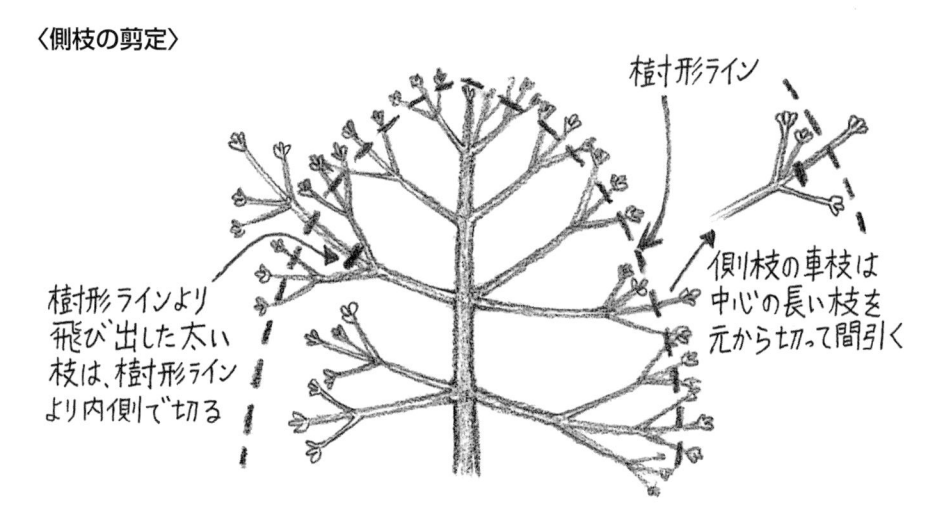

〈側枝の剪定〉

11- 無手入れの放任樹の強剪定法

●幹を切り戻して樹高を下げる

大部分の円錐形品種は時間の差こそあれ、いずれは4〜5m程度に間違いなく成長します。そのことを初めから認識して植えることが大切ですが、限界樹高を超えたとき、または一定樹高を超えたときには、頂部の成長点を切断し樹高を下げるほかありません。

この切り戻しの時期は、寒さが緩む時期から新芽が伸びる直前までが鉄則です。太い幹の場合にはノコギリで、細い幹は剪定バサミで切断します。

切断する位置が成長点（上部）に近いほど、樹へのダメージが少なく回復が早いですが、低い位置ほどダメージが大きく、とくに根部は傷んだり枯死する根が多くなります。

しかし、伸びすぎてしまった場合には、思い切って樹高の半分程度の位置で切断します。すごいダメージとなりますがしかたありません。枯れることは少ないですが、回復には相当の時間が必要となります。完全に樹勢が修復するまでには数年を要します。

また、幹を切り戻した後は、後述する芯の立て直しが必要となります。

●全体を深く刈り込む

横張りが大きくなりすぎて、隣木の樹冠と交差してしまった場合など、樹全体のボリュームを小さくするときは、思い切ってすべての側枝を深く刈り込む、あるいは切り戻すほかありません。とくに放任栽培されていた樹は、全体を思いっきり切りつめる強剪定をするほかありません。

広葉落葉樹などは、すべての側枝を幹の付け根で切り落として棒状にしても新芽が吹いて枯れることはありませんが、針葉樹のコニファーは、最大に切りつめる場合でも、必ず緑の葉がついているところで切断します。緑の葉がついていないところで切断すると、その枝からは新芽が伸びてこなくなる可能性もあります。

〈放任樹の強剪定法〉

①幹をノコギリで切る　②新しい樹形ラインに沿って側枝を切り戻す　③側枝の小枝も切り戻す

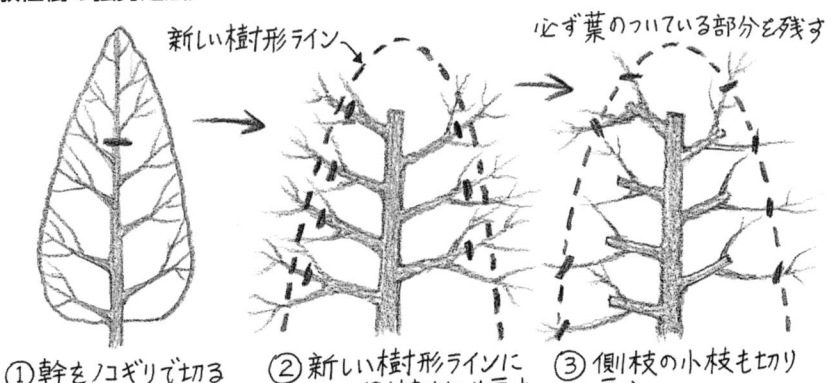

ただし、コニファーでも唯一、'コレンスゴールド'などコノテガシワの仲間は、下の写真のように幹だけの棒状に切り戻しても新芽が吹いてきます。

　強い剪定では、枝も太いのでノコギリなども必要となります。剪定時期は幹の切り戻しと同様、寒さが緩んだ時期から新芽の伸びだすまでの期間とします。それ以外の時期には絶対に実施しないでください。最悪枯れることもあります。剪定後は、多くの新芽が伸びてきますが、そのまま伸ばし、数年後から間引いて枝をバランス良く配置していきます。ある程度観賞できるようになるには2年程度は必要となります。2年程度でコンパクトで密な樹形へと変身してくれます。

　また、目隠しに列植したコニファーが大きくなって隣木とのすきまがなくなった場合は、前述した幹の切り戻しをして、垣根状に刈り込んでしまうこともひとつの方法です。コニファーの姿は失われますが、目隠しとしての目的は果たします。

　最初から生垣にする計画のときは、樹勢の強い強健種を選び、ある程度間隔を狭めて植えます。そして、側面や天部の樹形ラインも直角に刈り込み、枝を密に発生させ、希望の高さ、幅を毎年の刈り込み剪定で維持します。

　また、狭円錐樹形の品種の場合、幼苗期から1.5m程度まで側枝の剪定などせずに育て、時期を見計らってすべての側枝を切断して幹だけにしてしまう方法もあります。1〜2年後には枝葉が幹に密生した極細身の樹形に変身してくれます。

[コノテガシワ'コレンスゴールド'の更新剪定]

❶ 大きくなりすぎた'コレンスゴールド'。

❷ 根元から幹から伸びた側枝を数センチ残して切る。

❸ 側枝を手でやや下げ、剪定バサミで切る。

❹ 側枝を切った幹。

❺ 上部の幹も希望の高さで切り戻す。

❻ 棒状になった剪定後の姿。

12- 芯の立て直し方

●幼木や樹勢の強い樹種は自然と芯が立つ

　幹の先端を芯といいますが、芯を切った場合は、新しい側枝を芯として伸ばさないと元の樹形になりません。このことを「芯を立て直す」といいます。

　0.5m以下の若木などは、年間数回先端部を切断しても、直ちに最上部の側枝が立ち上がって伸び、新しい芯となります。切った部分は多少湾曲にはなりますが、成長とともに自然と修復されてわからなくなります。多少の湾曲が残っても枝葉に覆われて外見からではわかりません。

　成木でも、上に向かって伸びる力が強い品種（コロラドビャクシン'ブルーヘブン'、コノテガシワ'コレンスゴールド'など）は、親指程度の幹を切断しても切った箇所から成長力旺盛な側枝が何本も立ち上がり、時間の経過とともに切断面がわからなくなって修復されます。

　幹を萌芽直前に切断すると、切断した箇所からは成長力旺盛な側枝が何本も立ち上がって伸びてきます。このうちもっとも元気な枝1本を残して、他の枝はすべて切り取ります。切断面が小指大程度の太さなら、翌春には切断面がわからない程度に修復します。これらの品種に限っては、太い幹を切断しても数年経過すれば完全に修復されてしまいます。

　ただし、樹齢を重ねた場合とか、樹高の下部位置で切断した場合には、樹勢が弱って側枝が伸びてこない場合もあります。たとえ伸びてきても勢力の弱い側枝だったりする可能性があります。このような場合には、冬季に油粕などの施肥をするなどの対策もある程度必要となります。

〈芯の立て直し〉

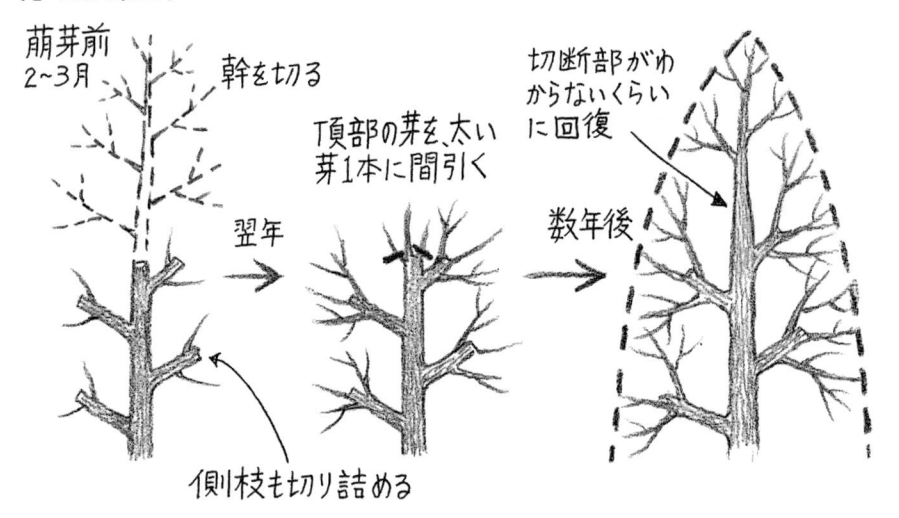

萌芽前 2〜3月　幹を切る
→ 翌年　頂部の芽を、太い芽1本に間引く　側枝も切り詰める
→ 数年後　切断部がわからないくらいに回復

●斑入り種の芯枯れ後の芯の立て替え

　斑入り種は、頂部に白い枝が発生すると日焼けが発生して芯が枯れてしまいます。この場合には、枯れた芯は切断し、上部の緑葉と斑入り葉のバランスが取れた側枝を新しい芯に選んで、芯をつくり直します。逆に芯が緑葉ばかりになってしまった場合には、以後上部に斑入りの葉が発生しなくなってしまいます。この場合も先端部を切断し、緑葉と斑入り葉のバランスが取れた側枝を芯にしてつくり直します。

●トウヒ類の虫害による芯の立て替え

　'ホプシー'などのコロラドトウヒ類は、シンクイムシ、メイガ類によって頂部付近が食害されて枯れてしまうことがあります。このような場合は、枯れた位置より下のもっとも成長の良い枝に添え木を当てて立て、芯につくり替える作業が必要となります。

　枯れた頂部は切り取り、支柱用の棒（緑色をした10mm程度の支柱用棒）を幹の数カ所にしっかり結びつけてから、芯となる候補の枝を多少無理をして持ち上げながら、この棒に強制的に結びつけます。ヒモはできるだけ柔らかく自然に腐るシュロや麻縄などが適しています。

　トウヒ類の枝は弾力性があるので多少無理やり曲げてもポキッと折れるようなことはありません。支柱と枝にヒモを2回ほど回してから片手で枝を曲げながらヒモを絞り込んでいきます。折れる限界点の判断は難しいですが、くくりつけた枝が真上になるまで、ジワジワと曲げていきます。主幹と新しく芯につくり直した枝の付け根部分に極端な曲がりが残りますが、これは致しかたのないことです。いずれ枝葉に隠れたり、芯が肥大して太くなればわからなくなるので心配には及びません。

　なお、この芯の立て直し作業は、晩秋から早春までに実施します。春から秋の成長期間中行なうと樹皮がはげて枯れる危険があるのでさけます。

〈芯の立て替え〉

害虫の食害による芯枯れ
新しい芯とする枝（斑入りは斑入り葉のバランスが良いものを）
枯れた部分を新しく芯とする枝の分岐部で切る

幹に添木を固定
ヒモを棒と芯枝に2回巻いて、手で芯枝を持ち上げるようにして、曲げ、ヒモを絞って、立ち上げ、再びヒモを巻いて絞り、固定する

1～2年は巻いたままにしておく

> コラム **「頂部優勢」を知らなきゃ剪定はできません**

　大部分の植物は、直立した幹の先端ほど樹勢が強く、活力があり、萌芽や伸長する力が旺盛という性質をもっています。これを「頂芽優勢」と呼んでいます。幹の芯や先端部の枝は樹勢が強く、中部から下枝にかけては活力が弱く、ややもすると枯れやすいのです。このことを常に認識していないと、剪定で失敗します。

　上部付近は頂芽優勢で活力があるので、何度切断しても、また深く切る強剪定をしても直ちに新しい新芽が伸び出します。しかし、下枝はいったん切断すると新しい枝葉が発生しにくくなります。したがって、下枝付近の枝は大事に扱う必要があります。下枝はむやみに切ってはいけません。多少枝葉の財産を多めに確保し、反対に上部は多めに切断して成長を抑えるような剪定をします。

　幼苗時期では極端に下枝の発生が少ない'ブルーヘブン'などでは、先端部を切りつめることによって頂部優勢を弱め下枝の発生を促し、反対に'ヨーロッパゴールド'など頂芽優勢は弱く、幼苗時期に下枝ばかりが伸びて芯の立ち上がりにくい品種では、成長期間中に数回下枝を思い切って刈り込み、頂芽優勢を強めてやります。

　また、この頂部優勢は、直立気味に立ち上がった枝ほど強くなります。側枝でも直立気味の枝のほうが旺盛に伸びます。立ち上がった側枝は切ったほうが良い理由は、切らないとその近くの枝が負けてますます樹勢が弱くなってしまうからです。

　匍匐性のハイネズ'ブルー パシフィック'を支柱を立てて立ちづくりにすると、側枝は垂れ下がるので樹勢は強くなりませんが、幹の芯の頂芽優勢が強まり、芯が立って伸びてきます。枝垂れ性樹種は樹勢が弱く成長が遅いため価格が高いですが、この方法なら安価で垂れ下がり樹形を楽しめます。

〈頂芽優勢〉

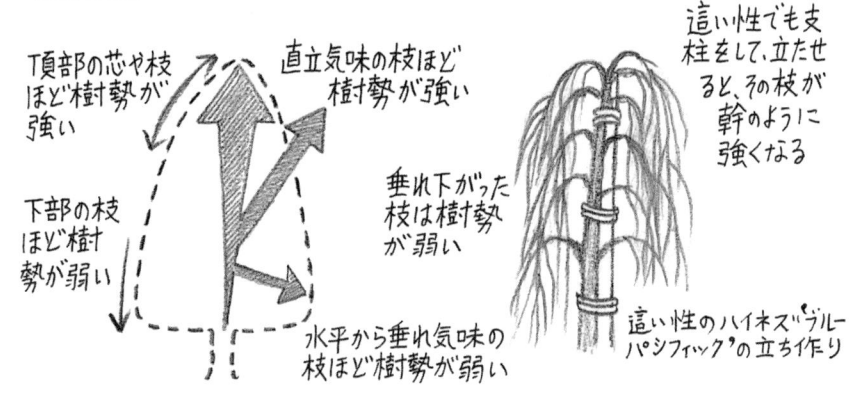

- 頂部の芯や枝ほど樹勢が強い
- 下部の枝ほど樹勢が弱い
- 直立気味の枝ほど樹勢が強い
- 垂れ下がった枝は樹勢が弱い
- 水平から垂れ気味の枝ほど樹勢が弱い
- 這い性でも支柱をして、立たせると、その枝が幹のように強くなる
- 這い性のハイネズ'ブルーパシフィック'の立ち作り

雑草対策

1- 雑草対策の極意は草が生えないようにすること

植えるときには品種選択にばかりに目を奪われて雑草対策まではとても気が回らないのが通例です。植えてから雑草が生え出して対策に追われます。狭いスペースでしたら手取りでも苦痛はありませんが、広いとそう簡単にはいきません。

雑草は土のあるところには必ず生えます。土がなくてもわずかなすきまを見つけては、信じられないくらいしつこく生えます。雑草はものすごい早さで成長します。除草しないと作物は雑草に負けます。また子孫繁栄もすばらしい力をもっていて、短期間で種子をつけ、短時間で完熟して地面に落下します。1株から数百、数千の種子をこぼし、それが100%発芽するすごい生命力をもっています。この繰り返しが雑草のたくましさです。生産圃場ではほとんどが除草剤で防除していますが、ここでは除草剤に頼らない除草方法をお話します。

「上農は草を見ずして草を取る、中農は草を見て草を取る、下農は草を見て草を取らない」という格言がありますが、雑草対策の常とう手段は「草を生えさせない工夫をする。生えたら直ちに取り去る」ということです。生えさせないためには、露出した土の部分を極力少なくすることが究極の対策です。植物を植えるスペース以外はコンクリート、レンガ、ブロック、庭石などをできる限りすきまなく敷きつめて、土の露出部分を減らします。最後に残った植栽スペースも土の表面を何かの資材で覆うことが最大の対策です。さまざまな資材がありますが、その中でも比較的植物にも優しく美観も良い優れた資材を紹介します。

2- 樹皮マルチ資材で覆う

マルチとは、土壌の表面に各種の資材を敷くことです。樹皮マルチ（針葉樹の樹皮を粉砕したもの）がとくにおすすめです。意外と腐りにくく数年間は効果が持続しますが、材料が植物なのでいずれは土に帰る地球に優しい資材です。似たような資材として、チップ材、ウッドチップなどがありますが、「花工房」では美観の点から樹皮マルチ材をおすすめします。一般流通は少ないですが、一部の生産者か、造園関係者でしたら対応できます。

樹皮マルチを敷きつめたクロマツ 'バンショウショウ'

最初はある程度厚めに敷かないと除草効果がありませんが、以後は薄くなった部分に補充するだけで十分です。炎天下に雑草退治をすることを考えたら費用は驚くほど安いです。

　樹皮マルチは除草だけが目的ではありません。植え付け後の幼木のドロハネ防止と根を保護するために必要です。とくに匍匐性のコニファーではドロハネがなくなって、葉の腐れや見苦しさがなくなります。土埃も発生しなくなります。また、樹皮マルチをすると、土壌の乾燥や高温、低温を抑制し、根を保護してくれます。根が地表面に集中している小型種（ドワーフ種）、とくに高温乾燥に弱い小型のトウヒ類には効果絶大です。耐暑性の弱いモミなどにも、夏は地温が下がり冬は保温され、根が守られる効果があります。

　さらに樹皮マルチの効果で見逃せないのが、降雨などで地面が固まるのを防止する効果です。せっかく地面を深く掘り返して植え付けても、自然と土は固まってきて、酸素不足になったり、水はけが悪くなってきますが、樹皮マルチをするとこれが抑えられます。さらに美観が想像以上にすばらしくアップすることも見逃せない魅力です。

　樹皮マルチの手順は、以下のとおりです。

①植え付け完了後、地面の表面を簡単にならす

　土の塊などは地面に埋め込んで、とにかく土の表面を平らにします。凹凸があるとマルチ資材を敷いたとき、均

〈樹皮マルチ〉

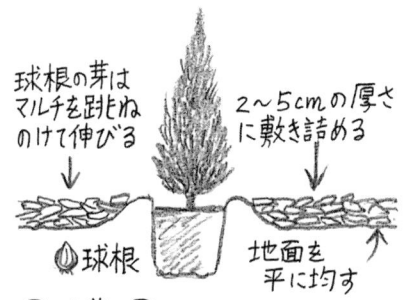

- 球根の芽はマルチを跳ねのけて伸びる
- 2〜5cmの厚さに敷き詰める
- 球根
- 地面を平に均す

① 除草　② ドロ跳ね防止
③ 乾燥、高地温、低地温を抑制
④ 土壌の固結を防ぐ
⑤ 美観が良くなる

一の厚さで敷くことができないからです。

②マルチ材を通常、2〜5cmの厚さを目安に敷きつめる

　1袋100リットルで2〜5㎡の面積を敷くことができます。少しだけ予備を確保しておき、後日マルチ材の薄い部分に補正用として使用します。厚さにもよりますが、これで約8割の雑草を抑え込むことが可能です。

　マルチ材を敷いた直後は強風で多少飛散することがありますが、一雨降れば地面に張りつくような感じになり、よほどの強風でも吹かない限り飛ぶことはなくなります。

　なお、肥料はマルチ材の上から施しても何ら問題ありません。球根類を植えるときは、植え穴の部分だけ除いて植え付け後、資材を元のように戻します。球根の芽は樹皮マルチを跳ねのけるようにして伸びてくるので、取り除く必要はありません。

3- 防草シートを敷く

　防草シートは、ホームセンターなどで売られていますが、生産の現場ではいまや常識の資材となっています。ビニール系の繊維をタテとヨコで編み込んだ資材で、敷いても雨水は浸透しますが、雑草を100％抑えることができます。ヤブガラシやスギナなどの難防除雑草も防除できます。また腐食することもなく長期間効果が持続します。

　美観の観点から敬遠されがちですが、除草シートを敷いた上にカラーストーン（カラーの砕石）を敷いたり、前述の樹皮マルチなどのマルチ材を敷けば美観は損ないません。ガーデン工事の際に設置すれば、わずかな予算で簡単に工事ができ、長期間雑草に悩まされることはありません。カラーストーンは白から赤、茶系と結構豊富にあるので、コニファーとのカラーバランスを考えて選びましょう。コンクリートやレンガを張るよりも費用は安く、日曜大工でできてしまうのが何よりの良さです。じゃまになったら石を除いてシートを取り去れば簡単に元の状態に復元できます。下地にシートを敷いてあるので、土中に石が入り込むことはありません。シートは野外でも10年程度は破けない強度をもっているので安心して使用できます。

　敷く手順は下図のとおりです。

①シートを敷地に合わせて切る
　このシートはハサミでもカッターでも簡単に切れますが、小型のガスバナーで焼き切ると切り口がほぐれなくなるのでおすすめです。

②シートを広げる前に
　設置地面はできる限り平らにならす
　通路を兼ねる場合などでは鎮圧も必要でしょう。

③整地した場所にシートを広げ
　四隅など何カ所かを「マルチ押さえ」などで固定
　また樹木がある場合にはその部分のみ切り取っておきます。

④シートの上に好みの
　カラーストーンを敷く
　シートの飛散防止も兼ねてシート地が見えない程度に敷きつめて完了となります。雑草は生えないので厚く敷く必要はありません。

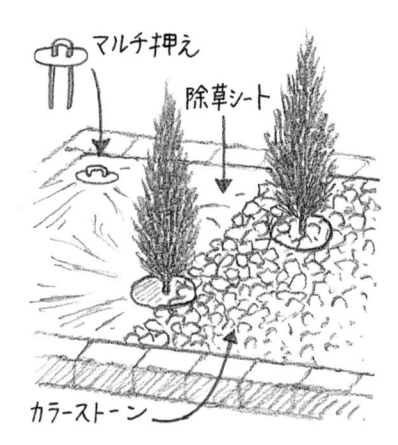

防草シートを敷き、その上にカラーストーンを敷きつめる

病害虫防除

1- 病害虫に強く、無農薬栽培も容易

コニファーは一般の作物と比べて病害虫に強く、無農薬栽培も容易です。バラのような綿密な防除対策は必要ありません。とくに病気は、モントレートイトスギ'ゴールドクレスト'など数種の品種を除けば、さほど気にしなくてもよいでしょう。病気にかかっても病葉を切り取るくらいの対応で十分育てることができます。

害虫には、ケムシ、ダニ、アブラムシ、シンクイムシ、カイガラムシ、コガネムシなどがいますが、とくに発生しやすく防除が必要だと思うのは、カナダトウヒ'コニカ'やコロラドトウヒ'ホプシー'などのトウヒ属のコニファーくらいです。

葉を食害するケムシは、発見もしやすいので対策も簡単です。ハサミなどで殺害するか、ピンセットを巨大化した感じのゴミハサミなどでつまんで処分すれば良いのです。気持ちが悪いと言われても虫たちも生存に必死ですからしかたないでしょう。虫は気持ち悪くてつかめないと言いますが、作用が目に見えない農薬はもっと気持ちの悪いものです。ペットがいたり、幼児がいる場合には、とくに気をつけたいものです。

トウガラシやニンニクのエキスや木酢液、ハーブ液、牛乳などもデータはありませんが、意外に効果があるかも知れませんので研究してみてください（土中に潜むコガネムシは農薬以外に対策がありませんが）。

2- 石灰硫黄合剤の冬季散布はおすすめ

石灰硫黄合剤は、硫黄を主成分とした古くから使用されている薬剤で防除効果も高くおすすめの薬剤です。殺菌、殺虫を兼ねた薬剤で、主に越冬病害虫の防除薬剤として利用されています。とくに落葉果樹類では春の萌芽直前に散布することによって、その後の病虫害を減少させるすばらしい効果があるので必ず使用される基本農薬です。直接菌を死滅させる効果より、予防に重点をおいた薬剤ですので予防薬として使用します。前年にコニファーに病害虫の発生が多かった場合などには、この石灰硫黄合剤の冬季散布をおすすめ

> トウヒ類以外、コニファーは病害虫があまり発生しません。無農薬栽培ができます

します。

　春芽の伸び出す直前の、まだ気温の低い時期に1回のみ散布します。希釈倍率は約40～80倍程度（休眠期の落葉樹は7～10倍）の濃い濃度にします。気温が低いほど薬害もなく高濃度で散布することができます。水10リットルに石灰硫黄合剤原液200 ccを溶かすと50倍液になります。石灰硫黄合剤原液500 cc入り1本で、20～40リットルの散布液ができます。薬液を溶かす前に展着剤を必ず水に溶かしておきます。展着剤を加えると薬剤の付着が良くなります。

　散布液量を多くして、まんべんなく樹全体を薬剤の皮膜で覆うように、上下前後左右にくまなく散布することがポイントです。葉だけでなく、枝、幹にも十分薬剤を付着させることが大切です。まず風上（風が吹く方向）から風下に向かって散布し、次に陰になる風下側に薬剤がつきにくいので、ノズルのみを風下側から風上側に向けて散布します。

　石灰硫黄合剤は人畜に対する毒性は低く、普通物になっていますが、硫黄臭が強く、付着すると落ちにくく、強アルカリ性なので皮膚や衣服を傷めるので注意して散布してください。飛散を防ぐには風が弱い早朝に散布するなど、ご近所への配慮が必要です。強アルカリ性なので、他の薬剤とは混合せず、石灰硫黄合剤単体で使用し、他の薬剤を散布する場合には1カ月以上散布間隔期間を取ってください。

3- 病害虫別、おすすめ薬剤防除

①病気

　殺菌剤にはいろいろありますが、病気を予防するタイプと、治療するタイプとがあります。通常、予防タイプを使用します。無難な予防薬剤としてダイセン類やオーソサイド水和剤がおすすめです。これは発生している病菌にはあまり殺菌効果はありません。発病する以前に予防薬としての効果が高い薬剤です。700倍液に薄め、水和剤には展着剤を加えて散布します。できれば浸透性のあるアプローチBIなどの展着剤がおすすめです。ビンに入っている乳剤には、すでに展着剤が入っているので必要ありません。

〈1～2月に石灰硫黄合剤50倍液で越冬害虫退治〉

②小さな幼木、鉢栽培には土壌散布剤を

オルトラン粒剤を株元にパラパラとまくだけで、根から吸収されて、ダニ、アブラムシなどの樹液を吸う虫、ケムシなど葉をかじる虫を長期間にわたって殺虫することができます。もっとも簡便で、発生しやすい6月ころ、根元にまいておくことをおすすめします。1カ月程度は十分に効果が期待できます。ホームセンターなどで入手できます。ただし、大型のコニファーなどにはあまり効果が期待できません。鉢植えなどには大変効果があります。

③シンクイムシ

シンクイムシ（メイガ類）は、'ホプシー'などのコロラドトウヒによく発生します。幹から透明なマツヤニ状の樹液が数箇所から出ている場合は、シンクイムシ（メイガ）類の被害です。この虫は幹の先端部付近を集中して食害し、枝先には滅多に食害しない特徴があります。新梢部分（先端部分）に穿入し、そこから白色の木屑を排出しながら、樹皮と木質部の間を食害し続けます。やがてその部分から芯が折れて枯れてしまいます。被害部以下は枯れることはありませんが、先端部分がなくなって大変見苦しくなってしまいます。

ヤニが付着している部分に小型のドライバーなどでヤニの部分をほじると、樹皮と木質部の間に害虫が活動する小さなトンネルがあるはずです。この穴に針金などを通して直接殺害するか、殺虫剤をスポイトで注入して防除します。防除は6月から8月の期間中、2〜4回程度スミチオン乳剤、トクチオン乳剤などを散布して防除します。

④ダニ

カナダトウヒ'コニカ'はハダニが大変つきやすいのでご注意ください。春から夏にかけて高温乾燥が続くと必ず発生します。肉眼では識別できませんが10倍程度のルーペでのぞくと確認できます。ハダニが取りつくと、急激に元気がなくなり、全体が黄色っぽく、蒸れたような症状になります。濃緑色が急激に色あせてきたら要観察です。被害が拡大するとやがて枯れてしまいます。0.5m以下の若木は被害も少ないし回復も早いですが、老木になると完全回復までに数年を要することもあります。

防除対策としては、前述した1月〜2月ころの冬季の石灰硫黄合剤、あるいはマシン油乳剤の散布を必ず実施します。見つかったら、ニッソラン、オ

〈シンクイムシの害（6〜8月）〉

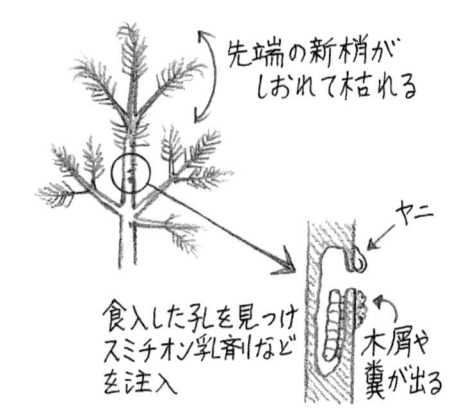

サダン、ピラニカなどの殺ダニ剤を散布します。ダニは通常の殺虫剤では防除できません。殺ダニ剤は輪番で使い、同じ薬剤を連続して使用しないようにご注意ください。また、前述したオルトラン粒剤を中スプーン1杯程度を根本にまくと、1カ月程度は十分効果があります。

また、ダニは高温乾燥が続く時期に、朝か、夕方に葉水をかけると、非常に効果が期待できるので、おすすめします。ただし地面が濡れない程度にし、かけすぎて土のジメジメ状態が続くようですと今度は根が弱り腐りやすくなるので十分な注意が必要です。

⑤コガネムシ防除

突然コニファーが枯れた経験はございませんか？ 土を掘り返すと乳白色でC型に体を湾曲した体長2～3cmの虫が数匹、コニファーの根元から見つかったら、コガネムシの幼虫の仕業です。コガネムシの幼虫は土中の枯れた有機物を食べて育ちますが、有機物を食べ尽くすとコニファーの生きた根を食害し始め、細根はすべて食い尽くします。

【主な薬剤の特性】

（農薬の毒性は普通物、劇物、毒物の順で強くなる）

	薬剤名	タイプ	希釈倍率	特性
殺虫剤	ディプテレックス	普通物	1000	ケムシ類の特効薬。
	スミチオン	普通物	1000	浸透移行性があり、幅広い害虫に効果がある有機リン剤の代表種。
	カルホス乳剤	劇物	1000～1500	葉を食害する害虫には効果が高く、長い残効性が魅力。スミチオンなどで効果がないような害虫にも効果がある。
	アディオン乳剤	普通物	2000	合成ピレスロイド系で人に対して安全性が高く、幅広い害虫に対応。大変高価で抵抗性がつくので他の薬剤と併用する。
	オルトラン水和剤 オルトラン液剤	普通物	1000～1500	浸透性があるので薬剤が付着しなくても効果がある。広範囲の虫に防除効果が高い。
	ダイアジノン粒剤3％	劇物	土壌散布	コガネムシの幼虫の防除用。地面を少し掘って樹の周りに散粒する。
	土壌散布粒剤（オルトラン粒剤など）	普通物	土壌散布	長期間効果が持続。雨の降る直前の散布が効果が高い。地面にばらまくだけで根から吸収されて全体に薬剤が回る。
殺菌剤	石灰硫黄合剤	普通物	40～80	薬害のため冬季の休眠時期に使用。殺虫、殺菌に効果があるが、虫と菌の密度を下げ大発生を抑える。
	マシン油乳剤	普通物	30～70	これも冬季に使用する。ダニ防除として効果が高いが、一般的ではない。
	オーソサイド水和剤	普通物	700	古くから使用されている薬剤で、意外と効果が高い予防薬剤。
	ダイセン類、ビスダイセンなど	普通物	400～800	この仲間にはいろんな種類があるが、もっともポピュラーな予防薬剤。
	ベンレート水和剤	普通物	2000～3000	発生後の治療効果が高いが連用すると耐性菌の出現で効果がなくなる。予防薬を散布しても効果がない場合には、この薬剤を使用してみる。展着剤のアプローチB1を混入すること。

※毒物は印鑑がないと買えない。

コガネムシは8月中旬ころから食害が旺盛になり、被害が次第に進行します。また9月下旬ころから気温の低下とともに次第に土壌深く進入をして、食害は11月ころまで続き、地下30cmの深さで越冬します。

春、越冬あけの幼虫は、3月下旬ころから再び地表近くに移動して食害し、5月下旬ころ蛹室をつくり蛹化し、6月に羽化して飛び立ち、交尾して再び土中に産卵します。

防除適期は7月中下旬〜8月中旬で、産卵後ふ化した幼虫が若齢幼虫の段階のときです。コガネムシはセミとよく似ていて、交尾後はすぐ死んでしまうので、成虫防除はあまり効果がないばかりか現実的ではありません。

ダイアジノン粒剤やバイジェット粒剤、オルトラン粒剤などを、地面を少し掘り返して散粒します。とくに降雨直前の散布は効果が高く、土壌が乾燥していると十分な効果が上がらないので散布後散水をすると効果が高まります。

もし「ダイアジノンSLゾル」が入手できれば除草しやすいのでおすすめします。この薬剤はマイクロカプセルという特殊な構造になっていて、水や土に溶け出すことがなく、害虫が食害した後に害虫の体内で溶け出す特性があり、非常に理にかなったしくみになっています。さらに薬効が2年程度は十分持続します。

「花工房」では、この薬剤でコガネムシの退治をしています。

コラム　よくあるこんな**質問**

●**幹から樹液が出ていますが、大丈夫ですか**

ニオイヒバ'マリセンズサルファー'やコノテガシワ'コレンスゴールドなどは、樹液がよく現われます。原因はよくわかりません。マツヤニのように何らかの傷がついた場合に傷口保護のために発生すると思われますが、いつどのような状況のときに傷がつくのかわかりません。ホプシーなどではシンクイムシに食害された場合には必ず発生します。これを見て食害を知ることもあります。特別思い当たりのない場合には心配はいらないと思います。事実この樹液が出て枯れる、樹勢が弱るということはありません。

〈コガネムシ対策〉

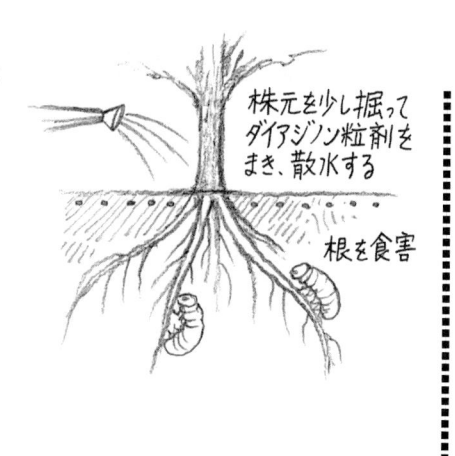

株元を少し掘ってダイアジノン粒剤をまき、散水する

根を食害

寒地の冬越し対策

1- 雪の重みで枝が広がり裂ける

　積雪地帯では雪害対策がかなり大切な作業です。積雪地帯の方は雪害対策は常識ですが、問題は数年に一度大雪がある地方にお住まいの方です。

　コニファーの枝に雪が積もると重みで枝が広がってしまいます。積雪で広がった枝はいずれは元通り？ に回復しますが、回復には十分な時間が必要で、7月、最悪8月ころまで枝の広がったみっともない格好で過ごすことになってしまいます。さらに積雪が重なり枝が裂けてしまうと重傷です。

　積雪被害には強い品種と弱い品種があります。セイヨウネズ'センチネル'、ビャクシン'ブルーヘブン'など、狭円錐樹形で枝が細く直立気味の品種は、雪害に弱いです。強い品種はトウヒ類やモミ類など、枝が水平に張り出すタイプです。

2- 枝を結束するだけで十分

　もっとも簡単な雪害対策は、枝を図のように結わえてしまうことです。樹高2m程度の樹でしたら3～4カ所をヒモなどで軽く結わえるだけの簡単な作業ですんでしまいます。基本的には雪が積もっても枝が開かなければ良いわけですから、この程度の作業で十分です。

　寒冷地では寒害対策も兼ねてこの上からビニール製ネットをかぶせます。寒冷紗などを代用しても良いと思います。さらに厳寒の地ではこの上からコモなどをかぶせておけば耐寒性が増し、越冬できる品種も多くなります。ただし、ビニールなど通気のないものは絶対に使用してはいけません。

3- 雪で折れた枝の処置法

　雪の重さで幹と枝の部分が裂けてしまった場合は、次の処置をします。

　枝が折れてもついていれば、折れた部分をビニールテープなどをまいて固定した上から添え木をして、しっかり結わえておきます。裂けた部分が結合する可能性は十分にあります。

　また、先端部が折れて落ちてしまった場合は、もっとも先端部分の枝に支柱をして、芯の立て替えの要領（128頁参照）で新しい先端部分につくり変えます。1～2年程度は格好が悪いですが、回復は意外と早いものです。

〈雪害対策〉　　　〈寒害対策〉

ネットかカンレイシャをかぶせる

枝を結束

棒などを4～5本周りに当てる

11 間引きと再移植

1- コニファーガーデンの宿命

　植え付け後、年月が経過するにつれてコニファーは大きく成長し、隣の株と触れ合うようになってきます。間隔を広げないと葉と葉が触れ合って、触れ合った部分はやがて枯れてしまいます。「植物とは日々成長するもの」このことは十分にわかっていても、コニファーは思った以上に成長が速く、思った以上に大きく育ち、その場に直面して初めてこのことに気がつく方がほとんどです。かといって最初からスペースを広く取って植えることも、現実的に難しい話です。「植えたら即観賞もしたい！」という気持ちもよくわかります。この難題はいずれ間違いなくやってくる誰もがさけて通れない現実問題なのです。

　「コロラドビャクシン'スカイロケット'が気に入って植えましたが、大きく育ちすぎてしまいました。やむを得ず処分して、新たに小さな苗を植えたい…」という方も現実におられます。国内の住宅環境からするとしかたないことですが、少し知識があれば、最初から同じコロラドビャクシンでも伸びの比較的遅い'ウイッチタブルー'などを選択できたと思います。

　この難題の回避策は三つあります。
　一つめは定期的に樹冠や先端を強く剪定し、コンパクト樹形を保つことです。これは少し荒療治ですが定期的に行なっていれば可能です。しかし、4mを超えた状態になってからでは後の祭りです。

　二つめは、お気に入りのものを残して、他の樹は伐採して間隔を広げること、いわば間引きです。

　三つめは込み合った樹の一部を掘り上げて他の場所へ再移植することです（スペースの余裕がないと不可能）。

　このいずれしか対策はありません。

　早くて4、5年後、遅くとも10年後にはこの難題をつきつけられますが、このころは経験から栽培技術もアップしているので、気にいらなくなった樹種の代わりに、新しい品種や難しい品種などを入れて改作したいと考えるころです。強い剪定で無理にコンパクトにするよりは、間引いたり再移植したり、新しい品種を加えたりなど、コニファーガーデンのリニューアルも楽しみです。

2- 移植が難しいコニファー

根の形状や特性から、コニファーの再移植は大変に難しいです。掘り上げて移植をするということは、いままで張っていた根の半分、いやそれ以上の根を切らなければできません。再移植は本来なら推奨しませんが、愛情込めて育てた樹を伐採するに忍びない気持ちもわかります。やむを得ず実施する場合のことも想定して解説しなければと思っています。

コニファーの中にも再移植に比較的耐えられる品種と耐えられない品種とがあります。

①もっとも危険度の少ない仲間

細根性で根張りが良いニオイヒバの仲間やヒノキ、サワラ、コノテガシワの仲間は、発根力が強いので再移植が比較的容易です。

しかし、ニオイヒバのなかでも'グリーンコーン'、'エメラルド'などは強いですが、'デグルートスパイアー'、'マリセンズサルファー'は移植に弱いので注意が必要です。よって同じ仲間でも品種によってはバラツキがあるので油断はできまません（巻末の表を参照）。

②根張りは悪いが根が少なくても 枯れにくい仲間

ゴボウ根型で細根が少ないビャクシンの仲間、直根型のモミの仲間やトウヒの仲間、ヒマラヤシーダーの仲間は、根張りは良くありませんが、根の力が強いためか再移植をしても比較的枯れにくいです。

③もっとも移植の難しい仲間

レイランドヒノキの仲間やアリゾナイトスギの仲間、ホソイトスギの仲間は再移植はまず困難で、あきらめたほうが得策です。

3- 掘り上げ作業の手順

①植え付け後1年前後の場合

特別な手順を踏まなくても比較的簡単に再移植は可能です。時期は3～4月。寒冷地では5～6月ころが理想です。夏以降は枯れる危険がありますのでやめてください。

②樹高が2m以下、 植え付け後数年の場合

多少の技術力がいります。品種と栽培年数にもよりますが、掘り取る直前に全体の葉を（枝も含めて）半分以上を切り取ります。水分を吸う根が切られて少なくなるので、水分を蒸散する枝葉も少なくしないと、蒸散と吸収のバランスがとれないからです。多めに切ったほうが安全性は高まります。場

合によっては先端部も思い切って切り戻します。むやみに切り取るのではなく、樹形を整える感じで全体の樹形ラインに沿った切り方をします。切る位置は緑の葉がついている箇所で切ります。葉がついていないところで切ると新芽が出ない場合もあります。

次に掘り上げる作業に移ります。掘り上げる大きさは栽培年数にもよりますが、幹を中心として半径20cm前後の円を描きます。まずこの円に沿って足を使わずに手の力だけでスコップで浅い溝を掘ります。そしてこの溝に沿ってよく研いだスコップを突き差して根を一気に切って掘ります。

切れ味の悪い錆びたスコップなどを使用してはいけません。研磨機（サンダー、または大型のヤスリ）でよく磨いたスコップを使用して、切断面を鋭利な刃物で切られた形状にします。スコップの向きも、しゃくれている側（通常の使い方の反対）を手前にして、全体重をかけて一気に切り込みます。こ

こが大切で、何度も何度も突っついて掘るようではいけません。太い根が当たったらスコップではなく、剪定バサミかノコギリで切り取ります。

要するに円の内部の細根が張っている土を落とさないように掘ることが重要なのです（根鉢を崩さないで掘ること）。

円周の根がすべて切断できたら、スコップを通常の向きに取り替えて円の周りの土を掘り上げます。樹の真下に張り出したゴボウ根がなければ、静かに持ち上げて掘り取り作業は終了です。周りを掘られた樹は支えるものがないので、倒れないようにする対策も必要です。

根鉢の土を崩さずに掘り上げることができれば、移植は完璧にできたも同じことで、ここまでの過程がとくに大切です。でも初心者では通常すべての土は落としてしまうのがほとんどかと思います。心配な方は、後述する根回しの方法をおすすめします。

〈掘り上げ方〉

① 半径20cm前後の円状に、浅い溝を掘る

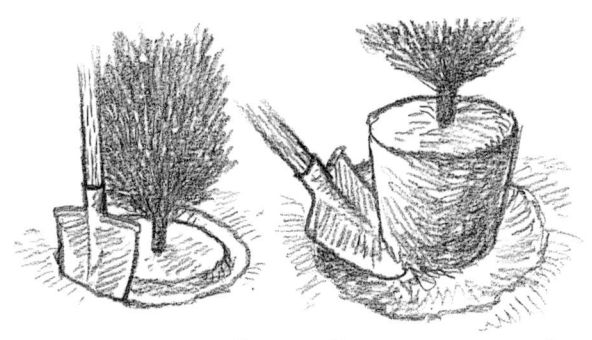

② スコップの向きを逆にして、足で一気に突っ刺し、周囲の根をスパッと切る

③ 周囲の土を掘り、真下の根も根鉢が崩れないように切る

掘り取った根鉢(掘り取る樹の根部)がしっかりしていて持ち運んでも崩れないようであれば、そのまま新しい植え付け予定の穴に移動します。

しかし、根張りの悪いコニファーは、ここで根巻きという作業を行ないます。初心者では大変に難しい作業ですが、要領だけを解説します。

基本的には植え穴に運ぶまで根鉢が崩れなければよいわけですが、相手が土ですから大丈夫だと思ってもすぐに根鉢は崩れてしまいます。

ホームセンターの園芸用品コーナーで、根鉢を包むワラ製のコモか樹皮保護テープ(コモ)を求めて用意します。筒状に巻かれていて切り売りする店もあります。いずれも土中で腐るものであることが条件です。またこのコモと同質のヒモも買い求めます。

このコモを掘り上げた根鉢にぐるりと回し、数カ所簡単に固定します。

次に根鉢の周りをよくはたきながら(軽く固める)、ヒモを何重か巻きつけて根鉢が崩れないようにします。多少斜め方向にも、根鉢の底のほうにも何度か掛けて、ヒモの間隔が均等になるようにします。ここまですれば多少手荒に取り扱っても根鉢は崩れなくなります。

ヒモを巻く方向などの専門的なことは無視して、とにかく根が崩れないようにしっかりとロープで固定します。

移動のときは一人で持ち上がる場合には問題ありませんが、持ち上がらない場合はやや太めなロープを根鉢の下に通して二人で持ち上げます。片方の手で幹を持って片方でロープを持ちます。あるいは小サイズのブルーシートを根鉢の下に通してから両端を数人で持って移動します。

植え付け方法は、苗の植え付けの要領と同様です。

〈コモ巻きの手順〉

① 掘り取った根部をコモの中央に置き、コモで包む。

② ワラ縄を幹に巻いて固定し、根部に巻く。

③ 根部を木槌で軽くたたきながら、ワラ縄を八方にきつく巻く。

④ 巻き終わり。

③樹高３m以上、植え付け後５年以上の場合（小型種は別）

ここまで成長したものの移植は人力ではできません。プロに任せます。クレーンとか、チェーンブロックなどの機動力がないと作業は不可能です。掘り取りまではできても、人力では重くて移動ができません。

日曜園芸の域を超えたことは解説しても無意味かもしれませんが、なかには機動力を駆使できる人もいるかと思われますので多少解説します。

この場合の作業は、移植予定の前年にさかのぼって作業をし、掘り上げ・再移植は翌春に行ないます。この方法を「根回し」といいます。

前年の３～４月ころに幹の直径（根元部分）の４倍程度の大きさの円周を、前述の要領でスコップで細い根を切って、深い溝を掘ります。根回しでは、ノコギリで切るような太い根は切らず（倒伏防止のため）、そのまま掘り進んである程度の深さまで掘り下げます。そして残った太い根の樹皮部分をナイフなどで幅10cm程度はぎ取ります。これをすべての太い根に実施します。根の樹皮をはぐと茎葉からの栄養分は、はいだ先には行きませんが、はいだ先からの養水分は茎葉に運ばれます。

最後にスコップで切断した比較的細い根も、新根が発生しやすくなるようによく切れる剪定バサミでもう一度切り戻しておきます。この処理が終わったら掘り上げた土に腐葉土などを混ぜながら埋め戻し、１年間育てます。

こうすることによって、切断面や樹皮をはがした太い根から新根がびっしり張り出してきます。翌春には前年に掘り上げた円周のひと回り外周を掘り上げ、樹皮をはいだ太い根もノコギリで切って掘り上げます。掘り上げた根鉢には細根がよく張り移植に耐える体勢となっています。

これを同様に、コモで包んで移動して再移植します。

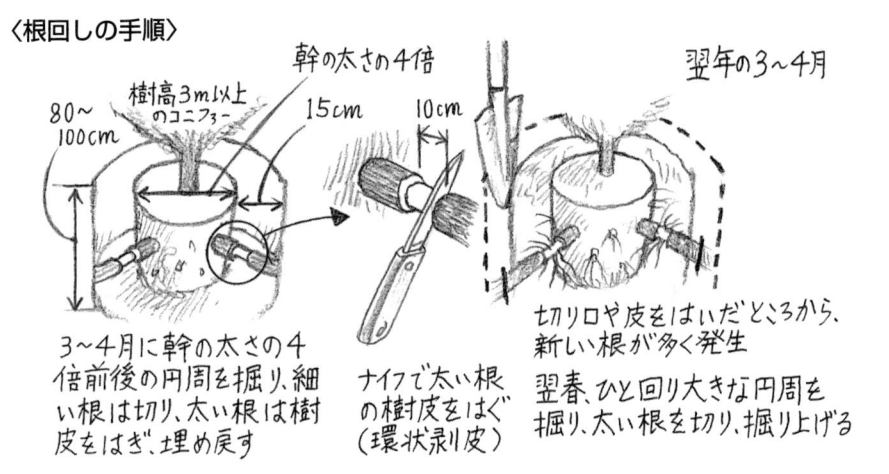

〈根回しの手順〉

おすすめコニファーの特性と管理の目安

【凡例】推奨度…つくりやすさ、観賞度などから ABC の 3 段階評価。
難易度…つくりやすさから ABC の 3 段階評価。
鉢…鉢栽培の適正を◎、○、△、×の 4 段階評価。
樹高×樹幅…10 年前後の目安となる大きさを示す。？は不明、もしくは枝垂れ性で樹高を調節できるもの。
年間成長…1 年間に伸びる長さの目安。「△△→○○」は最初は△△だが直根が張り出し芯が伸びだすと○○になることを示す。
植え付け間隔…植え付け後 10 年前後の樹幅を目安にした植え付け間隔。
樹形…「△△→○○」は最初は△△樹形だが数年すると○○樹形に変わることを示す。
葉色…春から秋の葉色。
冬の葉色…年中あまり変化がないものは―で示す。

科	属	原産地	和名 (学名読み)	品種名	掲載頁	推奨度	難易度	鉢植え	樹高×幅 (m)	年間成長 (cm)	植え付け間隔 (m)
マツ科	モミ	北米	アルプスモミ (アビエス ラシオカルパ)	var. アリゾニカ	61	A	B	×	3 × 1.2	5→15	1.2
				コンパクター	61	A	B	×	2 × 1.2	5→10	1
		北米西部	コロラドモミ (アビエス コンカラー)	ビオラシア	59	A	B	×	5 × 1.5	30	1.5
				ウインターゴールド	－	A	B	×	5 × 2.0	30	1.5
		朝鮮	チョウセンシラベ (アビエス コリアナ)	シルバーショウ	60	A	B	×	4 × 1.5	5→20	1.5
				シルバーロック	60	A	B	×	4 × 1.5	5→20	1.5
	トウヒ	北米	カナダトウヒ (ピケア グラウカ)	コニカ	64	A	B	◎	3 × 1.5	10	1.2
				サンダースブルー	65	A	B	◎	2 × 1.2	10	0.8
				アルバータブルー	65	A	B	◎	2 × 1.2	10	0.8
				レインボウズエンド	65	A	B	○	2 × 1	5	0.8
		西アジア	コーカサストウヒ (ピケア オリエンタリス)	ウイルトコンパクタ	64	A	B	○	3 × 1.2	3→10	0.8
				オウレア	64	B	A	△	5 × 2	20	1.5
				スカイランズ	63	A	B	○	4 × 2	20	1.3
				グラウカグロボーサ	63	A	A	○	2 × 1.5	10	1.2
		北米西部	コロラドトウヒ (ピケア プンゲンス)	オメガ	62	A	A	△	5 × 1.5	30	1.2
				モンゴメリー	63	A	A	○	2 × 1.2	10	1.0
				ブルーミスト	62	B	A	△	4 × 1.5	20	1.5
				コスター	63	A	A	△	5 × 1.5	20	1.5
				ホプシー	62	C	B	△	5 × 1.5	30	1.5
		ドイツ	ヨーロッパトウヒ (ピケア アビエス)	ブイルスヴェルグ	－	C	B	△	5 × 1.5	40	1.5
	ヒマラヤスギ	ヒマラヤ	ヒマラヤシーダー (セドゥルス デオダラ)	アルボスピカ	66	B	A	△	6 × 1.5	60	1.8
				カールファチス	66	A	A	△	4 × 1.5	50	1.8
				オウレア	66	B	A	×	6 × 2.0	50	2
		モロッコ	アトラスシーダー (セドゥルス リバニ アトランティカ)	グラウカ	66	A	A	△	10 × 2.0	30→60	1.8
				グラウカペンデュラ	67	B	C	×	? × 1.2	20→50	1
				オウレア	67	B	A	△	2 × 1.2	3→15	1.2

根…根の形態を大きく、直根型、細根型、ゴボウ根型に分けた（74 頁参照）。
苗観賞性…植え付け後数年間の幼木段階の観賞性を ABC の 3 段階評価。
香り…よく匂う◎、微香のある○、ほとんど匂わない△。
耐寒性（寒さに強いか）・耐暑性（暑さに強いか）・耐雪性（降雪の枝折れに強いか）・耐陰性（日陰に耐える強さ）・耐倒性（強風などでも倒れにくいか）
成長速度…「△△→○○」は最初は△△だが数年すると○○に変わることを示す。
移植（植え付け数年後から移植しても根づきやすいか）…それぞれの程度を◎、○、△、×の 4 段階評価。
剪定…一定の樹形の骨組みができてからの剪定の必要性。
肥料…地植え栽培での施肥量の目安。
水…鉢栽培でのかん水量の目安。

注）？…現段階では判明せず不明

樹形	葉色	冬の葉色	根	苗観賞性	香り	耐寒性	耐暑性	耐雪性	耐陰性	耐倒性	成長速度	移植	剪定	肥料	水（鉢）
円錐	銀青	−	直根	A	○	◎	△	◎	○	◎	遅	△	無	少	並
円錐	銀青	−	直根	A	○	◎	△	◎	○	◎	遅	△	無	少	並
円錐	銀青	−	直根	B	○	◎	△	◎	○	◎	極遅→遅い	△	無	無	並
円錐	淡緑	黄	直根	A	○	◎	△	◎	○	◎	超遅→遅い	△	無	無	並
円錐	緑（葉裏白）	−	直根	B	○	◎	△	◎	○	◎	遅→並	△	無	少	並
円錐	緑（葉裏白）	−	直根	B	○	◎	△	◎	○	◎	遅→並	△	無	少	並
円錐	緑	−	直根	A	○	○	○	○	○	○	極遅	△	無	少	並
円錐	銀青→緑	−	直根	A	○	○	○	○	△	○	極遅	△	無	少	並
円錐	銀青→緑	−	直根	A	○	○	○	○	○	○	極遅	△		少	並
円錐	黄緑	−	直根	A	○	○	○	○	○	○	極遅	△		極少	並
円錐	濃緑	−	直根	A	○	◎	○	◎	○	○	遅	△	無	少	並
広円錐	濃緑	−	直根	B	○	○	△	◎	○	◎	遅→並	△	無	無	並
円錐	黄	−	直根	B	○	○	○	○	○	△	遅→並	△		無	並
半球→極広円錐	銀青	−	直根	A	○	◎	○	○	○	◎	遅	△	無	極少	並
円錐	銀青	−	直根	A	○	◎	○	○	○	◎	遅→並	△	無	極少	並
半球→極広円錐	銀青	−	直根	A	○	◎	○	○	○	◎	遅	△	無	極少	並
円錐	銀青	−	直根	A	○	◎	○	○	○	△	遅→並	△	無	極少	並
円錐	銀青	−	直根	A	○	◎	○	○	○	△	遅→並	△	無	極少	並
円錐	銀青	−	直根	B	○	◎	○	○	○	△	遅→並	△	必要	極少	並
円錐	緑	−	直根	B	○	○	◎	○	○	△	速	○	無	無	少
円錐	緑	−	直根	C	△	○	◎	○	△	○	速	△	無	少	少
円錐	青緑	−	直根	C	○	○	◎	○	○	◎	遅→並	△	無	少	少
円錐	黄	−	直根	C	△	○	◎	○	○	○	速	△	無	無	少
円錐	青緑	−	直根	B	△	○	◎	○	○	○	速	△	無	無	少
枝垂れ	青緑	−	直根	C	△	△	◎	○	△	◎	遅	△	無	少	少
円錐	緑	黄	直根	C	△	△	◎	◎	△	○	超遅	△	無	少	少

おすすめ**コニファー**の**特性**と**管理**の**目安**

科	属	原産地	和　名 (学名読み)	品　種　名	掲載頁	推奨度	難易度	鉢植え	樹高×幅(m)	年間成長(cm)	植え付け間隔(m)
マツ科	クロマツ	日本	クロマツ (ピヌス　ツンベルギー)	バンショウショウ (八房クロマツ)	68	A	A	◎	0.4 × 1.5	5	1.0
				コトブキ	−	A	A	◎	0.8 × 1.0	5	0.8
	ツガ	北米東部	カナダツガ (ツガ　カナデンシス)	イエデロ	67	A	A	◎	2 × 1.5	15	1.0
				ペンデュラ	67	A	B	◎	2<×1	40	1.0
ヒノキ科	ヒノキ	日本	ヒノキ (カマエキパリス オブツサ)	コラリフォーミス	49	A	A	◎	2 × 0.8	20	0.8
				ナナグラシリス	48	A	A	◎	1 × 0.6	5	0.6
				グラボーサバリエガタ	49	A	A	△	1 × 1	10	0.8
				オウゴンチャボヒバ	49	A	B	◎	4 × 0.8	5	0.6
				タツミゴールド	49	A	A	◎	2 × 0.8	8	0.8
				ヤツブサヒノキ	49	A	A	◎	1 × 0.5	5	0.6
				マリアン	−	A	A	◎	1.5 × 0.8	10	0.6
				ナナルテア	49	C	C	◎	0.5 × 0.5	2	0.4
				メローツィーン	−	A	B	◎	?	60	0.6
				ケルダロ	−	A	A	△	?	15	1.0
				ドラス	−	?	?	?	?	20	1.0
				オパール	−	A	B	○	1 × 0.6	3	0.6
	サワラ	日本	サワラ (カマエキパリス ピスィフェラ)	ゲッコウヒバ	50	A	A	◎	0.8 × 1.2	5	0.8
				ゴールデンモップ	50	A	A	△	2 × 1.5	20	0.8
				ツクモヒバ	50	A	A	◎	1 × 0.8	3	0.6
				ナナ	51	A	A	◎	0.5 × 0.5	2	0.4
				ベイビーブルー	−	A	A	◎	?	3	0.8
				オウゴンツクモヒバ	51	C	C	◎	0.5 × 0.5	2	0.8
	ヌマヒノキ	北米	ヌマヒノキ (カマエキパリス ツヨイデス)	リトルジャーミー	51	B	B	◎	1.5 × 0.6	5	0.6
				レッドスター	51	B	B	◎	2.0 × 0.8	15	0.7
	レイランドヒノキ	属間雑種	レイランドヒノキ (クプレッソスィパリス レイランディー)	ゴールドライダー	54	A	A	◎	5 × 2	20	1.2
				シルバーダスト	54	A	B	△	5 × 1.5	40	1.5
	ホソイトスギ	北米	アリゾナイトスギ (クプレッスス　アリゾニカ)	ブルーアイス	52	A	A	△	6 × 1.5	50	1.5
				ブルーアイス白細身系	53	A	A	△	6 × 1.2	50	1.2
				ピラミダリス	53	A	A	△	6 × 1.2	50	1.2
				サルフレア	53	AA	A	△	5 × 1.2	20	
				ブルーマウンテン	53	A	B	○	0.8 × 1	10	0.4
		ヨーロッパ	セイヨウヒノキ (クプレッスス センペルビレンス)	スワンスゴールデン	−	B	C	◎	5 × 0.6	30	0.6

樹形	葉色	冬の葉色	根	苗観賞性	香り	耐寒性	耐暑性	耐雪性	耐陰性	耐倒性	成長速度	移植	剪定	肥料	水(鉢)
匍匐	濃緑	-	細根	A	○	◎	○	◎	△	◎	遅	△	無	極少	極少
半球	濃緑	-	細根	A	○	◎	○	◎	△	◎	遅	△	無	極少	極少
半球	濃緑	-	細根	B	△	◎	○	△	◎	◎	並	○	無	無	並
枝垂れ	濃緑	-	細根	B	△	◎	○	◎	◎	◎	遅→並	○	無	無	並
狭円錐	濃緑	やや茶褐色	細根	A	○	◎	◎	◎	○	◎	極遅	○	無	無	多め
半球→円錐	濃緑	やや茶褐色	細根	A	○	◎	○	◎	○	◎	極遅	○	無	無	多め
球形	緑	やや褐色	細根	B	○	◎	◎	◎	○	◎	並	○	無	無	多め
狭円	黄	黄金色	細根	A	○	◎	◎	◎	△	◎	極遅	○	無	少	多め
球形→広円錐	黄緑	やや茶褐色	細根	A	○	◎	◎	◎	○	◎	遅	○	無	無	多め
広円錐	濃緑	茶褐色	細根	A	○	◎	◎	◎	○	◎	超遅	○	無	無	多め
卵形	黄緑	やや褐色	細根	A	○	◎	◎	◎	○	◎	遅	○	無	少	多め
半球→円錐	黄	黄金色	細根	A	○	△	◎	◎	○	◎	超遅	○	無	少	多め
卵形	黄緑	-	細根	A	○	◎	◎	◎	○	◎	極遅	○	無	少	並
Y字	黄	黄金色	細根	B	○	◎	◎	◎	○	◎	速	○	好み	少	並
-	濃緑	-	細根	B	○	?	?	?	?	?	?	○	?	?	?
半球	緑	-	細根	A	○	◎	◎	◎	○	◎	超遅	○	無	少	並
半球	緑→白斑入り	ベージュ	細根	B	○	◎	◎	◎	○	◎	並	○	無	少	多め
半球	黄	黄金色	細根	B	○	◎	◎	◎	△	◎	並	○	無	少	多め
半球	緑	やや褐色	細根	A	○	◎	◎	◎	○	◎	遅	○	無		多め
半球	緑	やや褐色	細根	A	○	◎	◎	◎	○	◎	超遅	○	無	少	多め
半球	銀青緑	-	細根	A	○	?	?	?	?	○	極遅	○	無	少	並
半球	黄	黄金色	細根	A	○	◎	◎	◎	○	◎	超遅	○	無	多め	多め
狭円錐	緑	茶褐色	細根	A	○	◎	◎	◎	△	◎	遅	△	無	無	多め
円錐	青緑	赤紫色	細根	A	○	△	◎	◎	○	◎	遅	△	無	少	多め
広円錐	黄	黄金色	ゴボウ根	C	○	△	◎	◎	△	△	並	×	必要	少	並
広円錐	緑→白斑	-	ゴボウ根	C	○	△	◎	◎	◎	×	速	×	必要	少	並
円錐	銀白青	-	ゴボウ根	B	◎	◎	◎	◎	△	×	極速	×	必要	無	並
狭円錐	銀白青	-	ゴボウ根	B	◎	◎	◎	◎	△	×	極速	×	必要	無	並
狭円錐	銀白青	紫味増す	ゴボウ根	B	◎	◎	◎	◎	△	×	極速	×	必要		並
円錐系	クリーム黄	白味増す	ゴボウ根	A	◎	○	◎	◎	△	×	速	×	わずか	無	並
不整広円錐	銀青	-	ゴボウ根	A	◎	◎	◎	◎	△	○	極遅	×	無	極少	並
極狭円錐	黄	-	ゴボウ根	A	○	×	◎	-	-	△	遅→並	×	無	無	並

おすすめコニファーの特性と管理の目安

科	属	原産地	和名（学名読み）	品種名	掲載頁	推奨度	難易度	鉢植え	樹高×幅(m)	年間成長(㎝)	植え付け間隔(m)
ヒノキ科	ビャクシン	日本・中国	ビャクシン（ジュニペルス シネンシス）	ウインターグリーン	38	A	A	△	5 × 1.5	20	1.5
				オウレア	38	A	A	◯	4 × 1.2	10	1.2
				エクスパンサ バリエガタ	39	A	A	△	0.5 × 1.5	20	1.2
				ピラミダリス	38	A	A	△	5 × 1.5	20	1.5
				ロブスタグリーン	39	A	A	◯	4 × 0.8	20	0.8
				モナーチ	38	A	A	△	5 × 1	30	1.2
				スパルタン	39	A	B	◎	5 × 1.2	20	1.2
				ブルーポイント	37	A	A	△	5 × 1.5	30	1.5
		ヨーロッパ	セイヨウネズ（ジュニペルス コムニス）	ゴールドコーン	42	A	A	◎	3 × 0.6	15	0.6
				センチネル	41	B	B	△	3 × 0.5	20	0.5
				改良スエシカ	42	A	A	◯	4 × 0.8	30	0.6
		日本	ハイネズ（ジュニペルス コンフェルタ）	ブルーパシフィック	46	A	A	◎	0.3 × 3	50	1
				シルバーミスト（ブルーミスト）	46	B	B	◯	0.3 × 1.5	20	0.6
				サンスプラッシュ	46	C	C	△	0.3 × 1.2	10	0.6
		日本	ハイビャクシン（ジュニペルス プロクンベンス）	ナナ	44	A	A	◎	0.5 × 2	30	1.0
		北米西部	アメリカハイビャクシン（ジュニペルス ホリゾンタリス）	ウイルトニー	45	A	A	◎	0.1 × 3	30	1.0
				ゴールデンカーペット	45	A	A	◎	0.1 × 2	30	0.6
				ライムグロー	45	A	A	◎	0.5 × 1	20	0.6
				ヒュージス	45	A	A	◯	0.8 × 1.5	30	0.8
		種間雑種	フィッツェリアーナビャクシン（ジュニペルス フィッツェリアーナ）	セイブロックゴールド	43	A	A	△	1.5 × 2	30	1.5
		ヨーロッパ	サビナビャクシン（ジュニペルス サビナ）	カルガリーカーペット	47	B	B	△	0.3 × 1.2	10	0.8
		北米西部	コロラドビャクシン（ジュニペルス スコプロルム）	ブルーアロウ	41	A	A	◯	4 × 1	30	0.6
				ブルーヘブン	40	B	B	×	5 × 1.5	30	1.2
				ムーングロウ	40	A	A	◎	4 × 1.5	20	1.2
				ウイッチターブルー	41	A	B	◎	3 × 1.2	20	1.2
				デュードロップ	−	A	B	◯	?	15	?
		中国	ニイタカビャクシン（ジュニペルス スクァマタ）	ブルーカーペット	43	A	A	△	1.0 × 3	50	3.0
				ブルースター	43	A	A	◎	0.5 × 1.5	5	1.0
				ホルガー	43	A	A	◯	1 × 1.2	30	?
				ゴールデンジョイ	43.	A	B	◎	1 × 1.5	10	0.8
				ロデリー	−	A	B	◎	1 × ?	10	?
		北米西部	エンピツビャクシン（ジュニペルス ビルジニアナ）	グレイオウル	44	A	A	△	1 × 2	40	1.2

樹形	葉色	冬の葉色	根	苗観賞性	香り	耐寒性	耐暑性	耐雪性	耐陰性	耐倒性	成長速度	移植	剪定	肥料	水(鉢)
円錐	緑	−	ゴボウ根	B	○	◎	◎	○	◎	◎	並	△	必要	無	並
広円錐	黄	黄金色	ゴボウ根	A	○	◎	◎	○	△	◎	遅〜並	△	必要	無	少
匍匐	青緑→白斑	−	ゴボウ根	B	○	◎	◎	○	◎	◎	遅	△	先端	少	並
円錐	青緑	紫味増す	ゴボウ根	A	○	◎	◎	○	◎	◎	並	△	側枝	無	並
狭円錐	青緑	−	ゴボウ根	A	○	◎	◎	○	◎	◎	並	△	側枝	無	少
狭円錐	緑	−	ゴボウ根	C	○	◎	◎	○	◎	◎	並	△	必要	無	少
狭円錐	緑	茶褐色	ゴボウ根	B	○	◎	◎	○	○	◎	並	△	必要	無	少
広円錐	青緑	紫味増す	ゴボウ根	A	○	◎	◎	○	◎	◎	並	△	必要	無	並
狭円錐	黄→灰青緑	−	ゴボウ根	A	○	◎	△	×	△	◎	遅→並	△	必要	無	少
狭円錐	灰青緑	−	ゴボウ根	A	○	△	△	×	△	◎	遅	△	無	少	少
極細円筒	灰青緑	−	ゴボウ根	B	○	◎	○	○	△	◎	並	△	無	無	少
匍匐	緑	やや茶褐色	ゴボウ根	A	○	×	◎	◎	○	◎	速	×	先端	無	並
匍匐	青灰白	−	ゴボウ根	A	○	◎	◎	○	◎	◎	遅	×	先端	無	少
匍匐	緑→黄斑	−	ゴボウ根	B	○	◎	◎	○	△	◎	遅	△	先端	少	少
匍匐	緑	茶褐色	ゴボウ根	A	×	◎	◎	◎	−	◎	速	△	無	無	少
匍匐	青緑	紫味を帯びる	ゴボウ根	A	○	◎	◎	○	△	◎	並	△	先端	無	少
完全匍匐	黄	わずかに褐	ゴボウ根	A	○	◎	◎	○	○	◎	並	△	無	少	少
立ち上がり匍匐	黄	赤銅色	ゴボウ根	A	○	◎	◎	○	○	◎	遅→並	△	無	少	少
立ち上がり匍匐	青灰白	シルバー色増す	ゴボウ根	B	○	◎	○	○	△	◎	並	△	必要	少	並
盃状	黄	−	ゴボウ根	B	○	◎	◎	○	△	◎	速	△	無	無	並
匍匐	緑	茶褐色	ゴボウ根	A	○	◎	◎	○	△	◎	遅	△	無	少	少
極狭円錐	銀青緑	−	ゴボウ根	B	○	◎	◎	△	△	○	速	×	必要	少	少
狭円錐	銀青緑	−	ゴボウ根	C	微香	◎	◎	△	△	◎	速	×	必要	極少	少
円錐	銀青緑	−	ゴボウ根	A	○	◎	◎	△	△	○	並→速	△	無	少	少
円錐	灰白	−	ゴボウ根	A	○	◎	◎	△	△	◎	並	△	側枝	極少	少
狭円錐	緑	−	ゴボウ根	A	○	?	?	?	?	?	やや遅	△	無	少	少
匍匐	青	茶褐色	ゴボウ根	C	△	◎	◎	◎	−	◎	極遅	×	無	無	並
半球	銀青緑	なし	ゴボウ根	A	△	◎	◎	◎	○	◎	極遅	○	無	無	極少
匍匐・盃	緑	−	ゴボウ根	C	○	◎	◎	○	△	◎	並	△	無	無	少
匍匐（微立）	黄緑	−	ゴボウ根	A	○	○	◎	○	○	◎	遅→並	△	無	極少	少
円錐	緑	−	ゴボウ根	A	○	?	?	?	?	?	極遅	△	無	少	少
盃状	灰青	−	ゴボウ根	C	△	◎	◎	○	△	◎	速	×	無	無	少

おすすめコニファーの特性と管理の目安

科	属	原産地	和名 (学名読み)	品種名	掲載頁	推奨度	難易度	鉢植え	樹高×幅 (m)	年間成長 (cm)	植え付け間隔 (m)
ヒノキ科	クロベ	北米東部	ニオイヒバ (ツヤ オクシデンタリス)	デグルートスパイアー	56	A	B	○	4×0.6	20	0.6
				エメラルド	56	A	A	△	4×1.5	30	1.2
				ヨーロッパゴールド	57	B	A	△	4×1.5	20	1.2
				グロボーサオウレア (ゴールデングローブ)	56	A	A	△	1.5×1.5	10	1.2
				グリーンコーン	55	A	A	△	5×0.8	40	1.0
				マリセンズサルファー	57	A	B	△	4×2	20	1.5
				ダニカ	56	A	A	○	1×1	10	1.0
				ミラー	56	A	A	○	0.3×1	5	0.6
				ホルムストラップ	57	A	A	○	3×1.5	10	1.0
				ラインゴールド	57	A	A	◎	2.×0.8	8	0.6
				イエローリボン	57	A	A	○	4×1.5	30	1.3
				グロボーサボール	57	A	A	◎	?	2	0.6
	コノテガシワ	中国	コノテガシワ (ツヤ オリエンタリス)	コレンスゴールド	58	A	A	△	5×1	40.	1.0
	ウスリーヒバ	東シベリア	ウスリーヒバ (ミクロビオタ デクサータ)	ウスリーヒバ	47	A	A	×	0.4×2	20	1.2
スギ科	スギ	日本	スギ (クリプトメリア ジャポニカ)	グロボーサナナ	68	A	A	◎	0.5×1	5	0.8

「花工房」ガイド

■コニファーの Wonder Garden「花工房」

　現在市場に流通している大部分の品種はもちろん、現在輸入に頼っている入手困難なトウヒ、モミ類の接ぎ木苗生産・販売もしています。また、大きくならず手入れも簡単な、接ぎ木によるスタンダード仕立ての生産にも力を入れています。

■苗の申し込み方法

　「花工房」のホームページをご覧いただき、インターネットでご注文いただくか、直接ご来店ください。年中無休状態で営業しております。ＦＡＸでのご注文にも対応しておりますが、インターネットほどのきめ細かな対応はできま

樹形	葉色	冬の葉色	根	苗観賞性	香り	耐寒性	耐暑性	耐雪性	耐陰性	耐倒性	成長速度	移植	剪定	肥料	水(鉢)
狭円錐	緑	やや茶褐色	細根	A	◎	○	◎	◎	○	◎	遅→並	○	無	少	多め
円錐	淡緑	やや茶褐色	細根	A	◎	○	◎	△	○	◎	並	○	無	少	多め
円錐	黄金色	黄金色	細根	B	◎	○	◎	◎	△	◎	並	○	必要	多め	多め
半球→球	黄金色	黄金色	細根	B	◎	◎	◎	×	△	◎	並	○	無	無	多め
狭円錐	淡緑	やや茶褐色	細根	A	◎	○	◎	△	◎	△	速	○	無	無	多め
広円錐	鶯色	乳白 白褐色	細根	C	◎	◎	○	△	◎	◎	並	○	無	少	多め
半球	緑	茶褐色	細根	A	◎	◎	◎	△	◎	◎	遅	○		少	多め
半球	緑	茶褐色	細根	A	◎	◎	◎	△	◎	◎	遅	○	無	少	多め
円錐	緑	茶褐色	細根	A	◎	◎	◎	◎	◎	◎	遅			少	多め
半球→円錐	オレンジ黄	枯れた色	細根	A	○	◎	◎	×	△	◎	遅→並	○	無	少	並
円錐	ややオレンジ	黄金色	細根	B	○	◎	◎	◎	○	◎	並	○	必要	多め	多め
半球	緑		細根	A	○	?	?	?	?	?	極遅	○	無	少	並
円錐	黄緑	気温低いと褐色	細根	B	○	◎	○	△	△	◎	極速	○	無	無	多め
匍匐	薄緑	茶褐色	細根	C	○	◎	△	◎	◎	◎	並	○	無	無	少
半球	緑	茶緑	細根	A	△	◎	○	◎	◎	◎	遅	○	無	無	多め

せん。お電話によるご注文は対応できません。

URL http://hanacobo.com　　FAX　028-669-2179
栃木県宇都宮市石那田町桑原 1467-1

■ご質問などの連絡方法
　本書に関するご質問などにEメールでお答えいたします。電話、文書による質問にはご返事できません。

　EMAL　/hana@hanacobo.com/

【著者紹介】

花工房 編著
　著者 髙橋 護（たかはし　まもる）

1946年（昭和21年）栃木県に生まれる。15歳の時からから草花に興味をもち、県立宇都宮農業高校卒業後、家業の米づくりに従事。その間、趣味の花卉、花木の栽培に没頭し、ツツジ、シャクナゲの生産に情熱を燃やした。平成9年4月に米づくりから経営転換し、「花工房」を設立。その後、主力生産・販売品をコニファーに切り替え現在に至る。

●コツのコツシリーズ
コニファーガーデン－園主が教える選び方・育て方－

2007年7月15日　　　第1刷発行

　　著者　髙橋　護

発行所　　社団法人 農山漁村文化協会
郵便番号　107-8668　東京都港区赤坂7丁目6－1
電話番号　03（3585）1141（代表）　　03（3585）1147（編集）
FAX　03（3589）1387　　　　　　振替　00120-3-144478
URL. http://www.ruralnet.or.jp/

ISBN 978-4-540-05178-4　　　　　製作／條克己
〈検印廃止〉　　　　　　　　　　　印刷／㈱東京印書館
© 髙橋　護 2007　　　　　　　　製本／笠原製本㈱
Printed in Japan　　　　　　　　定価はカバーに表示

乱丁・落丁本はお取り替えいたします。

化学サポートシリーズ

編集委員会：右田俊彦・一國雅巳・井上祥平
岩澤康裕・大橋裕二・杉森　彰・渡辺　啓

超分子化学入門

静岡大学助教授　　　岡山理科大学教授
理 学 博 士　　　　　理 学 博 士
戸田三津夫　　　　戸田芙三夫

共　著

東京　裳華房　発行

INTRODUCTION TO SUPRAMOLECULAR CHEMISTRY

by

MITSUO TODA, DR. SCI.

FUMIO TODA, DR. SCI.

SHOKABO

TOKYO

〈㈱日本著作出版権管理システム委託出版物〉

「化学サポートシリーズ」刊行趣旨

　一方において科学および科学技術の急速な進歩があり，他方において高校や大学における課程や教科の改変が進むなどの情勢を踏まえて，新しい時代の大学・高専の学生を対象とした化学の教科書・参考書として「化学新シリーズ」を編集してきました．このシリーズでは化学の基礎として重要な分野について，一般的な学生の立場に立って解説を行うことを旨としておりますが，なお，学生の多様化や多彩な化学の内容に対応するためには，化学における重要な概念や事項の理解をより確実なものとするための勉学をサポートする参考書・解説書があった方がよりよいように思われます．そこで，このために「化学サポートシリーズ」を併行して刊行することにしました．

　編集委員会において，化学の勉学にあたって欠かすことのできない重要な概念，比較的に理解が難しいと思われる概念，また最近しばしば話題になる事項を選び，テーマ別に1冊（100ページ程度）ずつの解説書を刊行して，読者の勉学のサポートをするのが本シリーズの目的であります．

　本シリーズに対するご意見やご希望がありましたら委員会宛にお寄せ下さい．

1996年5月

編 集 委 員 会

はじめに

　1865年に，ドイツ人化学者のケクレ（Kekulé）がベンゼン分子の正六角形構造を提唱してから近代有機化学の歴史が始まったとされる．それは，分子の性質を知り，次々に新たな分子を作って発展してきた近代有機化学において，分子の構造に関する情報がきわめて重要であったからである．このようにして始まった近代有機化学は，この1世紀半ほどの間にめざましい発展を遂げ，有機化学の基礎を固めて不動のものにすると同時に，染料，塗料，医農薬，合成繊維，プラスチックなど数多くの優れた材料を提供して，人々の健康で快適な生活に役立っている．そして化学は，最近特に注目を集めているナノテクノロジーの領域よりもさらに微細な原子～原子数十個レベルの分子に注目したものであるため，ハイテク時代といわれる現在においても，ねらった通りの構造を精緻に大量に作り出すことのできる唯一の技術をもたらすことができた．

　しかしこれらの成果は，分離精製した単一の化合物，つまり一種類の分子についての丹念な基礎研究を積み重ね，その知見をもとに応用研究を行い，さらに優れた物質を生み出していったことにより実現した．このような研究方法がとられた理由としては，(1)「個々の構成要素に注目して，そののちに全体を理解する」という自然科学共通の方法論を用いたということのほかに，(2) 研究方法や分析のための技術が，何種類もの分子が存在する複雑な系を対象とするに十分な水準になかったということがあった．自然界を見渡せば，動植物などの生物の体内ではむろんのこと，生命活動の関与しない場所でも，多種多様な分子が複雑に関わり合ってさまざまな会合や反応を起こしている．もちろんこれらの現象を読み解くことも有機化学の大きな目標で

あったが，これまでのような一種類の分子に注目した研究手法ではその達成が困難であることが次第にはっきりしてきた．このような状況から生まれたのが「超分子化学」(supramolecular chemistry)である．すなわち，「超分子化学」とは"多種多様な分子の複雑な関わり合い"を研究対象とする化学である．見方を変えれば，ケクレのベンゼンの構造の発見からわずか1世紀半にして，有機化学はこのように複雑な対象を扱えるほどに，方法論的にも技術的にも発展，成長したということができる．さらに，現在では「超分子化学」は化学の主要な先端研究分野の一つであり，多くの研究者がその基礎研究分野に関わり，その特異な現象の応用による優れた材料の創出など，貴重な成果が出始めている．「超分子化学」に関わる研究論文がますます数多く発表されるようになり，"Supramolecular Chemistry"を学術雑誌名に冠した論文誌も出版されている．そして，ナノテクノロジーにおいても，機能の実現のために決定的に重要な「構造や配列の制御を行うための方法論」をもたらすことが期待されている．そのため，自己集合や自己組織化といった現象を利用する超分子化学は非常に重要視されている．化学的な現象を利用した「電池」が，エレクトロニクス，その後時を経てコンピュータを生み出したように，超分子化学もまた大飛躍をもたらすことが期待されている．

　本書は，有機化合物を主体とした「超分子化学」の基本的なことがらを解説したものである．すでに「超分子化学」に関連する何冊もの専門書が出版されているが，本書では，著者らが行った比較的簡単な分子を用いた超分子化学の研究成果を数多く取り入れて解説するとともに，現在脚光を浴びている研究分野も取り上げた．したがって，本書の目的は，超分子化学の「基本的な考え方」を学ぶことにあり，さらに詳しく知るためには，巻末にあげた専門書を手がかりに先に進んでほしい．そして，近代有機化学の1世紀半ほどの歩みと有機化学のこれからの発展について，さまざまな夢や想像の思いを巡らせることに本書が役立つことを切に願うものである．

2006年9月　　　　　　　　　　　　　　　　　　　　　　　著　者

目　次

第1章　分子の化学から超分子化学へ

1・1　はじめに —超分子化学は何が"超"？—　2
1・2　超分子化学の対象　5
1・3　超分子化学の応用　7

第2章　超分子相互作用 —超分子構造はなぜできるか—

2・1　はじめに —超分子という考え方—　12
2・2　包接化合物，ホスト-ゲスト化学，分子認識化学，超分子化学　17
　2・2・1　包接化合物　17
　2・2・2　ホスト-ゲスト化学　19
　2・2・3　分子認識化学　19
　2・2・4　超分子化学　20
2・3　超分子を作るためのいくつかの弱い結合力　20
　2・3・1　分子の形状，適合性（相性）　20
　2・3・2　弱い結合力　24

第3章　超分子構造をつくる分子 —さまざまな超分子化合物—

3・1　はじめに —超分子化合物にはどのようなものがあるか—　32

3・2　クラウンエーテルとその関連化合物　32
　3・2・1　クラウンエーテル　32
　3・2・2　クリプタンド　36
　3・2・3　ラリアートエーテル　38
　3・2・4　機能性クラウンエーテル　40
3・3　シクロデキストリン　40
3・4　カリックスアレーンとその関連化合物　42
　3・4・1　カリックスアレーン　42
　3・4・2　レゾルシノール環状四量体　42
3・5　カテナンとロタキサン　44
3・6　その他の超分子構造の制御　48
3・7　クラスレート（包接化合物）　50
3・8　無機系化合物とフラーレン類　50
　3・8・1　粘土鉱物　50
　3・8・2　ゼオライトとモレキュラーシーブス　52
　3・8・3　フラーレン類とカーボンナノチューブ　53

第4章　超分子化学の研究方法

4・1　はじめに ―いかにして超分子的な情報を得るか―　56
4・2　直接観察できる現象　56
4・3　滴　定　57
4・4　質量分析法　59
4・5　融点, 熱測定　59
4・6　単結晶X線回折法, 粉末X線回折法（XRD）　60
4・7　円二色性スペクトル（CD）　62
4・8　NMR（核磁気共鳴分光法）　62

4・9　分子量測定　63
4・10　電子顕微鏡　63
4・11　QCM (水晶発振子)　63

第5章　超分子集合体の機能と未来の技術

5・1　超分子集合体から機能を引き出す　68
   5・1・1　分離, 分析技術　69
   5・1・2　反応の制御 (触媒, 反応場, 分子カプセル)　71
   5・1・3　医薬, 食品などへの応用　72
   5・1・4　免疫系の模倣　72
5・2　ナノテクノロジーと分子デバイス　72
   5・2・1　ナノテクノロジー　72
   5・2・2　分子素子 (分子デバイス)　79

第6章　簡単なアルコールホスト化合物による結晶状態での超分子化学

6・1　はじめに ―水素結合を利用して超分子構造を作る―　82
6・2　簡単なアルコールホストの設計　82
6・3　光学活性アルコールホストの設計　89
6・4　フェノールホストの設計　90
6・5　包接結晶中での選択的化学反応　93

さらに勉強したい人たちのために　97
索　引　99

コラム

1 クラウンエーテル発見の物語 　　　　　　　　　　9
2 腐敗と，遺伝子抽出の困難 　　　　　　　　　　15
3 包接，包接化合物の命名者 　　　　　　　　　　18
4 グルタミン酸モノナトリウムと地球外生命体
　―エイリアンはヒトを喰わない― 　　　　　22
5 DNAの構造解明と遺伝子 　　　　　　　　　　26
6 ゲノム解析と遺伝子発現 　　　　　　　　　　　29
7 弱い分子間力によらない超分子 　　　　　　　　47
8 平均値をみる測定法と，個別値をみる測定法 　　64

第 1 章

分子の化学から超分子化学へ

　近代有機化学から「超分子化学」へ．ところで，超分子化学とはどんな学問だろうか？　それは何ができるのだろうか？　ここでは，超分子化学という領域ができた経緯を中心に解説する．

第1章 分子の化学から超分子化学へ

1・1 はじめに —超分子化学は何が"超"？—

みなさんはこんなことを考えたことがあるだろうか．卵の中身はどうやって殻の中に入ったのだろう…　あるいは，オタマジャクシがカエルになる際にシッポはどこに消えてゆくのか？　生き物は，見かけがそっくりで区別できない胚から発生して，なぜあるものは魚に，そしてあるものはクジラに，また人間になったりするのか．砂糖は甘くて塩がしょっぱいのはなぜか…

これらの問題は，昔なら生物学者，あるいは宗教者の取り扱う領分だったが，現代の科学は，これがきわめて化学的な現象であると説明する．なぜなら，客観的に見てそこには物としては物質しか存在しないし，いずれの場合にも物質の選別，移動，相互作用，反応が関わっているからだ．むしろ，それがすべてである．幸か不幸か，今の化学はこれらの現象にまだ完璧な説明を用意できないが，化学，とりわけ超分子化学の研究にたずさわる者は，これらの現象が「分子と分子の間に働く弱い相互作用」に支えられていると確信している．すなわち「超分子化学的な現象」だ．いやそんなはずはないと否定する人もいるかもしれないが，ゲームのプログラムが文字や数字の羅列でしかないことはみなさんも知っていると思うし，少なくとも，そう認識しているはずだ．でも，ほとんどの人は実際にプログラムの中身を見たことはなく，それを作ることもできない．携帯電話やテレビが電波で情報をやりとりしていることも同じように知っている．目に見えないが頭では納得していると思う．先にあげた生き物の驚くべき機能が，本書でこれから解説していく「超分子化学」が基本的な原理となって実現しているということも，おそらくその程度には確かである．少なくとも多くの科学者と，すべての超分子化学者はそう信じている．

分子生物学から遺伝子工学，すなわちバイオテクノロジーが生まれ，クローニングや細胞分化の制御（思いのままに組織を作らせること）の研究が盛んで，新しい生命をつくり出してしまいかねないというのが今の状況であ

る．このことが一般受けすることから，いろいろな小説や映画の，それもホラーやSFの題材にされることが多い．遺伝子の制御ができれば生物についてはなんでもできるはずだという，新しい時代の発想がそこにはある．しかし，その考え方は，脳死やクローン人間の是非がたびたび問題になることが示すように，伝統的な倫理観，慣習という文化とはまだ折り合いをつけられないでいる．「神をも畏れぬ所業」という人もいる．良い方向にのみ使われるとは限らないという意見もある．人間のクローンを作ったという発表もされ，世界のどこかに「モロー博士」（H. G. ウェルズ著『モロー博士の島』の主人公）が存在しないとも限らない．受精卵をはじめさまざまな細胞は入手可能で，それが身体のどのような部位にでも成長を遂げることができることは想像にかたくない．良い使い方ができれば，障害や疾患を患った臓器の代わりを確保するためにそのスペアを作ったり，血液や骨髄液などを自在に生産することができるだろう．そうすれば血液型（赤血球のABO型や白血球のHLA型），免疫による拒否反応の問題もすべて解決する．そしていつの日か臓器移植や輸血も生身のドナー（人間の提供者）に頼ることがなくなるのだろう．人格や一人の人間に対する概念が変わるかもしれないが，新しい意味での疑似不老不死が実現する可能性だってある．

　話がそれたが，実は本書の主題「超分子化学」にも似たようなところがある．物質を探り，操ることを研究する学問である化学は，いうまでもなくすべての産業，技術の基礎である．たとえば，ボルタによる電池の発明がなければ，発電機やモーターはもちろん，エレクトロニクスそのものが生まれなかったし，コンピュータも携帯電話も実現しなかった．しかし，依然として生物の機能とフラスコ内の反応には大きな違いがあり，とても生命の神秘を化学の言葉で語ることはできないように思われた．そして20世紀の後半，DNAの構造が明らかにされ，それが遺伝物質であることがわかると生物への化学からのアプローチの突破口となり，分子生物学が急速に発展した．さらに，分子生物学がもたらした革命的な知識と技術が新しい研究方法を生み

ながら，生物機能の化学的解読を徐々に可能にしていった．一方で，分子の合成技術や分析手段がすでに十分に発達していたこともあり，分子間の相互作用を制御できれば，少なくとも化学的な現象はなんでも（原理的には）実現可能であるという「希望の光」がさした．実際は，タイプが打てればシェークスピアの名作が書ける，キーボードが打てればゲームソフトが作れるくらいの，あくまでも可能性の上での話なのだが，原理的に不可能ではない．

この考えに基づき，分子間相互作用を研究することにより夢の実現に近づこうと，超分子化学者は自身の信じるところに従って研究を続けている．遺伝子工学と決定的に違うところは，何から何まで自分で計画できるということだろうか．遺伝子の構造と発現の謎がすべて明らかになったわけではないし，仮にそうなっても，数千～数万塩基対の遺伝子を合成するのは，不可能ではないにしろ気が遠くなるほど大変だ．現実にはすでに完璧に機能するものが身の回りに有り余るほど存在するので，遺伝子は野（自然界）からとってくればいい．あるいはそれらを加工すればよい（最近，生物とは言い切れないがウイルスの合成がにわかに現実化する兆しがあり，その境界も徐々に薄れてきている）．超分子化学者もさすがに分子を作る際に「芸術的で壮大な天然物の全合成」のような多大な労力をさくことは少ないが，本書で紹介する例を見れば，その情熱と実践力はわかっていただけると思う．また，分子間相互作用を利用すれば分子を整列させることもできる．分子に自発的な配列構成を行わせることを「自己組織化」という．人間と同じで，なかなかいうことをきかない分子もあるが，勘所を押さえれば分子はあくまでも素直である．なぜそのようなことをするのか？ それは，分子があまりに小さく，しかも数が多いので，個々に制御するわけにいかないからである．アボガドロ数を知っていれば自明だろう．1円玉だってアボガドロ数 6×10^{23} の千分の一でもあれば，ビル・ゲイツをはるかにしのぐ大富豪になれる．必然的に，分子を配置するのに使える手段は自己組織化のみということになる．

最近では，ナノテクノロジーや新たな素材開発の観点からいろいろな研究

が展開しており，油揚げを開いて巾着を作るように，バックミンスターフラーレン（C_{60}）に穴をあけて水素分子を入れてふたをするなどということが実現している．また，鞭毛をまわす生体内のマイクロモーターの制御や製作も可能になる公算が出てきた．超分子化学と自己組織化の考え方は，このような場面でもきわめて重要である．

1・2　超分子化学の対象

「超分子化学」とは，分子の相互作用を研究し，あるいはそれを制御して，意のままに集合体の構造と機能を作り出すことを目的とする研究分野（学問）である．この呼び名と概念は，フランス人ノーベル賞化学者レーン（Lehn）により提唱された．超分子化学が対象とするものは，各種錯体，クラスター，液晶，分子結晶や包接結晶などの結晶，機能性高分子，天然の超分子系（光合成，酵素，遺伝物質）など多岐に及ぶ．

詳しくは第2章で触れるが，いくつか紹介しておこう．みなさんは結晶を知っているだろう．多くの宝石，食塩，砂糖も結晶性物質としてよく知られている．生体中や溶液中で分子が集合する様子や，溶質が溶媒分子と会合している様子を正確に知るのは難しい．分子は少しも静止していないし，配列構造が規則的でないからである．一方，結晶中の分子集合状態を知ることができるのは，構造に規則性があり，その構造が比較的静止状態であるためである．また，単一の分子のみからできる結晶以外に，水や溶媒の分子が一定の割合で介在する（化学量論的という）結晶が古くから知られており，結晶中のそのような水や溶媒の分子は，「結晶水」とか「結晶溶媒」という名称でよく知られていた．今日ではそれらを包接結晶とかクラスレートという．無機錯塩の配位子などの例を除き，多くの場合，それらの溶媒分子は物質の精製を妨害する不純物であり，有機化学者にとっては元素分析結果が構造と合わない，あるいはNMR（核磁気共鳴分光法）チャートに余計なピークをも

たらす厄介物であった．それらは，しばらく特に重要視されることがなかったが，「超分子化学」の基礎となる「分子認識化学」(molecular recognition chemistry) あるいはほとんど同義の「ホスト-ゲスト化学」(host-guest chemistry) の発展によりこのような分子の集合状態が注目され，あらためて重要な意味を持つようになった．このような結晶は，いわば分子を張り付けにした状態なので，観測に都合がよいということ，また，結晶化により集合体をたやすく形成させることができるという利点がある．

　一方，ペダーセン (Pedersen) によるクラウンエーテルの合成 (9頁のコラム1参照) により始まったホスト-ゲスト化学では，ある種の分子がほかの種類の分子と分子集合状態を形成するとき，一方の分子を「ホスト分子」(host molecule)，他方の分子を「ゲスト分子」(guest molecule) といい，両者の集合体を「ホスト-ゲスト錯体」(host-guest complex) という．分子の空孔 (分子内側の穴，あるいはポケットのようなもの) にほかの分子が入り込んで包接 (第2章18頁のコラム3参照；弱い相互作用により捕捉された状態) される場合，包む側の前者の分子をホスト分子，取り込まれる側の後者の分子をゲスト分子という．両者の集合体はホスト-ゲスト錯体，包接錯体と呼ばれることもある．ホスト化合物としては，シクロデキストリン，クラウンエーテル，カリックスアレーンなどがよく知られていて，それ以外の人工のホスト化合物も数多く合成されている．これらのホスト化合物の場合，空孔のサイズにちょうど合うゲスト分子が鋳型 (ホスト化合物) に対して鋳物 (ゲスト化合物) のようにぴったりとはまることが必要であるが，その際，ホスト分子とゲスト分子の間の静電的相互作用，水素結合，疎水性相互作用およびファンデルワールス力などの，いわゆる弱い結合がうまく働くことが重要である．そのため，空孔を持たない簡単な有機分子でも，ゲスト分子と有効な相互作用をする機能を上手に組み込めば，優れたホスト分子として働き，種々のゲスト分子とホスト-ゲスト錯体，すなわち包接化合物を形成する．この場合は，分子間の比較的弱い相互作用で分子集合が起こって

いるので，包接結晶としてのみ分子集合体の存在が可能であり，溶液中では規則的な分子集合が起こらないことが多い．したがって，固体状態でのみ取扱いが可能であることが多い．これに対して，空孔を持つホスト分子が関与する分子集合体は溶液中でも比較的安定で，溶液の化学現象として取り扱われることが多い．

すでに述べた通り，1世紀半ほどの歴史を持つこれまでの有機化学は，一度にただ一種類の分子に注目して，その静的，動的挙動を扱うことが多かった．これに対して，異種分子間の集合状態を研究することができる能力と技術が実現した今日，より複雑な分子集合系の化学，すなわち「超分子化学」を重要な研究分野として設定できるようになった．超分子化学は，複雑な分子集合系を研究するだけではなく，分子が自己集合して規則的に配列した組織を形成する過程も究明する．溶液中ではむろん，固体の状態でも規則的，選択的な分子移動によって分子の自己集合が起こる過程は，分子の根源的な動的挙動を探求できる格好のターゲットである．包接錯体の構造を研究すれば，分子集合体中のホスト分子とゲスト分子の相互作用および相互作用に及ぼす立体的要因なども究明できる．特に，包接錯体結晶のX線構造解析はこれらの問題をほぼ完全に解決できる．またこれらの知見は，溶液中の分子間相互作用の謎解きにも重要なヒントを与える．超分子化学の研究方法については，その詳細は第4章を参照されたい．

1・3 超分子化学の応用

超分子化学からは，単一の分子の化学からは期待できない優れた応用のルートが発見できるし，いくつかはすでに実用化，商品化されている．詳しくは第5章で触れるが，ここではその概略を紹介する．

その一つ目は，分子集合が選択的に起こることを利用するものである．あるホスト化合物が種々のゲスト化合物の混合物に出会うと，ある特定のゲス

ト分子のみを選択的に包接することがある．この場合はゲスト分子の分離精製ができることになる．これは精密な分子認識に基づく分子集合の応用によるものであり，なんらかの理由で蒸留法が使えない異性体の分離などに威力を発揮する．また，光学活性なホスト化合物を利用してゲスト分子を不斉分子認識させれば，ラセミ体のゲスト分子から一方の光学異性体のみを効率よく取り出すこともできる．選択的な包接によって生成する包接化合物は"弱い結合力による分子間相互作用"によって形成されているので，加熱操作などによりゲスト化合物が遊離する．したがって，錯体からゲスト分子を分離するのは一般に簡単で，多くの場合ホスト化合物は回収して再利用できるので経済的で持続的である．異性体の分離だけでなく，植物などからの天然化合物の分離精製や，海水からのウランやリチウムの抽出の例も興味深い．

　二つ目は，不安定な化合物の貯蔵と安定化への利用である．たとえば，胃酸（塩酸）で分解されやすい医薬品をシクロデキストリンに包接させることにより保護して服用すれば，胃を無事通過して腸に到着吸収されて，本来持つ高い薬効を発揮することができる．このようなアイデアで開発，商品化された医薬品も多い．分解しやすかったり，安全な取扱いが困難な殺菌剤や農薬を，ホスト化合物に包接させて安定で扱いやすい薬剤として商品化している例もある．あるいは，ある種の害虫がよく活動する晴れた日には，太陽光に感応して包接化合物のふたが開いてゲスト化合物の薬剤を放出し，夜にはふたを閉じて薬剤の放出を止める光感知型高機能薬剤の開発なども，まったくの夢物語ではない．

　三つ目は，高い分子認識能によって形成されている包接錯体中や結晶中では，分子が一定の形（配座）で固定されているため，選択性の高い反応が起こる可能性が高いことを利用する反応の制御である．事実，通常の化学的方法では達成できない多くの種類の反応を，超分子化学的手法で選択的に進行させることに成功した報告例も多い．その詳細ものちの章で紹介する．

　四つ目は，液晶，界面活性剤，膜および生体超分子といわれるDNAや光

合成に関わる複雑な分子集合体の化学である．これらは，現在大変注目を浴びている研究分野の一つであり，その応用の範囲も広がりつつある．また，デンドリマーやフラーレンに代表されるナノテクノロジーが生み出す材料は，国家をあげての研究の取組みの対象にもなっており，科学技術の一つの目標となるものである．これらの超分子化学も本書で取り上げる．

コラム 1

クラウンエーテル発見の物語

分子認識能を有する化合物，あるいはホスト化合物として登場したクラウンエーテルは，ねらって設計，合成されたのではない．1967年，デュポン (DuPont) 社の研究者ペダーセンが実験中にたまたまジベンゾ[18]クラウン-6 (図) を手にした．この物質は，本来はカテコール (1,2-ジヒドロキシベンゼン) の片方のみのヒドロキシ基を保護して反応を行うところを，未保護のカテコールが混入していたために生成し偶然見出された．

図　初めて合成されたクラウンエーテル ジベンゾ[18]クラウン-6

ベンゼンにはほとんど溶解しない過マンガン酸カリウムが，クラウンエーテルが存在すると溶けて紫色を呈する，あるいはクラウンエーテルを添加すると水酸化ナトリウムがメタノールに多く溶解するようになるなど，アルカリ金属イオンの捕捉能が見出された．ここから数多くのホスト化合物の研究が始まり，分子認識化学，ホスト－ゲスト化学，超分子化学へと発展していくことになる．思いがけず発見にめぐりあうことをセレンディピティというが，科学の歴史にはこの種の話が少なくない．

第2章

超分子相互作用
—超分子構造はなぜできるか—

　分子と分子が関わり合って超分子構造ができる．分子が関わり合うとは，一体どういうことだろう．ここでは，その原動力である分子の弱い結合力について解説する．

第 2 章 超分子相互作用

2・1 はじめに —超分子という考え方—

道具はどのようにして働くのだろうか？ 児童向けの名著に，『The Way Things Work』(日本語タイトル『道具と機械の本』(岩波書店), 『ものの仕組み大図鑑』という名で CD-ROM も出ていた) という，いろいろな道具が働く仕組みを巧みに解説した書物があるが，では，分子という道具はどのようにして機能を果たす (働く) のだろうか？ 分子が機械の部品のように組み合わされているのだろうか．あるいは，一個の分子で機械になりうるのか？ たとえば，何らかの機械ですべての部品が固定されているとどうだろう．その機械はもはや機能できない．また，コンピュータの基板のように高度に集積化された電子回路上に配置された部品は動かないように見えるが，回路の動作において互いの部品の配列，配置，ときには取り付け方向などが全体の動作にはきわめて重要である．すなわち，すべてが設計 (計画) のもとに構成されている．さて，さらに実際の身の回りの機器，携帯電話やゲーム機などに目を向けてみよう．注意深く観察すると，部品がしかるべく (しかも，三次元的に) 配置，接続されていて，ボタン，ダイヤルや端子などが操作に都合がよいようにアレンジされ，動作することによって初めて使いやすい機器ができあがっていることに気がつく．したがって，日常の感覚としてつねに《しかるべき機能実現には，しかるべきパーツをしかるべく配置しなければならない》ことがわかる．数の計算において，括弧つきの数式などで関数や演算を数値 (引数) に対して正しい順序で計算を適用しなければ正解が得られないことと同じだ．自動車の生産ライン上でも，作業順序が入れ替わると，まともに自動車が組み上がることはない．感覚的にこれらは当然のことだが，実はこの考え方は，そう大きくない機器から巨大なシステムである交通，水道，通信などにおいても，またはるかに微細な分子の世界にも共通していえることだ．

ではさっそく，ミクロの世界の分子に目を向けてみよう．いくつかの原子

2・1 はじめに —超分子という考え方—

が共有結合によって強固に連結したもの，つまり一般的にいう分子の場合も，たった一種類の分子では複雑な機能を実現できない．共有結合で成り立つ分子自身に通常可能なのは，結合を軸とした回転や振動，ねじれ，配座の変化などで，そういう意味では分子を機械の部品と考えればいいかもしれない．また，分子にはその化学的特性のほとんどを決める官能基（ヒドロキシ基とか，カルボキシ基とかいったもの）と呼ばれる部分があり，単純な反応性や性質はこの部分でおおかた決まる．この分子の性質は，機械でいうところの部品の機能といったところだろうか．いずれにしても，単独の分子には，化学的性質，光化学的性質，形状，酸化還元，分子軌道の特性，極性，不斉などの単純な機能しかない．

しかし，現実の世界を見ると分子はきわめて高度な機能を実現している．今われわれが息をして，考えをめぐらせているのもまさにその一例である．その場合はいったい何がどうなっているのだろう．この世の中で最も不思議なものの一つが，われわれ自身を含めた生物の体である．人間は，何かの仕組みを調べるとき，まずは対象物をバラバラにし，いろいろな観点から考察してみることをする．生物もこれまで，あらゆる観点から幾度となく分解（解剖）され分析された．その結果，化学的見地からは，生物の構成要素が水（かなりの割合が水分）と，タンパク質，脂質，核酸，炭水化物，その他の種類の物質であることが早い段階でわかっていた．残念ながら生命そのものの正体は未解明だが，生命が宿る生体はこのような物質で構成されていることはわかっている．そして，今の科学の考え方では，生物は分子という部品の寄せ集めにすぎず，それが生きているか死んでいるか（生命）は，たとえば車でいえばエンジンが動いているか停止しているかの違いにすぎない．しかし，科学者は生命の神秘についてこのように客観的に考えつつも，日常研究対象としている分子と，生命あるいはそれをつかさどる物質との間に埋めようのない不連続性を感じ，この考え方に確固たる自信を持つことができなかった．分子生物学の輝かしい成果を受けて，「超分子化学」は単分子か

ら分子集合体へと対象を広げた．そして，生物の機能をはじめとする高度な機能系を化学で読み解くという橋渡しとなった点で大きな意味を持つ．

　複雑な分子，DNA，RNAなどの核酸分子（あるいはウイルス）ですら生命そのものとはいえず，単一の分子に生物の機能を実現する能力などもちろんない．それでは，試験管やフラスコの中の「分子」と比較して，「生命を宿す分子」はいったいどこがどう違うのだろうか？　もう一度考えてみよう．明瞭な違いをいくつか探してみよう．まず，個々の分子がかなり大きいこと，あるいは腐ること（ときに困る「腐る」という現象も重要な超分子化学的現象である．次頁のコラム2参照）などがあげられる．では，そのような分子はどのようにして，生物の成長，変態，繁殖，修復，消化，代謝，免疫などの，複雑で巧妙な機能を実現しているのだろうか？　あるいは腐るのだろうか．これは，太古より人間が抱いてきた大きな疑問だ．ワトソン（Watson）とクリック（Crick）によって遺伝現象が核酸という化合物により支配されていることが明らかにされ，分子生物学の扉が大きく開かれた．そして，バイオ技術が大躍進を遂げた現在，遺伝子の解読やその応用研究によってウイルス合成の目処がつくところまできたが，生命の謎についての明確な答えにはたどりついていない．それに対する化学的な視点からのチャレンジが，（単一種）分子を超えた分子集合体を扱う"超分子の"（supramolecular）考え方だ．DNAの情報から生体ができあがる仕組み，生体内の反応の仕組みなど，いまだにかなりの部分が未解明だが，分子の機能を超えた存在として，分子がどのような構造をしていて，どのような環境におかれるとどのような分子集合（超分子化合物，あるいは超分子）を形成するか．また，分子認識，酵素の触媒能力，物質輸送，自己複製，自己組織化などの機能を発現できるようになるかを追い求めるこの化学を，フランスの化学者レーンは「分子を超えた化学」"chemistry beyond the molecule"として，超分子化学（supramolecular chemistry）と名付けた．もちろん，最大の目標の一つは生体反応の解明と再現だ．また，超分子化学は近年話題にのぼる

ことも多い「ナノテクノロジー」にとっても最も重要な考え方の一つである．レーンは"超分子"というフレーズを，supramolecular と必ず形容詞で，しかも"super"と混同することを避けるために"supra"を使い，決して"supramolecule"という名詞は使っていない．しかし，名詞が存在しないことは往々にして不便であるため，いつからか，supramolecular compound, supramolecular species に相当する日本語として「超分子」という言葉も使われるようになった．今日では「超分子構造」あるいは「超分子集合体」そのものと，それを実現するための重要な分子認識化合物の両方に対して徐々に広く使われ始めている．しかし，このように新しい分野の用語は日本語訳が決まるまでにある程度の期間を要する．したがって，すべての研究者が名詞「超分子」を認知したわけではないので，超分子化学や有機化学以外の領域で，ポリマー，ダイヤモンドなどの超巨大分子や，一つの分子で超越した機能を有する意味での超越した分子という一般的な用法としての"超分子"と混同される危険があり，つねにそれらとの区別はきちんと意識しておかなければならない．

コラム2

腐敗と，遺伝子抽出の困難

　肉は放っておくと腐り，食べられなくなる．顕微鏡のなかった古い時代には小さな生物（微生物）を見ることができなかったので，生物が自然発生してくると考えられ，肉などの食物が腐るのもそのためとされていた．パスツール（Pasteur）は，それが小さな生き物の活動のせいであって，胞子などが途中で沈降するように長い口のついたガラス容器に滅菌したスープを入れると，大気に開放されていても微生物が入らないので腐らないことを実験的に示した．本章のエイリアンの話（22頁のコラム4）でも触れるが，生物，あるいは生物由来の酵素などがなければ，

タンパク質をはじめとする生体物質がその他の一般の物質に比べて特に速く分解する「腐敗」という現象は起こらない．腐敗は，われわれと進化の歴史の上で遠い兄弟である微生物が，より効率的な餌としてそれを消化，吸収，代謝している現象であり，仮に滅菌した食物を火星に持っていけば，常温，1気圧で酵素や水を共存させて放置しても，それは腐らないはずだ．もし腐ったら実験ミスか，火星の生物かなにかが食物を積極的に代謝したことになるのでひょっとしたら火星生物の大発見！一方，地球上が生物の死骸で埋めつくされないのも，昆虫などの虫，菌類，バクテリアなどの分解者がそれらをうまく利用できる仕組みを持っていて，餌としているからだ．今の環境に適応してプラスチックや石油を喰う変わり者もいるが，結果として生物界は互いに処理可能な物質のみで成り立っており，廃棄物を出さないシステムになっている．それに着目して人間も生分解性プラスチックを開発したが，未解決の問題も多く，なかなかうまくいかないようだ．

　実は，遺伝子や生体関連物質を集めて分析する仕事には腐敗（あるいは分解）の問題が必ずつきまとう．映画『ジュラシックパーク』では，恐竜のDNAを，「松やに」などの植物樹脂の化石であるコハクに閉じ込められた蚊の体内から抽出したことになっているが，実際には古い時代のDNAの抽出は大変困難だ．地球上では生体に限らず，核酸もすぐにダメージを受けるからだ．氷河や永久凍土，その他の好条件のもとで保存がされていればまだ可能性はあるが，それでも，無事でいられるのは比較的強いミトコンドリアDNAや，細胞ではせいぜい精子くらいだと考えられている．アルプスの氷河で発見された5000年前の人類の遺骸「アイスマン」からミトコンドリアDNAが抽出され，現在のヨーロッパ人のものとほとんど同じであったという話は有名だが，2005年の「愛・地球博」でも話題になった，シベリアの凍土埋没マンモスの復活のためにDNAを採取することにもまだ成功していない．また，地球上

はあまりにも生体物質で"汚染"されているため，実験には細心の注意が必要で，DNAを扱う実験の訓練を行う際には，たとえば，人間ではなく犬のDNA抽出などを行ったりするそうだ．理由はおわかりだと思うが，こうすれば，人間のDNAが混入しても実験のミスはたちどころに判明する．南極などの隕石からアミノ酸などを採取する際にも細心の注意が必要で，サンプルに汗でも落とそうものなら，人間の分泌物にひどく汚染されサンプルも実験もすべてが水の泡になる．

2・2 包接化合物，ホスト-ゲスト化学，分子認識化学，超分子化学

大きなものはより小さな要素からできている．日本の文化遺産である巨大な建築物，奈良東大寺大仏殿や京都東寺五重塔も，一本一本の木材の組合せでできている．これらを研究するのにいきなり建造物全体を対象にするのはいかにも無謀な話だ．超分子化合物の機能の研究でも同じで，小さな構成要素とそれらの相互関係から見ていくのが正攻法である．木造建築でいえば，どのような木材をどのように加工して組み合わせれば構造体を組み上げることができるかという段階が，超分子化学へ至る以前の領域，すなわち包接化合物，ホスト-ゲスト化学，あるいは分子認識化学といえる．だからといって，超分子化学がそのなかで一番高級ということでもない．扱う分子系の複雑さと構成分子同士の相互関係に対する注目点，そして目指すものの若干の違いを反映しているにすぎない．また，それぞれが完全に分離したものではなく，お互いの重なりはかなり大きい．ここでは，超分子化学を考えるために，超分子構造を作る際に重要な考え方，示唆を与えてくれるこれらの研究分野の説明をし，超分子化学との関係を明らかにしておく．

2・2・1 包接化合物

包接ということばは，関 集三が提唱したことばで，英語のinclusionや

clathrate に相当する（コラム 3 参照）．これは，同種の分子ではなく異種分子が相互作用して錯体を形成する現象をさす．片方の分子がもう片方の分子を包み込む，つまりタコがタコ壺に入るような状況でない場合も包接という．極端な場合では，小さい分子である尿素や水が脂肪酸やメタン，二酸化炭素などと相補的に空間を埋めることで結晶を構成したりする場合もある．いわゆる「燃える氷」メタンハイドレートが近年注目されているが，これも包接化合物だ．そのため，化合物のどちらがホスト化合物でどちらがゲスト化合物か一概にはいえない場合も多く，ホスト－ゲスト化学とはその点で若干の違いがあるが，これを含めてホスト－ゲスト化学という場合もあり，両者に本質的な境界はないともいえる．現象としての包接自体は先の例以外にも，結晶が形成される際の結晶水など，結晶溶媒などとしてかなり古くから知られており，超分子化学や分子認識化学，有機結晶化学の発展とともに急速に注目されてきた分野である．第 6 章ではさまざまな包接錯体を用いた研究結果について詳細に触れる．

コラム 3

包接，包接化合物の命名者

　包接という日本語は，英語の inclusion, clathrate に相当する日本語として，関 集三 博士が 1955 年，『化学カレンダー』の中で提唱したことばで，ある分子（いわゆる有機化学でいうところの分子に限らず，あらゆる化学種 (chemical species) をいうことが多い）が違う種類の分子と相補的に集合体を形成し，ある場合には包接結晶と呼ばれる結晶物質を生成することをいう．代表的なものに尿素と脂肪酸の包接結晶があり，最近注目されているメタン分子と水分子が作るメタンハイドレート（燃える氷）もこのなかまだ．たとえば，メタンハイドレートといっても，氷のなかにメタンが閉じ込められているわけではなく，結晶のどの

部分をとっても,同じ化学量論(分子数が一定の比を持った規則正しい構造になっていること)で整然と結晶が構成されている。いわゆるホスト－ゲスト錯体での「タコ壺とタコのような入れ物と内容物の関係」にはない場合が多いのだが,両者に明瞭な境界があるわけでもない.ともに分子認識現象.

2・2・2 ホスト－ゲスト化学

簡単にいうと,タコとタコ壺の図式の分子会合の化学のことをいう.環状,筒状,椀状の比較的複雑な構造をした分子トラップ(ホスト分子,host molecule)に,比較的小さな分子(ゲスト分子,guest molecule)が捕らえられることからこう呼ばれる.クラウンエーテルの発見がこの分野の研究の大きなきっかけになったといわれている.通常,ホスト化合物の方が重要視され,合成の努力もほとんどがホスト化合物に向けられる.環状構造のものを合成する際には,わかっているゲスト分子あるいは想定されるゲスト分子を鋳型(template)として添加すると収率が向上する現象が広く知られており,鋳型効果(template effect)あるいはそのままテンプレート効果と呼ばれる.クラウンエーテルのほかにホスト化合物として有名なものに,クリプタンド,ラリアートエーテル,カリックスアレーン,シクロデキストリンなどがある.

2・2・3 分子認識化学

ホスト－ゲスト化学とほぼ同じ意味で使用されるが,名前の通り分子が分子を認識する「分子認識」の能力に注目した考え方である.したがって,タコとタコ壺の図式に限定されず,広く分子を見分ける(認識する,選択性がある,選り好みをする)性質があればこの範ちゅうに入る.一般に多くの化学反応は官能基選択性がある.また,カラムクロマトグラフィーにも選択性があり,化合物の分離精製操作によく使われる.これも分子認識の要素がないわけではないが,さらに特異的で,分子の立体的な構造により分子を見分

ける現象に対してもっぱら使われる．したがって，分子認識化合物は，ほとんどホスト－ゲスト化学でいうホスト化合物と重なり，包接化合物も選択性さえあれば対象に含まれる．分子認識の考え方も超分子化学の重要なコンセプトである．

2・2・4　超分子化学

すでに触れたように，超分子化学は「分子を超えた化学」で，単分子では実現しえない現象，機能をもたらす超分子集合体を対象とする化学だ．そのため，包接化合物の化学，ホスト－ゲスト化学，分子認識化学などと同一ではないが，それらのコンセプトを使用することが多く，それらすべてを広い意味での超分子化学の一部としてとらえることもよく行われる．

2・3　超分子を作るためのいくつかの弱い結合力

超分子化学と超分子錯体（超分子化合物，超分子集合体）について大まかに説明した．では，それを形成する原因（化学では駆動力 driving force ともいう）はいったい何だろう？　一言でいえば，三次元的な形状の適合とそれを維持する超分子相互作用（弱い結合，弱い相互作用，分子間力）の組合せとなる．ただしここでいう弱い力は，物理学でいう強い力（磁場や電場が及ぼす力）に対して用いられる弱い力（万有引力など）ではなく，共有結合などに対してそれより桁違いに弱い分子間，原子間の相互作用をいう．

2・3・1　分子の形状，適合性（相性）

すでに述べたように，集合体を形成してもがっちり動かないのでは，分子は機能を発揮しない．分子と分子が接近して集合体を形成し，また，離れていくためにはある仕組みがなければならない．身の回りを見ても，このように付いては離れるものはたくさんあり，それゆえに機能を発揮している．野球のグローブとボール，カセットテープ（あるいは MD）と再生機，ゲーム機とゲームカセット（あるいは CD-ROM, DVD-ROM），カメラとフィル

2・3 超分子を作るためのいくつかの弱い結合力

ム，デジタルカメラとメモリーモジュール，電車と駅，あるいは電車と電車，旅客機と空港ターミナルもそうだ．ロシアの宇宙ステーション「ミール」(2001 年廃棄) とアメリカの宇宙船スペースシャトルなどという例もある．これらがお互いにくっついたり離れたりすることで，ずいぶん便利な道具として機能していることがおわかりいただけるだろうか．グローブに入ったきり出てこないボール，切り離しや連結ができない電車などは用をなさない (連結台車の TGV などは例外)．この状況がいわゆる"単なる分子"に相当する．電車が走行中に分解しないように，分子では何らかの反応で分解などしないかぎり原子同士が離れることはない．一方，連結器のない車両が編成を組めないように，集合する仕組みを持たない分子は超分子構造を形成できない．

話を超分子化合物に戻そう．先のいくつかの例と同様，分子が分子と将来離れることを想定して"ゆるやかに"結合するためにはどのようなことが必要になるだろうか？ ヒントはやはり先に述べた例にある．なぜ，ミール (ロシア) とスペースシャトル (アメリカ合衆国) は，異なる国の宇宙船なのにドッキングできたのだろうか？ どちらかが，あるいは両者がどのようなドッキングベイにでも対応できるハッチ (いってみればこれは分子認識機能をまったく持たない「何でもこい！」のホスト分子にあたる) を持っていたのだろうか？ 答えは No. もっと簡単！ あらかじめそれを想定して打合せをしておき，仕様も相談して念入りに地上テストも行っていたのだ．いってみれば根回しの末の完璧な分子認識だったわけである．超分子化学では，このように捕捉形成 (集合体) を想定してあらかじめ都合のよい形態を用意しておくことを，preorganization (まだ決まった訳語はないようだが，「事前組織化」，あるいは「プレ組織化」としてよいだろう) という．クラウンエーテルやカリックスアレーンは，ゲスト分子を捕捉したあとの構造に近い形 (環状構造) をあらかじめ用意しているために捕捉の機能が高い．会合後の結果が同じならひも状の構造のものでもかまわないはずだが，環状構造を形

成することによってある程度分子配座の自由度を減じておかないと，自由度が大きすぎてゲストを捕捉するための超分子構造（会合構造）を優先的に形成することができなくなるのだ．寓話にたとえれば，ツルとキツネに細長い食器と浅い食器に入れた料理を与えれば，多少の好き嫌いはあっても，ツルは細長い食器から，キツネは浅い食器から食事するしかない．つまり，preorganization を使ってうまく仕組めば，ねらったとおり分子認識がうまくいくというわけだ．実際の超分子構造では，2・3・2項で触れる弱い相互作用をする部位の配置や，環状や筒状構造の内部空間の大きさなどがこれにあたる．超分子構造をめざす分子設計もこの考え方を重視して行う．

コラム4

グルタミン酸モノナトリウムと地球外生命体
―エイリアンはヒトを喰わない―

有機化合物の不斉（キラルとほぼ同じ意味．光学活性，鏡像体（光学異性体）が存在する，あるいは，そのどちらかが多く存在するという意味でもある）に関連して，アミノ酸，分子の左右，味覚について記述される際によく例にあげられるのが，グルタミン酸のモノナトリウム塩だ．かつて，日本人化学者の池田菊苗が昆布に含まれる「うまみ物質」として分離し構造決定した物質で，和食の味を決める三大「だし」の一つ「昆布だし」の主成分．しかし，興味深いことに人間は，一方の鏡像体であるL-体のみにうまみを感じ，D-体をなめてもうまみを感じない．一方，天然に存在するアミノ酸がほぼL-体のみであるのも興味深い事実で，生命発祥とともに，この不斉の発祥も科学の大きな謎となっている．ではどうして片方の光学異性体しか味がしないのだろうか？その秘密は舌の感覚器にある．感覚器を構成しているタンパク質もL-体アミノ酸のみで構成されているわけだから，うまみセンサーも光学活

性である．この感覚器がアミノ酸のL-体とD-体を明瞭に見分けたことになる．味覚，嗅覚は化学物質を直接感じる生体化学センサー（超分子構造からなる）による感覚なので，驚異の分子認識の機能といえる．また原理的には，すべてのアミノ酸ともっと巨視的な構造をそっくりもう一方の鏡像体に置き換えても同じ機能を持つ．キャロルの『鏡の国のアリス』には鏡像体についての記述があり，そのようなパラレルワールドを舞台としたSF映画も制作されている．["Journey to The Far Side of The Sun : Doppelganger"邦題『決死圏SOS宇宙船』(1969, 米ユニバーサル映画)]

　一方，アミノ酸や酵素などの生体タンパク質，DNAなどの核酸を研究した結果から，ダーウィンの進化論を支持する成果が多く得られている．核酸の塩基配列の比較，ヘモグロビンやシトクロムなどタンパク質のアミノ酸配列のデータ比較から，生物はみな一つの進化のツリー（系統樹）の上でつながった存在であり，共通の祖先を持つということがますます強く裏付けられつつある．植物の大部分は別にして，日常的にわれわれを含めてすべての動物はほかの生物から栄養素を摂取しているわけだが，これは進化ファミリー内での「相互捕食行動」であることが明瞭に見えてくる．ある自動車を修理する際に同じ形式の廃車から中古部品を探すように，グループ内のほかの生物から使える部品（アミノ酸など）を取ってくるわけだ．喰う，喰われるの関係はまさにこういったことであり，アミノ酸や脂肪酸，炭水化物などの共用部品があるからこそ，われわれは肉や魚，穀物，野菜を「喰う」のだ．そうでなければ，植物のようにアミノ酸を一から合成しても手間は大して変わらないし，捕食行動はせずに植物のようにひたすら物質合成にいそしめばよろしい．この結末は，地球外生物にとって地球の生物が餌にならない可能性を示していて，映画に出てくる「エイリアンがヒトを喰う」場面は実際にはありえないかもしれない．しかし，万が一その地球外生物がわれわ

れと進化のルーツを同じくしているか，まったくの偶然に同じL-型アミノ酸をベースにした生物であって，君が喰われてしまったとしても私には責任が負えないが．

2・3・2 弱い結合力

さて，近い将来に離れることを想定して集合体を形成するのに使える手段（結合）というのは何だろうか？　再び身の回りの例を思い出してみよう．電車同士を連結するのにいちいち溶接していたのでは困ってしまうし，リベット止めやねじ止めでも少し不便だ．このようなやり方は（有機）分子では共有結合にあたる．鉄道会社ではSLから新幹線まで現在でももっぱら連結器を使う．仕組みとしては，形状が適合したのち，乗用車のドア機構のようにたやすく解除できるロックをかける．そうすればビデオカセットデッキ（VCR）のようにボタン一発イジェクトができるようになり，電車もつなぎ替えができることになる．

では，そんなマジックテープやポストイットのように都合のよいものが分子の世界にもあるのだろうか？　友禅染に代表される染め付けの下絵を描くのに，「ツユクサ」の色素が使われている．布に定着する色素とは違い，ツユクサの色素は大量の水で薄めると色が消えて流れてしまう．古来，はかない色として染色に使われていたのだが，水や光に弱いということから，現在では染料としては使われていない．水で希釈すると発色していた分子構造が変化して消色するとされるが，その弱点が生かされているわけだ．染め付けの際，布に染料がつかないようにマスキング（染料がつかないように保護すること）に使用する糊も，おなじく水に流れる（溶ける）特性から使用されている．川で布地をさらす（洗う）伝統工芸の光景を思い浮かべただろうか．バイオリンの胴体を接着するニカワも，将来定期的な修復のためにバイオリンを分解することを想定して使われている．近代的な，くっつけば二度と離れない「安易な高性能接着剤」を超越した，次元の違う超接着剤の機能がそ

こにはあるといえないだろうか．これらは単なる比喩ではなく，実際に超分子化合物にふさわしいたとえだ．実はミクロの視点で見れば，ニカワや糊の接着力は，水素結合と呼ばれる超分子集合体形成の際に最も重要な力の一つが原因なのだ．紙を糊で貼り合わせたり，食物のシコシコ，プニュプニュといった食感をもたらしたり，ありとあらゆるところでこの力が働いている．では，水素結合を手始めに，弱い相互作用（マジックテープのような結合）について見ていこう．これらの結合は弱いので，一つだけでは構造を維持することができない．そこで，超分子集合体ではこの弱い相互作用をいくつも組み合わせて構造を形成する．

水素結合

水（H_2O）の分子量は 18．しかし，メタン（分子量 16）やネオン（原子量 20）と比べると水の性質はずいぶんと特異である．私たちの日常の温度（10 ℃ から 30 ℃ 付近）ではこの三つの化合物のうち水だけが液体で，しかも沸点は 100 ℃ とずばぬけて高い．これにはいくつか理由があるが，最大のものが水素結合の力だ．水素結合は分子間力としては比較的大きな力で，酸素，窒素，硫黄など（ヘテロ原子と呼ばれる）に結合した水素原子とヘテロ原子の間で形成される．状況によりその強さは大きく変わるが，おおよそ 5～120 kJ/mol 程度とされている．ちなみに水はこの力で比較的高温でも液体としてとどまっていられるわけで，液体状態の水では，共有結合と水素結合は短い時間で入れ替わっている．水の分子は，O−H 結合が切れやすいために，分子という名のわりには原子の構成がつねに入れ替わる，定まらない分子という変わった面もあわせ持つ．糊やニカワの接着力もこの力による．また，タンパク質や核酸などの構造を維持する上で最も重要な結合でもある．

イオン間相互作用

イオン結合性結晶，たとえば食塩などのイオン化合物が結晶を作る際の結合力で，強さは 100～350 kJ/mol 程度．イオン性の超分子集合体，酸と塩

基からなる超分子構造，イオン捕捉型超分子集合体においても重要な力となる．イオン結合性結晶の融点が一般に高いことからも，この力が大きいことが日常的に推測できる．

イオン－双極子相互作用

水や配位子などがイオンに会合する際の結合力．クラウンエーテルが金属イオンを捕捉したり，金属が錯体を形成したり，イオンが水などの溶媒に溶ける際に働く結合力．強さは 50～200 kJ/mol．

ファンデルワールス (van der Waals) 力

官能基に乏しい炭化水素などの有機分子性化合物が，結晶などの集合体を形成する際に主に働く結合力．最大数 kJ/mol と，水素結合などと比べても非常に弱い．先に触れた，水とメタンの沸点の違いは，水素結合とこの力の大きさの違いを如実に物語っている．餅やパンが固くなったときの堅牢さ（水素結合）と，ろうそくのもろさ（ファンデルワールス力）の違いも，大雑把だがそれを反映している．ヘリウムやネオンなどの希ガスが液化，固化するときの原子間力である．その沸点の低さからも，この力がひときわ弱いことがおわかりいただけると思う．

そのほかの相互作用

上記の結合力のほかに，双極子－双極子相互作用，陽イオン－π相互作用，π－πスタッキング相互作用，結晶においては最密充塡，親水疎水相互作用などがあり，超分子構造の維持に重要な結合力となっている．

コラム 5

DNA の構造解明と遺伝子

およそ 50 年前，ワトソンとクリックによって遺伝子の本体物質として DNA の構造が提唱され，今日の生化学，遺伝子工学が成立した．ヒトゲノム解読計画の完了のニュースも記憶に新しいだろう．

2・3 超分子を作るためのいくつかの弱い結合力

遺伝物質 DNA の発見は，"前世紀 (20 世紀)"のみならず人類科学技術史上最大の発見のうちの一つだ．当時，生物に普遍的に存在する物質としてすでに核酸は知られていたわけだが，構成要素が，リン酸，糖類のリボース，4 種類の塩基とひどく単純で，20 種のアミノ酸で構成されているタンパク質に比べてあまりに単純すぎるとされ，まったく重要視されていなかった．ましてや遺伝を支配する物質であるとはほとんど誰も予想していなかったわけだ．つまり，当時はより複雑なタンパク質こそが遺伝を含めて生体内で最も重要な物質とされていたのだ．結果的に当時の科学者は主人と召使を取り違えていたことになる．しかし，核酸はいかなる生物にも普遍的に存在し，しかも栄養素や体を構成する物質でもない，何かの重要な役割をしているに違いないと考えこの物質に注目した科学者がいた．アメリカのポーリング (Pauling) と，イギリスのグループ．結局，キャベンディッシュのワトソン，クリックの着想と，ロンドン大学のフランクリン (Franklin) が X 線により行った構造解析から，DNA の二重らせん構造が決定された．さらにワトソンとクリックは，DNA 中ではアデニンとチミンがほぼ等量であり，グアニンとシトシンも同様であるが，その相対比は生物によりまちまちというシャルガフ (Chargaff) の実験結果と，塩基の相補的な会合構造の推定から，情報保持と複製に関する仕組みを直観し，遺伝物質であることを提唱し，のちにそれが実験的に示され今日に至る．コンピュータが文字，画像などさまざまな情報をすべて 2 進数で扱うこと，コドンの仕組みを考えれば，20 進数のタンパク質 (アミノ酸) よりも 4 進数の核酸 (核酸塩基) の方が本命であったことは，今となっては納得のいく話かもしれない．

DNA の二重らせん構造ができる秘密，複製機構にともに重要な塩基の会合形式は次頁の図のとおり．アデニンとチミン，グアニンとシトシンが相補的に会合して，衣類のファスナーのような関係であることがわ

かる．二重らせんがほどけて相補的に再合成されればDNAは無事に複製される．そして複製ミスのリスクはかなり小さいことになる．しかし，この構造だけからこれが遺伝子の本体だと直観したことはすばらしい快挙ではないだろうか．

図 DNAの構造

コラム6

ゲノム解析と遺伝子発現

ゲノムとは遺伝情報の最小セット（人間でいえば23対の染色体上の遺伝子の半分のセット）だ．情報量としては精子や卵子などの生殖細胞が持つ遺伝子セットに等しい．生物によってゲノム情報の大きさはかなり違い，人間では約30億塩基対とされる．高等な（進化の過程が長い）方が情報量は大きい傾向があるが，両生類に大きなDNAを持つものがあったりしてそれほど単純ではない．研究の初期にはウイルス*（注は文末）などの短い遺伝子から解読が開始され，近年になってDNA増殖技術などの関連技術がほぼ確立されたためヒトゲノム解読計画が開始され2003年に完了した．全世界の民間，公的機関が入り乱れて解読を進めたが，今後，知的所有権の設定など解読情報の囲い込み，個人情報の管理や遺伝上の差別などが危惧されている．プロジェクトでは，特定の一人のゲノムのセットが解読されたのではなく，複数の人間から採取されたゲノムを解読し，平均的な情報の解析を行ったとされている．今後はこの情報を元に，個体（個人）間の差異を詳細に調べて形質発現との関連を探ってゆき，医療などへ反映させてゆくことになる．しかし，技術的に可能になったのでやっと達成したというのが実情で，アメリカ合衆国が何人かを月に連れて行くことができたからといって，みんなが月に行けるとは限らないのと同様，一人一人の人間についてこの気の遠くなるような作業を行うことは不可能だ．

さらに，ゲノムが解読できたからといって遺伝情報のすべてがわかったというのではない．ロゼッタストーンが手元にあっても意味が読み取れないのでは情報が解読できたとはいえない．今の状況は，いわばロゼッタストーンを手にした状況にすぎない．シャンポリオンが登場してその意味を知ることは，この場合どのようなことであろうか？　どの部分

の遺伝情報が何を意味してどのように発現するか，これが重要．そしてより生化学的，化学的には，どうしてその塩基配列がそのように発現するか，その化学的な機構を解明する段階へとすすんでゆくものと考えられる．そこには大きな可能性とともにリスクも存在することだろう．ヒトゲノムの真の解読には 21 世紀のシャンポリオンたちが大挙して取り組むことになる．

　この遺伝情報，生命が発生してから絶えず改良（実のところは無作為な変異であり，多くのものが消え去ったと考えられている）され，今日に至っている．つまり，われわれの DNA は，40 億年以上にわたってバトンタッチしながらリレー競走をひたすら走ってきた結果，ここにある．今生きているということは，40 億年の絶え間ない命のつながりの結果であり，遺伝子的発想では，誰の遺伝子も存続が保証されているわけではなく，現代の人間社会での現象：繁殖を断念するとか，自殺するとかは，全くナンセンスな話である．また，多くの卵子と無数の精子の組合せの中から今の自分が存在するのもまさに奇跡であり，違う自分に生まれたかったというのも，実のところあり得ない話である．遺伝子という概念は，そんなことも教えてくれる．

（＊：ウイルスは遺伝子のみで構成されていて，細胞を持たない．また，自己増殖機能がなくほかの生物の細胞に入り込み遺伝子を送り込んで宿主に複製させて増殖する．そのため一般に生物とは見なされないが，生物に最も近い物質であるとはいえる.）

第3章

超分子構造をつくる分子
—さまざまな
超分子化合物—

クラウンエーテルの発見以来，化学者はさまざまな超分子構造を生み出してきた．ここでは，その代表的なものを例にあげ，解説する．

3・1　はじめに —超分子化合物にはどのようなものがあるか—

　一般的に「超分子化合物」とは，2種類以上の分子からなる超分子集合体そのもの，あるいは集合体を実現するための主要要素としての分子認識化合物をさす．この章では，後者の分子認識化合物を主として紹介する．実にさまざまな構造，様式のものが発案，設計，合成され，報告されているが，その中でも代表的なものとして，クラウンエーテル，シクロデキストリン，カリックスアレーン，カテナンとロタキサン，クラスレート（包接化合物），無機系化合物とフラーレン類などを取り上げていく．

3・2　クラウンエーテルとその関連化合物

3・2・1　クラウンエーテル

　アメリカ合衆国の化学者ペダーセンによって最初のクラウンエーテル，ジベンゾ[18]クラウン-6 エーテル（図3・1）が見出されて以来，ペダーセン自身を含めて多くの研究者が関連化合物の研究に取りかかった．クラウンエーテルという命名は，形が王冠（crown）に似ていることによる．

　その後，金属イオンに対するクラウンエーテルの特異な性質が見出されてから，さまざまな環の大きさのクラウンエーテルが合成された．クラウンエーテルは環状飽和炭化水素のいくつかの炭素原子（正確にはCH$_2$）を酸素原

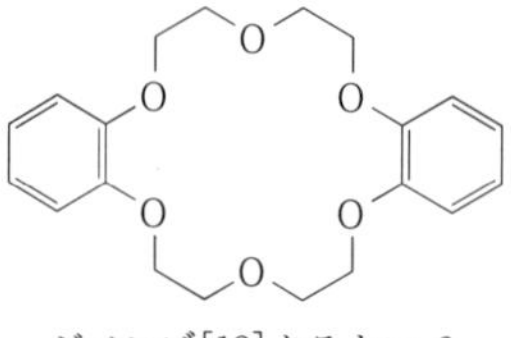

ジベンゾ[18]クラウン-6 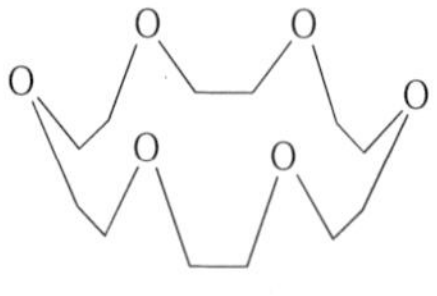　　　　"crown"

図3・1　クラウンエーテル

表3·1 クラウンエーテルとアルカリ金属イオンの大きさの関係およびメタノール中での会合定数 ($\log K_a$)

金属イオン〔イオン直径/nm〕	[12]クラウン-4 (0.12–0.15)	[15]クラウン-5 (0.15–0.22)	[18]クラウン-6 (0.26–0.32)	[21]クラウン-7 (0.34–0.43)
Li^+ [0.136]	− 0.57	**1.21**	0.00	
Na^+ [0.194]	1.67	3.32	**4.28**	2.12
K^+ [0.266]	1.60	3.50	**5.67**	4.30
Rb^+ [0.294]	1.65	3.22	**5.53**	4.86
Cs^+ [0.334]	1.63	2.74	4.50	**5.01**

子で置換した構造をしているが,捕捉する金属イオンの有効直径と環の大きさの相性が会合に際して重要であることがわかった.大きな環には大きなイオン,小さな環には小さなイオンが適合するという分子認識の能力があることが見出されたわけだ（表3・1）.

そしてさまざまな合成の試みの結果,環状エーテル構造の酸素原子を隔てるメチレン鎖の長さは炭素2個分ないし3個分がよいということもわかった.これはそれ以前に知られていた金属イオンへの配位子の構造ともうまく合致していて,中心の金属イオンに対してヘテロ原子の孤立電子対がうまく向かうような配座を取りうるために,会合する上で有利となる（図3・2）.

クラウンエーテルのカリウム塩錯体の結晶中での構造は,図3・3（A）のようになっている.一方,溶液中では,疎水性環境中では図3・3（B）のように孤立電子対がイオンに配位できるように酸素原子が内側を向いていて,親水性環境中では（C）のように逆に外側を向いていると考えられている.このように見ると,酸素原子を2個のメチレンで隔てたクラウンエーテルの

図 3·2 クラウンエーテルの構造単位

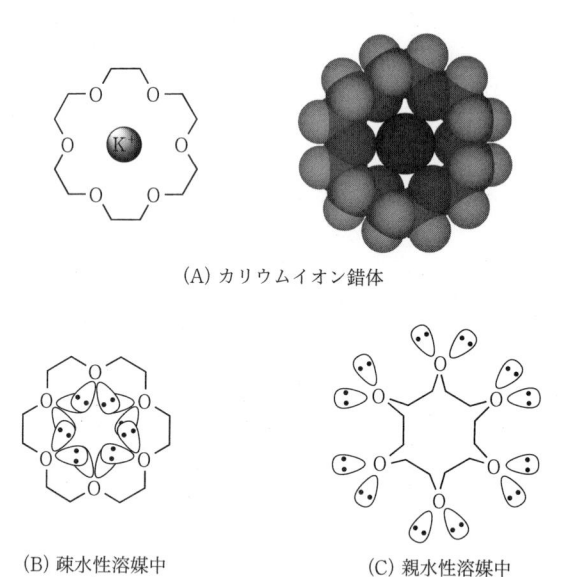

(A) カリウムイオン錯体

(B) 疎水性溶媒中　　　　(C) 親水性溶媒中

図 3·3 ［18］クラウン-6 の形態（配座）の変化

構造は，エチレンジアミンがそうであるように，金属イオンを捕捉するのに都合のよい構造であるということがわかる．

その後，遷移金属イオンなどに対する配位子の設計にもヒントを得ながら，酸素以外のヘテロ原子（窒素原子，イオウ原子など）を導入する試みなども広く行われ，種々の金属イオンへの捕捉性能の向上が見られた．また，環構造中に導入した窒素原子やメチレン炭素上への種々の置換基の導入も行われた．通常，クラウンエーテルは塩基触媒による縮合反応（ウィリアムソ

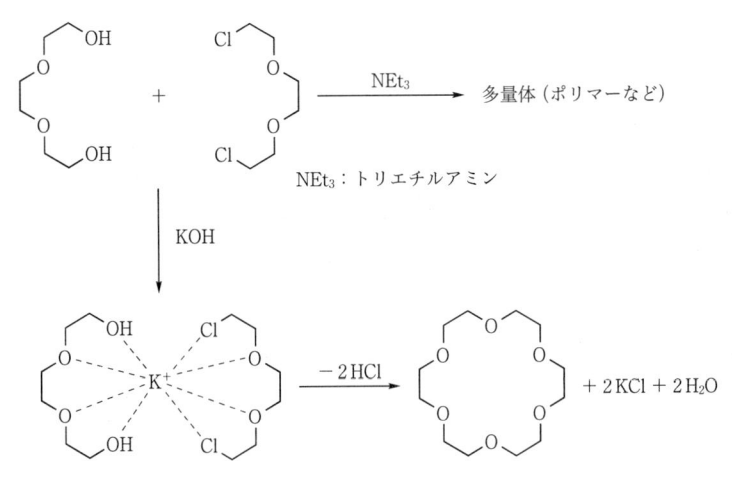

図 3・4 クラウンエーテル合成：テンプレート効果

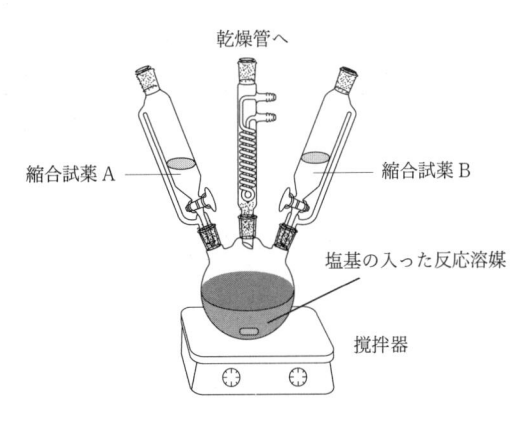

図 3・5 クラウンエーテル合成：高度希釈法

ンエーテル合成法）で作られ，ゲスト分子（イオン）存在下で収率の向上する現象（テンプレート効果）（図 3・4）がよく知られている．また，縮合反応による多量体生成を不利にして 1：1 縮合反応を優先させる目的で，常に反応試薬の濃度を低く保って反応させる高度希釈法（high dilution reaction condition）が一般的によく使われる（反応装置：図 3・5）．

3・2・2　クリプタンド

　クラウンエーテルの酸素原子の代わりに窒素原子を導入すると，それを足がかりとして比較的容易に置換基が導入できる．レーンは環状構造に2つの窒素原子を導入し，それぞれから置換基をのばしてカゴのもち手のように結んだものを設計，合成し，クリプタンドと呼んだ（図3・6）．

　一般に，クリプタンドは，同じ大きさのクラウンエーテルに比べて，金属イオンをつかまえる速さ（捕捉速度）は遅いものの，いったん捕捉すると離しにくい（平衡定数が大きい）といった特性がある．

　クリプタンドは，クラウンエーテルと同様に，アルカリ金属イオンやアルカリ土類金属イオン，あるいはプロトンなどの異方性のない球形のゲスト分子を捕捉するが，図3・7の三環性のクリプタンドでは，ホスト化合物の電子ドナー性が異方性を持つため正四面体型の包接が可能となり，中性状態でアンモニウムイオン，ジプロトン化された状態で水分子，4プロトン化された状態で塩化物イオンをそれぞれ捕捉することができる．さらに，図3・8

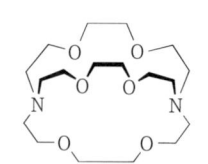

図3・6　クリプタンドの構造

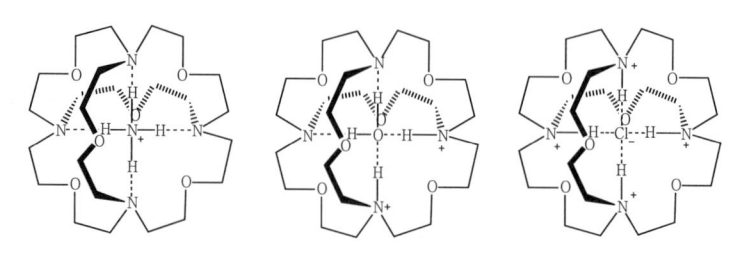

図3・7　三環性のクリプタンドによる NH_4^+, H_2O, Cl^- の捕捉

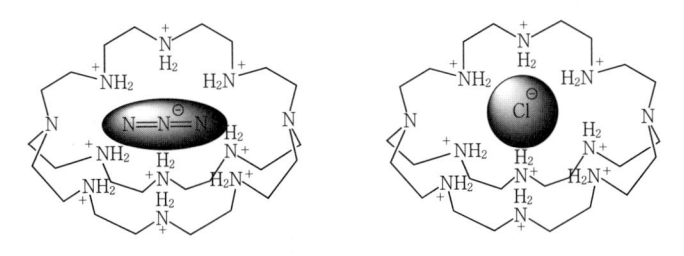

図 3·8　ポリアミン型のクリプタンドによる陰イオンの捕捉

のようなポリアミン型のクリプタンドをプロトン化すると，アニオン性のゲスト分子を捕捉できるようになったり，多重認識により銀イオンなどの遷移金属イオンを捕捉して多核錯体を形成したりする．一般に，窒素原子は酸素原子に比べよりソフトな電子ドナー性の原子であるため，ハードなアルカリ金属やアルカリ土類金属イオンよりも，ソフトな銀や銅などの遷移金属イオンとの親和性が高いといわれる．このような傾向を説明した理論は，HSAB 原理（hard and soft acid and base principle）として知られている．ポリアミン型クリプタンドにより，図 3·9 にあげた多核錯体（金属イオンを錯体の中に複数含む錯体）が合成されている．

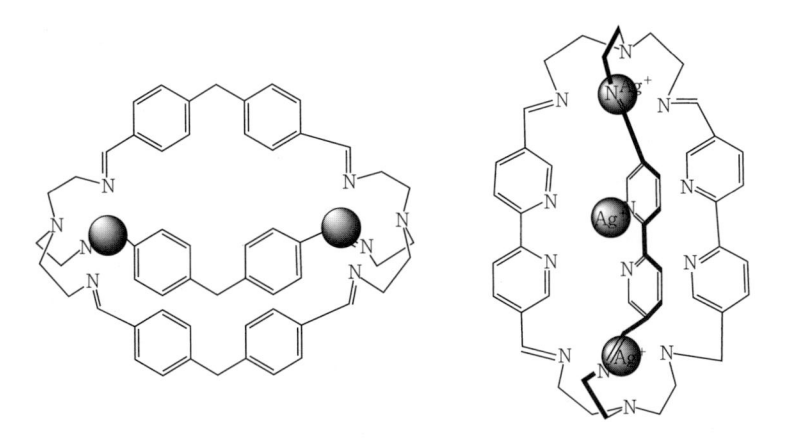

図 3·9　ポリアミン型多核錯体

3・2・3 ラリアートエーテル

窒素原子を導入したクラウンエーテルの置換基に，ヘテロ原子を配置してイオン捕捉の性能向上をめざした試みが多くなされた．投げ縄（lariat）のように末端が自由な配位子型の置換基を有するので，ラリアート（クラウン）エーテルと呼ばれる（図3・10）．

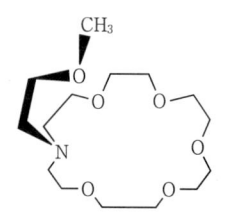

図3・10 ラリアートエーテルの構造

腕をもったクラウンエーテルとして合成されたラリアートエーテルは，クラウンエーテルの長所とクリプタンドの長所をあわせ持った化合物である．築部 浩らは，武装したクラウンエーテルという意味でアームドクラウンエーテル（armed crown ether）と呼んでいる．ラリアートエーテルは pre-organization（事前組織化）の程度もちょうどよく，置換基部分の変更で容易に金属イオン選択性や平衡定数の改善などが可能だ．また，クラウンエーテルの炭素原子上への置換基の導入に比べて，アミンのアルキル化反応の方がたやすく，しかもクリプタンドと違い置換基が一本の結合で連結されているため，構造修飾が効率良く行えるという利点があった．ゴーケル（Gokel）らの多くの研究があるが，それとは別に，著者らのグループは超高圧環境下（5000～8000気圧）で芳香族求核置換反応を行い（表3・2），アザクラウンエーテルとハロゲン化アリール類から一段階で多種のラリアートエーテルを合成することに成功した．これらは，銀イオンや水銀イオンを効率良く捕捉することもわかった（図3・11）．

3・2 クラウンエーテルとその関連化合物

表 3・2 アザクラウンエーテル類の高圧合成

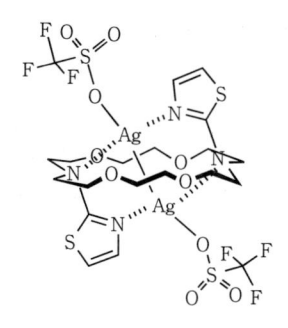

Ar	収率/%	
	$n=1$	$n=2$
2-thiazolyl	89	51
2-benzothiazolyl	100	74
2-benzoxazolyl	95	64
methylpyrazinyl	82	86
chloropyridazinyl	80	81
nitropyridyl	95	77
trifluoromethylpyridyl	83	85

図 3・11 銀イオンを捕捉して生成した錯体

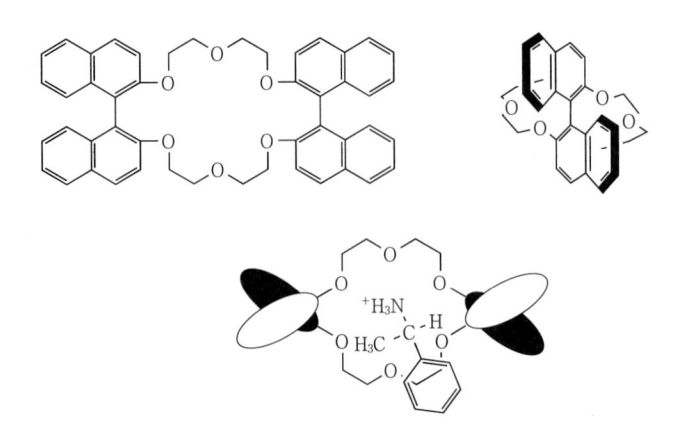

図 3·12 不斉認識クラウンエーテル

3・2・4 機能性クラウンエーテル

機能性クラウンエーテルの例として，比較的初期に行われたクラム(Cram)の不斉（光学活性）クラウンエーテルの研究がある．図 3・12 のように，ビナフトールを不斉（光学活性）部分としてクラウンエーテルに導入して不斉空間を作ることにより光学活性化合物の光学分割に利用した．

クラウンエーテルがドナー（電子供与）性の性質を持つため，研究の初期にはゲスト分子として，アルカリ金属，アルカリ土類金属のイオンが注目されたが，不斉ゲスト化合物としてクラムはアンモニウムイオンの光学分割に力を注いだ．その後，捕捉された金属イオンの種類によって違った色を呈するホスト化合物（図 3・13 (A)）や，捕捉状態でのみ蛍光を発するもの(B)，光によって捕捉機能のオンオフ（スイッチング）ができるもの(C)なども合成された．

3・3 シクロデキストリン

D-グルコース（ブドウ糖）の 1-位と 4-位をつなぎ環状多量体（オリゴマ

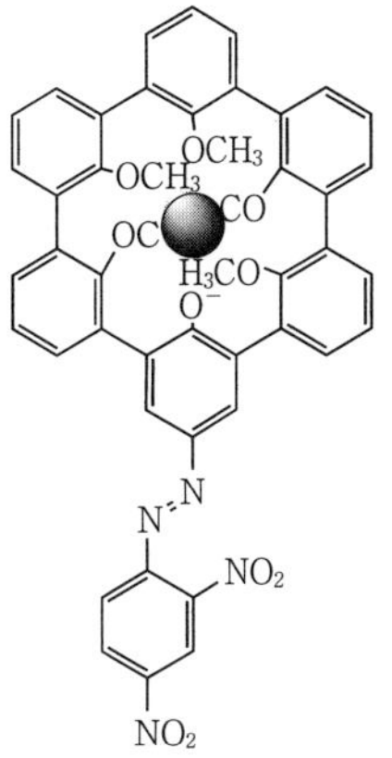

(A) ゲスト依存呈色型クラウンエーテル 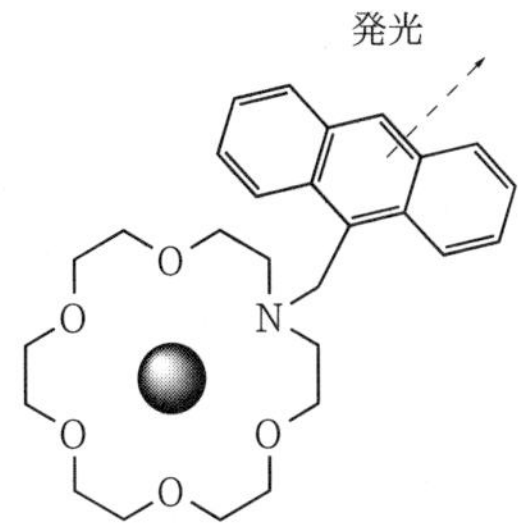　　　(B) 捕捉発光型クラウンエーテル

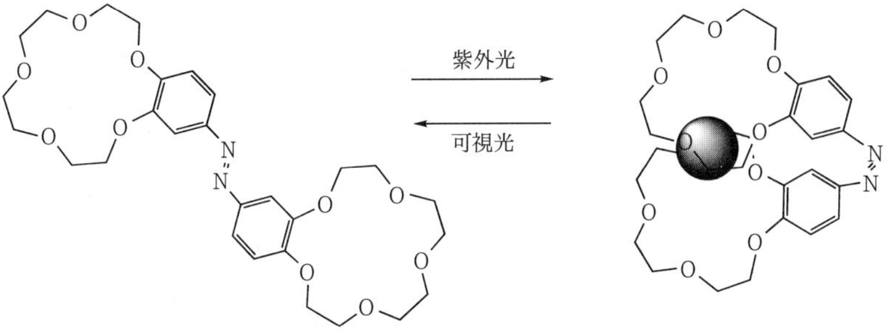

(C) 光スイッチング型クラウンエーテル

図 3·13 機能性クラウンエーテル

一）にしたものがシクロデキストリン (cyclodextrin, CD) だ．D-グルコース 6 分子からなるものを α-CD，D-グルコース 7, 8 分子からなるものを，それぞれ β-CD, γ-CD という．グルコースにある種の酵素を作用させて工業的に合成されるが，天然にも何種類かの類縁体が存在する．広い口と狭い口を持つ筒型の構造をしているため，よくバケツ型の絵で示されるが，修飾されていないものは水にもよく溶け，内側の疎水性空間と外側の親水性空間に

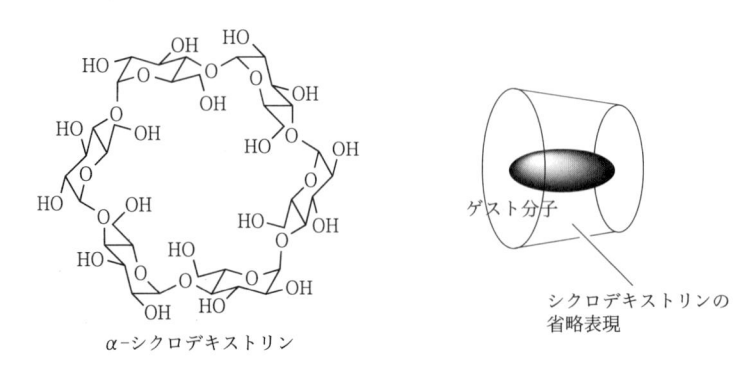

図 3・14 シクロデキストリンの構造

より，水中で環構造内に有機分子を取り込むことが知られている．この性質を利用して，酵素のモデル化合物や分子フラスコといった発想で超分子化合物が合成された（図 3・14）．

3・4 カリックスアレーンとその関連化合物

3・4・1 カリックスアレーン

フェノールのヒドロキシ基の反対側に置換基のある p-置換フェノールとアルデヒドを酸性触媒で縮合環化させて得られる環状化合物である（図 3・15）．反応を行う条件を種々変えることにより，4:4 から 8:8 環状化合物が得られることが知られている．また，カリックス[8]アレーンは，バックミンスターフラーレン C_{60} を空孔内に取り込み，C_{70} との相互分割に効果があることが見出されている（図 3・15）．

3・4・2 レゾルシノール環状四量体

レゾルシノールとアルデヒドから得られるカリックスアレーンに似た環状化合物．通常は四量体が得られる．糖類などの，ヒドロキシ基を複数有するゲスト化合物の識別能があることが知られている（図 3・16）．

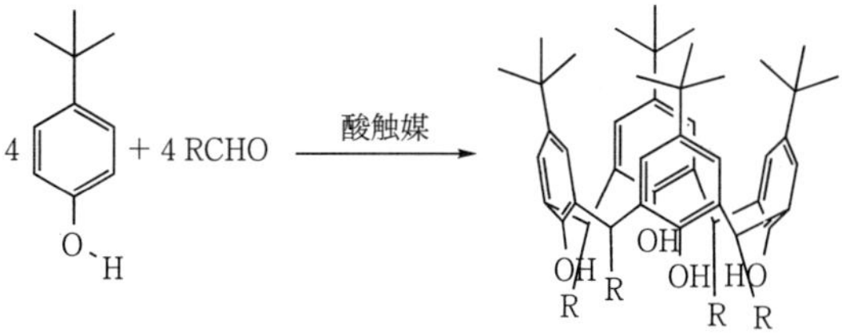

3・4 カリックスアレーンとその関連化合物

カリックス[4]アレーン

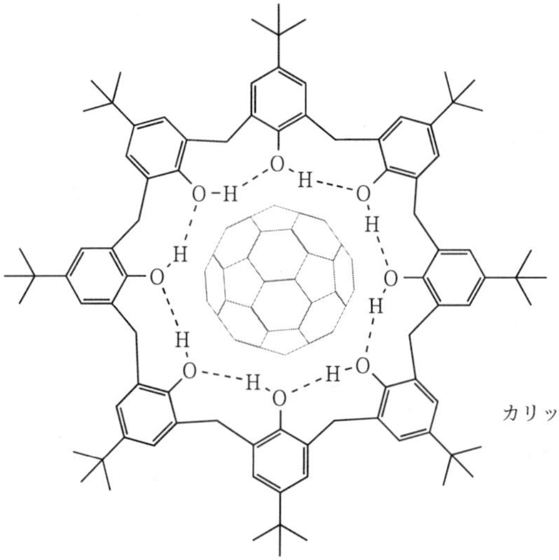

図 3・15 カリックスアレーン

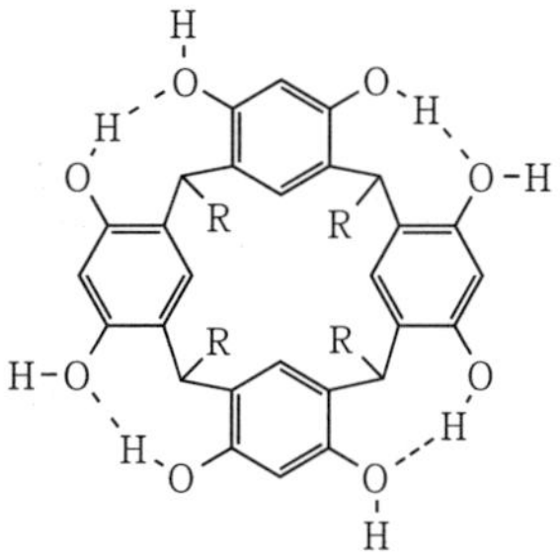

カリックス[8]アレーン・C_{60} 錯体

図 3・16 レゾルシノール環状四量体の構造

3・5 カテナンとロタキサン

カテナンの例としては，ソヴァージュ(Sauvage)の金属配位子型カテナン(図3・17)，ストッダート(Stoddart)の分子シャトル(図3・18)が有名だ．

また，ロタキサンの例としては，原田 明らのシクロデキストリンを使った分子ネックレスの例(図3・19)があり，最近これを応用して数千倍の水を吸収する高分子ゲルが開発された．さらに閉環反応と金属イオンとの錯体形成を利用して，図3・20のような大環状分子に2つの環を通した構造の分子

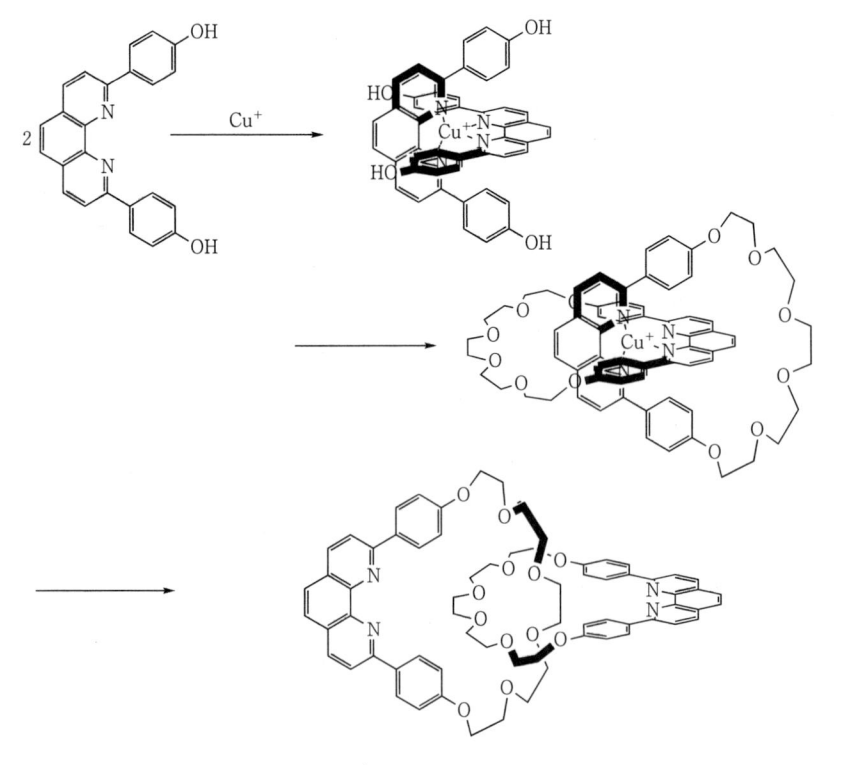

図3・17 ソヴァージュのカテナン

3・5 カテナンとロタキサン

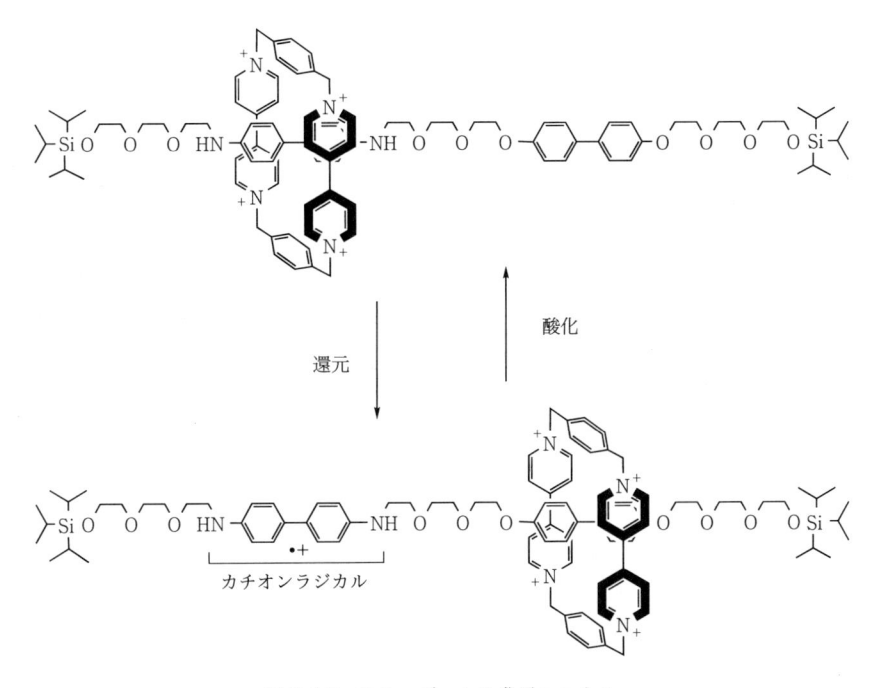

還元 / 酸化

カチオンラジカル

図 3・18 ストッダートの分子シャトル

α-シクロデキストリン

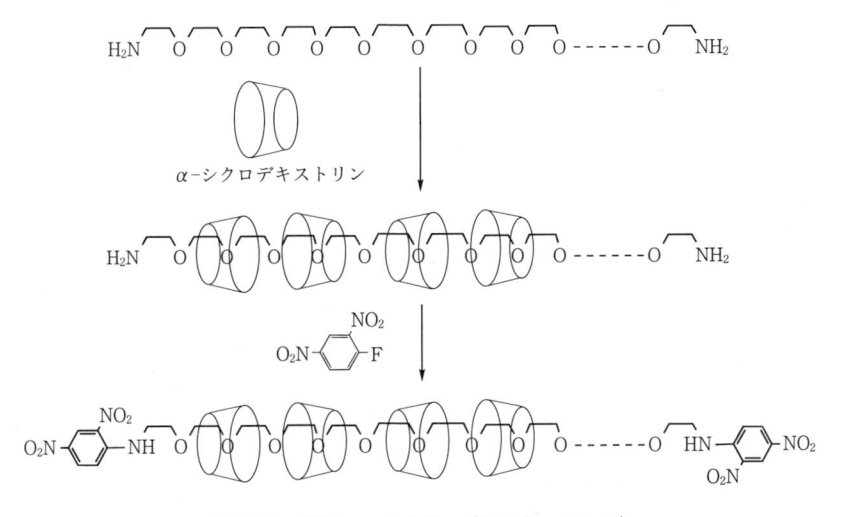

図 3・19 原田のロタキサン（分子ネックレス）

46　第3章　超分子構造をつくる分子

図 3・20　カテナンの延長，[3]カテネートの例

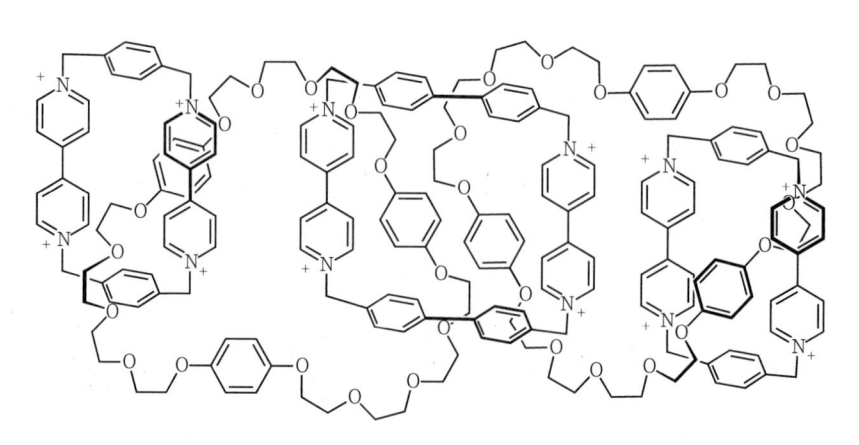

図 3・21　カテナンの延長，[5]カテネートの例

や，図3・21のようにそれらをさらに高度化した分子が合成されている（コラム7参照）．

コラム7

弱い分子間力によらない超分子

「カテナン」と呼ばれる物質を知っているだろうか．本章では，分子シャトルや分子ネックレスとして知られる「ロタキサン」とともに紹介した．われわれの身の回りで似たものをさがすとすれば，鎖，南京錠，あるいは知恵の輪だろうか．一体にはなっていないが，ちょっとやそっとでは離れないのが特徴である．共有結合でできた輪と輪が，お互いを貫いて離れられない状況になっている状態と考えればよい．特にカテナンは，超分子構造を，水素結合などの弱い相互作用に頼らずトポロジー（位相幾何学）的に保持している．分子の会合や解離といった機能は果たせないが，複数の分子の位置が高いレベルで事前組織化され，しかも一定の自由度があるので，機能のスイッチ機構として期待されている．いわば，ナノスケールの最小の機械部品といえる．

　有機化学者は分子を考えるとき，その構造を何種類かのチャンネルで見る．感覚で，あるいは数値でわかっていても，パソコン画面の中で立体的に表現されても，いまだに分子模型は手放せない．分子模型は，線と角で結合と原子を表すKekulé構造や，玉で原子を，棒で結合を置き換えた分子模型などにならったものが多い．量子力学により，結合が電子対であり，棒のようなものはそこにないことがわかった現在でも，分子模型の仕組みはほとんど変わらない．一方で，共有結合のある空間には容易に超えられないバリアがあることも確かで，合成化学者は身をもってそれを体験している．そういう意味で分子模型の棒は，分子の本質を意外な側面から理解させてくれているのかもしれない．

3・6 その他の超分子構造の制御

クラウンエーテルによる金属イオンの捕捉現象の発見から，試行錯誤の末に，研究者は望んだ超分子構造を合成することを可能にしつつある．たとえば，ソヴァージュのカテナン合成で使われたビピリジン構造と金属イオンの会合という手法を用いて，図3・22，3・23，3・24の超分子構造が合成された．同じパーツを用いた場合でもこのように多彩な構造が合成できる．現在もこの試みは続けられ，将来的には自由自在に構造の制御ができるようになるものと思われる．

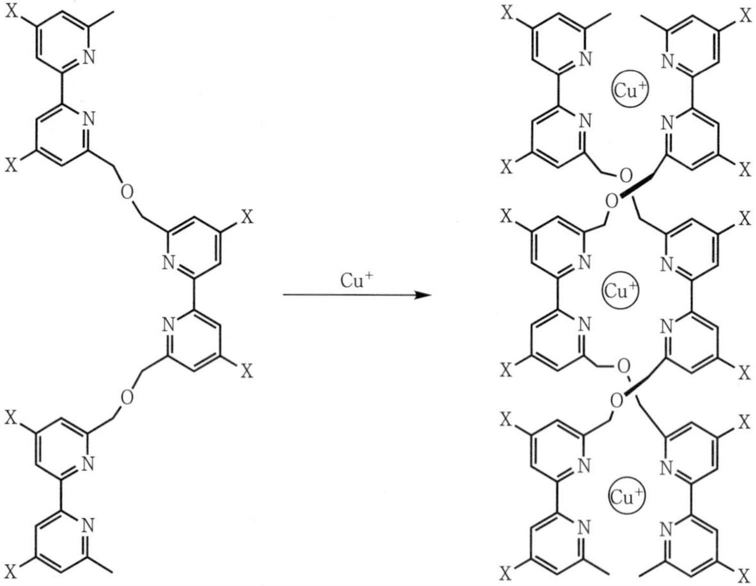

図3・22 自己組織化による らせん型の複核錯体

3・6 その他の超分子構造の制御

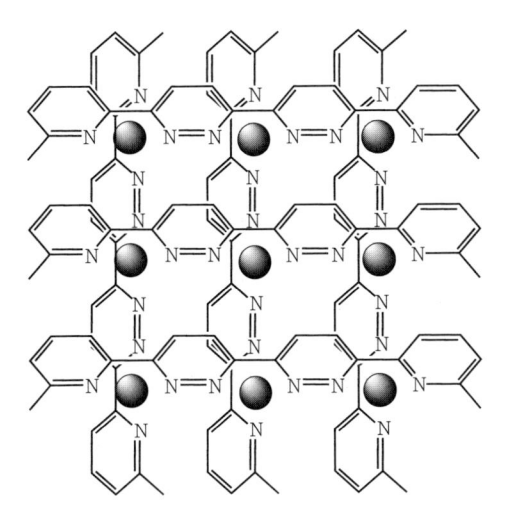

図 3・23 自己組織化による格子型の複核錯体

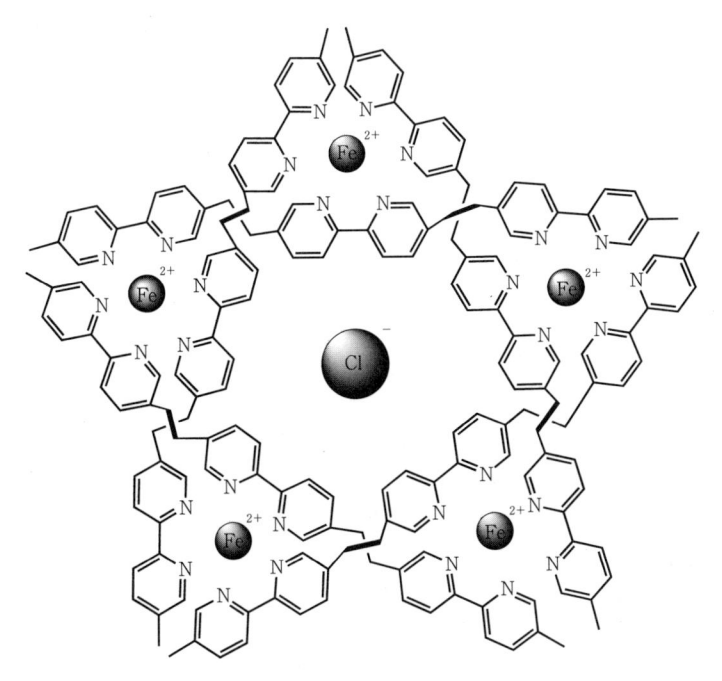

図 3・24 自己組織化による星形の複核錯体

3・7　クラスレート（包接化合物）

尿素包接化合物（図3・25），メタンハイドレートなどの水との包接化合物（ハイドレート）（図3・26），第6章で触れるアルコール型包接化合物のほか，多くの例がある．タコとタコ壺の性格が強いホスト－ゲスト錯体も包接化合物に含む場合があるが，最近では相補的に錯体結晶を生成するクラスレートを包接化合物と呼ぶことが多くなっている．

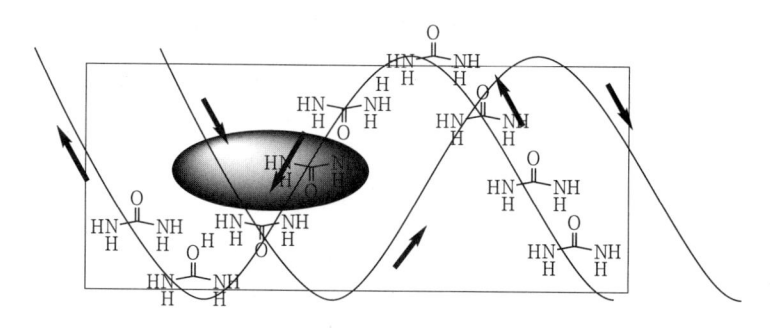

図3・25　尿素包接化合物

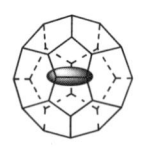

図3・26　水の包接化合物（ハイドレート）

3・8　無機系化合物とフラーレン類

3・8・1　粘土鉱物

粘土鉱物は2ミクロン程度の微粒子鉱物で，かつては岩石や砂の細かいものでしかないと考えられていたが，水で練ったときの変形の自由さなどの機能がどのように実現しているかは不明であった．その後，粉末X線回折法

(XRD) の登場で，粘土鉱物が結晶構造を有していることが判明し，今日では，風化や熱変性により生成した結晶性鉱物であると考えられている．粘土の種類によっては，陽イオン性，あるいは陰イオン性の有機分子を取り込むことが知られていて，その際には，XRD 測定により層構造の層間距離の拡大が観測される．水を含んで膨潤するもの，特定の化合物を吸着すると発色するものなどもある．層間空間を反応場として利用する試みも多くなされ，近年，マイクロポーラスあるいはナノポーラス材料（結晶）という呼び名を得てますます注目されている．粘土鉱物の特徴は，なんといってもその孔質構造にある．ミクロな多孔質材料には脱臭剤や吸湿剤で有名なシリカゲル，活性炭などが知られているが，いずれも無定形多孔体であり結晶構造を持っているわけではなく，大きさや構造のそろった孔質構造を有してはいない．一方，粘土鉱物の結晶性の多孔質構造は，結晶性であるがゆえに均質であり，合成条件によって構造と性質を制御できる．しかし現時点では，多くの合成粘土鉱物が生み出されているものの，有機化学的な感覚の自由な設計と合成が実現しているわけではなく，既存の粘土鉱物の層間距離を制御したり，イオン交換などにより酸性度の調整を行い，物性を制御していることが多い．

　重要な用途としては，石油の接触分解触媒などの触媒として盛んに利用されており，細孔空間への有機物の取り込み（インターカレーション）を利用して，有機合成反応の選択性反応場としての可能性も示されている．尾中篤らは，代表的な天然粘土鉱物であるモンモリロナイトの層間空間を利用して縮合閉環反応を行い，次いでクロラニルで酸化することにより，ポルフィリンを収率良く合成している（図 3・27, 3・28）．この反応制御は，比較的無秩序な溶液系の反応では実現困難であり，有機ホスト化合物による捕捉現象，有機結晶反応などと同じく，構造が組織化された不均一反応場での反応である．その観点から見れば，超分子化学の一分野として様々な発展が期待される．

図 3・27 粘土鉱物の利用

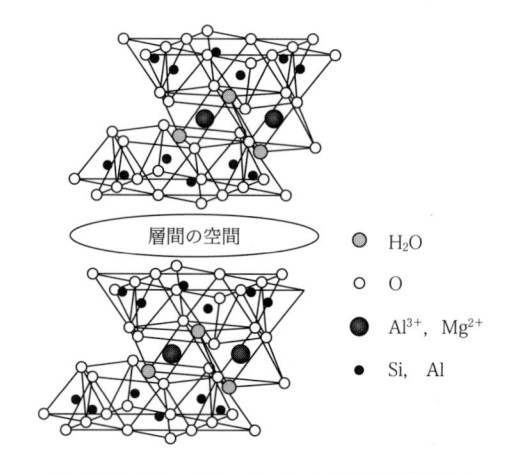

図 3・28 モンモリロナイトの構造と層間空間

3・8・2 ゼオライトとモレキュラーシーブス

　ゼオライト (図 3・29) は，合成多孔質結晶物質として代表的なものの一つで，ナノレベルの均一な細孔を持つことから，分子ふるい (モレキュラーシーブス) の特性を生かして，選択的合成触媒や乾燥剤として盛んに使われている．たとえば，ゼオライトを触媒に用いて，トルエンとメタノールからo-キシレン，m-キシレンを作らず，p-キシレンを優先的 (98 %) に合成し

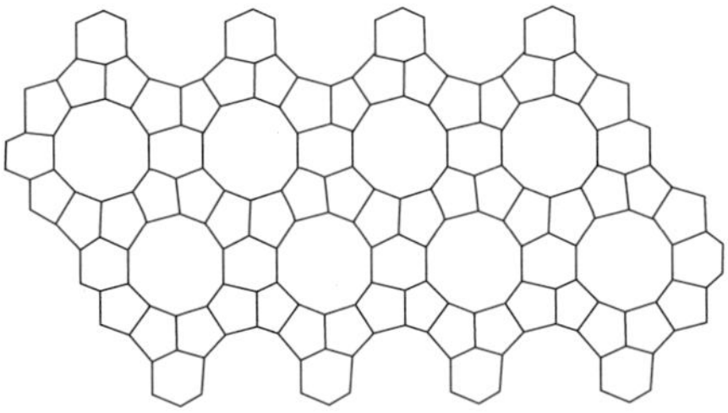

図 3·29 ゼオライト (ZSM-5) の骨格の模式図

た例がある．また，カルシウムイオンなどの吸着，洗剤のビルダー，家畜飼料添加剤，土壌改良剤，合成樹脂添加剤などとしても利用されている．

3・8・3 フラーレン類とカーボンナノチューブ

バックミンスターフラーレン C_{60} は，大沢映二により 1970 年には存在が予言されていたが，1985 年に第三の炭素同素体として実在の物質として発見された．まもなく，C_{70} などの類縁体，さらに，カーボンナノチューブが発見された．やがて，結晶内にカリウム原子を共存させることにより得られる，カリウムドープされた C_{60} が超伝導現象を示したことから爆発的に研究が開始され，研究領域としてブレイクした．C_{60} は単結晶構造の中で極低温まで回転をしていることが見出され，C_{82} などが金属原子を内包する現象も知られるようになった．カーボンナノチューブは，極微細配線用素材，電子顕微鏡探針など，ナノテクノロジーの観点からも有望な素材と期待されている．また，C_{60} に有機化学的な反応性があることから，有機合成の発想からの研究も盛んに行われており，ダンベル型の二量体，内部に水素分子などの小さな分子や原子を閉じ込めることも行われている．これらフラーレン類，カーボンナノチューブ類は，結晶中での物性や構造に関心が持たれ，固定的にではあるが，原子をゲスト分子のように内包することから超分子的な関心が高い．一方では，有機化合物とは思えない側面もあわせ持ち，材料，素材としての関心も非常に大きい，ボトムアップ型とトップダウン型のナノテクノロジーの交差点の感がある分野である．

第4章

超分子化学の研究方法

　一種類の分子を研究する段階では，単純にいえば，分子を合成して，分離，分析を行い，構造確認をし，分子としての性質を調べればよかった．では，分子を超えた超分子集合体の研究はどのようにして行われるのだろうか？

4・1 はじめに ―いかにして超分子的な情報を得るか―

　超分子集合体と，単なる分子はどこが違うか．それは，超分子集合体の形，構造と，それを可能にする分子間相互作用（弱い結合力）である．したがって，物質の分析法の原理，その分析法で何が観測できるかをよく理解していれば，対象としている超分子集合体と用いる分析法の組合せを考えたり，その分析結果からいろいろな現象を読み取ることができる．また，あるときには，知りたいことが先にあって，自分の発想や周辺分野の専門家との相談などによって新しい分析法の適応が可能になったり，まったく新しい分析手段が開発されたりする場合もある．しかし，弱い結合力や集合体の構造を有効にとらえることのできない分析法では，影絵の重ね合せのように単に足し合せの情報しか得られない．超分子構造を作ること自体を研究目的とする場合も多く，物言わぬ分子からそれぞれの関わり合いを引き出すことは超分子化学研究の大きな醍醐味の一つである．

4・2 直接観察できる現象

　ペダーセンが合成したホスト化合物であるクラウンエーテルの場合は，メタノールへの水酸化ナトリウムの溶解度が向上したり，本来無機化合物をほとんど溶かさないベンゼンへの過マンガン酸カリウム（$KMnO_4$）の溶解などの現象が見られた．特に過マンガン酸カリウムの可溶化現象は，溶液状態で鮮やかな紫色を呈するため視覚的にもよくわかる．過マンガン酸カリウムとベンゼンのみの混合では色はつかないが，これにクラウンエーテルを添加して振ると，過マンガン酸カリウムが溶けて無色のベンゼンが紫色の溶液になるのである．包接化合物（クラスレート）を形成する化合物などでは，二つの物質を溶液，あるいは固体，液体などで混合するだけで，錯体が生成する現象が見られることもある．色の変化を伴うもの，結晶状態の錯体を形成す

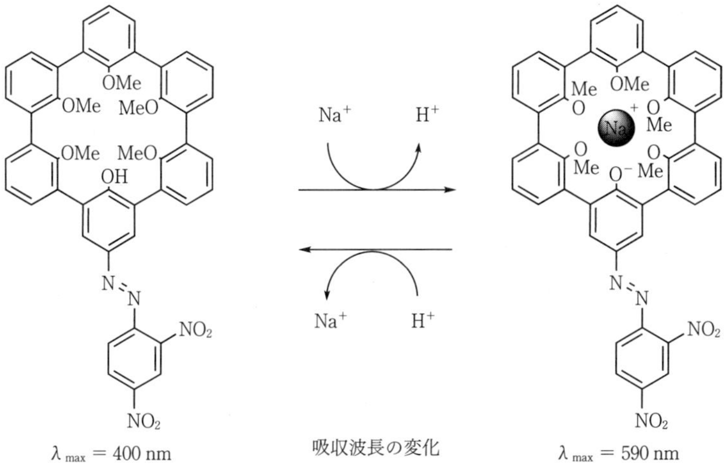

図 4・1　ゲスト分子により色が変わるホスト化合物

る場合には融点の変化が目視できたことになる．中には，ゲスト分子に対する分子認識によって色が変化する仕組みを組み込んで分子設計されたホスト化合物があり，捕捉状態と遊離状態で色が変化したり，取り込んだゲストにより呈する色が違ったりするものなどもある（図 4・1）．このように，pHの変化による呈色反応にも似た現象が，超分子的な現象である場合もあるので，何が起こっているかを的確に読み取ることも大切である．

4・3　滴　定

　超分子化合物の生成も分子の会合現象なので，酸・塩基の滴定と同じ原理で滴定実験ができる．単純な A，B 二者による錯体生成では，次頁の式のような平衡が成り立つ．

ホスト化合物 + ゲスト化合物 ⇌ ホスト−ゲスト錯体

$$K = \frac{[\text{ホスト−ゲスト錯体}]}{[\text{ホスト化合物}][\text{ゲスト化合物}]}$$

　酸・塩基の平衡と同様に，溶液中の錯体と，遊離しているホスト化合物とゲスト化合物を定量できれば，平衡定数，錯体の構造や化学量論（錯体を構成するホスト化合物とゲスト化合物の分子数比）に関する情報が得られる．定量手段としては，錯体生成で光学的性質が変化する場合には紫外可視分光法，蛍光分光法などが使える．錯体生成によりホスト化合物の捕捉部位付近の原子（核種：^{1}H, ^{13}C など）の化学シフトが変化する場合には，NMR（核磁気共鳴分光法）などが使われる．多くの場合，電子密度の変化が化学シフトの変化によく現れる ^{13}C-NMR が使われる．滴定というとビュレットなどで行う実験を思い出すかもしれない．したがって，NMR で滴定というと不思議に思うかもしれないが，ビュレットを使う滴定も，平衡定数や熱力学パラメータを求めるためにいくつかの条件を変化させることによって平衡を移動させ，その都度成分の定量を行っていくことにかわりはない．指示薬とビュレットによる滴定は，簡単にいうと，中和点のみを指示薬によって判定しているのである．先の平衡式でいえば，ホスト化合物とゲスト化合物，ホスト−ゲスト錯体を区別して定量できる分析法があれば方法は何でもよい．実際には，観測の時間分解能（物質からデータを得るのにかかる時間が短ければ時間分解能が高い）が高い紫外可視分光法，蛍光分光法ではそれぞれの成分が区別して観測され，時間分解能がきわめて低い NMR では，比率を反映した位置（存在比が 1：1 だと中間の位置）に吸収が移動したかのように観測される．

　また，超分子化学で扱う系では，強酸・強塩基の滴定のように瞬時に変化が完了するのではなく，平衡に達するのにかなりの時間を要したり，測定法の感度や平衡定数の大小によっては濃度範囲やそのほかの制約がある場合も

ある.

4・4　質量分析法

田中耕一らのノーベル賞受賞で一躍注目を浴びた質量分析法では,「質量mと電荷zの比(m/z)」の位置に信号が観測される(いわゆるイオンピーク).真空中でホスト化合物が安定なイオン錯体を形成して,超分子集合体に相当する位置にピークが観測される場合がある.一般には,ホスト化合物がイオン化の条件下で陽イオンを安定に捕捉するなどの条件が必要だが,もっと大きなゲスト分子を取り込んだまま錯体として観測される例もある.芳香族化合物が環状に配置されて空間を形成するシクロファンという化合物群では,金属イオン(陽イオン)を捕捉した錯体の分子イオンピークが観測されることもある.質量分析法にはほかの分析手段にない特徴もある.すなわち観測値がm/zの度数分布となり,元素分析などと違い決して平均値にならない.したがって,安定同位体を含む場合にはその比率を反映したm/z値のピークが別々に観測されるため,ねらった質量のものが生成しているか否かが明瞭にわかる.この点は,時間分解能が低いNMRや,波長分解能が低い紫外可視分光法と対照的である.

4・5　融点,熱測定

超分子錯体を形成する前後では,一瞬のうちに異なる化合物になったかのように結晶化や融解,あるいは沈殿が生じることがある."味の素"として知られる化学調味料であるグルタミン酸モノナトリウムなどは,古い工業的製法では優先晶出法で光学活性体を分離したが,このような場合にも融点を測定すると有用な情報が得られる.融点は,結晶中で分子が集合する際の弱い結合力を反映しており,光学異性体をいろいろな割合で混ぜて融点を調べる

ことで，光学異性体が分かれて結晶化するか（ラセミ混合物），あるいは対になって結晶を形成するか（ラセミ化合物）をある程度判定できる．また，物質の混合，錯体生成過程においても，結合力の生成や切断により自由エネルギーが変化して熱の出入りがあり，特徴的な熱の出入りが観測される場合がある．それらの観測には示差熱分析 (differential thermal analysis) や示差走査熱量分析 (differential scanning calorimetry) が使われる．

4・6　単結晶X線回折法，粉末X線回折法 (XRD)

結晶状態の物質を研究する方法として，最近最も重視されるのがX線回折による分析である．X線は電子によって散乱されるので，多くの電子を持つ原子番号の大きな原子の位置は決まりやすい．一方，電子を1個しか持たない水素原子などは位置が決まりにくい．また分子内の電子は原子核に近い空間に密に存在するので，それらの影響による回折現象で原子核の位置は容易に推定できるが，結合に関与する電子は位置を決めにくい．通常は，測定によって知ることができた原子核間の距離と，これまでに知られている結合距離を照らし合わせて結合の存在を推定する．測定には，なるべく結晶の端から端まで規則正しい構造が連続する単結晶をサンプルに用いる．単結晶のイメージとしては水晶，ダイヤモンドやルビーなどの宝石類，あるいはグラニュー糖を想像してよい．実際の測定には，スリットで細く絞ったX線を単結晶に照射する．結晶内の分子やイオンは周期的に配列しているので，X線の入射とその周期構造を反映した回折現象が起こり，結晶の後ろの空間にはプラネタリウムのように回折斑点が観測できる．この回折斑点の強度は周期構造内の電子を持つ原子の位置に影響されるので，この強度分布からコンピュータを使って原子の位置を算出する．すなわちイオン結晶中のイオンの配列や，分子結晶中の分子の構造やその配列を決めることができる．空間的な三次元構造を決定する単結晶X線回折法では，回折斑点をシンチレ

4・6 単結晶X線回折法,粉末X線回折法 (XRD)

ーションカウンターで走査しながら観測するが,最近ではX線フィルムやイメージングプレート (IP) やCCD (charge coupled device) などの二次元の検出器を使って測定されることが多く,短時間での測定が可能となり,不安定物質の構造解析や,反復測定による反応追跡も可能となった.通常はゴニオメータという結晶を回転させる機械を使って,1軸の周りで結晶を少しずつ振動させながら振動範囲を変えてデータを測定するが,全データを測定するには結晶をもう一つ別の軸の周りに回転させる必要がある.測定用の結晶の大きさは直径が 0.3 ミリメートル程度の球状が最適であるが,検出器の感度が向上したので,0.1 ミリメートル程度でも測定が可能になっている.回折データが得られたら,回折斑点の位置と強度の対称性から結晶の周期単位の大きさと結晶の空間群(空間対称の種類)を決める.しかし,結晶構造解析には,位相問題という厄介な問題があるので,回折データが得られても 100% 構造解析ができる保証はない.しかし,データの質が良いと解析できる確率は高くなるので,良い回折データを与える「良い結晶」を用意することが重要となる.結晶の品位が測定の成否を決定するといってよいほど,結晶を作る作業は重要である.なお,最近では測定データの質が向上し,解析法も進歩したので,C,N,O,H 原子だけで構成される有機化合物でも結晶の絶対構造が決められるようになり,光学異性体の判別も可能になったようである.

粉末X線回折法は結晶を粉末にして測定する.そのため,個々の微結晶はあらゆる方位を持ってしまう.構造がすべてそろっている単結晶では回折斑点が三次元空間の種々の方向に散乱されるが,粉末結晶ではあらゆる方向に散乱されるため,あたかも一次元に平均化された回折斑点として観測される.したがって,得られる情報は限られてくる.粉末結晶の試料は,いかなる方法を用いるにせよ結晶を作製すればよいので,迅速に,簡便にデータが得られ,結晶構造の保持,変化を観測するには良い方法である.近年,一次元に平均化された粉末回折データから,結晶の三次元データを推定する解析

法が進歩しつつある．これは，推定されたモデル構造から粉末回折パターンを計算して，この計算値を実測の回折パターンに合わせる方法である．結合の周りの回転の自由度が少ない分子には適用できる方法として注目されている．

4・7　円二色性スペクトル (CD)

一般には溶液に対して用いられる分析法で，紫外可視域に吸収があれば測定できる．ただし，この分析法は不斉をとらえるためのものであるので，光学異性体の等量混合物であるラセミ体や，不斉を持たないアキラル分子では情報が得られない．近年，結晶状態のサンプルでもプレス整形した錠剤やヌジョール（流動パラフィンなどを加えて細かくすりつぶしたけん濁状態）でも測定が可能であることがわかり，広く用いられるようになった．キラルなホスト化合物によるキラル包接化合物の合成，また，光学分割やラセミ化，不斉が関わる固相反応の研究では威力を発揮する．一方，結晶状態での比旋光度測定は，正味の旋光度より妨害要因の方が大きいために実用には向かないことがわかっているが，結晶の比旋光度を測定する特殊な装置の開発も行われている．

4・8　NMR (核磁気共鳴分光法)

先に述べた滴定以外にも，超分子集合体では個別の分子のスペクトルの単純な足し合せではなく，水素結合，配位結合などの弱い結合の近傍の核種の化学シフトが大きく変化する場合がある．また，一般的に ^{1}H-NMR では空間的な環境変化，^{13}C-NMR では結合を介した誘起効果を強く反映する．

4・9 分子量測定

分子と分子が会合すると，その見かけの分子量が変わる．見かけの分子量の変化は，沸点の上昇（溶媒の蒸気圧の変化），凝固点の変化，浸透圧の変化などで知ることができる．溶液中の錯体の構造様式や分子量，会合の化学量論を知りたいときには蒸気圧オスモメトリーが有効とされる．

4・10 電子顕微鏡

固体状態の粒子や，基板上に配列固定した錯体などの観察には電子顕微鏡が使われる．電子顕微鏡には，物質表面に電子ビームを照射して近傍から発生する二次電子や特性X線を画像化する走査型電子顕微鏡 (scanning electron microscope; SEM)，タングステンの探針（プローブ）を使った走査型トンネル顕微鏡 (scanning tunnel microscope; STM)，さらに物質内部の構造まで解析することができる透過型電子顕微鏡 (transmission electron microscope; TEM) などが使われる．特に STM は原子レベルの観察や操作が可能で，探針で直接，原子の配列を操作して文字パターンなどを作製した例も知られている．

4・11 QCM（水晶発振子）

時計やコンピュータなどのクロック素子として広く使われている水晶発振子の表面に微小な物質が付着すると質量が増し，振動数が狂う（減少する）ことを用いた方法である．本来，なるべく一定の振動数で振動しなければならない発振素子だが，少しの汚れで振動数が大きく変わることを利用する．通常感知が難しい 1 ng（n = ナノ，10^{-9}）の質量変化を，観測が容易な振動数変化に置き換えて観測する巧妙な手法である．

コラム8

平均値をみる測定法と，個別値をみる測定法

　最近，一分子の挙動を見る化学が注目を浴びている．物質の挙動のなかには融点や沸点，屈折率や比熱といった集団の挙動としてしか観測できないものもある．一方，原子崩壊など，個々の挙動の単純な足し合せとして観測されるものもある．有機化学の実験室で行う代表的な機器分析に，NMR（核磁気共鳴分光法）分析，質量分析，紫外可視吸収スペクトル分析，赤外吸収スペクトル分析，元素分析があるが，平均値的なものと個別値的なものがある．一般に，各測定法は両方の性格を持ち合わせているが，より平均値的なものから個別値的なものへと順にあげていくと，元素分析，紫外可視吸収スペクトル分析，赤外吸収スペクトル分析，NMR分析，質量分析となる．

　平均値的なものと個別値的なものを，元素分析と質量分析を例にあげて説明しよう．有機元素分析では，試料を燃焼させて生成する二酸化炭素や水の定量を行い，もとの炭素量と水素量を推定する．定量される二酸化炭素についていえば，どんなに少なく見積っても10^{15}個程度の分子は存在し，統計的に炭素12.011，酸素15.999という原子量（同位体加重平均値）に見合った数値で観測される．ところが，実際には，質量数12.011の炭素原子も15.999の酸素原子も存在しない．一方，個々の分子に着目すれば，二酸化炭素は，炭素（C）の質量数を12, 13，酸素（O）の質量数を16, 18に限定しても，$^{12}C^{16}O_2$ (44)，$^{12}C^{16}O^{18}O$ (46)，$^{12}C^{18}O_2$ (48)，$^{13}C^{16}O_2$ (45)，$^{13}C^{16}O^{18}O$ (47)，$^{13}C^{18}O_2$ (49) の6種が存在し，質量分析では別々に観測される．つまり，平均値的な分析法は，原理的に（時間的あるいは分子の揺らぎが連続的であるなど）分解能が悪いために個々の分子の挙動が分離して観測されず，質量スペクトルなどでは，観測対象の差に対して十分な分解能があるために個別のデータの

積算として観測ができる．感度の問題はなお残るが，冒頭に触れた一分子での測定がもしできれば，時間分解能の高い紫外可視吸収スペクトル分析などは，個別データが得られるだろう．超分子化学は，分子と分子の関わり合いを研究対象とするため，互いに関わり合いを持つ分子と孤立した分子を区別することが重要となる．さらに，個々の分子が識別できると，より超分子的な現象の観測が容易となる．先に述べた一分子挙動の観測は，ナノテクノロジーの先端を目指す意味に加えて，分子間相互作用を明確にする目的がある．

第 5 章

超分子集合体の機能と未来の技術

　現代の錬金術，バイオテクノロジーとナノテクノロジー．超分子化学はそのどちらとも密接な関係があり，構造を形成したり，機能を実現するための鍵をにぎる．これらの技術はまだ荒野を駆ける野生馬だが，手なずけることができればその用途ははかりしれない．

5・1　超分子集合体から機能を引き出す

　生物の機能の実現，それは超分子化学の大きな目標だが，その実現はまだまだ遠い未来のことと思われる．現在，超分子化学ができること，それは化学が培ってきた合成技術を使って超分子系を生み出し，さまざまな現象を起こし，それをさまざまな分析法を使って解析することだ．すでに述べてきたように，化学者は膨大な種類の物質を合成したり，あるいは自然界から切り出してきたりして研究を重ねてきた．その結果，ある程度ねらって超分子構造を作らせることが可能となり，その構造と挙動について有用な情報を得ることもできるようになった．また，化学者は機能を実現することを常に念頭において超分子化学を研究してきたので，相前後して，分離，分析，光応答，ゲスト分子応答，反応場形成などの機能を実現してきた．たとえば，物質による化学的な刺激，光や温度など物理的なある刺激が入力となって，さまざまな機能を果たす（図5・1）．この章では，単純な機能ではあるが，今の時点で生み出されている応用例のいくつかを紹介していく．

　とはいっても，人類は30年以上も前に月に到達し，ジャンボジェットを作り，自らの遺伝情報を読むことができるようにもなったが，いまだにハエの機能を実現できないでいる．ハエはいわゆる衛生昆虫と呼ばれて嫌われている昆虫だが，ハエほど軽量で運動性がよく，エネルギー効率，リサイクル

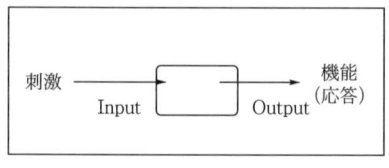

```
刺激 ──→ [ Input □ Output ] ──→ 機能(応答)
```

　　　　　分離機能ホスト化合物
　　　　　センサー，指示化合物
　　　　　光応答化合物
　　　　　反応場の形成，選択性触媒

図5・1　簡単な機能の実現

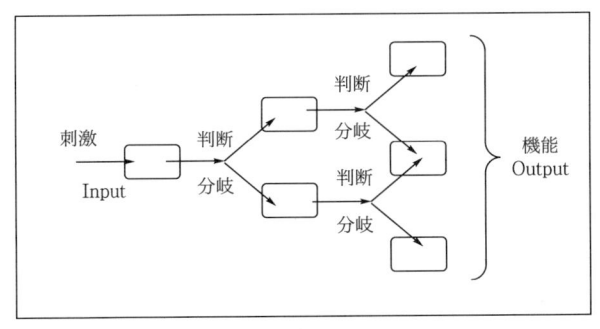

5・1 超分子集合体から機能を引き出す

```
      刺激 → [判断] → [判断] → [ ]
      Input    分岐    分岐
                    ↘  [判断] → [ ]
                       分岐
                    ↗  [判断] → [ ]
                       分岐
                                    }機能 Output
```

遺伝子発現
ホメオスタシス
昆虫の変態
精神活動

図5・2 より複雑な機能の実現

まで完璧に考えられた洗練技術をわれわれ人類は持たない．技術は自然現象とは違い，生物進化の過程を経ずに進歩を一瞬にして達成することが可能であるので，原始的な昆虫か無脊椎動物程度のものができればその先には大したハードルはなく，生物が実現しているほとんどすべてを生み出すのにそう長い時間を必要としないだろう．その点では，ハエを生み出せれば，生物の解明という自然界のお手本へのゴールにほとんど到達したといえる．生物の機能にせまるにはいくつかの飛躍が必要と思われる．一つは「機能の連鎖」である．一つの機能が次の機能のトリガーとなり，さらに連鎖していかなければ複雑な機能発現はできない．そしてもう一つは「機能発現の判断と分岐」だ．まさにコンピュータプログラムだが，分子でそれを実現しなければ将来の大飛躍はない（図5・2）．

5・1・1 分離，分析技術

クラウンエーテルなどのホスト化合物の分子認識機能（金属イオン認識能，不斉認識能など）を利用した応用例がいくつかある．あるものは混合物の中から適合するものだけを選んで錯体結晶や沈殿を生成したり，またある

ものは，選択的に捕捉したゲスト分子だけをほかの場所へ輸送して拡散的に混合物を分けてしまう．クロマトグラフィーとは，対象物質が長い経路に固定された物質（固定相あるいは担体）と，その中を移動する物質（溶液かガス）の分配においてなんらかの差（選択性）を示すときに分離や分析手段として用いられる汎用分離法である．吸着（捕捉）と分離が無数にくり返されることにより親和性の差が増幅されることを利用する．ホスト化合物を固定相に導入し，ゲスト化合物の分子認識能力を利用して分離分析を行う分画剤がいくつか考案され，光学分割を含めて主に高速液体クロマトグラフ分析において成果をあげている．あるいは，捕捉したイオンの種類によって異なる

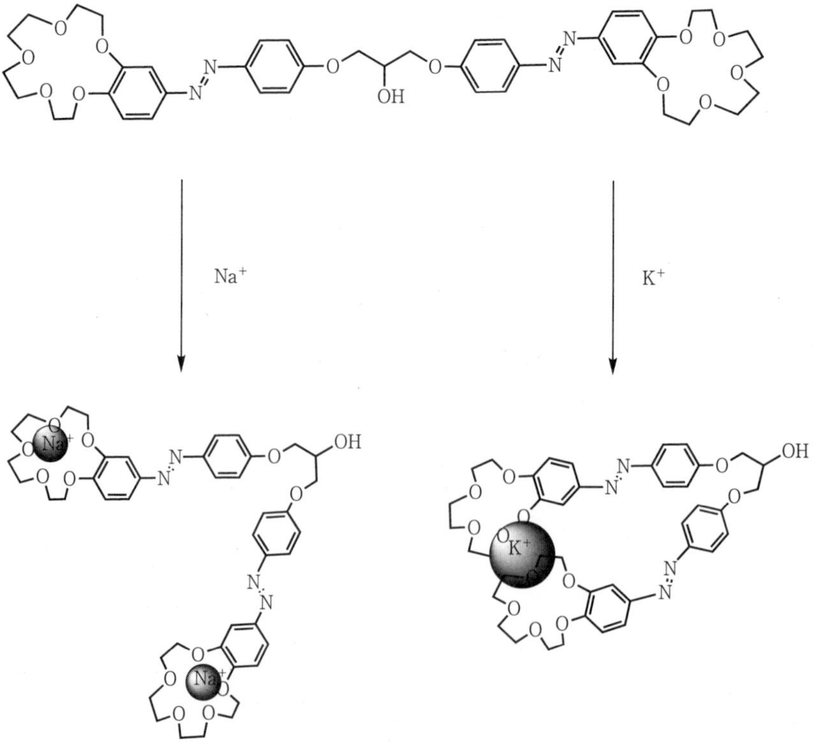

図5・3 ゲスト分子種により構造を変化させるホスト分子

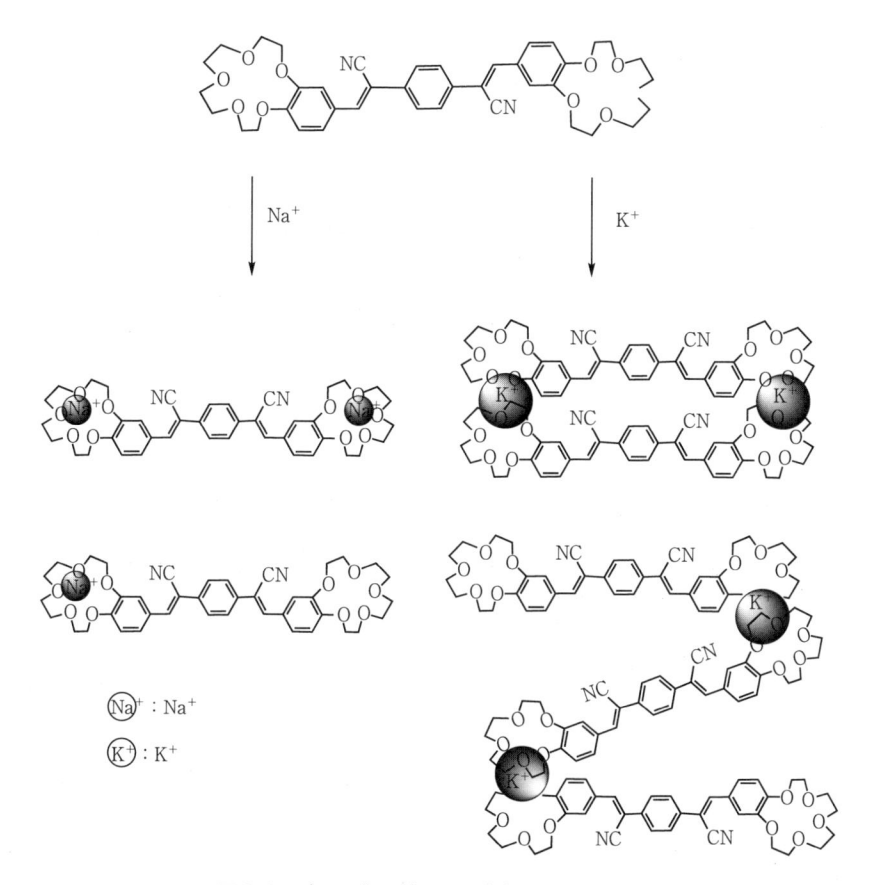

図 5・4 ゲスト分子種により変化する超分子構造

色を呈したり（図 3・13 (A) 参照），ゲスト分子との会合様式の変化により構造を変える化合物も合成されている（図 5・3, 5・4）．

5・1・2 反応の制御（触媒，反応場，分子カプセル）

シクロデキストリンなどに代表されるかご型ホスト分子において，反応の選択性制御を実現するために分子認識能を有する反応空間を形成させたり，不安定分子などをほかの分子から隔離して動力学的に保護する「分子カプセル」の考え方に基づいてさまざまな化合物が合成されている．

5・1・3 医薬,食品などへの応用

これも「分子カプセル」に似た技術として,香料,薬剤の拡散を遅らせて持続期間を延長させたり,患部まで薬剤を保護する「ドラッグデリバリー」への応用も多く試みられている.特に,酵素を利用して全世界で1万トン近く生産されているシクロデキストリン類は,構造単位がグルコース(ブドウ糖)であり,体内に入っても毒性が認められないことから,さまざまな利用がされている.日本国内では,化粧品や医薬品の安定化剤,香料,ワサビ(成分:アリルイソチオシアネート)などの香辛料の安定化剤,紅茶などの飲料の濁り防止剤,苦味抑制(マスキング)剤,卵黄などからのコレステロール抽出剤などの用途がある.いずれも,成分がシクロデキストリンの内部に包接される現象を利用している.

5・1・4 免疫系の模倣

生体内では,異物が侵入してくるとそれが抗原として働いて抗体が形成されて無害化する免疫系が作用している.これを超分子化学の観点から見れば,ゲストにより触発されていくつかのパーツから会合体が形成されたということになる.藤田 誠らは,図5・5にあげた6種の化合物を混合してそこに四臭化炭素を添加すると $CBr_4・A_4・B_2・C$ という組成の会合体が形成されることを示した.一方,反応する2種の分子の接近の程度を観測するために Diels-Alder 反応(2分子の熱的カップリング反応)における触媒機能を有する化合物の選別も行われた(図5・6).

5・2 ナノテクノロジーと分子デバイス

5・2・1 ナノテクノロジー

さまざまな技術における部品の小型化,高集積化は,パソコンを含めたコンピュータ,あるいはその関連機器の進歩に最も顕著に見られる.小型化と高集積化は,配線の総延長を短くできるため,電子の道のりが短縮され演算

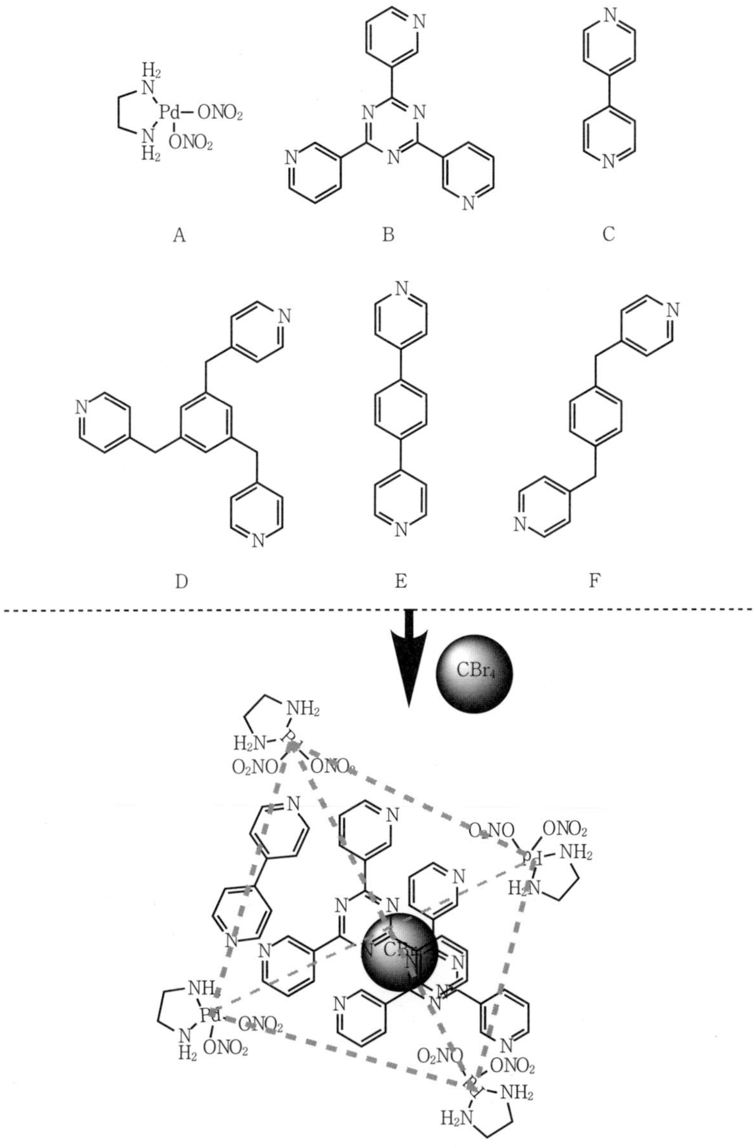

5・2 ナノテクノロジーと分子デバイス　　　　　　　　　　　73

図 5・5　多成分の自己組織化により形成される超分子構造

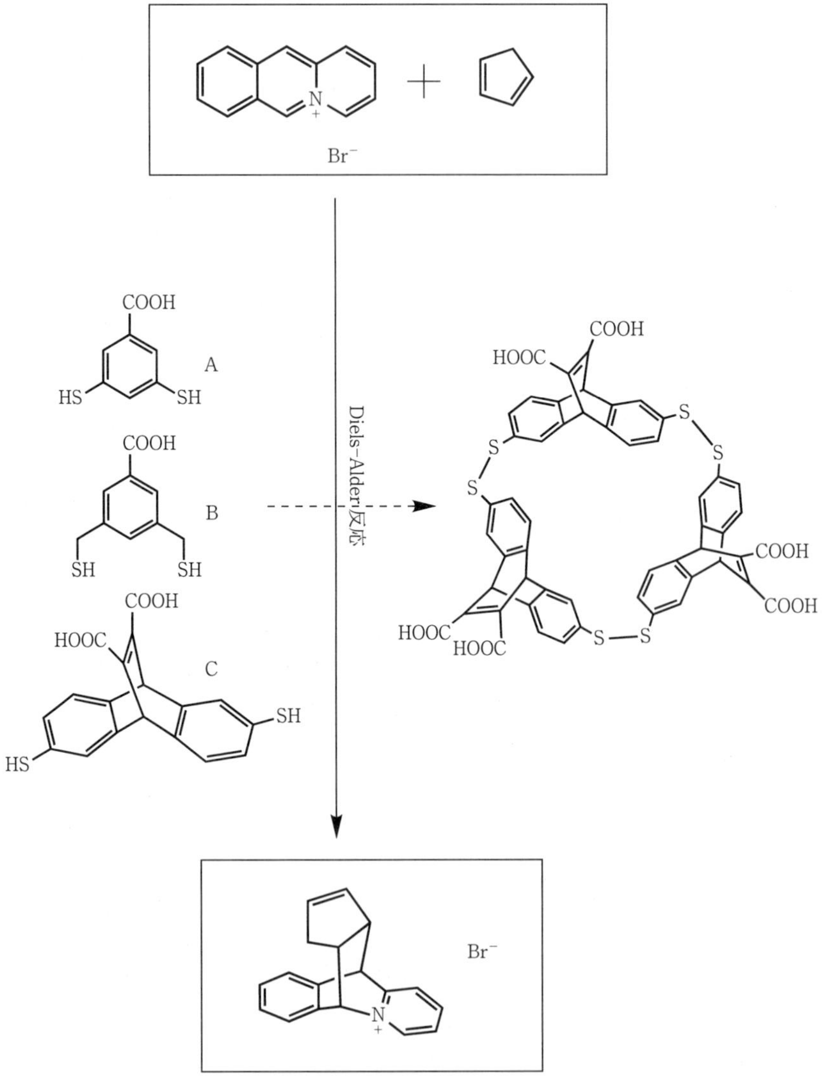

図 5·6 自己組織化により形成される反応場

速度をあげる効果がある．同時にノートパソコンなどの小型軽量化にも大きく貢献している．これらの技術は，ゲーム機や携帯電話をはじめ多くの製品に即座に応用できるが，微細な加工技術，生産技術にもそろそろ限界が見えてきた．最も深刻なのが，加工の微細化が進み，製造と絶縁のための線幅が限界に近づいていること．現在，配線幅は約 100 nm（1 千万分の 1 メートル）で，加工精度は 10 nm が必要とされている．また，配線材料も，銅からアルミニウムへと移り変わってきている．では，この 100 nm という長さはどれくらいのものだろうか？ 炭素と炭素の単結合の長さ（原子の中心から隣りの原子の中心まで）はおよそ 0.15 nm，今注目のサッカーボール型の比較的大きな分子，バックミンスターフラーレン C_{60} の直径は約 0.7 nm 程度だ．最新の半導体の配線幅と，おおよそ 2 桁の違いがある．現在の最も細い配線幅の中に C_{60} が 100 ほども並ぶわけだ．カーボンナノチューブや合成的に作った分子ワイヤーが注目されるのもこういった理由による．

　それでは，生体が情報をしまっておくために利用している DNA の核酸塩基をメモリーに使うとすると，どれくらいの集積度が可能なのか考えてみよう．DNA の太さを 2 nm，らせんのピッチを 3.3 nm，1 ピッチごとに 10 塩基対あると仮定してみよう．1 ミリメートル（10^{-3} m）四方の面積に長さ 1 ミリメートルの DNA をすだれのように敷きつめると，5×10^5 本の DNA が並ぶ．さらにそれを積み上げて 1 ミリメートル立方にすると，DNA の本数は 2.5×10^{11} 本となる．長さ 1 ミリの DNA 1 本がそれぞれ 3×10^6 組の塩基対を持っているので，全体で塩基対は約 7.5×10^{17} 組となる．実際には塩基対あたり 2 ビットの情報を持っているので，全体の情報量は 1.5×10^{18} ビット，8 ビット＝1 バイトなので，約 1.9×10^{17} バイトとなる．これは，現在パソコン用としてそこそこのメモリ単位である 1 ギガ（10^9）バイトの，実に 1.9×10^8 個分となる．2003 年度の国内パソコン販売台数が企業，個人向け合わせて 1000 万台強なので，1 ミリ立方の DNA がもつメモリ容量は，1 ギガバイトのメモリを持つパソコンの年間国内生産台数の約 19 年分に相

当することになる．しかも，1ビットの情報を保持するのは，原理的にはヌクレオチドよりももっと小さな分子でも可能なので，さらにもう1〜2桁の高集積化も可能だ．DNAなどでは，半導体のように素早いアクセス（情報の読み書き）は困難だと思われるが，CD-ROMの600〜700メガバイト，最近のDVD-RAMの9.4ギガバイトの記憶容量も，DNAと比較すると，直径12センチ，厚さ1ミリほどの円盤にしては何と低いメモリー集積度だろうか．ヒトゲノムの情報量すべてのさらに2倍（通常の生物は二倍体で，体細胞はゲノムの2倍の遺伝情報を含む），合計2メートルにもなるといわれるDNAがすべての細胞の，さらに小さな細胞核の中にたたまれて納まっているのだからすごいものだ．ナノテクノロジーとは，たとえばこのような極限の微細化により究極の道具を作り上げようという技術で，半導体回路のようにある程度完成しているものをどんどん微細化して高集積化する「トップダウン型」と，分子や原子のレベルから積み上げていく発想の「ボトムアップ型」に大きく分類される．このように，ナノテクノロジーとは限定した目標を持たず，でもなんでもできるかもしれない無限の可能性を秘めた夢の領域で，それがナノテクノロジーの優位性でもあり弱点でもある．そして，特に「ボトムアップ型」のナノテクノロジー領域では，今までの化学の知識や経験に加えて，超分子化学の成果が大きく役立つと期待されている．図5・7のように，分子を使った論理ゲートも実際に作られている．この系では，クラウンエーテル部分にナトリウムイオンが捕捉されていて，かつ，アミン部分が四級アンモニウムイオンとなっているときに二つある条件がともに満たされ，真（true）となり発光する．これは，ANDの論理ゲートの機能に相当する．この発光を受けて作動する論理ゲートがあれば，さらに複雑な論理分岐が可能となる．

　先に触れたハエとジャンボジェットの例を使って，トップダウン型ナノテクノロジーとボトムアップ型ナノテクノロジーの違いについて説明しよう．トップダウン型は，とにかくダウンサイジング，何でも小さくしていこうと

5・2 ナノテクノロジーと分子デバイス

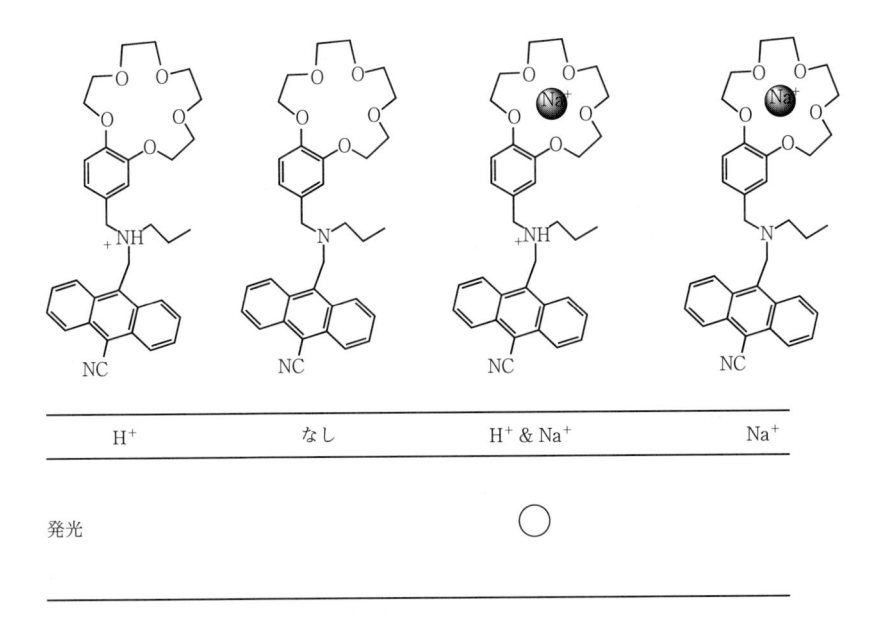

H⁺	なし	H⁺ & Na⁺	Na⁺
発光		○	

図 5・7 ホスト-ゲスト錯体による論理ゲートモデル

いうことだ．発明当時はプラスチックでパッケージもされず不粋な形だった1個のトランジスタが，今では何百万個が爪の先ほどのスペースに超集積化されて RAM や CPU として使われている．ニュースでも報道された，超微細なワイングラスやギアを作る技術もトップダウン型だ．しかし，すでに述べたように，これには技術的な，あるいは原理的な限界がある．特に微細な世界での物理現象は日常の大きな世界とは違うため，機能をそのままにダウンサイジングすることは困難，あるいは不可能である．ジャンボジェットB-747 を忠実に 100 分の 1 に縮小しても，物理法則はミニチュアに合わせて変化するわけではなくそのままなので，実際にはちゃんと飛べない．しかし，多少の設計変更をすれば，模型飛行機のサイズである 200 分の 1 くらいまではなんとか飛べる．それ以上小さくすると，われわれが飛行機を設計・製造する技術はもう役に立たない．何しろ，飛行機を設計するために使われ

る流体力学では，ハチやハエは飛べないことになっているらしいのである．このことは，トップダウン型ナノテクノロジーの可能性と困難を暗示している．現在はいかに小さな造型を可能にするかという点に力が注がれているが，小さなワイングラスが役に立つわけではない．また，ミニチュアジェットの例のように，微小サイズの世界ではニュートン力学よりも量子力学の影響が大きくなるため，単純なダウンサイジングでは機能が伴わない．このように物をひたすら小さくしていくのがトップダウンの考え方だ．ミニチュア模型を作る，あるいは米粒に字を書くような感覚だろうか．しかし，あくまでもバルク（固まり）を小さくそいで微細構造を作る，あるいは小さくバルクを作るというのが基本的な手法である．

　一方，ボトムアップ型は，究極の微細構造である原子，あるいは小さな分子から発想が出発する．最小単位がはっきりしているので，その材料をレゴブロックのように組み合わせてより大きくしていくわけだ．化学に親しんだ者には当たり前だが，原子や分子といったものははじめからナノあるいはその10分の1くらいのサイズだ．それを組み合わせていって大きくするのも化学者が日常的に行っていることだ．それでは難しいことがないかというと，そうではない．分子があまりにも小さく，ほんの少しの分量の中におびただしい数の分子があるものだから，言うことを聞かせることがなかなかできない．それでも，結晶化するし，分子認識という性質も見出された．しかし，高度な機能を実現するには，整列や行進，椅子取りゲームのレベルではダメで，シンクロナイズドスイミング，マスゲーム，ドミノ倒しのような緻密さが要求される．おそらく，生物はそれを何億年かかけてわがものとし，基本的な細胞機能を得たのち，爆発的な進化と淘汰を経て今日の多様性をもたらした．したがって，ハエはジャンボジェットを作る発想では決してできない．ボトムアップ型ナノテクノロジーでは，ウジ虫もハエも同じ遺伝子を持つ同じ生物種であるという柔軟な発想のもとに分子の機能を考えていかねばならない．ハエは機械的な部品でできているわけではない．そして，それ

ぞれの部位も加工によってできたわけではない．内から湧き出るように生じ，形成されて，シームレス（継ぎ目なし）のテーラーメード（あつらえ）の外皮を持つ．ハエは服を着ないが，変態，脱皮のたびにぴったりの外皮（外骨格）を用意する．昆虫をそのままアップサイジングしてもこれまた飛べない（つまり，モスラのような巨大な蛾は実在しえない）という面白い"落ち"もあるが，人間の作る飛行機やヘリコプターともまったく異質の仕組みと発想でできている．たとえば，ショウジョウバエは産卵から10日前後で1個の細胞から全身を作り羽化する．つまり，物質が10日でハエの体に再構成され飛び立つ．ボトムアップ型ナノテクノロジーの目標の典型の一つがここにある．

5・2・2 分子素子（分子デバイス）

分子レベルの素子を作れば，集積度の高い回路が実現できる．この発想に立ったのが分子素子である．いずれも，バルクではなく，分子レベルの構造制御により，より高度あるいは新しい機能を生み出そうとしている．分子ワイヤー（配線），メモリー，ダイオード，論理ゲートなど，電子回路でおなじみのものが試みられている．対応する機能を示すかどうかは不明だが，生物の機能とは違った画期的なものが生み出される期待も大きい．

第6章

簡単なアルコールホスト化合物による結晶状態での超分子化学

　　　　水は水素結合によって集合して液体の水として存在する．小さな磁石と考えれば，水分子が寄り集まることが想像しやすい．この力を使って，隙間のある分子集合体を作らせるとさまざまな分子を取り込ませることができる．

6・1 はじめに —水素結合を利用して超分子構造を作る—

　最も簡単な人工のホスト化合物が形作る超分子化学の例として，簡単なアルコールホスト化合物の超分子化学を取り上げる．

　水が，ほぼ同じ分子量の簡単な分子，たとえばメタンと比べて融点や沸点に大きな違いがあるのは，その水分子の水素結合による会合で説明できる．しかし，この水素結合を乱す原因が生じると，その融点や沸点に大きな変化が現れる．たとえば，氷に無機塩類を混合すると融点が下がることは，NaClやCaCl$_2$が融雪剤として使用されることからもわかるように，よく知られていることである．規則正しく隙間なく並んだ水分子に無機塩類のイオンが割り込むと，水分子間の水素結合の秩序性が壊れ，結晶構造に乱れが生じて融点降下を起こすものと説明できる．一方，水分子と強力に水素結合する無機イオンが溶け込むと，水の沸点が上昇することも理解できる．身近で経験できる分子集合の例である．

　小さい水分子は，水分子単独で隙間なく規則的に並んで強固な水素結合を形成するが，ほんの少し複雑な分子が並ぶと隙間ができて，その隙間にほかの分子が入り込み，いわゆる分子集合体を形成することは古くから知られていた．たとえば，尿素やハイドロキノンの分子が水素結合を介して集合してできる空孔に，小さい他の分子が入り込んで分子集合体を形成する．結晶中の大きい隙間は真空であり，きわめて不安定な状態であるので，この隙間を何らかの方法で充填しようとするのは容易に理解できる．

6・2 簡単なアルコールホストの設計

　以上の考察から，分子集合体を形成しやすいホスト化合物の設計のアイデアが見えてくる．すなわち，"隙間を作りやすい分子は優れたホスト分子になる"ということである．有機化学の基礎概念として，立体的にかさ高い置

換基を持つ有機分子は最密充填しにくく,結晶化した場合には隙間を形成する.この隙間にほかのゲスト分子を包接して分子集合体を形成することが予想される.古くから知られている結晶溶媒は,この隙間を埋めて安定な結晶格子を構築するために必要であることを思い起こせばよい.このアイデアから著者らが最初に設計したホスト化合物は,立体的に大きいフェニル(Ph)基の多く置換したアルコール類 **1** である.

$$\underset{\underset{\text{OH}}{|}}{Ph_2C}-(C\equiv C)_n-\underset{\underset{\text{OH}}{|}}{CPh_2} \qquad \underset{\underset{\text{H}}{|}}{Ph_2C}-(C\equiv C)_n-\underset{\underset{\text{H}}{|}}{CPh_2}$$

   1 **a**:$n=2$ **2** **a**:$n=2$
     b:$n=1$ **b**:$n=1$
     c:$n=0$ **c**:$n=0$

ホスト分子 **1** は高い包接能を示し,表 6・1 に示したゲスト分子を 1:0.5,1:1 または 1:2 という化学量論比で包接して結晶性の包接化合物を形成した.特に **1a** は包接能に優れ,再結晶に使用した溶媒のほとんどすべ

表 6・1 ホスト化合物 **1-2** と簡単な有機分子との包接結晶中のホスト:ゲスト比

ゲスト化合物	ホスト化合物					
	1a	**1b**	**1c**	**2a**	**2b**	**2c**
MeOH	1	—	—	—	—	—
EtOH	1	—	—	—	—	—
アセトン	2	1	2	—	—	—
シクロペンタノン	2	1	2	—	2	1
γ-ブチロラクトン	2	1	2	—	—	—
ベンズアルデヒド	2	—	—	—	—	—
THF	2	1	1	—	—	—
ジオキサン	2	1	1	1	1	1
CCl₄	0.5	—	1	—	—	—
DMF	2	2	2	—	2	1
DMSO	2	2	2	0.5	2	0.5
アセトニトリル	2	1	—	—	2	2
ベンゼン	0.5	—	1	2	2	1
ピリジン	2	1	2	—	2	1

てと包接結晶を形成した．そして，結晶溶媒を含まない **1a** それ自身の結晶は，ヘキサンからの再結晶でやっと調製することができたほどである．**1a** とアセトンとの1：2包接結晶のX線結晶構造解析により，**1a** の分子が並んでできる隙間にはアセトン分子が収容されており，アセトン分子は **1a** のヒドロキシ基と水素結合することでさらに一層強固に包接されていることを明らかにした（図6・1）．**1b** とアセトンとの1：1包接結晶のX線結晶構造解析結果も，ほぼ同じ仕組みで分子集合が起こっていることを示した（図6・2）．この場合は，**1a** より少し小さい **1b** の分子が作る隙間は相対的に小さく，アセトン分子は1：1で包接されている．それでは，より小さい隙間を作る **1c** の場合はどうなるか一層興味深い．**1c** もかなり高い包接能を示したが（表6・1），**1c** が形成する分子内の小さい隙間にはゲストが収容できないので，**1c** の分子間の隙間に p-キシレンが収容される（図6・3）．すなわち，**1c** の2個のジフェニルメチル基が1個の p-キシレン分子を包接するが，この場合には水素結合は関与していない．とにかく最初に予想した通り，立体的にかさ高い置換基を持つ分子が包接化合物を形成するわけである．

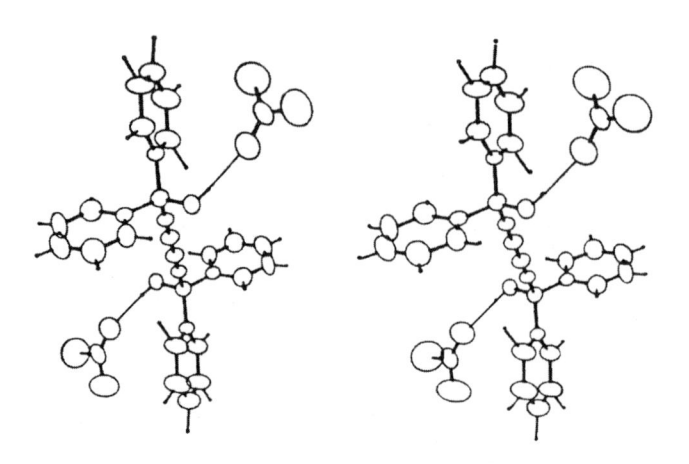

図6・1　**1a** とアセトンとの1：2の包接結晶のX線解析立体図

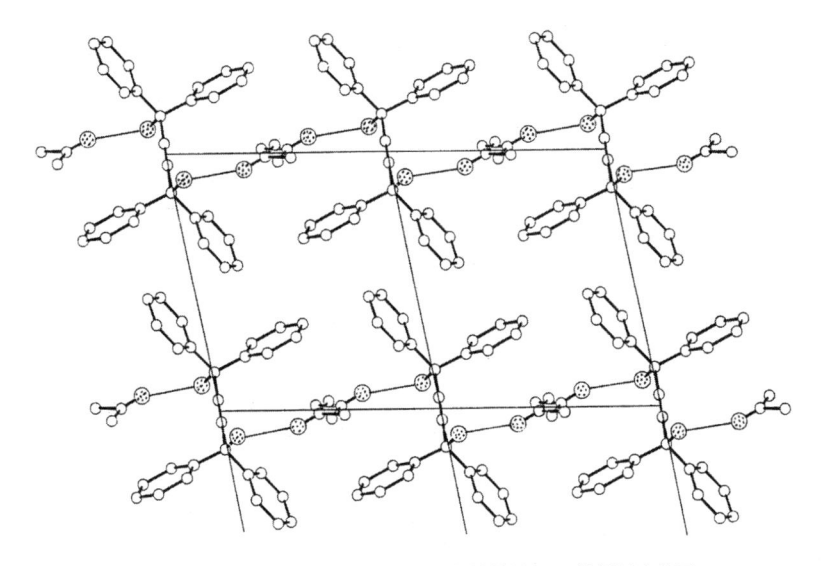

6・2　簡単なアルコールホストの設計　　　　　　　　　　85

図6・2　**1b**とアセトンとの1:1の包接結晶のX線解析立体図

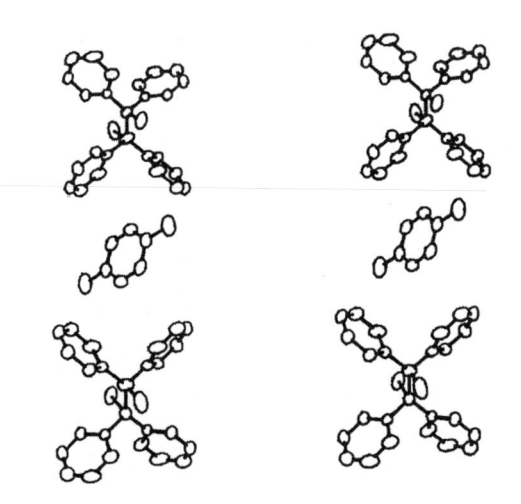

図6・3　**1c**とp-キシレンとの包接結晶のX線解析立体図

　水素結合が特に重要でないならば，ヒドロキシ基のない**2**でも包接能を示すはずである．事実，**2a-c**ともにいくらかの包接能を示し，ゲスト分子を

化学量論比で取り込んだ包接結晶を形成した．しかし，**2**に比べて**1**が格段に高い包接能を示すことは，水素結合の果たす重要な役割を示すものである．**1**の高い包接能を言い換えれば，**1**の分子同士は立体的にかさ高いという要因のため，互いに接近して水素結合を形成して安定な結晶格子を作れないので，ゲスト分子を介して水素結合を形成し，かつ隙間を埋めることで安定な結晶格子を構築していることになる．

それでは，Ph 基の立体的かさ高さをさらに高めて，*t*-ブチル（Bu）基を導入すればどうであろう．この目的で設計した **3** は，MeOH，EtOH，*n*-PrOH，*i*-PrOH，γ-ブチロラクトン，CCl_4，DMF，DMSO，ベンゼンなどを包接するものの，**1a** ほどの高い包接能は見られなかった．**1** の Ph 基には特別に優れた役割があるようで興味深い．

次に，**1** や **2** のホスト分子の強固さについての評価である．**1a** の三重結合を二重結合，さらには単結合にすると，包接能は極端に低下し，**4** は少しの包接能を示すものの，**5** はまったく包接能を示さなかった．ホスト分子の強固さが安定な包接結晶の作りやすさに関係していると思われる．自由度の大きい **5** の分子では，**5** の分子相互の水素結合が自由自在に作れるので，隙間を埋めるためのゲスト分子の必要性がないためであろう．

$(^tBu)_2C-C\equiv C-C\equiv C-C(^tBu)_2$
 $\quad\;\; OH \qquad\qquad\qquad\quad\;\; OH$

3

$Ph_2C-CH_2CH_2CH_2CH_2-CPh_2$
$\quad\;\; OH \qquad\qquad\qquad\qquad\;\; OH$

5

4（シス-トランスジエンジオール構造，$Ph_2C(OH)-CH=CH-CH=CH-C(OH)Ph_2$）

1a を半分に切った **6** やその誘導体 **7** および **6** の Ph 基をメチル（Me）基に置換した **8** なども分子集合体を形成する．**6** と **8** は LiOH，NaOH，KOH，$Ca(OH)_2$ などのアルカリ金属水酸化物を包接するので，水溶液からの分離に使える．たとえば，食塩水の電気分解で生じる 30％-NaOH 水溶

液 (10 g) に等モル量の **6** (10 g) を加えると，**6** : NaOH : H$_2$O = 1 : 1 : 2 の包接結晶が沈殿する．濾過した後，**6** を溶媒で抽出すると NaOH の固体 (2.6 g, 85 %) が得られた．同様の実験を，**8** を用いて行って得られた **8** : NaOH : H$_2$O = 1 : 1 : 2 の包接結晶を減圧で加熱して **8** を蒸発させると，固形の NaOH が 85 % で回収できた．X 線結晶構造解析によると，これらの包接結晶は複雑な構造をしているが，その重要な相互作用の一つは，ホストのヒドロキシ基とアルカリ金属水酸化物の水酸化物イオン (OH$^-$) との水素結合である．

Ph$_2$C—C≡CH   （中央の化合物）   Me$_2$C—C≡CH
  | |
OH   OH
6   **7**   **8**

9 は種々のアルコール類と包接結晶を形成する．たとえば，エタノールとは 1 : 2 の包接結晶を形成するが，その X 線結晶構造解析結果を図 6・4 に示す．バイオマスの発酵によるエタノールを燃料などのエネルギー源として使用することは，化石燃料の使用に比べて環境調和的である．この意味から，エタノール水溶液からエタノールを簡単に分離する方法の開発が試みられている．この目的に沿う研究の結果，**10** が優れていることが見出された．エタノール水溶液に **10** を加えると，**10** とエタノールとの 1 : 1 包接結晶が

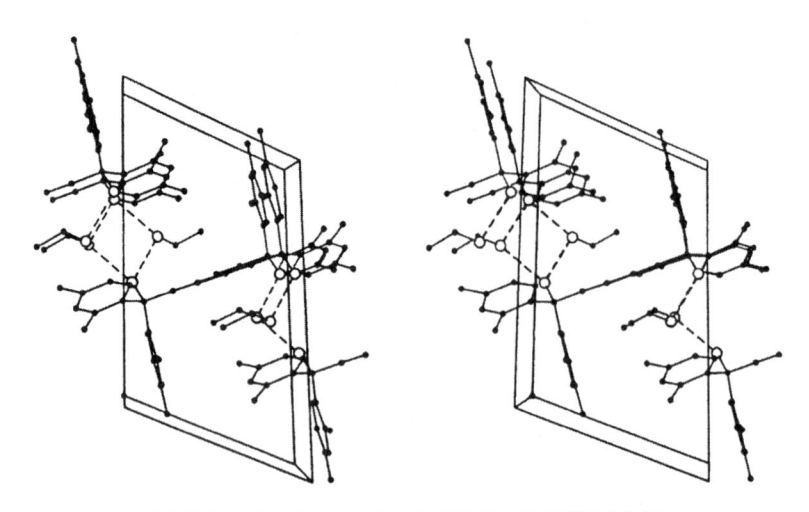

図6・4 9とエタノールとの包接結晶のX線解析立体図

沈殿する．これを濾過して集め，加熱してエタノールを蒸発させると純粋なエタノールが得られる．10は回収して再利用できる．

　立体的に大きい置換基を持つ強固な構造のアルコールがホストの条件であるので，この条件を満たすさまざまなタイプのものが容易に設計できる．たとえば，**11**や**12**はほとんどすべての有機溶媒分子と包接結晶を形成する．図6・5に**11**とエタノールとの1:2包接結晶のX線結晶構造解析結果を示す．**11**のヒドロキシ基が水素結合のネットワークを形成し，その空孔にエタノール分子が収容されている．もちろん，**11**とエタノール分子の水素結合も重要な働きをしている．

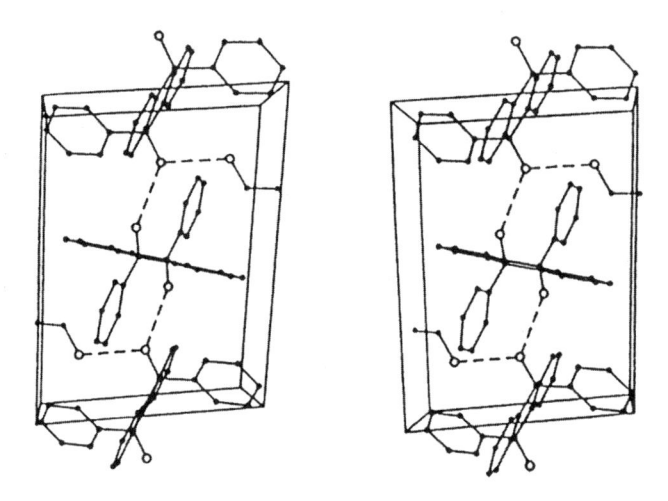

図6・5 11とエタノールとの包接結晶のX線解析立体図

6・3 光学活性アルコールホストの設計

　光学活性アルコールホスト化合物も魅力的である．ラセミ体のゲスト化合物との不斉選択的包接によって一方の光学異性体のみが包接されれば，光学分割が簡単に実現できる．また，光学活性ホストに包接させたゲスト化合物を化学反応させれば，不斉選択的な反応によって光学活性な反応生成物が得られる可能性がある．

　まず，光学活性ホスト **13** や **14** を調製する必要がある．**13** の光学分割も不斉選択的な分子集合によって容易に達成できた．ラセミ体の **13** とブルシン (**15**) をアセトンに溶かして放置すると，(＋)-**13** と **15** の 1：1 包接結晶が得られる．この結晶を希 HCl で処理して **15** を溶出すると，71％ ee (エナンチオマー過剰率：光学異性体混合物の純度を示す尺度で，x％とy％の割合の混合物なら ee％ ＝ $|x-y|$ となる) の (＋)-**13** が 96％ の収率で得られた．この操作をもう一度くり返し行うと，100％ ee の (＋)-**13** が 77％ で得られた．**13** と **15** との不斉認識がきわめて精度高く起こっていること

13: Ph–C(OH)(2-ClC₆H₄)–C≡CH

14: Ph–C(OH)(2-ClC₆H₄)–C≡C–C≡C–C(OH)(2-ClC₆H₄)–Ph

15: (構造式)

16: スパルテイン(構造式)

を示しているが，その包接結晶のX線結晶構造解析結果を図6・6に示してある．この分割は，**15**の代わりにより簡単で安価なスパルテイン(**16**)を用いて，より能率良く行うことができる．いずれの場合も，**13**のヒドロキシ基が**15**や**16**の三級窒素原子に水素結合している．**15**や**16**が形成するキラルなチャネルには，**13**の一方の光学活性体が都合よくはまり込むので，光学分割が進行することになる．

このようにして得た光学活性な**13**は，光学活性ホストとしても利用できる．たとえば，(+)-**13**と合成して得たラセミ体の**16**を分子集合させれば，光学活性な**16**が得られる．また，(+)-**13**を二量化すれば，光学活性ホスト(+)-**14**が得られる．

6・4　フェノールホストの設計

アルコールよりも酸性度の高いヒドロキシ基を持つフェノール類はゲストとのより強い水素結合形成が可能であるので，良いホスト化合物になることが予想される．この予想通り，たとえば**17**，**18**，**19a**，**20a**，**21a**および**22**は，表6・2に示した通りの高い包接能を示した．興味深いことは，ヒドロキシ基を持たない炭化水素自身も比較的高い包接能を示すことである．表

6・4 フェノールホストの設計

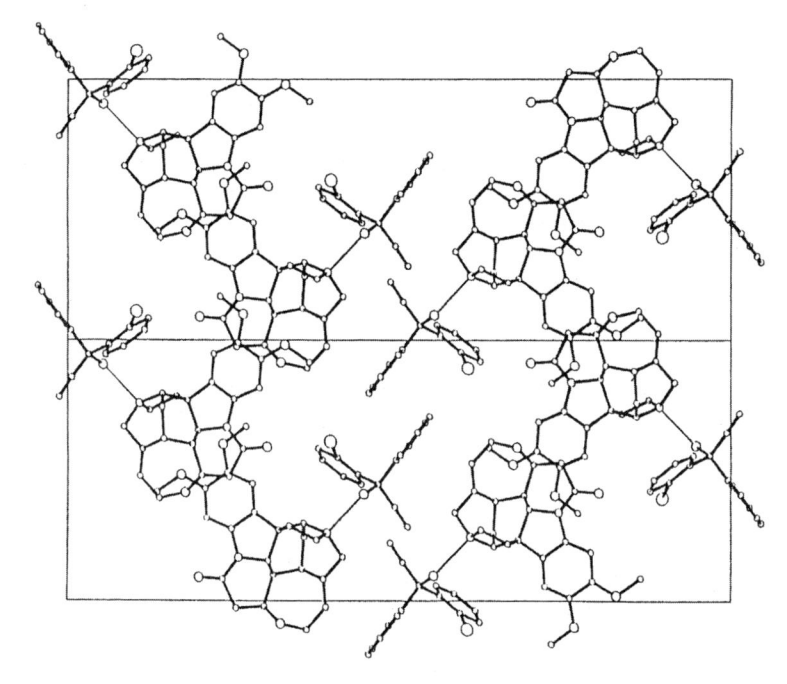

図 6・6 ブルシン (**15**) とアセチレンアルコール (**13**) との包接結晶中の不斉認識を示す X 線解析図

6・2 に見られるように，**19b**，**20b**，**21b** および **23** は種々のゲスト化合物と包接結晶を形成する．特に，ヒドロキシ基を持つ **21a** よりも炭化水素の **21b** がより高い包接能を示すことは興味深い．これらの炭化水素は，そのねじれた構造から容易に予想されるように，結晶を形成すると大きな隙間を生じ，この隙間にゲスト分子が収容される．X 線結晶構造解析によってその事実が証明されている．

これらのフェノール性のホスト化合物のうち，**18** や **20a** は軸不斉 (不斉炭素原子の存在による不斉ではなく，軸まわりの回転を阻害する o,o-二置換ビフェニル類に代表される不斉様式) であり，その光学活性体を用いてラセミ体のゲスト化合物と包接させると，不斉選択的な包接が起こってゲスト

表 6・2 ホスト化合物 **17-23** と簡単な有機分子との包接結晶中のホスト：ゲスト比

ゲスト化合物	ホスト化合物									
	17	18	19a	19b	20a	20b	21a	21b	22	23
MeOH	2	—	—	—	—	—	—	—	1	—
EtOH	—	—	2	—	—	—	—	—	1	—
アセトン	2	—	2	—	1	—	—	—	1	—
シクロペンタノン	2	2	—	2	1	—	2	1	1	—
γ-ブチロラクトン	—	2	—	2	—	—	—	1	1	1
ベンズアルデヒド	2	—	—	—	—	—	—	—	—	—
THF	—	2	2	1	2	1	—	1	1	—
ジオキサン	2	1	1	—	—	—	—	1	1	1
CCl$_4$	—	—	—	2	1	—	—	1	1	—
DMF	2	2	2	2	2	—	—	—	1	—
DMSO	2	2	2	—	2	—	—	—	1	—
アセトニトリル	2	—	—	—	2	—	—	—	1	—
ベンゼン	—	—	—	1	—	1	2	1	1	1
ピリジン	2	2	—	1	2	—	—	1	1	1

17

18

19

20

21

22

23

19〜21 a : X = OH
       b : X = H

24

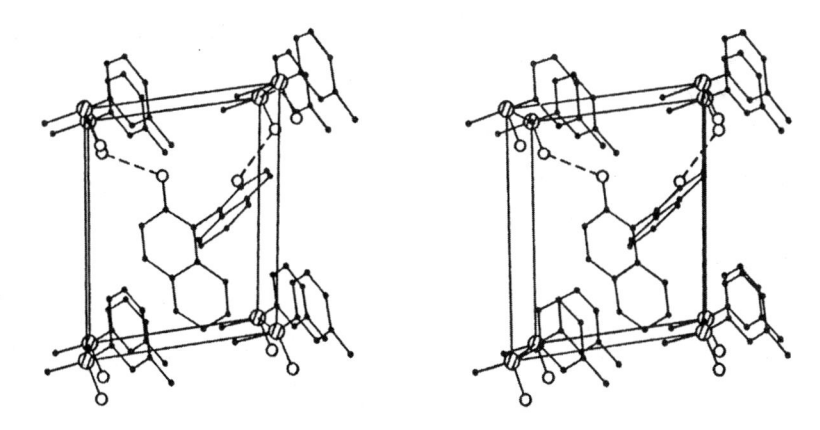

図 6・7 (+)-18 と (+)-24 の 1:2 包接結晶の X 線立体解析図
破線は (+)-18 のヒドロキシ基と (+)-24 の酸素との水素結合を表す.

化合物が光学分割される. たとえば, (+)-18 とラセミ体のスルホキシド (**24**) を溶媒に溶かして放置すると, (+)-18 と (+)-24 の 1:2 包接結晶が析出し, これから光学的に純粋な (+)-24 が分離される. 図 6・7 にこの包接化合物の X 線構造解析図を示してある.

6・5 包接結晶中での選択的化学反応

包接結晶中では分子が規則的に接近して配列しているので, 結晶の状態で反応させると規則的な反応が選択的に, しかも能率良く起こることが期待される. この反応が実現できれば, 結晶状態の超分子化学の例になる. まず, 結晶状態で反応が進行するかどうかが問題であるが, 期待通り, 結晶中で能率良い反応が選択的に起こることが判明した. したがって, これまでの有機溶媒を使用する有機合成反応を, 無溶媒条件下で行わせることができることになった. これは単に能率良い経済的な反応というだけではなく, 環境調和型の新しい合成法となるものである. さらに, ホスト化合物との包接結晶中で反応を行わせれば, 選択的反応を実現できる. また, 光学活性ホストとの

包接結晶中では，不斉選択的反応が進行し光学活性体が合成できるものと期待される．次に，結晶中の不斉選択的熱反応および光反応の例を紹介するが，特に光反応で高い選択性が得られる．

まず，天然の安いキラル源である酒石酸から光学活性ホスト化合物 **25** を合成した．**25c** と **26** との 1：1 包接結晶の粉末に触媒量のベンジルトリメチルアンモニウムヒドロキシドの粉末を加え，これに 2-メルカプトピリジン (**27**) を混合して 1 時間室温で反応させると，80％ ee のマイケル付加生成物 (＋)-**28** が 51％ の収率で得られた．同様にして，**25c** と 3-メチル-3-ブテン-2-オン (**29**) との 1：1 包接結晶の粉末と **27** を混合してマイケル付加反応を行わせると，49％ ee の付加物 (＋)-**30** が 76％ の収率で生成した．

25b と 4-メチルシクロヘキサノン (**31a**) との 1：1 包接結晶の粉末に Wittig 試剤であるホスホラン (**32**) の粉末を混合して 70 ℃ で 4 時間反応させると，42％ ee の **33a** が 73％ の収率で得られた．同様にして，**25b** と **31b** との 1：1 包接結晶と **32** との反応は，45％ ee の **33b** を 73％ の収率で与えた．

オキソアミド誘導体 (**34**) の結晶に光照射すると，分子内環化反応によってラセミ体の β-ラクタム誘導体 (**35**) を与える．この反応を不斉選択的に行うために，**34** を光学的にホスト **14** に包接させて室温で 24 時間光照射する

6・5 包接結晶中での選択的化学反応

と，光学的に純粋な (−)-**35** が 90% の収率で生成した．包接結晶の X 線解析を行うと，本来対称で光学的に活性な **34** の分子が，光学活性な立体配置に固定されている．この光学活性な立体配置を光環化反応で固定させると，光学活性な生成物 **35** が得られるわけである．同様にして **14** と **36** との包接結晶への光照射は，光学的に純粋な (−)-**37** を与えた．また **25a** と **38** との包接結晶への光照射は，光学的に純粋な (+)-**39** を生成した．

不斉選択的光二量化反応は，ホスト-ゲスト包接結晶を利用する超分子化学の得意とするところである．二つの例を紹介する．**25a** とクマリン (**40a**) との 1:1 包接結晶 (**41**) への光照射は，光学的に純粋な anti−head−to−

head 型二量体（二匹の魚が，頭の方向を揃えてはいるが背と腹が上下逆さまになったような関係で二量化した生成物；**42a**）の包接結晶（**43**）を定量的収率で生成した．包接結晶の X 線構造解析は，**41** に示すように **40a** の 2 個の分子が二量化で光学活性体 **42a** を与える位置に接近して配列していることを示した．このため包接結晶中の光反応は不斉選択的に能率良く起こることになる．同様にして，**25b** とチオクマリン（**40b**）との 1：1 包接結晶への光照射は光学的に純粋な **42b** を定量的収率で生成する．

さらに勉強したい人たちのために

〈理工系学部の学部生が読みやすいもの〉

上野昭彦『超分子の科学 ―極微の世界が未来を拓く―』(産業図書, 1993)

関 集三『分子集合の世界 ―熱と温度の測定を通して視る―』対話講座なにわ塾叢書 58 (ブレーンセンター, 1996)

有賀克彦『賢くはたらく超分子 ―シャボン玉から未来のナノマシンまで―』岩波科学ライブラリー 103 (岩波書店, 2005)

〈大学院生以上専門家向け〉

(リストの最初には, 絶版のため図書館などで読むしかないものも含んでいる. また, 海外で出版されているものはほかに多数ある)

平岡道夫『クラウン化合物 ―その特性と応用―』(講談社, 1978)

小田良平・庄野利之・田伏岩夫 共編『クラウンエーテルの化学』化学増刊 74 (化学同人, 1978)

R. M. Izatt and J. J. Christensen 共編, 庄野利之・柳田祥三・木村栄一 共訳『クラウンエーテルとクリプタンドの化学』(化学同人, 1979)
(原著:R. M. Izatt and J. J. Christensen eds. "Synthetic Multidentate Macrocyclic Compounds" Academic Press, 1978)

竹本喜一・宮田幹二・木村栄一『包接化合物 ―基礎から未来技術へ―』(東京化学同人, 1989)

G. Gokel "Crown Ethers & Cryptands" (The Royal Society of Chemistry, 1991)

M. Hiraoka "Crown Ethers and Analogous Compounds" (Elsevier, 1992)

F. Vögtle 著，小宮山 真・矢代盛夫・野口宏道・小林正美 共訳『超分子化学』(丸善 & Wiley, 1995)
　(原著：F. Vögtle "Supramolecular Chemistry: An Introduction" John Wiley & Sons, 1989)

"Comprehensive Supramolecular Chemistry" Vols. 1-11 (Pergamon, 1996)

築部 浩 編著『分子認識化学 ―超分子へのアプローチ―』(三共出版, 1997)

J-M. Lehn 著，竹内敬人 訳『レーン 超分子化学』(化学同人, 1997)
　(原著：J-M. Lehn "Supramolecular Chemistry" VCH, 1995)

日本化学会 編『超分子をめざす化学』季刊化学総説 No. 31 (学会出版センター, 1997)

妹尾 学・荒木孝二・大月 穣『超分子化学』(東京化学同人, 1998)

有賀克彦・国武豊喜『超分子化学への展開』岩波講座 現代化学への入門 16 (岩波書店, 2000)

平尾俊一・原田 明 編『超分子の未来 ―美しさを超えた分子システムの構築をめざして―』化学フロンティア (化学同人, 2000)

J. W. Steed and J. L. Atwood "Supramolecular Chemistry" (John Wiley & Sons, 2000)

齋藤勝裕『超分子化学の基礎』(化学同人, 2001)

緒方直哉・寺野 稔・由井伸彦 監修『機能性超分子』(シーエムシー出版, 2003)

中嶋直敏 編著『超分子科学 ―ナノ材料創製に向けて―』(化学同人, 2004)

索　引

ア 行

アームドクラウンエーテル（armed crown ether）　38
鋳型効果（template effect）　19
inclusion　17, 18
インターカレーション　51
HSAB 原理　37

カ 行

官能基　13
クラウンエーテル　6, 9, 19, 26, 32, 36, 38, 56
クラスレート　5, 56
clathrate　18
ゲスト分子　6, 83
結晶水　5, 18
結晶溶媒　5, 18
光学活性クラウンエーテル　40
高度希釈法（high dilution reaction condition）　35
高分子ゲル　44

サ 行

シクロデキストリン（cyclodextrin；CD）　41
自己組織化　4, 14
自己複製　14
事前組織化　21, 38
水素結合　25, 26, 82

タ 行

テーラーメード　79
テンプレート効果　19, 35
ドラッグデリバリー　72

ナ 行

ナノテクノロジー　53, 76
　トップダウン型——　53, 76
　ボトムアップ型——　53, 76

ハ 行

ヒトゲノム解読計画　29
不斉クラウンエーテル　40
物質輸送　14
preorganization　21, 38
プレ組織化　21
分子シャトル　44
分子認識　19
分子認識化学　6
分子ネックレス　44
包接　17, 18
包接化合物　56
包接結晶　5, 18
ホスト化合物　6
ホスト-ゲスト化学　6
ホスト-ゲスト錯体　6
ホスト分子　6, 82

マ 行

メタンハイドレート　18, 50

ラ 行

ラセミ化合物　60
ラセミ混合物　60

著者略歴

戸田三津夫（とだみつお）
　　大阪大学理学部卒，同大学大学院を経て京都大学教養部助手，同大学大学院人間・環境学研究科助手
　　現在，静岡大学工学部助教授．理学博士

戸田芙三夫（とだふみお）
　　大阪大学理学部卒，同大学大学院を経て大阪大学理学部助手，愛媛大学工学部助教授，同教授，同定年退職（名誉教授）
　　現在，岡山理科大学理学部教授．理学博士

化学サポートシリーズ
超分子化学入門

2006年10月25日　第1版発行

検印省略	著　者	戸 田 三 津 夫 戸 田 芙 三 夫
定価はカバーに表示してあります．	発行者	吉 野 達 治
	発行所	東京都千代田区四番町8番地 電　話　03-3262-9166(代) 郵便番号　102-0081 株式会社 裳 華 房
	印刷所	中央印刷株式会社
	製本所	株式会社 青木製本所

社団法人 自然科学書協会会員

〈㈱日本著作出版権管理システム委託出版物〉
本書の無断複写は著作権法上での例外を除き禁じられています．複写される場合は，そのつど事前に㈱日本著作出版権管理システム（電話 03-3817-5670，FAX 03-3815-8199）の許諾を得てください．

ISBN 4-7853-3416-9

© 戸田三津夫，戸田芙三夫，2006　　Printed in Japan

2006年10月現在

―― 化学新シリーズ ――

基礎物理化学	渡辺・岩澤 著	定価2940円
基礎有機化学	杉森　彰 著	定価2835円
基礎無機化学	一國雅巳 著	定価2415円
高分子合成化学	井上祥平 著	定価3150円
分子軌道法	廣田　穰 著	定価3045円
光化学	杉森　彰 著	定価2940円
量子化学	近藤・真船 著	定価3570円
物理化学演習	茅　幸二 編著	定価2730円
環境化学	小倉・一國 著	定価2415円
化合物命名法	中原・稲本 著	定価6090円
生物有機化学	小宮山　真 著	定価2520円
有機金属化学	小宮・碇屋 著	定価2835円
有機合成化学	太田・鈴木 著	定価3570円
X線結晶構造解析	大橋裕二 著	定価2625円
パソコンで考える 量子化学の基礎	時田・染川 著	定価2730円
機器分析入門	赤岩英夫 編	定価2730円
太陽系の化学	海老原　充 著	定価3360円

―― 化学サポートシリーズ ――

有機化学の考え方 ―有機電子論―	右田・西山 著	定価2205円
化学平衡の考え方	渡辺　啓 著	定価1890円
有機金属化学ノート	伊藤　卓 著	定価1995円
化学をとらえ直す	杉森　彰 著	定価1785円
レーザー光化学	伊藤道也 著	定価2415円
図説量子化学	大野・山門・岸本 著	定価2100円
早わかり 分子軌道法	武次・平尾 著	定価2100円
酸と塩基	水町邦彦 著	定価2310円
化学のための数学	藤川・朝倉 著	定価2835円
化学薬品の基礎知識	杉森　彰 著	定価2310円
スピン化学	坂口喜生 著	定価2625円
コンピュータで分子の形をみる	榊原和久 著	定価2205円
原理からとらえる 電気化学	石原・太田 著	定価2520円
超分子化学入門	戸田・戸田 著	定価2205円

裳華房ホームページ　http://www.shokabo.co.jp/

阿部龍蔵・川村 清 監修

裳華房テキストシリーズ – 物理学

工科系のための 現代物理学

筑波大学名誉教授　　筑波大学名誉教授
理学博士　　　　　　理学博士

原　康　夫　　岡　崎　誠

共　著

裳　華　房

MODERN PHYSICS

FOR

ENGINEERING STUDENTS

by

Yasuo HARA, DR. SC.

Makoto OKAZAKI, DR. SC.

SHOKABO

TOKYO

編 集 趣 旨

「裳華房テキストシリーズ－物理学」の刊行にあたり，編集委員としてその編集趣旨について概観しておこう．ここ数年来，大学の設置基準の大網化にともなって，教養部解体による基礎教育の見直しや大学教育全体の再構築が行われ，大学の授業も半期制をとるところが増えてきた．このような事態と直接関係はないかも知れないが，選択科目の自由化により，学生にとってむずかしい内容の物理学はとかく嫌われる傾向にある．特に，高等学校の物理ではこの傾向が強く，物理を十分履修しなかった学生が大学に入学した際の物理教育は各大学における重大な課題となっている．

裳華房では古くから，その時代にふさわしい物理学の教科書を企画・出版してきたが，従来の厚くてがっちりとした教科書は敬遠される傾向にあり，"半期用のコンパクトでやさしい教科書を"との声を多くの先生方から聞くようになった．

そこでこの時代の要請に応えるべく，ここに新しい教科書シリーズを刊行する運びとなった．本シリーズは18巻の教科書から構成されるが，それぞれその分野にふさわしい著者に執筆をお願いした．本シリーズでは原則的に大学理工系の学生を対象としたが，半期の授業で無理なく消化できることを第一に考え，各巻は理解しやすくコンパクトにまとめられている．ただ，量子力学と物性物理学の分野は例外で半期用のものと通年用のものとの両者を準備した．また，最近の傾向に合わせ，記述は極力平易を旨とし，図もなるべくヴィジュアルに表現されるよう努めた．

このシリーズは，半期という限られた授業時間においても学生が物理学の各分野の基礎を体系的に学べることを目指している．物理学の基礎ともいうべき力学，電磁気学，熱力学のいわば3つの根から出発し，物理数学，基礎

量子力学などの幹を経て，物性物理学，素粒子物理学などの枝ともいうべき専門分野に到達しうるようシリーズの内容を工夫した．シリーズ中の各巻の関係については付図のようなチャートにまとめてみたが，ここで下の方ほどより基礎的な分野を表している．もっとも，何が基礎的であるかは読者個人の興味によるもので，そのような点でこのチャートは一つの例であるとご理解願えれば幸いである．系統的に物理学の勉学をする際，本シリーズの各巻が読者の一助となれば編集委員にとって望外の喜びである．

阿部龍蔵，川村　清

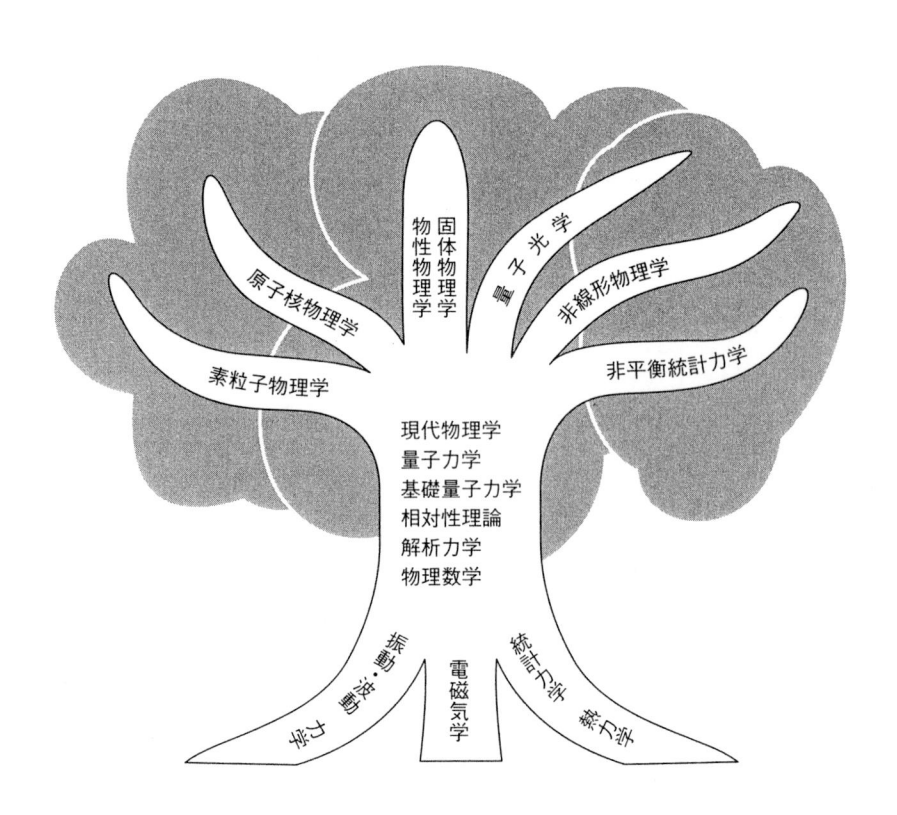

枝: 原子核物理学, 固体物理学, 物性物理学, 量子光学, 非線形物理学, 素粒子物理学, 非平衡統計力学

幹: 現代物理学, 量子力学, 基礎量子力学, 相対性理論, 解析力学, 物理数学

根: 振動・波動, 力学, 電磁気学, 統計力学, 熱力学

序

われわれの日常生活には，ICやレーザーを始めとする科学技術の成果がいたるところに入り込み，われわれはその恩恵を受けて生活している．ICもレーザーも現代物理学の研究成果である．ところが，大学の理工系学部に入学しても，多くの大学では最初の1, 2年ではICやレーザーの基礎になった20世紀の物理学を学べない．

物理学を歴史的に発展してきた学問体系として捉えると，物理学の基礎教育としては，まず19世紀までに確立した古典物理学の力学，電磁気学などから講義するという教育パターンになる．しかし，この方式では，物理学の基礎教育は20世紀の物理学まで到達せずに終わることがある．

物理学の基礎教育の大きな目的は理工科系の学問の基礎としての物理学の概念や法則を学ぶことであるが，特に現代物理学における自然の理解の仕方を学ぶこともそれに劣らず重要な目的のはずである．

工学系では，近年そのカリキュラムや研究分野が大きく様変わりしつつある．工学系の基礎教育では，知識を得ること以上に新しい問題に取り組むときの思考方法を身に付けることが重要となる．それが高度情報化社会での科学技術の進化に対応する際の力となるからである．

本書は，われわれの身の周りにあり，日常用いている物質やデバイスを，量子力学によって理解するための入門書である．物質の性質は，物質を構成する原子・分子の性質に溯って初めて理解され，その原子・分子の世界を支配するのは量子力学である．そこで本書では，まず量子力学の基礎・基本を学び，次に量子力学によって物質の性質はどのように理解されるかを学ぶ．

古典物理学は日常体験と結びつけられるので理解しやすい．これに対して，粒子としても振舞い，波としても振舞う原子・分子の世界を支配する量

子力学を理解するには，マクロな世界では自明に見えるものの中に，ミクロな世界では自明でないものがあることを認識し，原子・分子の世界を理解するために必要な新しい見方，考え方を身に付ける必要がある．

こうしたこともあり，量子力学の考え方に慣れること，そして，多様な物質を量子力学によって理解することは簡単なことではない．そこで工学系の大学初年級の学生諸君を対象とする入門書である本書の執筆に際しては，量子力学における物質の見方，考え方，理解の仕方が身に付くように心掛けた．しかし，理解しにくい箇所もあると思う．本書を読んでいて，わからないところがあっても，まず一通り最後まで読んでみて，量子力学が物質の性質の理解にどのような成果を挙げているのかを学んでほしい．

「初めから全部わかろうと思うな，量子力学」という言葉がある．最初は，基礎・基本を理解することが必要だと思う．本書の学習で，最初の確実な第1歩を踏み出してほしい．

本書を読んで，もっと深く学びたいという意欲をもった読者は，量子力学の教科書と巻末の「さらに勉強する人のために」に引用されている固体物理学の教科書にチャレンジすることをお薦めする．

本書の出版に当ってお世話になった裳華房企画編集部の小野達也氏，石黒浩之氏に厚くお礼を申し述べる．

2006年1月

著　者

目　次

はじめに・・・・・・・・・・・・・1

1. 波動性と粒子性の2重性 ― 不確定性原理とは ―

§1.1　古典論の困難　・・・・・10
§1.2　光の2重性　・・・・・・12
§1.3　電子の2重性　・・・・・20
§1.4　不確定性原理　・・・・・27
§1.5　原子の定常状態と
　　　　線スペクトル　・・・・29
§1.6　ボルツマン分布　・・・・33
§1.7　不確定性原理と原子の安定性
　　　　・・・・・・・・・・・34
演習問題　・・・・・・・・・36

2. 量子力学

§2.1　1次元のシュレーディンガー
　　　　方程式と波動関数　・・・39
§2.2　定常状態Ⅰ：　無限に深い
　　　　井戸型ポテンシャル　・・43
§2.3　定常状態Ⅱ：　一般の
　　　　ポテンシャルの場合　・・47
§2.4　調和振動子ポテンシャル　・49
§2.5　トンネル効果　・・・・・51
§2.6　レーザー　・・・・・・・55
演習問題　・・・・・・・・・58
付録　(2.12) の証明　・・・・・59

3. 原子

§3.1　量子力学での角運動量の
　　　　定性的理解　・・・・・61
§3.2　3次元のシュレーディンガー
　　　　方程式　・・・・・・・62

§3.3 水素原子・・・・・・・65
§3.4 スピン・・・・・・・・69
§3.5 多粒子系の量子力学・・・71
§3.6 原子の殻模型と
　　　元素の周期律・・・・73
§3.7 フェルミ分布とボース分布 78
演習問題・・・・・・・・・81

4. 分　子

§4.1 分　子・・・・・・・・83
§4.2 イオン結合・・・・・・85
§4.3 共有結合1―水素分子―・・87
§4.4 共有結合2
　　　―方向性のある結合―・・・93
§4.5 2重結合と3重結合・・・98
演習問題・・・・・・・・・102

5. 固体の結合性

§5.1 結晶構造・・・・・・・106
§5.2 ブラッグ反射・・・・・111
§5.3 結晶の結合の仕組み・・・112
§5.4 結合の型と結晶の物理的性質
　　　・・・・・・・・120
§5.5 格子振動・・・・・・・122
演習問題・・・・・・・・・123
付録　水分子 H_2O の構造と水素結合
　　　・・・・・・・・・124

6. 固体のバンド構造

§6.1 固体のバンド構造の考え方 127
§6.2 強い周期ポテンシャル中の
　　　電子（1次元）・・・・129
§6.3 弱い周期ポテンシャル中の
　　　電子（1次元）・・・・134
§6.4 周期ポテンシャル中の
　　　電子（3次元）・・・・137
§6.5 金属と絶縁体・・・・・139
§6.6 半導体・・・・・・・・142
§6.7 固体のバンド構造―まとめ―
　　　・・・・・・・・・146
演習問題・・・・・・・・・147

さらに勉強する人のために ･･････････････149
演習問題略解 ･･････････････････････153
索　引 ･････････････････････････････160

コ ラ ム

アインシュタインが3大発見をした奇跡の年 ･･37
ボース‐アインシュタイン凝縮 ･･････････82
導電性高分子 ･････････････････103
液体ヘリウムの超流動 ････････････126
超伝導 ･････････････････････148

はじめに

われわれは物理学の成果の恩恵を受けて生活している．本書の主目的は現代物理学での物質観，すなわち，量子力学に基づく，原子，分子，固体などの物質構造の理解の仕方，考え方を平易に紹介することである．そのため，定量的な理解よりも定性的な理解を目指しているので，微積分を使った物理学の高度な予備知識は要求していない．読んで理解しにくいところでは，考えたり，想像したり，友人と議論したりしてほしい．数式は出てくるが，これらの数式が理解できなくても最後まで読み進んでほしい．

電子，原子，分子などのミクロな実体に基づく物質の理解の鍵は，ミクロな世界における物理法則の量子力学である．そこで本書では，量子力学のエッセンスを紹介した後に，それに基づくミクロな世界の理解の仕方，考え方を紹介する．

マクロな世界の物理からミクロな世界の物理へ

一般に多くの人々が関心をもつのは主として身の周りの現象であろう．すなわち，マクロな（巨視的な）現象である．それなのに，なぜ原子のような目にも見えないミクロな世界の法則を学ぶ必要があるのだろうか．その答えは物理学の歴史を振り返るとわかる．このいきさつについて朝永振一郎博士が方々に書かれた文章の要旨を引用させて頂くと，次のようである．(『 』の中が引用文である．)

はじめに

『もともと物理学は目に見えたり，手で触れたりできる現象の法則探求から始まった．目で見ることのできる石の放物運動，天体の運行，手に感じる熱，目に見える光，耳に聞こえる音，そういう現象が物理学者の興味の対象であった．感覚に縁のうすい電磁気現象でも，摩擦電気をピリッと感じるとか，摩擦電気が物を引きつけるとか，磁石が鉄片を引っ張るとか，目に見えたり，感覚で感じたりする現象に関係して論じられていて，電気そのものの本体は何かということに直接触れることはなかった．

しかし，物理学の研究の進展によって，日常生活で経験する熱現象，電磁気現象，物質の物理的・化学的性質などの，目に見え，手で触れられる世界の法則を本当に理解するには，分子の世界，原子の世界といった直接は目にも見えず手にも触れられない小さな世界のことを知らなければならないことが明らかになった．

その結果，原子の中がどのようになっているか，そして，そこでどのような法則が支配しているのかがだんだん明らかになってきた．』

例えば，アルキメデスは純金の王冠と合金の王冠を区別するのに，純金の密度と合金の密度の違いを利用した．しかし，日本産の金の密度と米国産の金の密度が同一なのはなぜなのかという問には，彼は答えられなかったに違いない．この問に答えるには，原子の世界の知識と原子の世界を支配する量子力学の知識が必要である．

100年以上前の人たちには答えられなかったが，現在では答えられる問題はほかにも数多くある．なぜ子供は親に似るのか？　なぜ物質には電気を伝える導体と伝えない絶縁体があるのか？　などはそのごく一部である．

『物理学はさらに進んで，原子を作っている原子核とか電子とかの理解が必要になり，さらに原子核の内部構造を問題にするようになった．』

このようにして，地上の生活のエネルギー源である太陽からの放射や火山活動，地震，地殻変動等のエネルギー源が理解されるようになった．

また最近の情報化社会では，半導体，レーザーなどが重要な役割を演じて

いる．これらは量子力学の応用であり，これらの技術の研究には量子力学の知識は不可欠である．

『ただし，お寺の内陣を拝観するには特別な資格や拝観料がいるように，原子の内陣に入り込むにも特別な技術がいるし，またそのために費用もかかる．』

ミクロな世界探求の初期の歴史

化学では，水素や炭素や酸素のように，物質を構成する基本的な要素を元素という．そして，混合物を分離・精製して得られる純物質としては，ただ1種類の元素で構成されている**単体**と，2種類以上の元素が化学的に結びついてできている**化合物**がある．

1800年頃に，「化合物の成分元素の質量比は常に一定である」という定比例の法則と「2種類の元素 A，B が化合して2種類以上の化合物を作るとき，A の一定質量に対する B の質量は，簡単な整数比をなす」という倍数比例の法則を説明するために，「各元素には，固有な質量と性質をもつ原子があり，化合物を構成する元素の原子数は整数比をなす」という原子論が唱えられた．例えば，塩化ナトリウム（食塩）を構成する塩素とナトリウムの原子数の比は 1:1 である．そこで，塩化ナトリウムを表す組成式を NaCl と記す．

また，気体は分子の集団であるという考えは，「気体の化学反応において，同一温度，同一圧力で測定した気体の反応物および生成物の体積は簡単な整数の比になる」という気体反応の法則などに基づいて 1811 年に提案された．分子は原子から構成されており，分子を構成する原子の種類（元素記号）と原子の数を用いた分子式によって，He（ヘリウム），Ne（ネオン），Ar（アルゴン），H_2（水素），HCl（塩化水素），CO（一酸化炭素），H_2O（水），CO_2（二酸化炭素），NH_3（アンモニア），CH_4（メタン）などと表される．

はじめに

（参考）　アボガドロ定数と物質量の単位 mol

質量 0.012 kg（12 g）の ^{12}C に含まれている炭素の原子数

$$N_A = 6.022 \times 10^{23}/\text{mol} \tag{0.1}$$

を**アボガドロ定数**といい，ある 1 種類の分子，原子あるいはイオンなどの構成要素から成る物質が，N_A 個含まれる場合の物質量を 1 mol という．また，1 mol の元素の質量，つまり，N_A 個の原子の質量をグラム（g）を単位として測ったときの数値を**原子量**という．原子量の比は原子の質量の比に等しい．

原子（atom）の語源は，「分割不可能なもの」という意味のギリシャ語である．しかし，原子は分割不可能ではなく，構造をもつと考えられる事実が後に発見された．ファラデーが 1833 年に発見した電気分解の法則と，メンデレーエフが 1869 年に発見した元素の周期律である．

電気分解の法則とは，「電解質溶液に電流を流すと，電極に析出する物質の質量は通電した電気量に比例し，1 グラム当量 [(1/原子価) mol] の物質を析出するのに必要な電気量は物質の種類に関係なく一定で，96485 クーロン（記号 C）である」という法則である（この電気量をファラデー定数（記号 F）という）．原子論の視点で考えると，この法則は電気量にも最小単位があり，また原子には電気的構造があることを示している（e を電気素量とすると，ファラデー定数 $F = eN_A$ である）．

元素の周期律とは，「元素を原子量の大きさの順に並べると，似た性質をもつ元素が周期的に現れる」という規則のことで，元素の周期的性質を使って元素を配列した表を元素の**周期表**という．この表での元素の順番を元素の原子番号という（ただし，原子量の大きさの順と原子番号の順とは，Ar と K，Co と Ni，Te と I，Th と Pa の 4 組では逆になっている）．原子が構造をもたなければ，周期律が存在するのは不思議である．

原子は，中心にある原子核とその周りを囲んでいる電子から構成されている．電子を発見したのは J. J. トムソンである．図 0.1 のような装置の負極から正極に向かって飛び出し，電場と磁場の中を運動して，蛍光面に衝突し

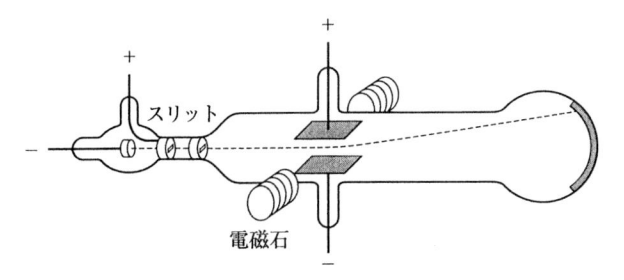

図 0.1　トムソンの実験
　電子が蛍光面に衝突する点は，質量 m，電荷 $-e$ の粒子が電場と磁場の中でニュートンの運動方程式に従って運動していった点である.

て輝点を発生させる物体は，ある決まった質量 m と負電荷 $-e$ をもち，ニュートンの運動方程式に従って運動する粒子と同じ軌道を通る．そして，この粒子は水素原子の質量の約 1/2000 という小さな質量をもつことを，トムソンは 1897 年に発見した．

　1890 年ごろから，紫外線をいろいろな金属に当てると負電荷の荷電粒子が飛び出す光電効果とよばれる現象が知られていたが，1899 年にトムソンはこの荷電粒子の比電荷（「電荷の大きさ」/「質量」）を測定して，これが電子の比電荷 e/m に等しいことを確かめた．このようにして，電子はいろいろな物質に共通な構成要素であることが発見された．

　1909 年から 1916 年にかけて，ミリカンが小さな油滴を帯電させたときに帯びる電気量は最小単位（電気素量）の整数倍であることを発見し，電気素量の値 e を測定した（図 0.2）．最近の e の測定値は

$$e = 1.602 \times 10^{-19} \, \text{C} \qquad (0.2)$$

である．この e の値を電子の電荷の大きさとして，トムソンの実験で決まる e/m の実験値から電子の質量 m が決定された．

　このようにして，原子の中には水素原子の質量の 1/1840 くらいの質量と負電荷 $-e$ をもつ電子が存在することがわかった．原子の質量のほとんどをもつ正電荷の物質がどのような形で原子の中に存在しているのかを明らか

6　はじめに

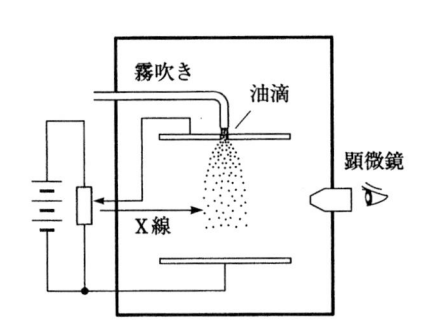

図 0.2　ミリカンの実験の概念図

　平行な電極板の間に，油を霧吹きで吹き込み，発生した油滴の運動を顕微鏡で調べる．X 線で空気を照射すると電子やイオンが発生して，それらが油滴に付着して帯電する．

　電場をかけない場合には，質量 M の油滴は重力 Mg の作用で落下するが，空気の粘性抵抗 kv のためにすぐに速さ v_1 の等速落下運動になる（$Mg = kv_1$）．

　下向きの電場 E をかけると，負に帯電した電荷 $-q$ の油滴には上向きの電気力 qE が作用して上昇するが，空気の粘性抵抗 kv のためにすぐに速さ v_2 の等速上昇運動になる（$qE = Mg + kv_2$）．したがって，この油滴の電荷は $-q = -\{1 + (v_2/v_1)\}(Mg/E)$ である．

にしたのは，ラザフォードの指導の下で 1909 年に行われたガイガーとマースデンの実験である．彼らは α（アルファ）線とよばれているヘリウム原子核（α 粒子ともいう）のビームを薄い金箔に衝突させたところ，多くの α 線は金箔を素通りしたが，中には進行方向とは逆方向にはね返されてくるものもあることを発見した（図 0.3）．

　α 粒子は，その質量の約 1/7000 しかない電子に衝突しても，逆方向にはね返されることはない．また，半径が約 10^{-10} m の原子の内部に正電荷が一様に分布している場合には，その正電荷の電荷密度が小さいので α 粒子と金原子の正電荷間の電気反発力は弱く，電気力の位置エネルギーは α 粒子の運動エネルギーの数千分の 1 である．したがって，α 粒子が金原子との間の電気反発力によって後方にはね返されることはない．

　同符号の電荷を帯びた 2 つの荷電粒子の間にはたらく電気反発力（クーロン力）は距離の 2 乗に反比例するので，短距離では極めて大きくなる．したがって，α 粒子が金原子との衝突で電気的な反発力によって進行方向を 90°以上も曲げられたと考えると，金原子の正電荷を帯びた部分は原子の内部の

非常に小さな部分に集まっていなければならない．ラザフォードはこれを原子核，つまり，原子の核とよんだ（核とは，桃のたねのように果実の中心にある固いたねを意味する漢字である）．α 粒子が金の原子核に正面衝突して逆もどりするには，金の原子核の表面での電気力の位置エネルギーが，α 粒子の最初の運動エネルギーよりも大きくなければならないので，ラザフォードは金の原子核の大きさは約 10^{-14} m だと推定した．

ラザフォードは，原子の質量のほとんどを担い，電気素量 e の原子番号倍の正電荷 Ze をもち，半径が約 10^{-14} m の原子核が，半径 10^{-10} m くらいの原子の

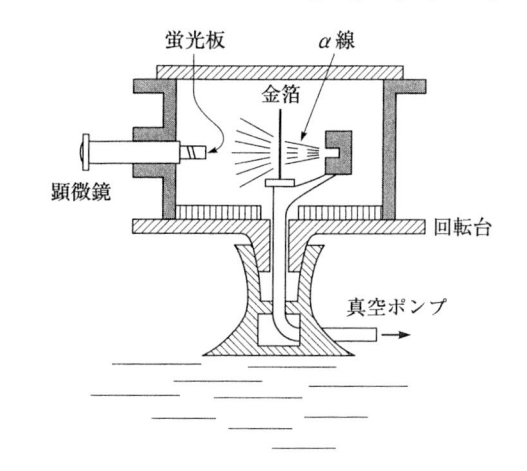

(a) 装置の概念図

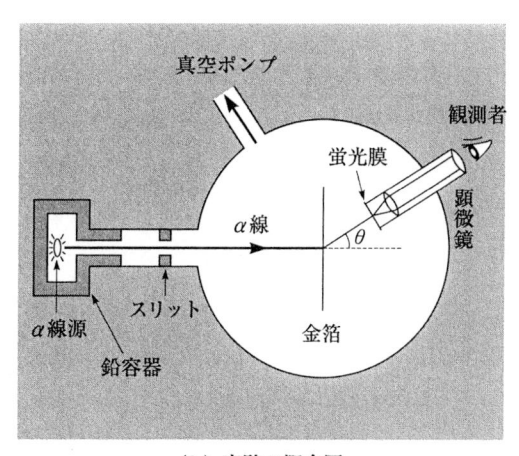

(b) 実験の概念図

図 0.3 ガイガーとマースデンの実験の概念図

中心にあるという原子の太陽系模型を考えた．そして，このような原子による α 粒子の散乱を理論的に計算し，実験結果とよく一致することを 1911 年に示した．

こうして原子番号 Z の原子は，正電荷 Ze を帯びた原子核と Z 個の電子

から構成されていることがわかった．原子核と電子を結びつけて原子を作る力は，原子核の正電荷 Ze と電子の負電荷 $-e$ の間にはたらく電気引力である．

しかし，ラザフォードの原子模型には二つの困難があった．一つは，なぜ原子が一定の大きさをもつのかを説明できなかったことであり，もう一つは，荷電粒子の電子が原子の中で回転すると，電子は電磁波を放射するのでエネルギーを失い，軌道半径がどんどん小さくなっていき，やがて原子核の中へ落ち込むことであった．これらの困難については第1章で議論する．

原子の中心にある原子核は，水素の原子核である正電荷 e を帯びた陽子 p^+ と電気的に中性な中性子 n^0 が結合したものである．陽子と中性子の質量はほぼ等しい．原子番号は原子の原子核に含まれる陽子数であり，原子の中に存在する電子数でもある．原子核に含まれる陽子と中性子の数の総和を原子核の**質量数**という．原子番号が同じで質量数が異なる原子あるいは原子核を，互いに**同位体**であるという．同位体の化学的性質は同じである．原子番号の順序と，原子量の順序が異なる例外的な場合があるのは，同位体の存在による．

このようにして，電子，陽子と中性子が物質構造の基本粒子であることになったので，1930年代からこれらの粒子は**素粒子**とよばれるようになった．現在では，陽子と中性子は真の意味の素粒子ではなく，**クォーク**とよばれるさらに基本的な粒子から構成されていると考えられている．

なお，本書では原則として国際単位系を使用するが，$1\,\mathrm{eV}$（1電子ボルト）$= 1.602 \times 10^{-19}\,\mathrm{J}$ をエネルギーの実用単位として使う．

1 波動性と粒子性の2重性
不確定性原理とは

　19世紀末までに完成した，ニュートンが発見した運動の法則に基づく力学とファラデーやマクスウェルなどによって建設された電磁気学などから構成されている物理学を，古典物理学あるいは古典論という．

　ところで，1897年にJ. J. トムソンによって電子が発見され，1911年にラザフォードによって原子核の周りを電子が回っているという原子模型が提案され，この模型を支持する実験事実が発見された．しかし，古典論には，「水素原子の大きさがなぜ一定であり，水素原子がなぜ安定に存在できるのかを説明できない」という困難があった．

　この困難は，光や電子が波動的性質と粒子的性質の両方をもつという2重性の発見で解決された．しかし，2重性は古典論では許されない性質である．これを身近な例で考えてみよう．校庭に面して2つの開いた窓のある教室の中に教師がいる．校庭で野球をしている学生がバットでボールを打った．打球音は2つの窓の両方を通過して教師の耳に届いた．2つの通り道があれば，両方を同時に通過するのは，音ばかりでなく，すべての波のもつ一般的性質である．これに対して，この学生の打ったボールは2つの開いている窓の片方を通過して教室の中に飛び込んだ．ボールのように一定の決まった大きさをもつ物体（粒子）は，2つの通り道があれば，その一方だけを通過し，両方を同時に通過することはない．これは粒子のもつ一般的性質である．このように，われわれの日常経験では，波動的性質と粒子的性質は両立しない．

　この章では，光と電子が波動的性質と粒子的性質の2重性をもつこと，古典論では不可能な2重性がミクロな世界では不確定性関係によって可能になること，などを学ぶことが中心課題である．電子や光ばかりではなく，分子，原子，原子核などの物質の基本的な構成要素であるミクロな物体はすべて2重性をもつ．このような2重性をもつものの従う運動法則が量子力学である．不確定性関係に基

づく運動法則である量子力学は第2章で学ぶ．

§1.1 古典論の困難
なぜ原子は同じ大きさをもつのか
　自然は多様で変化に富んでいるが，その一方で著しい一様性も示す．例えば，すべての水素原子は同じ大きさをもつ．水素原子は，水素原子核である正電荷 e をもつ陽子と負電荷 $-e$ をもつ電子がクーロン力によって結びついている複合体である．地球が太陽を焦点の1つとする楕円軌道上を運動するように，ニュートン力学によれば，水素原子中の電子は陽子を焦点の1つとする楕円軌道上を運動すると予想される．しかし，電子の楕円軌道の大きさについての制限は特につかない．つまりニュートン力学は，「なぜ水素原子の大きさは一定なのか」という質問には答えられないのである．

原子の不安定性からくる困難
　困難はそれだけではない．池の水面を1秒間に ν（ニュー）回の割合で棒で叩けば，振動数が ν ヘルツの波が水面を広がっていく．それと同じように，電磁気学によれば，水素原子の中で荷電粒子である電子が回転数 ν の回転運動を行うと，振動数 ν の電磁波が放射されるはずである．
　ところで古典論によれば，水素原子が電磁波を放射すると，放射された電磁波のエネルギーの量だけ水素原子のエネルギーが減少し，電子の軌道半径は小さくなっていく．このとき放射される電磁波の波長は，軌道半径の減少とともに連続的に変化していくはずである．ところが，§1.5の図1.13で示すように，水素原子から放射される電磁波の振動数はとびとび（不連続）の決まった値のものだけである．この困難に加えて，電子の軌道半径は小さくなっていき，最後には電子と陽子は1点になってしまうという困難がある．
　つまり，力学と電磁気学などから構成されている古典物理学（古典論）では，大きさのある水素原子がなぜ安定に存在できるのかを説明できないのである．

プランクの光のエネルギー量子

歴史的には，古典論の困難の解決への重要な第1歩は，1900年にプランクによってなされた．

鉄をアセチレン・バーナーで加熱する場合，温度が上がるとまず赤くなり，さらに温度が上がると青白く光るようになる．このように高温の物体は光を放射するが，放射する光の色は温度とともに変化する．詳しくいうと，温度が高くなるほど物体は波長が短くて振動数の大きい電磁波を放射する（赤外線 → 赤色光 → 紫色光 → 紫外線の順に波長が短くなる）．§1.5で示すように，気体を高温に加熱すると気体の種類に特有な色の光を放射するので，ここでは固体と液体だけを考える．

1900年にプランクは，いろいろな温度の炉から出てくる可視光線，赤外線，紫外線などの電磁波について，波長λごとにエネルギー$I(\lambda, T)$を測定した実験結果（図1.1）をうまく表す公式を発見した．この公式によると，温度（絶対温度）Tの物体の表面$1\,\mathrm{m}^2$から波長がλと$\lambda + \Delta\lambda$の間の電磁波として1秒間に放射されるエネルギーの量$I(\lambda, T)\Delta\lambda$は，

$$I(\lambda, T)\Delta\lambda = \frac{2\pi hc^2}{\lambda^5} \frac{1}{e^{hc/\lambda k_B T} - 1} \Delta\lambda \tag{1.1}$$

である．この式を**プランクの放射法則**という．厳密には，この公式は入射する電磁波を完全に吸収する物体（黒体という）からの放射についてのみ成り立つ

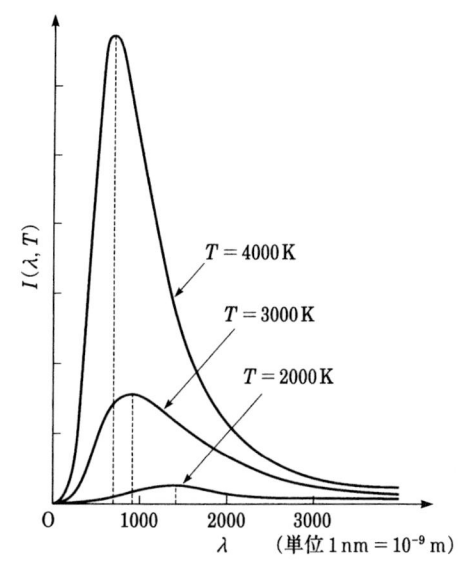

図1.1 プランクの放射法則

ので，**黒体放射の法則**ともよばれる．k_Bはボルツマン定数で，hは**プランク定数**である．

$$h = 6.626 \times 10^{-34} \text{ J·s} \tag{1.2}$$

プランクは，自分の発見した関係 (1.1) を理論的に導き出すには，「振動数 ν の光のもつエネルギーの大きさ E は $h\nu$ の整数倍，

$$E = nh\nu \quad (n = 0, 1, 2, \cdots) \tag{1.3}$$

に限られる」と仮定しなければならないことを発見した．電磁気学によれば，電磁波の振幅は任意の大きさをとれるので，光のエネルギーはすべての値を連続的にとれるはずである．これに反して，プランクの発見によれば，振動数 ν の光は $h\nu$ という大きさのエネルギーのかたまりの整数倍という，とびとびの値しかとれないのである．プランクは

$$E = h\nu \tag{1.4}$$

を光のエネルギー量子とよんだが，その後，この光のエネルギーのかたまりは**光子（フォトン）**とよばれるようになった．

古典論を光や電子に適用できないことは，§1.2, 1.3 で紹介するように，光や電子が波の性質と粒子の性質の 2 重性を示すことからも明らかである．

§1.2 光の 2 重性
粒子的性質と波動的性質

ニュートン力学に従う粒子とは，決まった質量をもつ小物体である．2 つの通り道があれば，1 つの粒子はどちらか一方だけを通る．粒子の運動は各時刻での粒子の位置（軌跡）$r(t) = [x(t), y(t), z(t)]$ によって記述される．

これに対して，波は媒質の中での振動の伝播であり，広い領域に拡がって起こる現象である．2 つの通り道があれば，波は両方を通り，あとで合流するときに干渉効果を起こす．波を記述するには，各時刻 t での媒質のすべての点 (x, y, z) の変位 $f(x, y, z, t)$ を指定する必要がある．このように，古

典物理学では波動性と粒子性とは両立しない．

光の 2 重性

電灯の光をコンパクト・ディスク（CD）の面で反射させると虹色に見える．この現象は，CD の面のいろいろな所で反射した光の波が干渉して強め合う方向が光の波長によって違うためとして説明できる．すなわち，光は波動性を示す．

しかし，前節で学んだ高温物体からの光の放射現象，波長の短い可視光や紫外線を金属に当てると電子が飛び出す光電効果，物質によって散乱された X 線の中には入射 X 線の波長よりも長い波長のものが含まれるというコンプトン散乱などの現象では，以下で示すように，光（一般に電磁波）は粒子的な性質を示すことが知られている．すなわち，振動数 ν，波長 λ の光線は，エネルギー E と運動量 p が

$$E = h\nu, \quad p = \frac{h}{\lambda} \tag{1.5}$$

の光子（光の粒子）の集まりだとすると，光電効果は金属による光子の吸収と電子の放出，コンプトン散乱は電子による光子の散乱として見事に説明できる．

このように，光は**波動性**と**粒子性**の両方の性質を示す．これを**光の 2 重性**という．

光の 2 重性は，図 1.2 に示す，極めて微弱な光源からの光が 2 つのスリット（隙間，図 1.10 参照）を通過したときの干渉現象の写真から明らかである．光が検出面に衝突したときに発生する輝点は，光子が衝突したことを示す．つまり，光は検出面に衝突するときは光子（粒子）として衝突する．

実験開始から 10 秒間に到達した光子数は少ないので，光子の到達位置には規則性がないように見える（図 1.2(a)）．しかし，開始後 10 分間には多数の光子が到達し，光波の干渉で生じる明暗の縞の明るい部分には多くの光

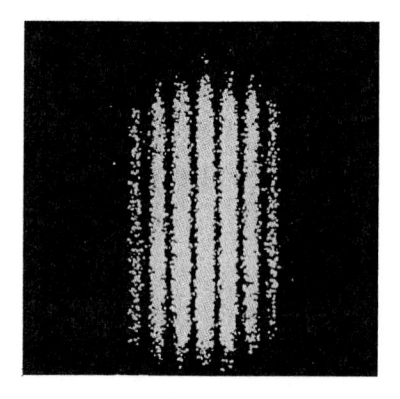

(a) 実験を開始してから10秒後　　(b) 実験を開始してから10分後

図 1.2　近接した2本のスリットを通過した極微弱光の干渉
(浜松ホトニクス株式会社 提供)

子が到達し，暗い部分には光子はほとんど到達しないことがわかる（図(b)）．このように，多数の光子の集団としての振舞には，波としての性質を表す干渉縞が現れる．これが光の2重性の実態である．

そこで，光の2重性を

「光は空間を波として伝わり，物質によって放出・吸収されるときは粒子として振舞う」

と理解してほしい．光は波動性と粒子性をもつが，その間には密接な関係(1.5) がある．

光 電 効 果

箔検電器の上に負に帯電させた亜鉛板をのせ，箔を開かせておく．この亜鉛板を紫外線で照射すると，箔は次第に閉じていく．しかし，赤外線で照射しても箔は閉じない．この実験から，紫外線や波長の短い可視光線で金属の表面を照射すると，負電荷を帯びた粒子が飛び出すことがわかる．この現象を**光電効果**という．光電効果で飛び出した粒子が電子であることは，後の実

験でわかった．

1905年までに，光電効果の実験的研究によって，次のような結果が得られた．

(1) 金属に当てる光の振動数 ν が，その金属に特有なある値 ν_0 より小さいと，どんなに強い光を当てても電子は飛び出さない．この振動数の値 ν_0 を**限界振動数**という．

(2) 飛び出す電子の運動エネルギーは，光の強さには無関係で，光の振動数 ν の大きさに比例して大きくなる．

(3) 単位時間に飛び出す電子の数は，光の強さに比例する．

(4) どんなに弱い光でも，限界振動数より大きな振動数の光を当てると，ただちに電子が飛び出す．

光が波だとしたら，電子が光から受けとるエネルギー E は，光の強さと光を受けた時間の積に比例するはずである．したがって，光を電子に長時間当てれば，振動数の小さな光でも，大きなエネルギーが与えられることになるが，これでは実験結果 (1)，(2)，(4) を説明できない．

これに対して1905年にアインシュタインは，振動数 ν の光（一般に電磁波）はエネルギー $E = h\nu$ をもつ粒子（光子）の流れだとして光電効果を説明した．

光子が電子と衝突するときに，光子はそのエネルギーの全部を一度に電子に与えて吸収されると考えると，光電効果の実験結果は，光子説によって次のように見事に説明される．すなわち，金属内部の電子1個を外部にとり出すのに，W_0 以上の仕事が必要だとすると，光電効果を起こすためにはエネルギーが W_0 以上の光子を当てることが必要であり，限界振動数 ν_0 は $\nu_0 = W_0/h$ となる（実験結果 (1)）．また，飛び出した電子の運動エネルギーの最大値 K_m は，入射した光子のエネルギー $E = h\nu$ よりも仕事 $W_0 = h\nu_0$ の分だけ小さく，

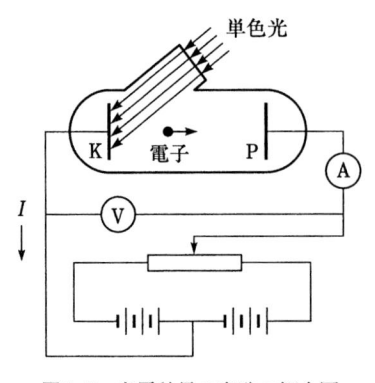

図1.3 光電効果の実験の概念図 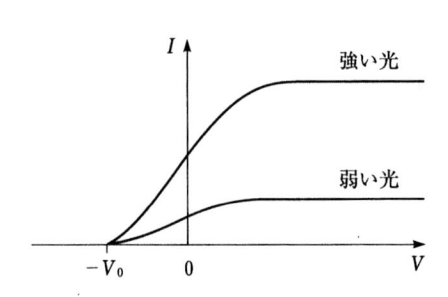　　**図1.4** 正極電圧 V と電流 I の関係（概念図）

$$K_m = E - W_0 = h\nu - h\nu_0 \tag{1.6}$$

となり，K_m は光の振動数 ν とともに増加する（実験結果 (2)）．なお，W_0 をその金属の**仕事関数**という．

図1.3 に示す装置を使って数年間実験を行った末に，1916 年にミリカンは，(1.6) の関係を確かめ，プランク定数 h の値を求めた．振動数 ν の単色光を負極 K に当てたとき，その表面から飛び出して正極 P に到達する電子による電流 I と負極に対する正極の電位 V の関係は，図1.4 のようになった．この結果は，$V = -V_0$ のとき，最大の運動エネルギーをもって負極を飛び出した電子の運動エネルギー K_m が，正極に到達したときに電気力の位置エネルギー eV_0 に変わったことを示すので，$K_m = eV_0$ の関係がある．

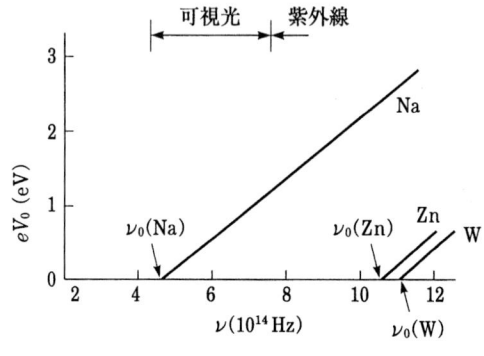

単色光の振動数 ν を変化させたり，負極の金属の種類を変えたりして，ν と eV_0 の

図1.5 単色光の振動数 ν と阻止電圧 V_0 の関係．縦軸の単位は $1\,\text{eV} = 1.6 \times 10^{-19}\,\text{J}$.

関係を調べると，図 1.5 のようになった．これらの平行な直線の傾きの大きさを h とすると，関係，

$$eV_0 = h\nu - h\nu_0 \tag{1.7}$$

が得られる．この式と $K_m = eV_0$ から (1.6) が得られ，光子説の正しさが実証された．

ニュートン力学では，粒子はエネルギーのほかに運動量をもつ．質量 m，速度 $\boldsymbol{v}$ の粒子の運動量 $\boldsymbol{p}$ はベクトルで，$\boldsymbol{p} = m\boldsymbol{v}$ である．2 物体の衝突では，衝突直前の 2 物体の運動量のベクトル和は衝突直後の 2 物体の運動量のベクトル和に等しいという重要な性質がある．電磁気学によれば，電磁場も運動量をもつ．一般に，電磁波によってエネルギー E が運ばれるときには，同時に大きさが $p = E/c$ の運動量も運ばれるので（c は真空中の光の速さで，$c = 3.00 \times 10^8$ m/s），振動数 ν と波長 λ の関係 $c = \nu\lambda$ を使うと，光子の運動量 p は大きさが

$$p = \frac{E}{c} = \frac{h\nu}{c} = \frac{h}{\lambda} \tag{1.8}$$

で，その向きは光の進行方向であると考えられる．

X 線

X 線は，1895 年にレントゲンが放電管の実験をしていたときに，放電管のそばに置いてあった未使用の写真乾板が感光したことに気づいたのがきっかけで発見された．X 線は，光よりも波長の短い電磁波で，結晶に入射すると回折，干渉する．また X 線は電磁波なので，光と同じように 2 重性をもち，(1.5) の 2 つの関係を満たすことが示される．

図 1.6 に X 線発生装置の

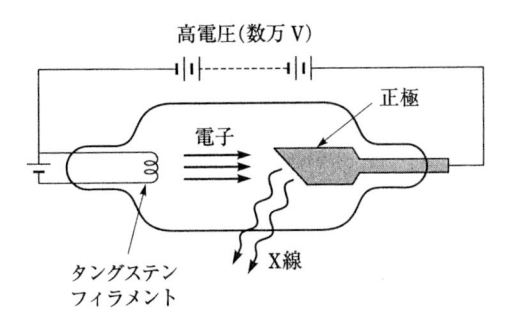

図 1.6　X 線発生装置の概念図

概念図を示す．加熱したフィラメント（負極）から飛び出した電子（電荷 $-e$）を高電圧 V で加速すると，電子は正極の金属板と衝突し，運動エネルギー eV の全部または一部が X 線になる．このようにして発生した X 線の波長と強さの関係を図 1.7 に示す．X 線のスペクトルはなめらかな曲線の部分（連続 X 線）と鋭い山の部分（固有

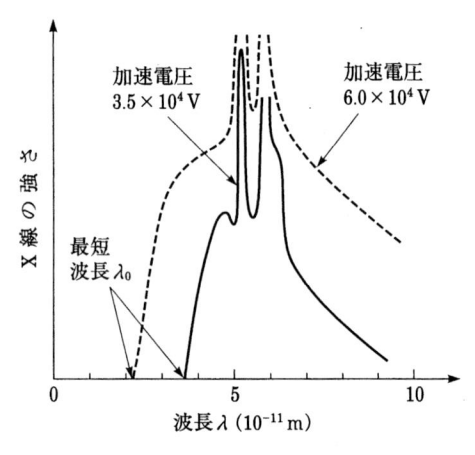

図 1.7　X 線のスペクトル（正極は Pd）

X 線または特性 X 線）からなる．固有 X 線は正極の金属原子に特有な波長の X 線で，原子の放射する光の線スペクトルに対応する（§1.5 参照）．

連続 X 線には電子を加速する電圧 V で決まる最短波長 λ_0 がある．これは，正極に衝突した電子の運動エネルギー eV のすべてが，発生する X 線光子のエネルギーになった場合で，(1.5) と $\nu\lambda = c$ を使うと，

$$eV = \frac{ch}{\lambda_0} \tag{1.9}$$

から

$$\lambda_0 = \frac{ch}{eV} = 1.240 \times 10^{-10} \times \frac{10^4}{V\,[\mathrm{V}]} \quad \mathrm{m} \tag{1.10}$$

となる．ここで，$V\,[\mathrm{V}]$ は電位差 V を V（ボルト）を単位にして測ったときの数値部分である．加速電圧が 4.0×10^4 V の X 線発生装置で発生する X 線の場合，最短波長 λ_0 は 3.1×10^{-11} m である．

コンプトン散乱

池の中に杭があると水面波は散乱されるが，入射波と散乱波の波長は同じである．ところが，1923 年にコンプトンは，物質によって散乱された X 線

には，入射波と同じ波長 λ のもののほかに，λ より長い波長 λ' のものが混じること，および散乱角 ϕ が大きくなると λ' がより長くなることを発見した（図 1.8）．このような散乱を**コンプトン散乱**という．

彼は，この現象を X 線光子と電子の弾性衝突として説明した．すなわち，波長 λ，振動数 $\nu = c/\lambda$ の入射 X 線をエネルギー $E = h\nu = ch/\lambda$，運動量 $p = h/\lambda$ をもつ光子の流れと考え，コンプトン散乱を光子と静止している質量 m の電子との弾性衝突と考えた．2 物体の弾性衝突では，2 物体の運動量のほかにエネルギーも保存する．衝突後の光子のエネルギーは $E' = ch/\lambda'$，運動量は $p' = h/\lambda'$ で，衝突後の電子の運動量の大きさを p_e とすると，電子のエネルギーは $(1/2)\,mv^2 = p_e^2/2m$ なので，エネルギー保存則から，

$$\frac{ch}{\lambda} = \frac{ch}{\lambda'} + \frac{p_e^2}{2m} \quad (1.11)$$

が導かれる．また，運動量保存則から

$$\left.\begin{aligned}\frac{h}{\lambda} &= \frac{h}{\lambda'}\cos\phi + p_e\cos\theta \\ &\qquad\text{（水平方向）} \\ \frac{h}{\lambda'}\sin\phi &= p_e\sin\theta \\ &\qquad\text{（垂直方向）}\end{aligned}\right\} \quad (1.12)$$

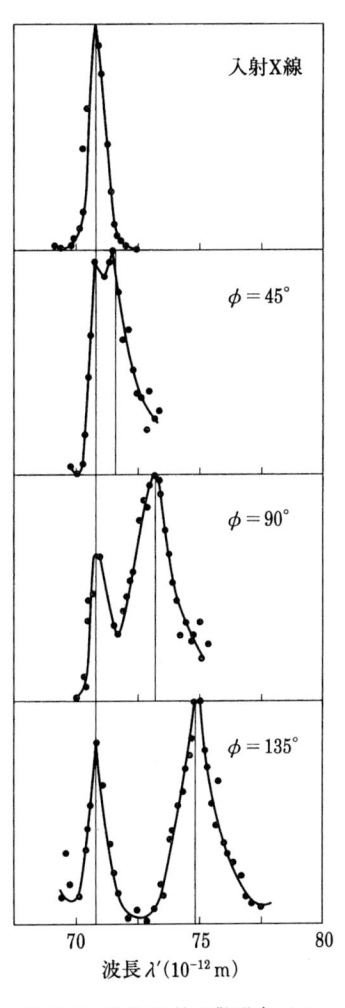

図 1.8 散乱 X 線の散乱角 ϕ と波長 λ' の分布．波長 $\lambda = 7.1 \times 10^{-11}$ m の入射 X 線のグラファイトによる散乱．縦軸は散乱 X 線の強さ．

が導かれる（図 1.9）．角 ϕ，θ はそれぞれ光子，電子の散乱角である．

(1.12) の 2 式から $\sin^2\theta + \cos^2\theta = 1$ を使って θ を消去すると，

$$p_e^2 = \left(\frac{h}{\lambda} - \frac{h}{\lambda'}\right)^2 + \frac{2h^2}{\lambda\lambda'}(1 - \cos\phi)$$

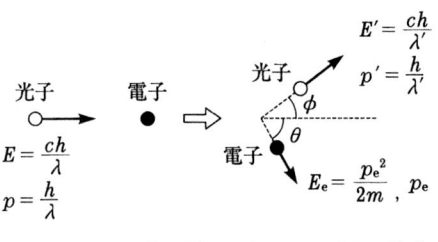

図 1.9 原子の中の電子によるコンプトン散乱

が得られる．この式と (1.11) から，はね飛ばされた電子の運動量 p_e を消去すると，

$$\frac{2mch}{\lambda\lambda'}(\lambda' - \lambda) = h^2\left(\frac{\lambda' - \lambda}{\lambda\lambda'}\right)^2 + \frac{2h^2}{\lambda\lambda'}(1 - \cos\phi)$$

が導かれる．右辺の $(\lambda' - \lambda)^2$ の項を小さいとして無視すると，波長のずれ $\Delta\lambda = \lambda' - \lambda$ は次のようになる．

$$\Delta\lambda = \lambda' - \lambda \fallingdotseq \frac{h}{mc}(1 - \cos\phi) = 2.43 \times 10^{-12}(1 - \cos\phi) \quad \text{m}$$

(1.13)

この式が実験結果とよく合う事実は，X 線の粒子性の有力な証拠となった（電子のエネルギーとして相対性理論の値 $\sqrt{m^2c^4 + p_e^2c^2}$ を使うと，(1.13) は厳密に成り立つことがわかる）．なお，波長が変化しない散乱として，原子核による X 線光子の散乱がある．この場合には (1.13) の電子の質量 m は原子核の重い質量でおきかわるので，$\lambda' \fallingdotseq \lambda$ となる．

§1.3 電子の 2 重性

電子の 2 重性

光と同じように，電子も 2 重性を示す．すなわち，あるときは粒子のように振舞い，あるときは波のように振舞う．

電子は決まった大きさの質量と電荷をもち，その半分の大きさの質量や電荷をもつ電子は発見されていない．電子が蛍光物質に衝突すると，キラッと

§1.3 電子の2重性　21

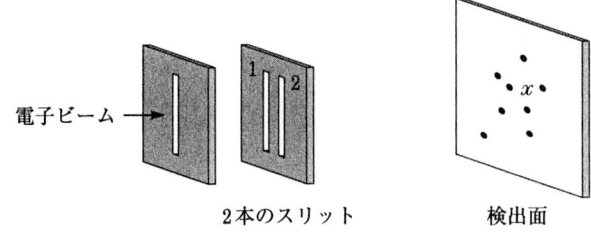

図1.10 電子ビームと2本のスリット1, 2

点状に光る（輝点が発生する）．つまり，電子は粒子のように振舞う．J. J. トムソンは電子の粒子的性質を利用して電子を発見した（図0.1）．

しかし，電子は波動性も示す．図1.10のように，電子の通り道にスリットが2本ある場合を考えよう．電子が分割不可能な粒子であれば，電子が検出面上の位置 x に到達するには，スリット1を通るか，スリット2を通るかのどちらかでなければならない．したがって，電子が位置 x に到達する確率は，「スリット1を通って x にくる確率 P_1」と「スリット2を通って x にくる確率 P_2」の和 $P_1 + P_2$ になるはずである．

しかし，ミクロな世界で和になるのは確率ではない．電子顕微鏡の電子源から出てくる電子の流れの途中に2本のスリットを置き，2本のスリットを通過した2つの流れの合流場所に置いてある検出面に到達した電子を記録すると，図1.11(e)に示すような明暗の縞ができる．この明暗の縞は明らかに，「スリット2が閉じているときに，電子がスリット1を通って検出面にくる確率 P_1」と「スリット1が閉じているときに，電子がスリット2を通って検出面にくる確率 P_2」の和の $P_1 + P_2$ ではない．もし $P_1 + P_2$ であれば，それぞれのスリットを直進した電子ビームがスクリーンに到達する2つの場所に，到達電子数のピークがあるはずである．

この縞模様は，図1.2に示した，近接した2本のスリットを通過した光の作る干渉縞にそっくりなので，電子波の干渉縞と解釈できる．つまり，この写真は，2本のスリットを通過した2つの電子波 Ψ_1 と Ψ_2 とが重なり合って

22　1. 波動性と粒子性の2重性

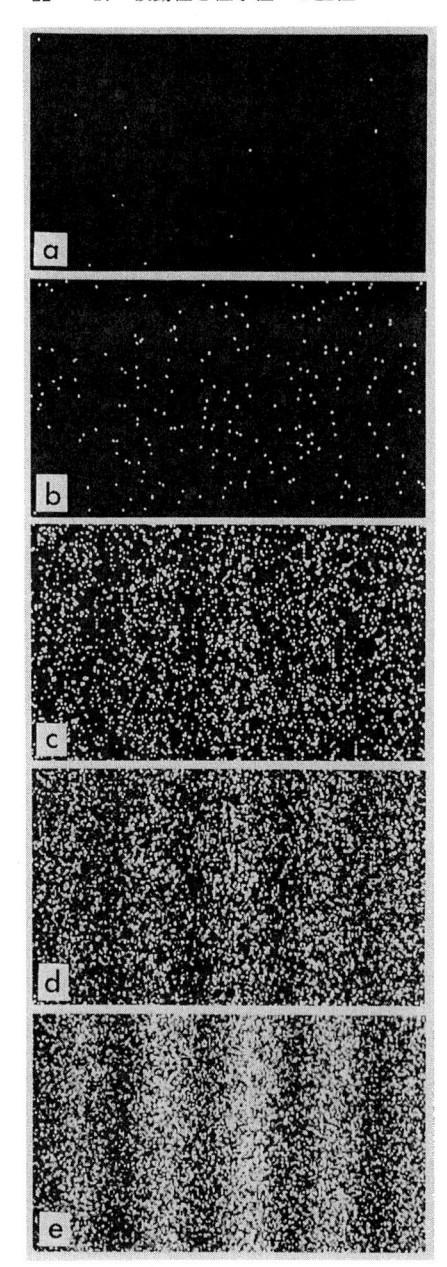

図 1.11 電子顕微鏡による干渉縞の形成過程（電子顕微鏡による電子の2スリット干渉実験）．エネルギーの決まった電子が，2つのスリットを通過して，位置の分解能の良い電子検出器に1個また1個と間隔をおいてやってくる．電子が検出器の表面の蛍光フィルムに達すると，そこで検出され，記録装置に記録されて，モニターに写し出される．この図には，電子が検出面に1個ずつ到着し，その結果，干渉縞が形成される様子を写真 (a) 〜 (e) で時間の順に示す．電子顕微鏡の内部に2個以上の電子がいることはまれであるように実験したので，この干渉縞は1個の電子の量子的な干渉による．（日立製作所基礎研究所 外村 彰 博士 提供）

$\mathit{\Psi}_1 + \mathit{\Psi}_2$ となり，検出面上で2つの波が強め合ったり弱め合ったりして，検出面上での電子波の強度 $|\mathit{\Psi}_1 + \mathit{\Psi}_2|^2$ の分布が明暗の縞を作ることを示している．すなわち，電子は，この場合には粒子ではなくて波のように振舞うことを示している．

さて，この明暗の縞が形成されていく過程を記録した図1.11(a)〜(e)を順に見ていくと，明暗の縞の輝度が連続的に増加していくのではなく，「粒子」としての電子が1個ずつ検出面（蛍光フィルム）に衝突して，輝点を発生させていることがわかる．そして，場所によって衝突確率に大小の差があるので，明暗の縞が形成されていく様子がわかる．つまり，電子の場合に現れる干渉縞という波動現象は，粒子（電子）を発見する確率の大小の空間的分布として理解できる．

陽子や中性子も，電子や光子と同じように，粒子的性質と波動的性質の両方の性質を示すことが発見されている．これらの2重性を示すものが従う力学が，**量子力学**である．

波動関数と確率密度（発見確率）

電子の示す波動と粒子の2重性の実態は図1.11を眺めることによって理解できたと思う．電子は空間を波として伝わる．量子力学では，その様子を**波動関数** $\mathit{\Psi}(x, y, z)$ によって記述する．波動関数は重ね合わせの原理に従うので，電子波が2つに分かれて，再び合流する場合には，それに対応する波動関数 $\mathit{\Psi}$ は，2つの波に対応する波動関数 $\mathit{\Psi}_1$ と $\mathit{\Psi}_2$ の和

$$\mathit{\Psi} = \mathit{\Psi}_1 + \mathit{\Psi}_2 \tag{1.14}$$

で表される．このとき，$\mathit{\Psi}_1$ と $\mathit{\Psi}_2$ の位相が一致する場合には強め合い，逆位相の場合には弱め合うという干渉効果を示す．なお，$\mathit{\Psi}$ は $\mathit{\Psi}(x, y, z)$ の省略形である．

電子が空間を波動として伝わる様子を記述する波動関数そのものは観測できない．物質との相互作用を利用して検出されるのは「波」ではなく，図1.11に示されているように，「粒子」としての電子であり，測定できるのは，

電子を検出器によって検出しようとする場合に，電子を発見する確率である．量子力学では点 (x, y, z) に電子を発見する確率は「電子の波動関数の絶対値の2乗」，すなわち $|\Psi(x, y, z)|^2$ であると要請し，これを**確率密度**という．このような物理的な役割を演じる波動関数 Ψ は，電子の状態を表すという．

第2章で説明するが，実は波動関数は複素数なので，(1.14) の場合には，
$$|\Psi|^2 = |\Psi_1 + \Psi_2|^2 = |\Psi_1|^2 + |\Psi_2|^2 + \Psi_1^*\Psi_2 + \Psi_1\Psi_2^* \quad (1.15)$$
と表される．Ψ^* は Ψ の複素共役を意味する．右辺の第1項の $|\Psi_1|^2$ は「スリット1だけが開いているときに電子がスリット1を通って点 (x, y, z) にくる確率 P_1」であり，第2項の $|\Psi_2|^2$ は「スリット2だけが開いているときに電子がスリット2を通って点 (x, y, z) にくる確率 P_2」である．第3, 4項は2つのスリットを同時に通過した電子波の干渉効果を表す．

図1.11の実験では，実験装置の内部に2個以上の電子が同時に存在することはまれであるような状況で実験を行った．したがって，この明暗の縞は2個以上の電子の相互作用によって生じたのではない．つまりこの実験は，検出された1個の電子に対応する電子波が，スリット1と2の両方を同時に通って，検出面に到達したことを示す．

図1.11(e) に記録されている確率密度 $|\Psi(x, y, z)|^2$ は，同一の条件で電子を1個ずつ入射する実験を多数回行った場合に電子を検出する確率を表している．したがって，状態を表す波動関数 Ψ が決まっていても，粒子の位置座標の測定値を予言することは一般に不可能である．量子力学が予言できるのは，さまざまな測定値の得られる確率だけで，これが $|\Psi|^2$ で表される．波動関数 Ψ を決める方程式が，1926年にシュレーディンガーが発見した，次章で学ぶシュレーディンガー方程式である．

ド・ブロイ波長

力学では，質量 m，速度 v の粒子の場合，m と v の積の $\boldsymbol{p} = m\boldsymbol{v}$ をその粒子の**運動量**という．質量 m，速度 $\boldsymbol{v}$ の電子ビームが波動性を示すときの

§1.3 電子の2重性　25

波長 λ は，(1.5) と同じように，

$$\lambda = \frac{h}{p} = \frac{h}{mv} \tag{1.16}$$

である．関係 (1.16) を提唱したド・ブロイにちなんで，この波長を**ド・ブロイ波長**という．

　この式の正しさは，1927年にデビソンとガーマーによって確かめられた．彼らはニッケル (Ni) の単結晶の表面に垂直に電子ビームを当てたところ (図 1.12(a))，表面で反射された電子ビームの強度はある特定の方向で強くなること (図 (b))，そしてピークの方向 (角 θ) は電子ビームの加速電圧 V とともに変わることを発見した．この強度の角度による変化は光の回折，

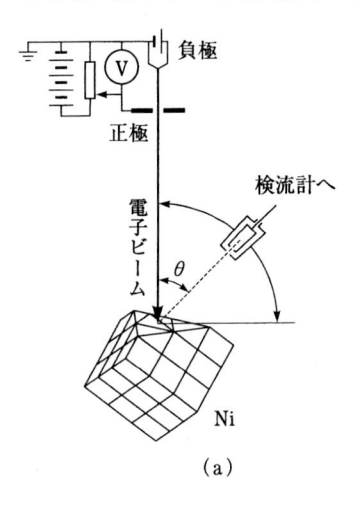

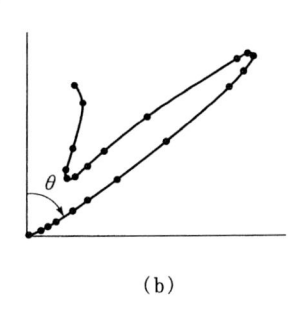

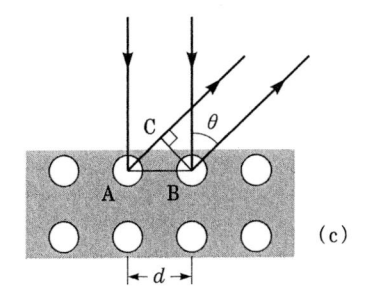

図 1.12　(a)　デビソン‐ガーマーの実験の概念図
　(b)　反射電子ビームの強度の角度分布（加速電圧は 54 V）
　(c)　強く反射されるための条件
　　AC $= d \sin \theta = n\lambda$

干渉の場合によく似ていて，1つの原子によって散乱された電子の波とその隣の原子によって散乱された電子の波が干渉すると考えればよい．原子の間隔を d とすると，図 (c) の2つの原子 A，B によって散乱された電子が通る距離の差 $AC = d \sin \theta$ が電子波の波長 λ の整数倍のとき，すなわち

$$d \sin \theta = n\lambda \quad (n = 1, 2, 3, \cdots) \quad (1.17)$$

のとき，2つの原子からの電子の散乱波の位相が遠方で一致するので，互いに強め合うことになる．したがって，波長 λ の電子波は原子間隔 d の結晶表面によって，条件 (1.17) を満たす方向に強く反射される．デビソンとガーマーは反射電子ビームの強度が極大になる角度 θ の測定結果（図 (b)）と原子間隔 d から，電子波の波長 λ を決めることができた．

電子（質量 m）を電位差 V の電極の間で加速すると，電場のする仕事 eV が電子の運動エネルギーになるので，ド・ブロイの考えによれば，運動エネルギーが

$$\frac{1}{2}mv^2 = \frac{p^2}{2m} = \frac{h^2}{2m\lambda^2} = eV \quad (1.18)$$

になったときの電子波のド・ブロイ波長は次のようになる．

$$\lambda = \frac{h}{\sqrt{2meV}} = \sqrt{\frac{150.41}{V\,[\mathrm{V}]}} \times 10^{-10} \ \mathrm{m} \quad (1.19)$$

電子の質量は $m = 9.109 \times 10^{-31}$ kg，電荷は $-e = -1.602 \times 10^{-19}$ C である．この波長の理論値と (1.17) を使って求めた波長の実験値はよく一致する．

1927年頃に G. P. トムソン（J. J. トムソンの息子）は，セルロイドや金属 (Au, Pt, Al) の薄箔を通過した電子ビームの方向分布が回折像を示すことを発見した．また，菊池正士は単結晶の雲母の薄膜を通過した電子ビームの方向分布を研究し，X線を用いた場合と類似した回折像が得られることを示した．このようにして，光と同じように電子も粒子性と波動性の両方の性質を示すことが確かめられた．

電子の波動性を利用した装置に電子顕微鏡がある．これは光学顕微鏡の場合の光波の代りに電子波，レンズの代りに電磁石を利用する顕微鏡である．顕微鏡の分解能は使う波の波長に比例するので，波長が短いほど分解能はよくなり，倍率は大きくなる．電子顕微鏡で使われる電子波の波長は電子の加速電圧を上げると短くなり，例えば，10 kV では $\lambda = 1.2 \times 10^{-11}$ m であるが，これは可視光の波長の 1 万分の 1 以下である．このため，電子顕微鏡の倍率は光学顕微鏡の倍率よりもはるかに大きくできる．

§1.4 不確定性原理

水面を伝わる波の場合には，波が伝わる様子を目で見たり，ビデオに録画したりすることができる．そして，水の波を目で見てもビデオに録画しても，波の伝わり方に何の変化も生じない．それでは，電子の場合はどうなのだろうか．電子が空間を波あるいは粒子として運動する様子を観測するには，例えば，光で電子の通り道を照射して，光を電子で散乱させる必要がある．しかし光の粒子性のために，電子に当てる光の強さを光子 1 個以下にはできない．すなわち，電子に当てる光は最低でも (1.5) に示された大きさのエネルギーと運動量をもつ．したがって，電子を観測すると，電子は非常に軽いので，観測の際の衝撃でその後の進路が大きく乱れてしまう．

例えば，図 1.11 の場合に，電子が 2 つのスリットのどちらを通過したのかを識別しようとすると，電子がこないはずの暗い縞の部分にも電子が行くようになって，干渉縞が消えるほど電子の運動が大きく乱される．したがって，電子の粒子的な振舞を調べようとすると波動的な振舞は消えるので，電子の波動性と粒子性を同時に検出することはできない．

一般に，電子のような微小なものの「位置」と「運動量」の両方を同時に正確に測定することはできない．光を使って物体の位置を精密に測定しようとすると，細く絞った光線を物体に当てて散乱させる必要がある．ところが，光線は光の波長 λ の $1/2\pi$ 倍程度までにしか絞れないことが光学の研究

でわかっている．つまり，波長 λ の光を使って得られる物体の位置（x 座標）の測定値には $\lambda/2\pi$ 程度の不確定さ（ゆらぎ，ばらつき）Δx が原理的に存在する．ここで原理的にとは，避けることのできない本質的な性質をいう．一方，光子 1 個のもつ運動量は h/λ なので，波長 λ の光を当てると物体の運動量が変化し，運動量（の x 方向成分 p_x）の測定値には h/λ 程度の不確定さ Δp_x が原理的に存在する．

短波長の光を使って電子の位置 x を正確に決めようとすると，運動量の測定値の不確定さ Δp_x が大きくなり，長波長の光を使って電子の運動量 p_x を正確に決めようとすると，今度は位置の測定値の不確定さ Δx が大きくなる．その結果，

$$\text{「位置の測定値の不確定さ } \Delta x\text{」} \times \text{「運動量の測定値の不確定さ } \Delta p_x\text{」} \geq \frac{h}{4\pi} \quad (1.20)$$

という関係が成り立つ．この関係は**ハイゼンベルクの不確定性関係**とよばれ，このような関係が存在するという原理を**不確定性原理**とよぶ．y 方向，z 方向についても，Δy と Δp_y の間，Δz と Δp_z の間にそれぞれ (1.20) と同じ関係式が成り立つ．不確定性関係は，電子ばかりでなく，光子，陽子，中性子などに対しても成り立つ．

ニュートン力学が適用できるぐらい質量の大きな巨視的な物体（質量 M）に対しては，(1.20) は，

$$\text{「質量 } M\text{」} \times \text{「位置の測定値の不確定さ } \Delta x\text{」} \times \text{「速度の測定値の不確定さ } \Delta v_x\text{」} \geq \frac{h}{4\pi} \quad (1.21)$$

となるので，巨視的な物体の場合には位置と速度の両方の極めて正確な測定値が得られることが原理的には保証される．

巨視的な物体が波動性を示す場合の波長 λ（ド・ブロイ波長）は $\lambda = h/p = h/Mv$ なので極めて短く，波動性は見えない．例えば，完全に同一な野

球ボール（質量 $M = 0.15\,\text{kg}$）を数多く作れるとして，これらのボールを同じ速度（$v = 40\,\text{m/s}$）で同一方向に次々に投げたときにボールの流れが示すはずの波長は $\lambda = h/Mv = 10^{-34}\,\text{m}$ である．このような短い波長の波動を実際に観測するのは不可能である．

逆に，電子が波の性質と粒子の性質の両方を示すのは，電子のように微小な物体の位置と速度の両方を同時に正確には測定できないという不確定性原理のためであるといえる．

§1.5 原子の定常状態と線スペクトル

§1.1に記したように，古典物理学は，「水素原子はその中での電子の回転運動の回転数と同じ振動数の電磁波をたえず放射する」と予言する．この問題を考えてみよう．ネオンサインで経験しているように，放電管の中の気体は特有の色の光を放射する．ネオンは赤，アルゴンは紫，アルゴンと水銀蒸気を混ぜたものは青である．原子を高温に加熱したり，アーク放電，電気火花，原子衝突などで刺激すると，原子は光を放射するが，この光を回折格子で分光すると多くの線に分かれる（図1.13参照）．これを**線スペクトル**という．

高温の水素原子が放射する光の振動数 ν は，条件

$$\nu = A\left(\frac{1}{m^2} - \frac{1}{n^2}\right) \quad (m = 1, 2, 3, \cdots, \quad n = m+1, m+2, \cdots)$$

(1.22)

$$A = 3.29 \times 10^{15}\,/\text{s}$$

(1.23)

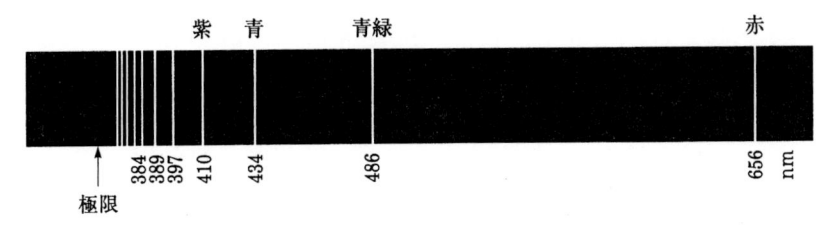

図 1.13 水素原子の線スペクトルの一部．光の波長は (1.22) で $m = 2$ の場合になっており，バルマー系列とよばれる．

を満たすとびとびの値だけである．もちろん，この事実も古典物理学では理解できない．

水素原子以外の原子や分子も高温の場合には光を放射するが，放射される光の振動数 ν の値はやはりとびとびの特定の値だけで，それらの間には**リッツの結合原理**とよばれる，

$$\nu = \nu_n - \nu_m \quad (m, n \text{ は } n > m \text{ の自然数}) \quad (1.24)$$

という形の関係がある．ここで，$\nu_1, \nu_2, \nu_3, \cdots$ は不等式 $\nu_1 < \nu_2 < \nu_3 < \cdots$ を満たす定数である．なお，水素原子の場合には $\nu_n = -A/n^2$ ($n = 1, 2, \cdots$) という簡単な形であるが，ほかの原子や分子の場合には ν_n の形は複雑である．

さて，$E_n = h\nu_n$, $E_m = h\nu_m$ とおいて，(1.24) を

$$h\nu = E_n - E_m \quad (m, n \text{ は } n > m \text{ の自然数}) \quad (1.25)$$

と変形してみよう．原子や分子から放射される振動数 ν の光子のエネルギーの大きさは $h\nu$ なので，エネルギー保存則を考慮すると，(1.25) は，原子や分子は決まったとびとびの値のエネルギー（$E_1, E_2, E_3, \cdots$）しかもてないことを示唆する．このとびとびのエネルギーの状態を原子や分子の**定常状態**といい，これら一群の定常状態のエネルギーの値を**エネルギー準位**という．また，エネルギーが最小の状態を**基底状態**，そのほかの状態を**励起状態**という．そして，(1.25) は，

(1) 原子や分子が1つの定常状態にあるときにはエネルギーは一定で，原子や分子は光を放射せず，

(2) 原子や分子がエネルギーの高い定常状態 E_n からエネルギーの低い定常状態 E_m に移るとき，振動数 $\nu = (E_n - E_m)/h$ の光子を1個放射し，

(3) 原子や分子がエネルギーの低い定常状態 E_m からエネルギーの高い定常状態 E_n に移るとき，振動数 $\nu = (E_n - E_m)/h$ の光子を1個吸収する

ことを意味する（図 1.14）.

水素原子のエネルギー準位は，(1.22) の h 倍，(1.25) と $Ah = 13.6\,\mathrm{eV}$ から

$$E_n = -\frac{13.6}{n^2}\ \mathrm{eV}$$

$$(n = 1, 2, 3, \cdots) \quad (1.26)$$

であることがわかる．電子と水素原子核（陽子）が無限に遠く離れている場合を電気力の位置エネルギー（クーロンエネルギー）の基準点に選んでいるので，水素原子のエネルギーの値は負である．$E_1 = -13.6\,\mathrm{eV}$ は，基底状態の水素原子をイオン化するには，原子に 13.6 eV のエネルギーを外から与えなければならないことを意味する．

定常状態は，波動の場合の定常波に対応する．弦や気柱の定常波の振動数 ν はとびとびの値しかとれないが（図 1.15），この事実は原子や分子のエネルギー（$E = h\nu$）がとびとびの値しかとれない事実に対応している．そして量子力学を用いれば，原子や分子のエネルギー準位を計算できる．

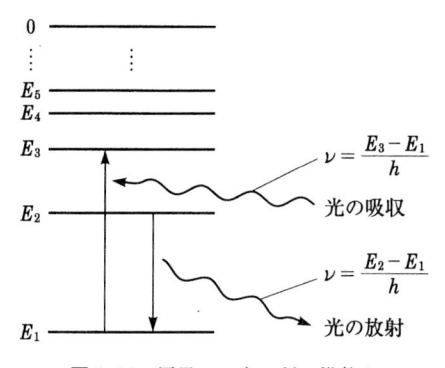

図 1.14 原子のエネルギー準位と光の放射，吸収

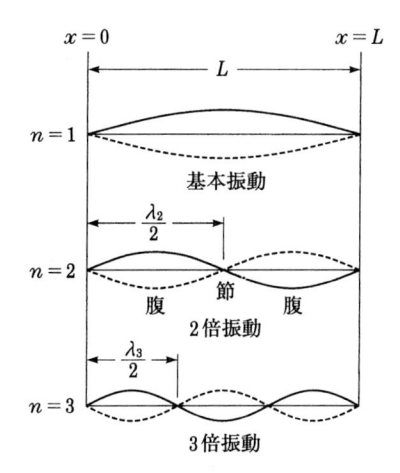

図 1.15 弦の固有振動．定常波の波長 $\lambda_n = 2L/n$, 振動数 $\nu_n = vn/2L$ ($n = 1, 2, 3, \cdots$), v は波の速さ．

フランク‐ヘルツの実験

原子の定常状態の存在を直接に確かめられるのがフランク‐ヘルツの実験である．

室温では，ほとんどの原子は基底状態にある（次節参照）．励起状態と基底状態のエネルギーの差 $E_2 - E_1$ より小さなエネルギーの電子が基底状態の原子に衝突しても，原子は励起状態には移れない．つまり，電子は衝突ではエネルギーを失えず，弾性衝突のみを行う．しかし，電子のエネルギーが $E_2 - E_1$ よりも大きくなると，電子は基底状態の原子と衝突して，これを励起状態に移し，エネルギー $E_2 - E_1$ を失う．

1913～14 年にフランクとヘルツは図 1.16 に示す装置で実験を行ない，図 1.17 に示す結果を得た．この結果は，次のように解釈される．

負極 K から飛び出した電子は，負極 K と金網 G の間の電位差 V の電場で加速され，正極 P より 0.5 V だけ高電位の金網 G の隙間を通り抜けて，正極 P に到達する．電圧 V を増加させていって，eV の値が $E_2 - E_1$ を超えると，電子の中には水銀原子との非弾性衝突でエネルギーを失い，電位の高い金網 G でさえぎられて，正極 P に到達できないものが現れ，電流 I は減少する．エネルギーを失った電子がその後さらに非弾性衝突したことを示すのが，約 4.9 eV 間隔で現れる第 2，第 3 の電流の減少である．

水銀原子が $E_2 - E_1 = 4.9$ eV の励起状態に励起されたことを確かめるには，励起された水銀原子が波長 $\lambda = ch/(E_2 - E_1) \fallingdotseq 2.5 \times 10^{-7}$ m の光を

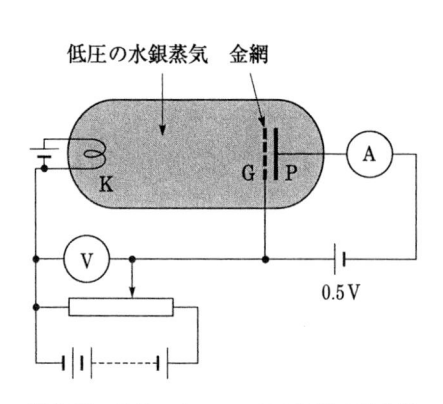

図 1.16　フランク-ヘルツの実験の概念図 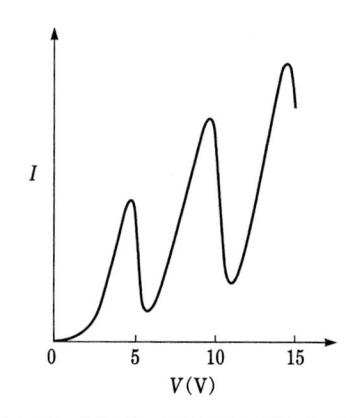　　図 1.17　金網 G の電圧 V と電流 I の関係

放射することを調べればよい．そこで，この管から放射される光のスペクトルを調べたところ，赤熱された負極から放射される連続スペクトル以外に，波長 2.536×10^{-7} m の線スペクトルが観測された．

§1.6　ボルツマン分布

古典統計力学によれば，密封した管の中の気体分子のように，絶対温度 T の壁に囲まれた中で莫大な数の構成粒子が互いに衝突し合ったり，壁に衝突したりしながら乱雑に運動している場合，構成粒子がエネルギー E をもつ確率は

$$e^{-E/k_\mathrm{B}T} \tag{1.27}$$

に比例する．k_B はボルツマン定数とよばれる定数で，その値は理想気体の状態方程式 $pV = nRT$ に現れる気体定数 $R = 8.315$ J/K·mol を 1 mol の物質中の分子数であるアボガドロ定数 $N_\mathrm{A} = 6.022 \times 10^{23}$/mol で割った

$$k_\mathrm{B} = \frac{R}{N_\mathrm{A}} = 1.38065 \times 10^{-23} \text{ J/K} \tag{1.28}$$

である．

確率分布 (1.27) を**ボルツマン分布**という．古典統計力学とは，物質のマクロな（巨視的な）性質を，ミクロな（微視的な）構成粒子の古典力学に従う振舞から統計的に導く学問である．

前節で述べたフランク–ヘルツの実験で，水銀気体の温度を $T = 340$ K (66.85 ℃) とすると

$$k_\mathrm{B}T = 4.7 \times 10^{-21} \text{ J} = 0.029 \text{ eV}$$

なので，340 K の水銀気体中の分子が励起エネルギー 4.9 eV の第 1 励起状態にある確率 P_2 と基底状態にある確率 P_1 の比は

$$\frac{P_2}{P_1} = \exp\left(-\frac{E_2 - E_1}{k_\mathrm{B}T}\right) \fallingdotseq 10^{-73} \tag{1.29}$$

である．したがって，この温度で管の中の水銀分子のほとんどは基底状態に

ある．

§1.7 不確定性原理と原子の安定性

§1.1で，古典物理学では，「水素原子は電磁波を放射してエネルギーを失い，電子の軌道半径は小さくなっていき，最後には電子と陽子は1点になってしまうことになるので，水素原子の大きさがなぜ一定であり，水素原子がなぜ安定に存在できるのかを説明できない」という困難があることを説明した．

この問題の解決は量子力学によって与えられるが，量子力学の基礎である不確定性原理だけを使っても定性的に理解できる．水素原子の安定性の原因は，量子力学では不確定性原理のために，古典力学には存在しない反発力が存在するからである．

電子が半径 r の狭い領域に閉じ込められると，位置のゆらぎ $\Delta x ≒ r$ なので，不確定性原理のために電子の運動量には $\Delta p ≒ \hbar/r$ 程度のゆらぎが生じる（$\hbar = h/2\pi$ で，エイチバーと読む）．すなわち，不確定性原理のために，水素原子の中の電子は少なくとも

$$\frac{(\Delta p)^2}{2m} ≒ \frac{\hbar^2}{2mr^2} \tag{1.30}$$

程度の運動エネルギーをもつ．したがって，クーロン引力のために電子が原子核の方へ引き寄せられて r が減少すると，電子の運動エネルギーは r の2乗に反比例して増加するので，エネルギー保存則のために，電子は原子核（陽子）のあまり近くまでは近寄ることができない．

電子と陽子のクーロン引力による位置エネルギーは

$$-\frac{e^2}{4\pi\varepsilon_0 r} \tag{1.31}$$

なので，半径 r の水素原子のエネルギー $E(r)$ は，(1.30) と (1.31) から，おおよそ

§1.7 不確定性原理と原子の安定性　35

$$E(r) = \frac{\hbar^2}{2mr^2} - \frac{e^2}{4\pi\varepsilon_0 r} \tag{1.32}$$

と推測される（図 1.18）．$E(r)$ が最小になる半径 r の値 r_0 は，$dE/dr = 0$ という式

$$-\frac{\hbar^2}{mr_0^3} + \frac{e^2}{4\pi\varepsilon_0 r_0^2} = 0$$

から導かれる

$$r_0 = \frac{4\pi\varepsilon_0 \hbar^2}{me^2} = 5.3 \times 10^{-11}\,\mathrm{m} \tag{1.33}$$

であり，これを**ボーア半径**という．エネルギーの最小値は (1.33) を (1.32) に代入して得られる

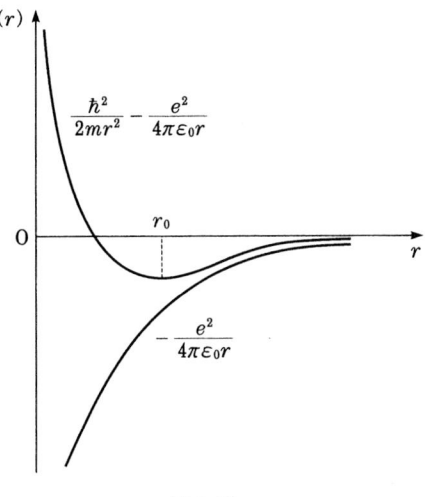

$$E = -\frac{me^4}{32\pi^2 \varepsilon_0^2 \hbar^2} = -13.6\,\mathrm{eV} \tag{1.34}$$

図 1.18

である．

このような近似的方法で求めた水素原子の基底状態のエネルギーは量子力学の厳密な結果と同一の値であり，また水素原子が放射，吸収する光の線スペクトルから得られた結果の (1.26) と正確に一致している．

水素原子中の電子の波動関数を求めるには，量子力学のシュレーディンガー方程式を解かなければならない．ここでは，基底状態の水素原子中に電子を発見する確率が陽子からの距離 r とともにどのように変化す

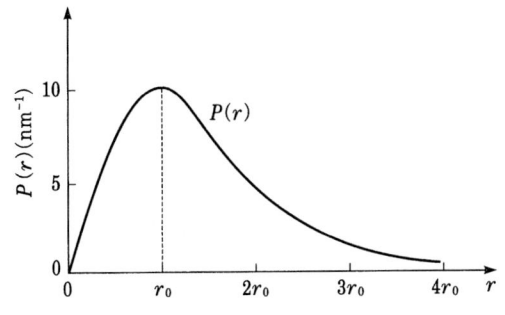

図 1.19　水素原子の基底状態の電子の軌道確率密度 $P(r)$．r_0 はボーア半径．

るかを表す軌道確率密度 $P(r)$ を図 1.19 に示す．(1.33) の r_0 は $P(r)$ が最大になる r の値に対応している．水素原子中の電子の分布が r_0 の周りに広がっているのは，電子の波動的性質のためである．

この説明で，水素原子が安定で，その大きさが一定である理由が定性的に理解できたと思う．

演習問題

[1] 可視光のスペクトルの両端 $\lambda = 3.8 \times 10^{-7}$ m, 7.7×10^{-7} m での光子のエネルギー E を J と eV の単位でそれぞれ求めよ．

[2] Na の仕事関数 W_0 は 2.3 eV である．限界振動数 ν_0 およびそのときの波長 $\lambda_0\,(= c/\nu_0)$ はそれぞれいくらか．

[3] 人間の眼が光を感じるのは，瞳孔を通る光のエネルギーが $(2\sim6) \times 10^{-17}$ J 以上のときである（光の波長が 5.1×10^{-7} m の場合）．この光の約 10 % が網膜の感光物質を励起して視覚を生じさせる．視覚を生じさせる最小の光子数はいくらか．

[4] 振動数 $\nu = 2.4 \times 10^{20}$ Hz の X 線が $\phi = 90°$ の方向にコンプトン散乱した．散乱 X 線の振動数 ν' はいくらか．また，はね飛ばされた電子の運動エネルギー K はいくらか．

[5] ド・ブロイ波長が原子の大きさ（約 10^{-10} m）くらいの，電子ビーム中の電子の速さ v を計算せよ．この速さは真空中の光速 c の約何分の 1 か．また，この電子の運動エネルギー E は約何 eV か．電子の質量 $m = 9.11 \times 10^{-31}$ kg および光速 $c = 3.00 \times 10^8$ m/s とせよ．

[6] 原子炉の内部（絶対温度 T）で発生する中性子は，炉の中での原子との衝突によって，その運動エネルギーは原子の熱エネルギー $(3/2)k_\mathrm{B}T$ と同程度になる．このような中性子を**熱中性子**という．$T = 300$ K のとき，この熱中性子

のド・ブロイ波長 λ と速さ v はそれぞれいくらになるか．中性子の質量を 1.67×10^{-27} kg，ボルツマン定数 k_B を $k_B = 1.38 \times 10^{-23}$ J/K とせよ．

[7] 図 1.12 のデビソン - ガーマーの実験で，Ni による反射電子ビームの強度が極大になる角度 θ（$n = 1$ の場合）は，加速電圧が 54 V のとき何度になるか．また，181 V のときは何度になるか．格子間隔 $d = 2.17 \times 10^{-10}$ m とせよ．

[8] 電子の位置を水素原子の大きさ程度の精度（$\Delta x = 0.5 \times 10^{-10}$ m）で決めたとする．そのときの電子の運動量の不確定さ Δp と速さの不確定さ $\Delta v = \Delta p/m$ を計算せよ．

電子を長さが約 10^{-10} m の領域に閉じ込めた場合に，この電子の運動エネルギー E は近似的に $(\Delta p)^2/2m$ だと考えられる．これは約何 eV か．これを水素原子の基底状態の結合エネルギー 13.6 eV と比較せよ．

アインシュタインが 3 大発見をした奇跡の年

1905 年は，スイス・ベルンの特許局技師であった 26 歳のアルバート・アインシュタイン（1879～1955 年）が本務の傍ら独力で，光量子と光電効果の理論，ブラウン運動の理論，特殊相対性理論という現代物理学の基礎となる画期的な 3 つの理論を立て続けに発表したので，「奇跡の年」とよばれている．

彼は 1900 年にスイス・チューリッヒの連邦工科大学を卒業したが大学に職を得られず，友人の父親の斡旋で 1902 年から特許の専門職に就いていたのであった．彼は特許局の仕事に真剣に従事した上に，物理学者の社会とほとんど個人的な接触なしに物理学の研究を行い，画期的な多くの成果を短期間に集中的に挙げた．これはまさに奇跡である．

なお，1666 年を物理学の歴史における最初の奇跡の年とよぶ人もいる．ペスト菌に襲われたケンブリッジから故郷に避難していたニュートンが，万有引力の法則，微積分法，光の分散を発見したのが 1666 年だと考えられるからである．

2 量子力学

　前章で学んだように，電子は空間を波動として伝わり，物質に衝突するときには粒子として振舞う．時刻 t と座標 (x, y, z) の関数 $\Psi(x, y, z, t)$ で空間を伝わる電子波を表し，これを波動関数とよぶ．時刻 t に場所 (x, y, z) で電子を検出しようとする場合に，電子を発見する確率は確率密度 $|\Psi(x, y, z, t)|^2$ に比例する．電子の示す波動と粒子の2重性の基礎にあるものが，波動関数とその確率的解釈である．

　電子波の伝わり方を表す法則，すなわち，波動関数の従う方程式は，1926年にシュレーディンガーが発見したシュレーディンガー方程式である．電子の従う力学はシュレーディンガー方程式に基づく量子力学である．

　この章では電子の1次元運動を例にして量子力学のキーポイントを学ぶ．まず，外力の作用を受けずに直進している電子ビームに対応する電子波を表す波動関数と，この波動関数を解としてもつシュレーディンガー方程式を学ぶ．続いて，ポテンシャルの窪みに束縛されている電子に対応する定常状態（束縛状態）を学ぶ．定常状態はとびとびのエネルギーの値しかとれないことが特徴である．最後に，古典力学に従う粒子では乗り越えられないポテンシャルの山を，量子力学に従う電子は透過できるというトンネル効果について学ぶ．

　ここで考える1次元の波動とは平面波，つまり，波の進行方向に垂直な平面上では位相（山や谷の様子）が同一な波で，波の進行方向が x 軸方向の場合には波動関数が $\Psi(x, t)$ という形をしている波である．

§2.1　1次元のシュレーディンガー方程式と波動関数
1次元の自由粒子のシュレーディンガー方程式と波動関数

この節の最初の部分では，

(1)　外力の作用を受けずに，x 軸に沿って直進している，運動量 p, エネルギー E の電子のビームに対応する電子波を表す波動関数を求める．

(2)　(1) で求めた形の波動関数のうちで，パラメーターとして含まれている p と E が古典力学における運動量とエネルギーの関係

$$E = \frac{p^2}{2m} \qquad (2.1)$$

を満たしているものだけを解としてもつ，波動方程式を求める．

この方法で，シュレーディンガー方程式を紹介するのと同時に，その解である平面波の波動関数を求める．つまり，古典力学と対応させながらシュレーディンガー方程式を紹介する．ところで，粒子性と波動性という2重性に基づく量子力学は，古典力学が適用できない場合に成り立つ．つまり，量子力学と古典力学との間には対応関係はあるが，量子力学は古典力学から論理的に導き出せるものではない．ニュートンの運動方程式と同じように，シュレーディンガー方程式も自然の基本的法則であることを注意しておく．

$+x$ 方向に進む波長 λ, 振動数 ν の波における媒質の変位 $\Psi(x,t)$ は，余弦関数と正弦関数を使って，

$$\Psi(x,t) = A\cos\left(\frac{2\pi x}{\lambda} - 2\pi\nu t\right) + B\sin\left(\frac{2\pi x}{\lambda} - 2\pi\nu t\right) \quad (2.2)$$

と表せる．ここで A, B は任意定数である．$2\pi x/\lambda - 2\pi\nu t$ は，周期的変化をする波の状態が波の周期のどこにあるかを示す，波の位相である．この波の波長が λ であることは，余弦関数と正弦関数が周期 2π の周期関数であることと，x が λ だけ大きいところでは位相が 2π だけ大きいことからわか

る．また，振動数が ν であることは，単位時間当りの位相の増加が $-2\pi\nu$ であることと，1振動当りの位相の変化が 2π であることからわかる．

エネルギー E，運動量 p の電子（質量 m）のビームが外力の作用を受けずに $+x$ 方向に等速直線運動を行う場合，(1.5) によれば，電子ビームが示す波動性により波長 λ と振動数 ν は

$$\lambda = \frac{h}{p}, \quad \nu = \frac{E}{h} \tag{2.3}$$

である．そこで，(2.3) を使うと (2.2) は

$$\begin{aligned}
\Psi(x,t) &= A\cos\frac{2\pi}{h}(px - Et) + B\sin\frac{2\pi}{h}(px - Et) \\
&= A\cos\frac{1}{\hbar}(px - Et) + B\sin\frac{1}{\hbar}(px - Et)
\end{aligned} \tag{2.4}$$

と表される．ここでエイチバーとよばれる定数 $\hbar$ は

$$\hbar = \frac{h}{2\pi} = 1.05 \times 10^{-34} \,\mathrm{J\cdot s} \tag{2.5}$$

である．

(2.4) は真空中を外力の作用を受けずに $+x$ 方向に直進する電子波が満たさなければならない関数形であるが，任意の値の A, B に対する (2.4) が電子波を表すわけではない（(2.9) を参照）．

波の従う運動方程式を**波動方程式**という．波動関数 $\Psi(x,t)$ は2変数 x, t の関数なので，求める波動方程式は x の微分（偏微分）と t の微分（偏微分）の両方を含む方程式である．

三角関数の微分の公式を使えば，(2.4) の $\Psi(x,t)$ を x で2回微分すると $-(p/\hbar)^2 \Psi(x,t)$ になり，それを $(-\hbar^2/2m)$ 倍すれば，

$$-\frac{\hbar^2}{2m}\frac{\partial^2 \Psi(x,t)}{\partial x^2} = \frac{p^2}{2m}\Psi(x,t) \tag{2.6}$$

であることがわかる．ここで，$\partial \Psi(x,t)/\partial x$ は，関数 $\Psi(x,t)$ の2つの変数 x と t のうち，変数 t を一定と見なして変数 x について微分したもの，つまり，x について偏微分した，

§2.1　1次元のシュレーディンガー方程式と波動関数　41

$$\frac{\partial \Psi}{\partial x} = \lim_{\Delta x \to 0} \frac{\Psi(x + \Delta x, t) - \Psi(x, t)}{\Delta x} \tag{2.7}$$

である．

ところで，(2.4) の $\Psi(x, t)$ を t で偏微分して，$\hbar$ 倍すると

$$\hbar \frac{\partial}{\partial t}\left[A \cos \frac{1}{\hbar}(px - Et) + B \sin \frac{1}{\hbar}(px - Et)\right]$$
$$= E\left[A \sin \frac{1}{\hbar}(px - Et) - B \cos \frac{1}{\hbar}(px - Et)\right] \tag{2.8}$$

となるので，右辺は一般に $\Psi(x, t)$ の E 倍ではない．ただ，$B = Ai$ の場合の (2.4)，つまり，

$$\Psi(x, t) = A\left[\cos \frac{1}{\hbar}(px - Et) + i \sin \frac{1}{\hbar}(px - Et)\right] \tag{2.9}$$

の場合には，

$$i\hbar \frac{\partial \Psi(x, t)}{\partial t} = E \Psi(x, t) \tag{2.10}$$

となる．ここで，A は任意定数で，一般に複素数である．

したがって，上の条件および運動量とエネルギーの関係 (2.1) が満たされている場合の平面波 (2.9) は，

$$-\frac{\hbar^2}{2m}\frac{\partial^2 \Psi(x, t)}{\partial x^2} = i\hbar \frac{\partial \Psi(x, t)}{\partial t} \tag{2.11}$$

の解であることがわかった．このような外力の作用を受けずに x 方向に伝わっている電子波の従う波動方程式 (2.11) を，**1次元の自由粒子のシュレーディンガー方程式**という．電子波の波動方程式には虚数単位 $i = \sqrt{-1}$ が現れ，解の波動関数も複素数であるが，実験で観測される量は $|\Psi(x, t)|^2$ のような実数である．

章末の付録に示すように，

$$\cos x + i \sin x = e^{ix} \tag{2.12}$$

なので，波動関数 (2.9) は

$$\Psi(x,t) = Ae^{i(px-Et)/\hbar} = Ae^{ipx/\hbar}e^{-iEt/\hbar} \quad (2.13)$$

と表される ($e^{a+b} = e^a e^b$ という性質を使った). なお, $de^{ax}/dx = ae^{ax}$ なので,

$$\frac{de^{ipx/\hbar}}{dx} = i\frac{p}{\hbar}e^{ipx/\hbar}, \quad \frac{de^{-iEt/\hbar}}{dt} = -i\frac{E}{\hbar}e^{-iEt/\hbar} \quad (2.14)$$

である. (2.14) を使えば, (2.13) が (2.11) の解であることが容易にわかる.

(2.9) に出てくる p は運動量の大きさを表す正の実数であるが, (2.13) に出てくる p を運動量の x 成分を表す実数と見なすことにする. p が正数の場合の (2.13) は $+x$ 方向に進む電子波を表すが, p が負数 ($p = -|p| < 0$) の場合の (2.13),

$$\Psi(x,t) = Ae^{i(px-Et)/\hbar} = Ae^{i(-|p|x-Et)/\hbar} = Ae^{-i|p|x}e^{-iEt/\hbar} \quad (2.15)$$

は, $-x$ 方向に進む電子波を表す. なお, $e^{iEt/\hbar}$ という因子を含む解は (2.11) を満たさないので, シュレーディンガー方程式には

$$\Psi(x,t) = Ae^{i(px+Et)/\hbar} = Ae^{ipx/\hbar}e^{iEt/\hbar}$$

という形の解はない. 時刻 t は常に $e^{-iEt/\hbar}$ という因子で波動関数に現れる.

式を簡潔にするために, 角振動数 ω と波数 k,

$$\omega = 2\pi\nu \quad (2.16)$$

$$k = \frac{2\pi}{\lambda} \quad (2.17)$$

を導入すると, (2.13) は

$$\Psi(x,t) = Ae^{i(kx-\omega t)} = Ae^{ikx}e^{-i\omega t} \quad (2.18)$$

と簡潔になる. k を波数とよぶ理由は, k は単位長さ当りにくり返される波の数だからである.

1 次元のシュレーディンガー方程式

位置エネルギー $V(x)$ で決まる保存力のみの作用を受けて, x 軸に沿っ

て運動する電子が従う波動方程式は，古典力学でのエネルギーの式が $E = p_x^2/2m + V(x)$ であることから，自由な電子に対する波動方程式 (2.11) に位置エネルギーによる項を追加した，

$$-\frac{\hbar^2}{2m}\frac{\partial^2 \Psi(x,t)}{\partial x^2} + V(x)\Psi(x,t) = i\hbar\frac{\partial \Psi(x,t)}{\partial t} \quad (2.19)$$

である．この波動方程式は**時間に依存する1次元のシュレーディンガー方程式**とよばれる．

平面波を表す (2.13) は

$$\Psi(x,t) = \Psi(x)e^{-iEt/\hbar} \quad (2.20)$$

という形をしているが，位置エネルギーがゼロでない場合にも，エネルギーが一定値 E の電子に対応する電子波の波動関数は (2.20) の形をしている．そこで，(2.20) を (2.19) に代入すると，電子のエネルギーが一定値 E の場合の1次元のシュレーディンガー方程式

$$-\frac{\hbar^2}{2m}\frac{d^2\Psi(x)}{dx^2} + V(x)\Psi(x) = E\Psi(x) \quad (2.21)$$

が得られる（ここで，$\Psi(x)$ は x だけの関数なので，$\partial^2\Psi(x)/\partial x^2$ ではなく，$d^2\Psi(x)/dx^2$ である）．(2.21) を**時間に依存しない1次元のシュレーディンガー方程式**という．

§2.2　定常状態 I：　無限に深い井戸型ポテンシャル

図 2.1 に示す無限に深い井戸型ポテンシャル（位置エネルギー）

$$V(x) = \begin{cases} \infty & (x < 0) \\ 0 & (0 \leq x \leq L) \\ \infty & (L < x) \end{cases} \quad (2.22)$$

を考える．量子力学では，位置エネルギーをポテンシャルと略してよぶのが慣習である．

古典力学では，エネルギーが E の電子は $V(x) > E$ の領域 $x < 0$ と $x > L$ には入り込めず，領域 $0 \leq x \leq L$ では電子に力が作用しないので，電子はこの長さ L の領域で等速の往復運動を行う．では，量子力学ではどうなるのだろうか．

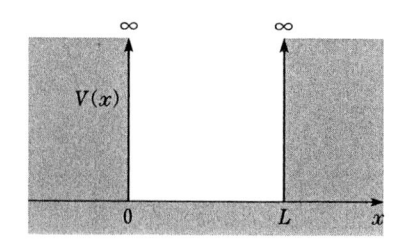

図 2.1 無限に深い井戸型ポテンシャル

量子力学では，この場合の時間に依存しないシュレーディンガー方程式 (2.21) は

$$-\frac{\hbar^2}{2m}\frac{d^2\Psi}{dx^2} = E\Psi \qquad (0 \leq x \leq L) \qquad (2.23\,\text{a})$$

$$-\frac{\hbar^2}{2m}\frac{d^2\Psi}{dx^2} + V(x)\Psi = E\Psi \qquad (V(x) = \infty,\ x < 0,\ x > L)$$
$$(2.23\,\text{b})$$

となる．$V(x) = \infty$ の領域 $x < 0$ と $x > L$ に電子はまったく侵入できず，

$$\Psi(x) = 0 \qquad (x < 0,\ x > L) \qquad (2.24)$$

である．波動関数 $\Psi(x)$ は境界の $x = 0$ と $x = L$ で連続なので，領域 $0 \leq x \leq L$ での波動関数に対する境界条件

$$\Psi(0) = \Psi(L) = 0 \qquad (2.25)$$

が導かれる（理解しにくいようであれば，次節を学んだあとで，$V(x)$ は有限として，$V(x) \to \infty$ の極限を考えよ）．

ここで，

$$E = \frac{\hbar^2 k^2}{2m} \qquad (2.26)$$

とおくと，シュレーディンガー方程式 (2.23 a) は

$$\frac{d^2\Psi}{dx^2} = -k^2\Psi \qquad (2.27)$$

となる．単振動の微分方程式でもある (2.27) の一般解は，

§2.2 定常状態 I：無限に深い井戸型ポテンシャル　　45

$$\Psi(x) = A \sin kx + B \cos kx \quad \left(k = \frac{\sqrt{2mE}}{\hbar} \right) \quad (2.28)$$

と表される．ただし，この場合の A, B は任意の複素数である．

単振動の解 (2.28) に $x = 0$ での境界条件 $\Psi(0) = 0$ を課すと

$$0 = \Psi(0) = A \sin 0 + B \cos 0 = B, \quad \therefore \quad B = 0 \quad (2.29)$$

$$\therefore \quad \Psi(x) = A \sin kx \quad (2.30)$$

が得られる．

次に (2.30) に $x = L$ での境界条件 $\Psi(L) = A \sin kL = 0$ を課すと，$A \neq 0$ で $\sin kL = 0$ なので，$kL = \pi, 2\pi, 3\pi, \cdots$ であり，k としてとびとびの値，

$$k_n = \frac{n\pi}{L} \quad (n = 1, 2, 3, \cdots) \quad (2.31)$$

だけが許される．したがって，無限に深い井戸型ポテンシャル中の電子の波動関数は

$$\Psi_n(x) = \sqrt{\frac{2}{L}} \sin \frac{n\pi x}{L} \quad (n = 1, 2, 3, \cdots, \quad 0 \leq x \leq L) \quad (2.32)$$

となる．ここで，全空間（$x = -\infty$ から $x = \infty$ までの全領域）のどこかに電子を発見する確率は 1 であるという，波動関数の**規格化条件**，

$$\int_{-\infty}^{\infty} |\Psi(x, t)|^2 dx = 1, \quad \int_{-\infty}^{\infty} |\Psi(x)|^2 dx = 1 \quad (2.33)$$

を使って，波動関数の係数 A を $\sqrt{2/L}$ とした．

波動関数 (2.32) は両端が $x = 0$ と $x = L$ に固定されている長さ L の弦に生じる定常波と同じ形をしていることを注意しておく（図 1.15 参照）．

さて，(2.31) の k_n を (2.26) に代入すると，電子のエネルギー E は

$$E_n = \frac{n^2 \pi^2 \hbar^2}{2mL^2} \quad (n = 1, 2, 3, \cdots) \quad (2.34)$$

となり，電子のエネルギー E はとびとびの値だけをとることがわかる．

§1.5 で説明したように，とびとびの値のエネルギー (2.34) をもつ状態

は定常状態であり，これは有限な長さの弦に生じるとびとびの値の振動数の定常波に対応する．(2.34) は**定常状態のエネルギー**であり，(2.32) は**定常状態の波動関数**である．

図 2.2 に $n = 1, 2, 3, 4$ の場合の定常状態のエネルギー E_1, E_2, E_3, E_4 と波動関数 $\Psi_1(x)$, $\Psi_2(x)$, $\Psi_3(x)$, $\Psi_4(x)$ を示した．エネルギーの一番低い定常状態を**基底状態**とよぶ．基底状態の波動関数 $\Psi_1(x)$ は $\Psi_1(x) = 0$ となる節が領域 $0 < x < L$ にはない．基底状態以外の状態を**励起状態**とよぶ．励起状態の波動関数 $\Psi_n(x)$ $(n = 2, 3, \cdots)$ の領域 $0 < x < L$ にある節の数 $n - 1$ は，状態のエネルギーの値が増加すると 1 つずつ増加する．なお，電子の状態を指定する整数 n を，状態の**量子数**という．

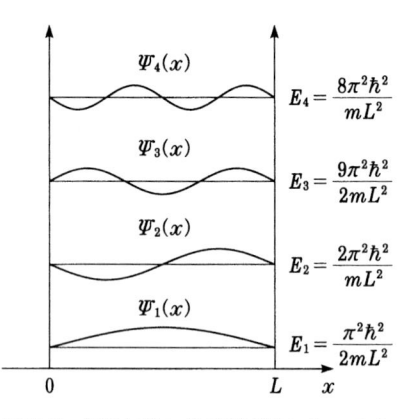

図 2.2 無限に深い井戸型ポテンシャル中の定常状態のエネルギーと波動関数

電子が有限な長さの領域 $0 \leqq x \leqq L$ に閉じ込められると，量子力学では電子のもつことのできるエネルギー E の値はとびとびの値に限られることがわかった．このことは，負でない任意の値の運動エネルギーをとることが許される古典力学の場合とは大きな違いである．

古典力学では，位置エネルギー (2.22) をもつ保存力の作用をうけて運動する粒子のエネルギー E の最小値は，速さ $v = 0$ の粒子のエネルギー $E = 0$ である．これに対して量子力学では，エネルギーが最小の状態である基底状態のエネルギーは，$E_1 = \pi^2 \hbar^2 / 2mL^2$ である．この両者の違いの原因は不確定性関係である．電子は長さ L の領域に存在するので位置の不確定さは $\Delta x \sim L/2$ であり，(1.20) によって，$\Delta p \geqq \hbar / 2\Delta x \sim \hbar / L$ 程度の運動量のゆらぎがある．したがって，電子は $E \sim (\Delta p)^2 / 2m \sim \hbar^2 / 2mL^2$ 程度の大きさの運動エネルギーをもつ．絶対零度でも，無限に深い井戸型ポテンシャル

の中にある電子の運動エネルギーはゼロにはならない．E_1 の値を**零点エネルギー**とよぶ．

§2.3　定常状態II：　一般のポテンシャルの場合

前節では，無限に深い井戸型ポテンシャルを考えた．この場合には，電子のエネルギーがとれる値はとびとびの値であることがわかった．次に，深さが有限なポテンシャル（図2.3）を考えよう．

この節では，電子のエネルギー E が $-V_0 \leqq E < 0$ で，古典力学では

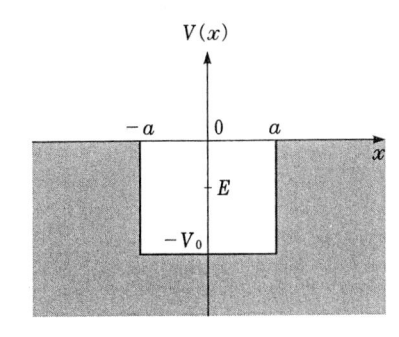

図2.3　井戸型ポテンシャル

電子は $V(x) < E$ の領域 $-a \leqq x \leqq a$ でのみ運動でき，$E < V(x)$ の領域 $x < -a,\ x > a$ には侵入できない場合を考える．すなわち，古典力学では電子が $V(x) < E$ の領域 $-a \leqq x \leqq a$ に閉じ込められている場合である．このとき，量子力学ではどうなるのだろうか．

ポテンシャルが図2.3で $\pi\hbar \leqq 2a\sqrt{2mV_0} < 2\pi\hbar$ の場合のシュレーディンガー方程式を解くと，$E < 0$ の解は図2.4に示す2つだけである（ポテンシャルの窪みの幅 $2a$ や深さ V_0 が増加すると，$E < 0$ の解の数は増加していく）（演習問題［3］参照）．解は，次の2つの特徴をもつ．

(1)　電子のエネルギー E は，$E < 0$ の任意の値をとれず，とびとびの値しかとれない．

(2)　古典力学では電子が侵入できない $E < V(x)$ の領域（$|x| > a$）にも，電子は侵入できる．ただし，$V(x) \leqq E$ の領域から離れるにつれて電子の確率密度 $|\Psi(x)|^2$ は急激に小さくなる．

電子の確率密度がポテンシャルの窪みの中とその近傍にのみ局在するとびとびのエネルギーの状態を，**電子の束縛状態**とよぶ．ポテンシャルの窪みが

48　2. 量子力学

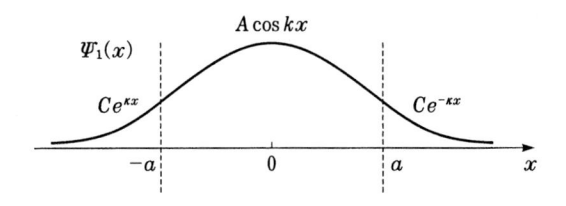

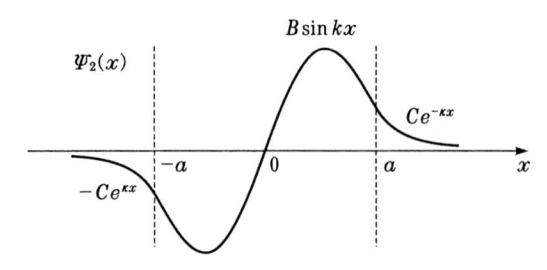

図2.4 井戸型ポテンシャル中の基底状態 $\Psi_1(x)$ と第1励起状態の波動関数 $\Psi_2(x)$. $x \to \infty$ と $x \to -\infty$ で $\Psi(x)$ が0という条件, およびポテンシャルが不連続な点の $x = -a$ と $x = a$ で, Ψ と $d\Psi/dx$ の値が連続であるという条件から, エネルギーのとることのできる値はとびとびの値に限られることが導かれる (演習問題 [3] 参照).

深く, 幅が広いほど, 束縛状態の数は多くなる.

先の2つの特徴 (1), (2) は, 図2.3のポテンシャルばかりでなく, 図2.5のような窪みがあるポテンシャルには常に存在する一般的な特徴である.

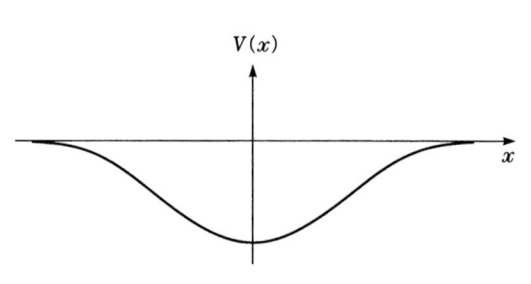

図2.5 位置エネルギーに窪みがある場合

このような量子力学の結論は実験的に確かめられている. 特徴 (1) の実験的証拠が, §1.5で紹介した, 原子が放射, 吸収する光の線スペクトルである. 特徴 (2) の実験的証拠としては, 古典力学では通過できない $V(x) > E$ の領域を電子が透過する「トンネル効果」がある (§2.5参照).

時間に依存しないシュレーディンガー方程式の解として得られるエネルギー E の値を**エネルギー固有値**といい，波動関数を**エネルギー固有関数**という．このような解に対応する電子の状態を**エネルギー固有状態**という．

§2.4 調和振動子ポテンシャル

古典力学では，安定なつり合い点は位置エネルギー $V(x)$ の極小値に対応する．したがって，$x = a$ が質点（質量 m）の安定なつり合い点だとすると，この点の近傍での位置エネルギーは

$$V(x) \fallingdotseq V(a) + \frac{1}{2}m\omega^2(x-a)^2 \quad (2.35)$$

と近似できる（図 2.6）．したがって，古典力学での質点の運動方程式は

$$m\frac{d^2x}{dt^2} = F = -\frac{dV}{dx} = -m\omega^2(x-a) \quad (2.36)$$

となり，これを解くと，質点は点 $x = a$ の近傍で角振動数 ω の単振動

$$x = a + A\cos(\omega t + \alpha) \quad (2.37)$$

を行うことがわかる．ここで A と α は定数である．単振動は調和振動ともいうので，単振動を行う系を**調和振動子**とよび，位置エネルギー (2.35) を**調和振動子ポテンシャル**という．

振動は日常生活のいたるところで見られる．ミクロな世界の分子や原子核も振動している．この節では $a = 0$，$V(a) = 0$ の場合の調和振動子ポテンシャル，

$$V(x) = \frac{1}{2}m\omega^2 x^2$$

$$(2.38)$$

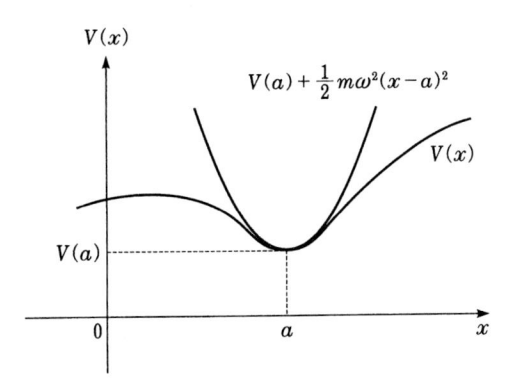

図 2.6 安定なつり合い点 $x = a$ とその近傍での位置エネルギー $V(x)$

をもつ，時間に依存しないシュレーディンガー方程式

$$-\frac{\hbar^2}{2m}\frac{d^2\Psi}{dx^2}+\frac{1}{2}m\omega^2 x^2\Psi=E\Psi \qquad (2.39)$$

の解，すなわちエネルギー固有値とエネルギー固有関数を求める．$|x|\to\infty$ で $V(x)\to\infty$ なので，古典力学ではどのような値のエネルギー E をもつ粒子も $E>V(x)$ の領域に閉じ込められる．したがって，前節の議論から，この場合の固有状態はすべて束縛状態で，そのエネルギー（エネルギー固有値）はとびとびの値である．

計算の結果，電子のエネルギーがとれる値 E は，間隔が $\hbar\omega$ の等間隔で，

$$E_n=\left(n+\frac{1}{2}\right)\hbar\omega \qquad (n=0,1,2,\cdots) \qquad (2.40)$$

であることがわかる．$n=0,1,2$ の場合の波動関数，

$$\left.\begin{aligned}\Psi_0(x)&=\left(\frac{\alpha}{\sqrt{\pi}}\right)^{1/2}e^{-\alpha^2 x^2/2}\\ \Psi_1(x)&=\left(\frac{\alpha}{2\sqrt{\pi}}\right)^{1/2}2\alpha x e^{-\alpha^2 x^2/2}\\ \Psi_2(x)&=\left(\frac{\alpha}{8\sqrt{\pi}}\right)^{1/2}(4\alpha^2 x^2-2)e^{-\alpha^2 x^2/2}\end{aligned}\right\} \qquad (2.41)$$

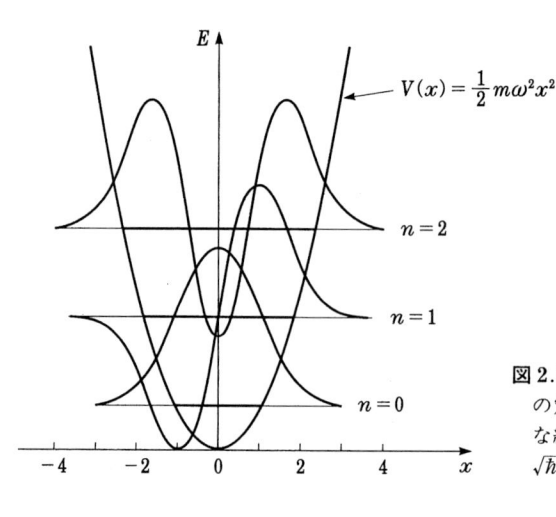

図 2.7 調和振動子ポテンシャル中の定常状態のエネルギー（水平な線）と波動関数（横軸の単位は $\sqrt{\hbar/m\omega}$）

を図2.7に示す．ここで，$a = \sqrt{m\omega/\hbar}$ である．波動関数の図から，古典力学では電子が侵入不可能な $E < V(x)$ の領域にも，電子波がある程度は侵入することがわかる．

この場合も，基底状態のエネルギーはゼロではなく $\hbar\omega/2$ である．これを**零点エネルギー**とよぶ．

§2.5　トンネル効果

図2.8のような箱型の山があるポテンシャルを考える．ポテンシャルの山の高さ V_0 より小さな運動エネルギー E（$0 < E < V_0$）をもつ電子が左から右へ進んでいき，$x = 0$ に到達したとする．すぐ右の領域 $0 < x < a$ には高さ V_0 のポテンシャルの山があり，そこでは $E < V(x)$ なので，運動エネルギーが負になる．したがって，古典力学ではこのような領域に電子が侵入することは不可能で，$x = 0$ で左向きの力が作用して電子は左の方へはね返される．ポテンシャルの山を越えて，山の右側の領域に電子が進んでいくことは絶対にない．

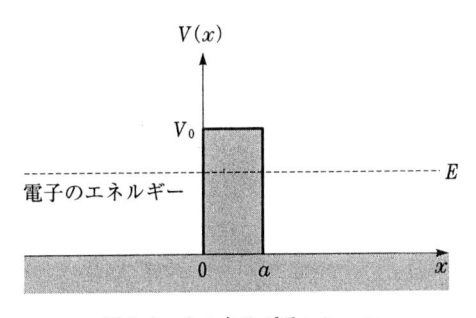

図2.8　山のあるポテンシャル

しかし，前節で示したように，古典力学では侵入不可能な $E < V(x)$ の領域にも，量子力学に従う電子は波動性によってある程度は侵入できる．こうして電子が $E < V(x)$ の領域に侵入して，$x = a$ まで到達すると，電子は運動エネルギー E をもって右の方へどこまでも進んでいく．

このように，古典力学では不可能なことが量子力学では可能になる．この現象は，電子がポテンシャルの山にトンネルを掘って山の向こう側へ現れるように見えるので**トンネル効果**という．トンネル効果は電子の波動性によって生じる．

52   2. 量子力学

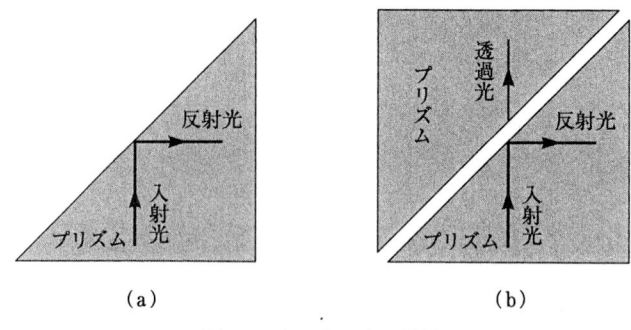

(a)　　　　　　　　　(b)

図2.9　光のトンネル効果

　類似の現象は光でも見られる．図2.9(a)の場合，プリズムの中を伝わる光は空気との境界面で全反射される．この場合，光の空気中への透過率はゼロであるが，光は空気中に数波長程度の距離までしみ出しており，別のプリズムをそばに近づけると，光の一部はこのプリズムの中へ透過していく（図2.9(b)）．

　トンネル効果を実験的に示すには，冷たい金属の表面に垂直に強い電場をかければよい．電場のおよぼす電気力のために，ポテンシャルは図2.10(b)のようになる（見やすい図を描く都合上，真空中にある負電圧のかかっている金属の板を考え，図には金属の表面に垂直な方向のポテンシャルの様子を

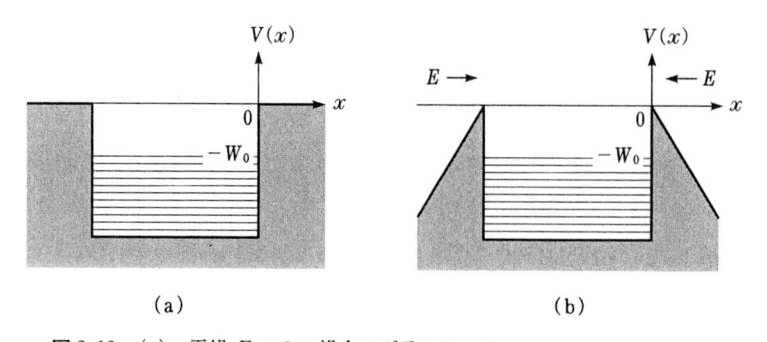

(a)　　　　　　　　　(b)

図2.10　(a)　電場 $E=0$ の場合のポテンシャル
　　　　電子はポテンシャルの井戸の中（金属の中）に閉じ込められている
　　　　（$-W_0$ は電子の最大エネルギー）．
　　　(b)　電場 $E \neq 0$ の場合のポテンシャル
　　　　電子はポテンシャルの薄い壁を透過して井戸（金属）の外に出ていく．

示した).電場を強くすると,金属表面でのポテンシャルの山の厚さは薄くなり,トンネル効果が起こる.表面での強い電場によって,冷たい金属の表面から電子が放射される現象は1922年に観測されていたが,量子力学の誕生によって1928年にトンネル効果として説明された.この現象は電子顕微鏡の電子ビーム源などに利用されている(例えば,図1.11の実験の電子ビーム源).

2つの導体あるいは半導体の間に薄い絶縁体をポテンシャルの山として挟んでサンドイッチを作れば,電子のトンネル効果が現れる.1958年に,p型半導体とn型半導体の間にごく薄い絶縁体(実際には半導体)を挟んだ素子にトンネル効果が現れることを江崎玲於奈が発見した.この素子をエサキダイオードあるいはトンネルダイオードという.電子の透過率はダイオードに加える電圧で変化する.

図2.8の箱型の山があるポテンシャルに対する電子の透過率 T は

$$T = \left[1 + \frac{V_0^2 \sinh^2 \kappa a}{4E(V_0 - E)}\right]^{-1} \quad (2.42)$$

となることは量子力学の教えるところである.ここで

$$\kappa = \frac{1}{\hbar}\sqrt{2m(V_0 - E)}, \quad \sinh \kappa a = \frac{e^{\kappa a} - e^{-\kappa a}}{2} \quad (2.43)$$

である.

$E > V_0$ の場合には,古典力学では,電子はポテンシャルの山を乗り越えて必ず $x > a$ の領域に進み,反射は起こらない($x = 0$ での山の側面が垂直でなく,わずかに傾いているとせよ).しかし,量子力学では,特別の場合を除けば,透過率は1ではない(反射率はゼロではない).透過率 T は

$$T = \left[1 + \frac{V_0^2 \sin^2 k'a}{4E(E - V_0)}\right]^{-1} \quad \left(k' = \frac{\sqrt{2m(E - V_0)}}{\hbar}\right)$$
$$(2.44)$$

である.電子の透過率 T は mV_0a^2 と E/V_0 によって決まる.図2.11に,mV_0a^2 の3つの値に対する透過率 T を E/V_0 の関数として示す.

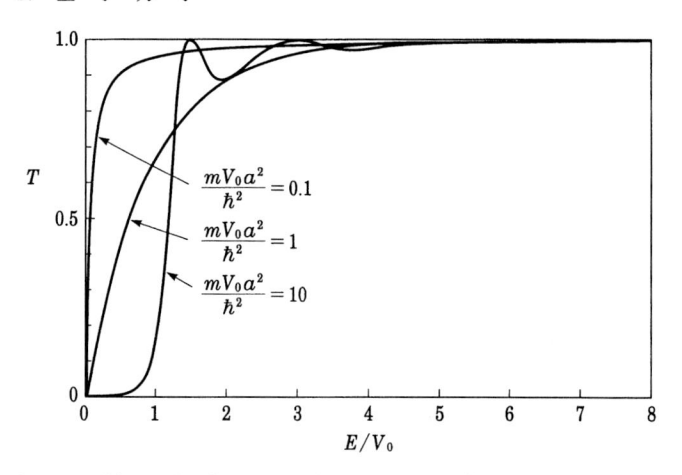

図 2.11 電子の透過率 T. トンネル効果による電子の透過率 T は，ポテンシャルの山の高さ V_0，厚さ a，透過する粒子の質量 m のいずれもが小さいほど，大きい．

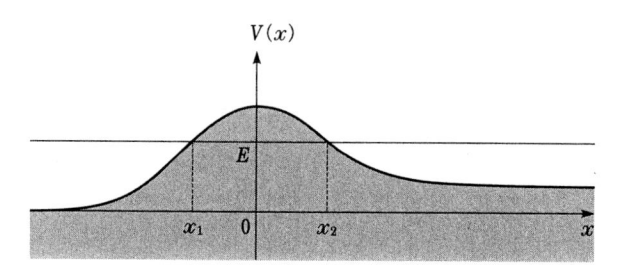

図 2.12 一般の場合のポテンシャルの山

ポテンシャルが箱型でない一般の形（図 2.12）の場合の電子の透過率 T を正確に求めることは難しい．このときも $T \ll 1$ の場合，(2.42) の近似式 $T \sim e^{-2\kappa a}$ が有用である．一般のポテンシャルの場合，$\kappa a = \frac{a}{\hbar}\sqrt{2m(V_0 - E)}$ に対応するものは $\frac{1}{\hbar}\int_{x_1}^{x_2} dx \sqrt{2m(V(x) - E)}$ なので，透過率 T の $T \ll 1$ の場合の近似式として，

$$T \sim \exp\left[-\frac{2}{\hbar}\int_{x_1}^{x_2} dx \sqrt{2m[V(x) - E]}\right] \tag{2.45}$$

が得られる.

トンネル効果による電子の透過率は,ポテンシャルの山の高さ V_0 を低くしたり,厚さ a を薄くすると急激に増加する.エネルギー $E = 10\,\text{eV}$ の電子が,高さ $V_0 = 30\,\text{eV}$ で,厚さ a が (1) $1.0\,\text{nm}$,(2) $0.10\,\text{nm}$ のポテンシャルの山を透過するときの透過率 T を,近似式 $T \sim e^{-2\kappa a}$ を使って実際に計算して確かめてみよう.

$V_0 - E = 20\,\text{eV} \times (1.6 \times 10^{-19}\,\text{J/eV}) = 3.2 \times 10^{-18}\,\text{J}$ であるから,

(1) $a = 1.0\,\text{nm} = 1.0 \times 10^{-9}\,\text{m}$ のとき

$$\kappa a = \frac{1}{\hbar}\sqrt{2m(V_0 - E)}\,a$$

$$= \sqrt{\frac{2(9.11 \times 10^{-31}\,\text{kg})(3.2 \times 10^{-18}\,\text{J})}{(1.05 \times 10^{-34}\,\text{J·s})^2}} \times 1.0 \times 10^{-9}\,\text{m} \fallingdotseq 23$$

$$T \sim e^{-2\kappa a} = e^{-46} \fallingdotseq 1.1 \times 10^{-20}$$

となる.

(2) $a = 0.10\,\text{nm} = 1.0 \times 10^{-10}\,\text{m}$ のとき,$\kappa a \fallingdotseq 2.3$ となるので,

$$T \sim e^{-2\kappa a} = e^{-4.6} \fallingdotseq 1.1 \times 10^{-2}$$

となる.

§2.6 レーザー

レーザー (laser) は,誘導放射による光の増幅という意味の英語 Light Amplification by Stimulated Emission of Radiation の頭文字から作った略語で,初期の段階では,可視光とその周辺の周波数領域のもののみを意味したが,その後あらゆる周波数のものの総称になった.レーザーは,各原子から放射される光波の振動の位相が揃い,遠くへ伝わっても広がらない,細くて,強力な単色光のビームを作り出す装置である.これに対して,普通の光源では個々の原子が他の原子とは無関係に光を放射するので,光は全方向に放射され,また異なる原子の放射する光の位相は揃っていない.

図2.13のような準位構造の原子は，励起状態bにあるときには振動数 $\nu_{ab} = (E_b - E_a)/h$ の光を放射して基底状態aに遷移する．この遷移は原子の周囲に光が存在しなくても起こるが（**自発放射**という），原子に振動数 ν_{ab} の光を入射すると，この光に誘発されて，原子は入射光と同じ向きに同じ振動数 ν_{ab} で同じ位相の光を放射する．この現象を**誘導放射**という．誘導放射された光と入射光は強め合う干渉をして，強い光になる．励起状態bの原子が数多く存在すれば，さらに強い誘導放射が起こり，光のエネルギーは増加する（1つの状態に1個しか存在できない電子とは異なり，光子は1つの状態に何個でも存在できる）．つまり，光の増幅が起こる．

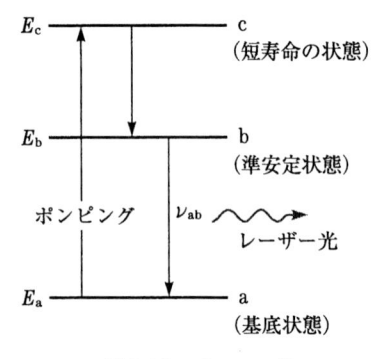

図2.13 ポンピング

ところが，励起状態bにある原子から誘導放射された振動数 ν_{ab} の光は，基底状態aにある原子によって吸収される．熱平衡状態で原子はボルツマン分布に従うので（§1.6），エネルギー E_n の原子数 N_n は $e^{-E_n/k_B T}$ に比例する．したがって，熱平衡状態では基底状態aの原子数は励起状態bの原子数よりはるかに多い．そのため，振動数 ν_{ab} の光は基底状態の原子に吸収されてしまい，光の増幅は起こらない．

強い誘導放射光を放出させるには，励起状態bの原子数が基底状態aの原子数より多いという逆転分布状態を実現する必要がある．そのために，電子ビームを当てたり，別の振動数の強い光を当てることによって，基底状態aの原子をまず励起状態cに励起させる．これはポンプで水を高い所にくみ上げるのに似ているので，ポンピングという．寿命の短い励起状態cの原子はすぐに寿命が長い準安定な状態bに遷移する．このようにして，a→c→bという過程によって，基底状態にある原子よりも励起状態bにある原子の

数を多くすることができる.

逆転分布状態になった物質が,向かい合わせの2枚の反射鏡(反射板)の間に置かれていると,2枚の鏡の間で定常波になる共振周波数の光が誘導放射で増幅され,発振状態になり,その一部が細い単色の光線になって外部に放射される.これがレーザー発振器の原理である.レーザー作用を示す物質は多く,発振用の光の媒質として,気体,液体,固体,半導体などが使われている.

レーザー光は光ファイバーを通して光通信に使われ,CDの読み出し,レーザープリンター,レーザーメスを始め多くの機器や装置に使われ,光技術の大きな革新をもたらし,科学技術の諸分野に大きな影響を与えている.

レーザーから発振される光は,非常に良い指向性をもち,強度が強く,単色で,位相が空間的にも時間的にも揃っているという特性をもっている.

(1) 指向性: レーザー光は細いビームになって,反射や屈折をさせない限り,一直線に進む.しかし,光波の回折する性質のために,遠方に行くにつれて少しずつ広がる.この広がりの角 $\Delta\theta$ は,ビームの直径を D,レーザー光の波長を λ とすると,$\Delta\theta \sim \lambda/D$ である.例えば,波長 $0.6\,\mu$m の黄赤色のビームの直径が 2 mm だとすると,$\Delta\theta \sim 3\times 10^{-4}$ rad であり,1 km 進行しても 0.3 m 程度しか広がらない.

(2) 光の強度: レーザー光は指向性が良いので,焦点距離の短い凸レンズを使うと,波長程度の小さなスポットに集光できる.このとき焦点での光のエネルギー密度は非常に高くなる.光の電場の強度を強くすると,すべての物質をイオン化できる.失明のおそれがあるので,レーザー光が眼に直接当らないように万全の注意を払わなければならない.

(3) 単色性: 光の振動数 ν のばらつき $\Delta\nu$ は非常に小さい.安定な気体レーザーでは $\Delta\nu/\nu \sim 10^{-15}$ 程度にすることも可能である.

(4) 位相： レーザーでは，原子，イオンなどが位相の揃った光を誘導放射するので，2つの光源からの光は干渉し，1つの光源から異なった時間に放射された光も干渉する．

演習問題

[1] 無限に深い井戸型ポテンシャル中の電子の定常状態（$n=1,2,3$）のエネルギー E_1, E_2, E_3 はそれぞれ何 eV か，井戸の幅が（1）10^{-10} m，（2）10^{-8} m の場合について計算せよ．ただし，電子の質量は 9.11×10^{-31} kg である．

[2] 前問の場合，電子が $n=2$ の状態から $n=1$ の状態へ遷移するときに放射される光の波長 λ を求めよ．また，放射される光は可視光か．

[3] 図 2.3 のポテンシャルで $-V_0 < E < 0$ の場合のシュレーディンガー方程式は，

$$\frac{d^2\Psi}{dx^2} = \kappa^2 \Psi \quad \left(\kappa = \frac{\sqrt{-2mE}}{\hbar}, \quad x < -a, \; x > a\right)$$

$$\frac{d^2\Psi}{dx^2} = -k^2 \Psi \quad \left(k = \frac{\sqrt{2m(E+V_0)}}{\hbar}, \quad -a < x < a\right)$$

であり，これらの式の解は

$$\Psi = Ae^{\kappa x} + Be^{-\kappa x} \quad (x > a)$$
$$\Psi = C\sin kx + D\cos kx \quad (-a < x < a)$$
$$\Psi = Fe^{\kappa x} + Ge^{-\kappa x} \quad (x < -a)$$

と表せることを示せ（$\Psi = \Psi(x)$）．ここで，A, B, C, D, F, G は定数である．

次に，規格化条件（2.33）によって，$A=0$, $G=0$ であることを示せ．

最後に，$x=-a$ と $x=a$ で，Ψ と $d\Psi/dx$ の値が連続であるという 4 つの境界条件を求め，それから，k と κ が満たすべき条件を導け．なお，この連立方程式が解をもつのは，エネルギー E が特定のとびとびの値（エネルギー固有

[4] 図2.8で $V_0 = 10\,\text{eV}$, $a = 0.50\,\text{nm}$ のポテンシャルの山に向かって電子が入射する.電子の透過率 $T = 1.0\,\%$ の場合の電子のエネルギー E はいくらか.$T \sim e^{-2\kappa a}$ を使え.

[5] レーザーが $5 \times 10^{-11}\,\text{s}$ 間に1パルスで10Jのエネルギーを放出した.

(1) このパルスの真空中での長さはいくらか.

(2) このビームの断面積が $2 \times 10^{-6}\,\text{m}^2$ のとき,ビームの単位体積当りのエネルギー w はいくらか.

(3) ビーム内の電場の強さ E はいくらか.ただし電磁場のエネルギー密度 $w = \varepsilon_0 E^2$ で,ε_0 は真空の誘電率 $8.85 \times 10^{-12}\,\text{C}^2/\text{N}\cdot\text{m}^2$ である.

(4) このレーザー光の波長が $6.9 \times 10^{-7}\,\text{m}$ のとき,1パルスに何個の光子が含まれているか.

付録　(2.12) の 証 明

指数関数 e^x と三角関数 $\sin x$, $\cos x$ のマクローリン展開は

$$e^x = 1 + x + \frac{1}{2}x^2 + \frac{1}{3!}x^3 + \frac{1}{4!}x^4 + \cdots + \frac{1}{n!}x^n + \cdots \quad (1)$$

$$\sin x = x - \frac{1}{3!}x^3 + \cdots + \frac{(-1)^m}{(2m+1)!}x^{2m+1} + \cdots \quad (2)$$

$$\cos x = 1 - \frac{1}{2}x^2 + \cdots + \frac{(-1)^m}{(2m)!}x^{2m} + \cdots \quad (3)$$

である.オイラーの数 e ($=2.7182\cdots$) の肩に純虚数 ix がのっている指数関数 e^{ix} を,(1)式の右辺の x を ix でおきかえた式で定義すると,

$$\begin{aligned}
e^{ix} &= 1 + ix + \frac{1}{2}(ix)^2 + \frac{1}{3!}(ix)^3 + \frac{1}{4!}(ix)^4 + \cdots + \frac{1}{n!}(ix)^n + \cdots \\
&= 1 - \frac{1}{2}x^2 + \frac{1}{4!}x^4 + \cdots + \frac{(-1)^m}{2m}x^{2m} + \cdots \\
&\quad + i\left[x - \frac{1}{3!}x^3 + \cdots + \frac{(-1)^m}{(2m+1)!}x^{2m+1} + \cdots\right] \\
&= \cos x + i\sin x
\end{aligned} \quad (4)$$

となって,(2.12) が導かれる.

3 原子

 これまでに,原子,分子の世界の運動法則である量子力学のあらましを1次元の運動の場合について学んだ.しかし実際には,原子や分子の中で,電子はいろいろな向きに運動する.このような3次元空間での運動として回転運動がある.古典力学では回転運動の勢いを表す量として角運動量がある.質量 m の粒子が半径 r,速さ v,運動量の大きさ $p = mv$ の等速円運動をしている場合の角運動量の大きさ L は $L = rmv = rp$ である.また,回転には回転軸があり,回転軸の異なる回転は異なる運動である.角運動量 L は回転軸の方向を向いたベクトル量である(図3.1).地球は太陽の周りを周期1年で公転するばかりでなく,約1日の周期で自転しているように,電子も原子や分子の中で原子核の周りを回る以外に,古典力学の自転に対応する回転も行う.これをスピンという.
 本章では,まず量子力学での角運動量を学び,水素原子の定常状態について学ぶ.続いて,スピンを学んだ後で,一般の原子の定常状態について学ぶ.これら

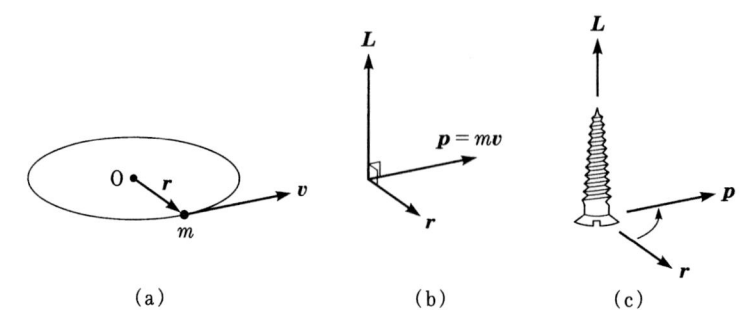

(a)　(b)　(c)

図 3.1 角運動量 $L = r \times p$.等速円運動の場合,角運動量 L の大きさは $L = rmv = rp$.角運動量 L の向きは,右ねじを $r \to p$ の向きに回すときに,右ねじの進む向きである.

の定常状態の理解には角運動量の知識が必要不可欠であり，量子力学によって，元素の周期律が容易に理解できることがわかる．

§3.1 量子力学での角運動量の定性的理解

古典力学では角運動量の大きさは任意の値をとることができ，回転軸は任意の方向を向くことができる．ところが，量子力学では**角運動量 L** の任意の方向の成分は $\hbar = h/2\pi$ の整数倍の値しかとれない．すなわち，角運動量 L の z 方向の成分 L_z を測定すると，測定結果は

$$L_z = m_z \hbar \qquad (m_z = 0, \pm 1, \pm 2, \cdots) \tag{3.1}$$

のどれかの値に限られる．

さらに回転軸の方向に不確定さがあるので，角運動量 L の大きさ L の測定結果は，単純に $\hbar$ の整数倍ではなく，

$$L = \sqrt{l(l+1)}\,\hbar \qquad (l = 0, 1, 2, \cdots) \tag{3.2}$$

のどれかの値になる．なお，簡単のために，定数 $\hbar$ を無視して，l を**角運動量の大きさ**，m_z を**角運動量の z 成分**とよぶ．

角運動量の大きさが l の場合，角運動量の z 成分 m_z は

$$m_z = l, l-1, l-2, \cdots, -l+1, -l$$
$$(l = 0, 1, 2, \cdots) \tag{3.3}$$

の $2l+1$ 個の値のどれかに限られる（図 3.2）．

以下では (3.1) を定性的に理解し，次節では量子力学での角運動量を 3 次元のシュレーディンガー方程式に基づいて説明する．

陽子 1 個と電子 1 個から構成されている一番簡

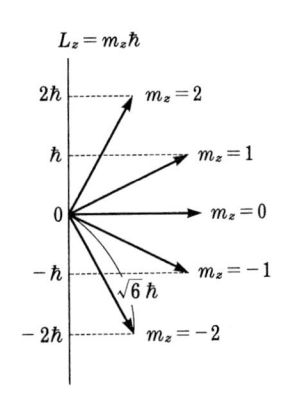

図 3.2 角運動量の大きさ $\sqrt{l(l+1)}\hbar$ と z 成分 $m_z\hbar$（$l=2$ の場合）．
$l \neq 0$ の場合，$m_z = l, -l$ でも L は z 方向を向いていない．

単な原子である水素原子の定常状態を考える．定常状態には電子の定常波が対応している．水素原子中の電子の定常波には，球対称な波と，球対称ではなくて，ある軸の周りを回る波の2種類がある．この軸を z 軸とすると，球対称ではない定常状態の波は 360°（2π）回転するともとの状態に戻らなければならないので，360°回転する間に整数回（m_z 回：$m_z = 1, 2, 3, \cdots$）振動する．

そこで，半径 r の円周上に波長 λ の波が m_z 個のっている電子波を考えると，$2\pi r = m_z \lambda$ という関係がある．この電子波を粒子と見ると，軌道運動の角運動量 $\bm{L}$ の z 軸（回転軸）方向の成分 $L_z = rp$ は，$p = h/\lambda = h/(2\pi r/m_z) = \hbar m_z / r$ なので，

$$L_z = m_z \hbar \qquad (m_z = 0, 1, 2, \cdots) \tag{3.4}$$

である．角運動量 $\bm{L}$ に図 3.1 に示すような向きを指定すると，逆向きの回転の場合に L_z はマイナスの量なので，(3.1) が理解できたことになる．なお，$L_z = 0$ は z 軸の周りに回転していない状態に対応する．

§3.2 3次元のシュレーディンガー方程式

3次元のシュレーディンガー方程式

位置エネルギー $V(x, y, z)$ をもつ保存力の作用を受けて運動する電子の波動関数は変数 x, y, z, t の関数 $\Psi(x, y, z, t)$ であり，波動関数の従う時間に依存する3次元のシュレーディンガー方程式は

$$-\frac{\hbar^2}{2m}\left(\frac{\partial^2 \Psi}{\partial x^2} + \frac{\partial^2 \Psi}{\partial y^2} + \frac{\partial^2 \Psi}{\partial z^2}\right) + V(x, y, z)\Psi = i\hbar \frac{\partial \Psi}{\partial t} \tag{3.5}$$

である．Ψ は $\Psi(x, y, z, t)$ の略記である．古典力学でのエネルギーの式が $E = p_x^2/2m + V(x)$ の場合のシュレーディンガー方程式が (2.19) なので，古典力学でのエネルギーの式が

$$E = \frac{1}{2m}\left(p_x^2 + p_y^2 + p_z^2\right) + V(x, y, z) \tag{3.6}$$

の場合のシュレーディンガー方程式が (3.5) であることは納得できるだろう．

エネルギーが一定値 E の電子に対応する電子波の波動関数は

$$\Psi(x, y, z, t) = \Psi(x, y, z) e^{-iEt/\hbar} \tag{3.7}$$

と表されるので，これを (3.5) に代入すると，時間に依存しない3次元のシュレーディンガー方程式は

$$-\frac{\hbar^2}{2m}\left(\frac{\partial^2 \Psi}{\partial x^2} + \frac{\partial^2 \Psi}{\partial y^2} + \frac{\partial^2 \Psi}{\partial z^2}\right) + V(x, y, z)\Psi = E\Psi \tag{3.8}$$

であることがわかる．

球座標でのシュレーディンガー方程式

クーロン力や万有引力のように，力の作用線が力の中心を通り，力の大きさが力の中心からの距離だけで決まる力を**中心力**という．中心力は保存力である．中心力の位置エネルギーは力の中心（原点）からの距離 r だけの関数 $V(r)$ で与えられ，これを**中心力ポテンシャル**という．

中心力ポテンシャルの場合には直交座標 x, y, z でなく球座標 r, θ, ϕ を使うと式が簡単になり，物理的意味が明確になる．図3.3からわかるように，直交座標と球座標の関係は

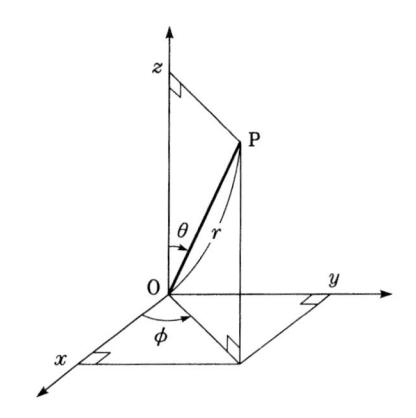

$$\left.\begin{array}{l} x = r\sin\theta\cos\phi \\ y = r\sin\theta\sin\phi \\ z = r\cos\theta \end{array}\right\} \tag{3.9}$$

図3.3 球座標 r, θ, ϕ

である．この球座標を使って時間に依存しないシュレーディンガー方程式を表すと，

$$-\frac{\hbar^2}{2m}\left[\frac{1}{r^2}\frac{\partial}{\partial r}\left(r^2\frac{\partial}{\partial r}\right) + \frac{1}{r^2\sin\theta}\frac{\partial}{\partial \theta}\left(\sin\theta\frac{\partial}{\partial \theta}\right) + \frac{1}{r^2\sin^2\theta}\frac{\partial^2}{\partial \phi^2}\right]\Psi$$
$$+ V(r)\Psi = E\Psi$$
$$\tag{3.10}$$

となる．この式は (3.8) から変数変換 (3.9) によって導かれる．

中心力の作用をうけて運動する粒子の角運動量は古典力学では保存するが，同じように量子力学でも保存し，角運動量の大きさが l で，z 成分が m_z の電子の波動関数は

$$\Psi(r, \theta, \phi) = R_{nl}(r) Y_{lm_z}(\theta, \phi) \tag{3.11}$$

という変数が分離した形の波動関数で表される．n はあとで説明する主量子数である．半径方向（動径方向）の波動を表す部分 $R_{nl}(r)$ は微分方程式

$$-\frac{\hbar^2}{2mr^2}\frac{d}{dr}\left(r^2\frac{dR_{nl}}{dr}\right) + \left[V(r) + \frac{l(l+1)\hbar^2}{2mr^2}\right]R_{nl} = ER_{nl} \tag{3.12}$$

に従い，回転する波動を表す部分（角度部分）$Y_{lm_z}(\theta, \phi)$ は**球面調和関数**とよばれる関数で，**ルジャンドルの陪多項式** $P_l^{m_z}(\cos\theta)$ を使って，

$$Y_{lm_z}(\theta, \phi) = （定数） \times P_l^{m_z}(\cos\theta)(\cos m_z\phi + i\sin m_z\phi) \tag{3.13}$$

と表される．Y_{lm_z} の例は，後に (4.9) で示す．

z 軸の周りの角 ϕ の関数である $\cos m_z\phi + i\sin m_z\phi = e^{im_z\phi}$ は，角運動量の z 成分が $m_z\hbar$ の回転運動をしていることを表している．解 (3.13) が物理的に意味があるのは，

$$l = 0, 1, 2, 3, \cdots \tag{3.14}$$

$$m_z = l, l-1, l-2, \cdots, -l+1, -l \tag{3.15}$$

の場合だけである．このようにして，角運動量の大きさも z 成分もとびとびの値のみをとる．ここでは，あらすじだけを示したが，詳細は量子力学の教科書を読んでほしい．

関数 $R_{nl}(r)$ に対する微分方程式 (3.12) の解を求めると，とびとびのエネルギーの値が得られる．これらのエネルギー固有値を $E_{nl}(n=1, 2, 3, \cdots)$ と表して，n を定常状態の**主量子数**という．$E = E_{nl}$ の場合の (3.12) の

解を $R_{nl}(r)$ と表す．定常状態のエネルギー固有値 E_{nl} は主量子数 n と角運動量の大きさ l で決まり，角運動量の z 成分 m_z には依存しない．これは中心力ポテンシャルが球対称だからである．

したがって，水素原子中の電子のように，中心力ポテンシャルの中を運動する電子の定常状態（束縛状態）を，球座標でのシュレーディンガー方程式を解いて求めると，定常状態は主量子数 n，角運動量の大きさ l，角運動量の z 成分 m_z の3つの数によって指定され，定常状態のエネルギーは主量子数 n と角運動量の大きさ l の2つの数によって指定されることがわかった．なお，$l = 0, 1, 2, 3, \cdots$ の状態を，それぞれ s 状態，p 状態，d 状態，f 状態，$\cdots$ とよぶ．$l = 0$ の s 状態は電子の軌道が球対称な状態である．

軌道角運動量の z 方向成分の値は $2l + 1$ 個あるので，一般に，角運動量の大きさが l の定常状態には $2l + 1$ 個の同じエネルギーのものがある．すなわち，s 状態，p 状態，d 状態，$\cdots$ には，それぞれ1個，3個，5個，$\cdots$ のエネルギーが同じ定常状態がある．

§3.3 水素原子

水素原子の定常状態のエネルギーを推定してみよう．正確な値はシュレーディンガー方程式を解かなければ求められないが，おおよその値は推定できる．

古典力学では，半径 r，速さ v，角運動量 $L = pr = mvr$ の等速円運動をしている質量 m の粒子の運動エネルギーは $mv^2/2 = p^2/2m = L^2/2mr^2$ である．したがって，陽子からの距離が r の電子のもつエネルギー $E(r)$ は，半径（動径）方向の運動エネルギー $p_r^2/2m$（p_r は半径方向の運動量成分），回転運動のエネルギー $L^2/2mr^2$ とクーロン力による位置エネルギー $-e^2/4\pi\varepsilon_0 r$ の和である．量子力学では $L^2 = l(l+1)\hbar^2$ であることを使うと，$E(r)$ は

$$E(r) = \frac{p_r^2}{2m} + \frac{l(l+1)\hbar^2}{2mr^2} - \frac{e^2}{4\pi\varepsilon_0 r} \qquad (3.16)$$

と表せる．(3.12) と (3.16) を比較すると，(3.12) の左辺の第 3 項は回転運動のエネルギーを表していることがわかる．

　角運動量の大きさが l で，最低の定常状態のエネルギーを (3.16) から求めよう．半径方向の運動エネルギーの大きさの推定値に (1.30) を使い，$l(l+1)+1$ を $(l+1)^2$ で近似すると，(3.16) は

$$E(r) = \frac{(l+1)^2 \hbar^2}{2mr^2} - \frac{e^2}{4\pi\varepsilon_0 r} \qquad (3.17)$$

となる．§1.7 で (1.34) を導いた方法を使うと，角運動量の大きさが l で最低の定常状態のエネルギー E_l は

$$E_l = -\frac{me^4}{32\pi^2\varepsilon_0^2\hbar^2(l+1)^2} = -\frac{13.6}{(l+1)^2} \quad \text{eV} \qquad (l=0,1,2,\cdots) \qquad (3.18)$$

と推定される．この式からわかるように，角運動量の大きさ l が大きくなるとエネルギーが大きくなるのは，回転運動のエネルギーが大きくなるためである．

　このような近似的方法で求めた定常状態のエネルギーの式 (3.18) は，水素原子が放射，吸収する光の線スペクトルから得られた結果 (1.26) と同じであり，また，シュレーディンガー方程式を解いて得られる厳密な結果

$$E_n = -\frac{me^4}{32\pi^2\varepsilon_0^2\hbar^2}\frac{1}{n^2} \qquad (n=1,2,3,\cdots) \qquad (3.19)$$

とも一致している．(3.18) は角運動量の大きさが l の状態の中で最低のエネルギー固有値である．

　(3.19) に現れる n ($n=1,2,3,\cdots$) は主量子数である．量子力学によれば，水素原子の主量子数が n の定常状態には，角運動量の大きさが $l=0,1,2,\cdots,n-1$ の状態が 1 つずつ存在する（図 3.4 参照）．したがって，水素原子の定常状態は，エネルギーの低い方から順に，1s；(2s, 2p)；(3s, 3p,

3d); (4s, 4p, 4d, 4f); …である．これらの状態を**軌道**とよぶことがある．軌道といっても，古典力学の場合のように線ではない．このように角運動量の大きさ l が異なる状態が同じエネルギーをもつ状況を**縮退**という．水素原子以外の原子には，l が異なる状態での縮退はみられない．

電子の波動関数 $R_{nl}(r)$ を求めるには，シュレーディンガー方程式を解かなければならない．ここではいくつかの計算結果だけを示す．

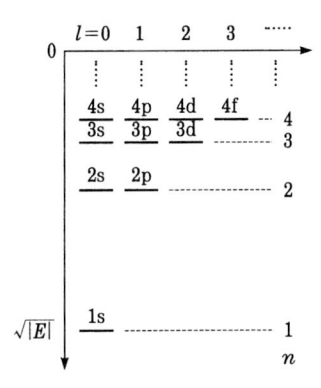

図 3.4 水素原子の定常状態の角運動量の大きさ l とエネルギー E

s 状態（$l=0$ の定常状態）の波動関数が，陽子からの距離 r とともにどのように変化するのかを図 3.5 に示す．弦の振動の定常波で振動数が最小のものは，振幅がゼロになる節のない波であった．水素原子の場合も，一番エネルギーの低い（振動数の小さい）基底状態（1s 状態）に対応する定常波は，球対称で節のない図 3.5(a) に示す波である．

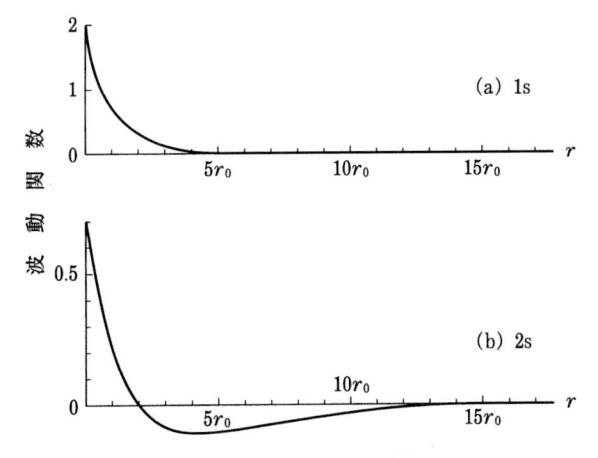

図 3.5 水素原子の波動関数
横軸の単位はボーア半径 $r_0 \simeq 5.3 \times 10^{-11}$ m，縦軸の単位は $r_0^{-3/2}$．

その次にエネルギーの低い 2s 状態に対応する定常波は，図 3.5(b) に示す波である．中心から離れたところで波動関数の符号が 1 回変わる（図の $r = 2r_0$ が符号が変わる点）ので，球面状の節の面が 1 つある．基底状態に比べて，電子が発見される可能性の大きい領域は遠くまで広がっている．

同じ l の定常波は，エネルギーが高くなるにつれて球面状の節の面が 1 つずつ増えていく．球面状の節の面が $n - 1$ 個ある定常波に対応する $l = 0$ の定常状態は ns 状態である．

角運動量の大きさ l が 1 の定常状態の主量子数は $n = 2, 3, 4, \cdots$ で，これらの状態を 2p, 3p, 4p, $\cdots$ 状態とよぶ．また，$l = 2$ の定常状態の主量子数は $n = 3, 4, 5, \cdots$ で，これらの状態を 3d, 4d, 5d, $\cdots$ 状態とよぶ．

電子を半径 r と $r + dr$ の 2 つの球面の間に発見する確率を $P(r)\,dr$ と記し，$P(r)$ を **軌道確率密度** とよぶ．$P(r) = r^2 |R_{nl}(r)|^2$ である．図 3.6 にいくつかの定常状態の軌道確率密度を示す．主量子数が大きいとエネルギーが大きいので，電子が遠くまで広がっているのが確かめられる．水素原子の基底状態の軌道確率密度が最大となる r の値であり，水素原子の平均半

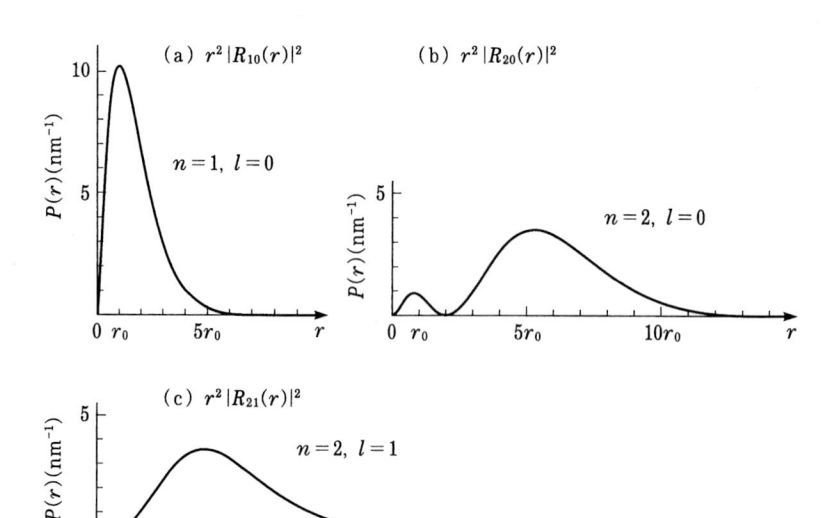

図 3.6　軌道確率密度 $P(r)$

径でもある r_0 を，量子力学を使って計算すると，

$$r_0 = \frac{4\pi\varepsilon_0 \hbar^2}{me^2} = 5.29 \times 10^{-11}\,\mathrm{m} \tag{3.20}$$

である．これを**ボーア半径**という．

§3.4 スピン

地球が太陽の周りを公転するほかに自転もしているように，電子はこれまで学んだ角運動量のほかに**スピン**とよばれる角運動量（**スピン角運動量**）をもつ．スピンは，自転との類推で付けられた呼び名であり，これまで学んだ角運動量を**軌道角運動量**という．

スピン角運動量ベクトル s のある方向（例えば z 方向）の成分の値を測定すると，常に $\hbar/2$ と $-\hbar/2$ の 2 つの値しか得られない．すなわち，電子の自転には，自転の向きの違う 2 つの状態だけが存在する．軌道角運動量の大きさが l の状態には軌道角運動量ベクトルのある方向（例えば z 方向）成分の値が異なる $2l+1$ 個の状態が存在するので，これを状態数が 2 の場合に対応させると $2 \times (1/2) + 1 = 2$ から，電子のスピン角運動量の大きさは 1/2 である．そこで，このような性質をもつ電子のスピンは 1/2 であるという．

電流が流れているコイルがコイル面に垂直な棒磁石と同じ振舞をするように，電荷を帯びている電子は自転しているので，固有の磁気モーメントをもつ．電子は負電荷を帯びているので，電子の磁気モーメントはスピン角運動量とは逆方向を向いている．電子の自転状態には向きの違う 2 つの状態だけが存在するということは，磁場の中では電子のスピンによる磁気モーメントは，磁場と同じ向きになるか逆向きになるかの 2 つの向きしかないことを意味する．

電子がスピン 1/2 をもつ粒子であることは，1921 年にシュテルンとゲル

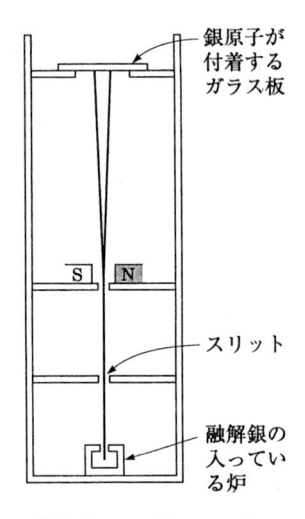

図 3.7 シュテルン‐ゲルラッハの実験の概念図

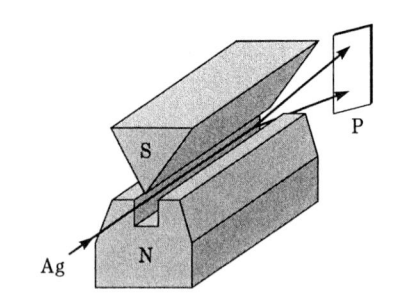

図 3.8 電磁石の磁極の間の不均一磁場を通る電子ビームは 2 本に分かれる.

(a) 磁場あり　　(b) 磁場なし
図 3.9 原子線の作る像

ラッハによって発見された．彼らは図 3.7 に示す装置の下部にある炉の中で銀の小片を熱し，蒸発した銀原子をスリットで絞って細いビームにし，電磁石の磁極間の不均一な磁場の中を通り抜けさせ，銀原子の進路を曲げてから（図 3.8 参照），ガラス板に当たるようにした．このガラス板を化学的に現像処理して付着した銀を見ると，銀原子は 2 本のビームに分裂してガラス板に衝突したことがわかった（図 3.9）．銀原子の磁気モーメントが任意の方向を向くことができれば，銀原子のビームは写真の上下方向に連続的に広がってガラス板に付着するはずである．ビームが 2 本に分裂したこの実験結果は，銀原子の磁気モーメントの磁場方向成分がとることのできる値は 2 つだけであることを示す．この磁気モーメントは電子のスピン角運動量による固有磁気モーメントに等しいので，電子のスピンが 1/2 であることがわかった．なお，陽子と中性子のスピンも 1/2 である．

スピンのある特定方向の成分，例えば z 成分を測定すると，測定結果 s は常に $\hbar/2$ か $-\hbar/2$ なので，電子の状態は波動関数

$\Psi(x, y, z, s, t)$, つまり, $\Psi(x, y, z, \frac{1}{2}\hbar, t)$ と $\Psi(x, y, z, -\frac{1}{2}\hbar, t)$ の組
$$\tag{3.21}$$
で表される.

§3.5　多粒子系の量子力学
2 粒子系のシュレーディンガー方程式

シュレーディンガー方程式 (3.5) は電子が 1 個だけ存在する場合の方程式である．多数の電子を含む電子ビームに量子力学を適用する場合でも，電子ビームの粒子密度が小さく，電子間の電気力が無視できる場合には (3.5) を使える．

外力のポテンシャル $V(x, y, z)$ の中に 2 個の電子が存在し，ポテンシャル $V(|\boldsymbol{r}_1 - \boldsymbol{r}_2|)$ をもつ内力で相互作用し合っている系を考えよう．2 電子系の古典力学におけるエネルギー E は

$$E = \frac{p_1^2}{2m} + \frac{p_2^2}{2m} + V(x_1, y_1, z_1) + V(x_2, y_2, z_2) + V(|\boldsymbol{r}_1 - \boldsymbol{r}_2|)$$
$$\tag{3.22}$$

なので，2 電子系の時間に依存するシュレーディンガー方程式は

$$-\frac{\hbar^2}{2m}\left(\frac{\partial^2 \Psi}{\partial x_1^2} + \frac{\partial^2 \Psi}{\partial y_1^2} + \frac{\partial^2 \Psi}{\partial z_1^2}\right) - \frac{\hbar^2}{2m}\left(\frac{\partial^2 \Psi}{\partial x_2^2} + \frac{\partial^2 \Psi}{\partial y_2^2} + \frac{\partial^2 \Psi}{\partial z_2^2}\right)$$
$$+ V(x_1, y_1, z_1)\Psi + V(x_2, y_2, z_2)\Psi + V(|\boldsymbol{r}_1 - \boldsymbol{r}_2|)\Psi = i\hbar\frac{\partial \Psi}{\partial t}$$
$$\tag{3.23}$$

であることが納得できるだろう．2 電子系の状態を表す波動関数は

$$\Psi(x_1, y_1, z_1, s_1, x_2, y_2, z_2, s_2, t) \tag{3.24}$$

である．ここでスピン変数 s_1, s_2 は，それぞれ $\pm \hbar/2$ の 2 つの値のみをとる変数である．

同種粒子の波動関数

電子，陽子，中性子，光子などは質量，電荷，スピン角運動量などをもつ．ところで，同じ種類の粒子はまったく同一の質量，電荷，スピン角運動量の大きさをもつので，同じ種類の粒子を互いに区別できない．そこで，同じ種類の粒子をまったく同一の粒子という意味で**同種粒子**という．

2個の同種粒子の波動関数は一般に (3.24) のように表される．波動関数の変数である2個の粒子の位置座標およびスピン座標を入れ替えると

$$\Psi(x_2, y_2, z_2, s_2, x_1, y_1, z_1, s_1, t) \tag{3.25}$$

となる．これは1個の電子の座標が x_2, y_2, z_2, s_2 で，もう1個の電子の座標が x_1, y_1, z_1, s_1 という状態を表している．2個の電子はまったく同一なので，この状態は波動関数 (3.24) が表す1個の電子の座標が x_1, y_1, z_1, s_1 で，もう1個の電子の座標が x_2, y_2, z_2, s_2 という状態とまったく同じである．

量子力学では絶対値が1の定数因子 c だけが異なる2つの波動関数 Ψ と $c\Psi$ は同じ状態を表すという事実と，波動関数 (3.25) においてもう一度座標の入れ替えを行うと最初の波動関数 (3.24) に戻るという事実，

$$\begin{aligned}\Psi(x_1, y_1, z_1, s_1, x_2, y_2, z_2, s_2, t) &= c\Psi(x_2, y_2, z_2, s_2, x_1, y_1, z_1, s_1, t) \\ &= c^2 \Psi(x_1, y_1, z_1, s_1, x_2, y_2, z_2, s_2, t)\end{aligned} \tag{3.26}$$

から，

$$c^2 = 1 \quad \text{つまり} \quad c = 1 \quad \text{または} \quad c = -1 \tag{3.27}$$

が導かれる．そこで，2個の同種粒子の波動関数は，入れ替えで対称な

$$\Psi(x_2, y_2, z_2, s_2, x_1, y_1, z_1, s_1, t) = \Psi(x_1, y_1, z_1, s_1, x_2, y_2, z_2, s_2, t) \tag{3.28}$$

か ($c = 1$ の場合)，入れ替えで反対称な

$$\Psi(x_2, y_2, z_2, s_2, x_1, y_1, z_1, s_1, t) = -\Psi(x_1, y_1, z_1, s_1, x_2, y_2, z_2, s_2, t) \tag{3.29}$$

($c = -1$ の場合) のどちらかであることがわかる．

上の性質に関連して，原子，分子のいろいろな実験結果を矛盾なく理論的に説明できるためには，

「スピンが $0, 1, 2, \cdots$（スピン角運動量の大きさが $\hbar$ の整数倍）の同種粒子の波動関数は粒子の変数の入れ替えで，(3.28) のように対称であり，スピンが $1/2, 3/2, 5/2, \cdots$（スピン角運動量の大きさが $\hbar$ の $1/2, 3/2, 5/2, \cdots$ 倍（半奇数倍））の同種粒子の波動関数は変数の入れ替えで，(3.29) のように反対称である」

ことがわかった．

この事実を**スピンと統計の関係**といい，前者の性質をもつ粒子を**ボソン**あるいは**ボース粒子**，後者の性質をもつ粒子を**フェルミオン**あるいは**フェルミ粒子**という．陽子，中性子，電子はスピンが 1/2 なのでフェルミオンであり，光子はスピンが 1 なのでボソンである．

フェルミオンの場合は，(3.29) で $(x_1, y_1, z_1, s_1) = (x_2, y_2, z_2, s_2) = (x, y, z, s)$ とおくと

$$\Psi(x, y, z, s, x, y, z, s, t) = 0 \tag{3.30}$$

となる．この事実から，「スピンの向きが同じ 2 個以上の同一種類のフェルミオンは同じ位置には存在できない」ことが導かれる．これを**パウリ原理**という．

§3.6 原子の殻模型と元素の周期律

1 電子状態のエネルギー

水素原子よりも重い原子を考える．これらの原子には 2 個以上の電子が含まれているので，個々の電子は原子核からの引力以外に他の電子からの反発力を受ける．原子核の周りの電子は，互いに近づいたり遠ざかったりしているので，電子間の反発力は複雑に変化する．しかし，この反発力の変化を無視して平均化した 1 つのポテンシャルで近似すると（これを**平均場近似**という），水素よりも重い原子の中の電子は，水素原子の中の電子と同じように，

1つ1つが独立な定常波として振舞う．これらの独立な定常波が表す状態を **1 電子状態** あるいは単に状態という（原子軌道ということもある）．

これらの状態に，水素原子の場合と同じように，1s, 2s, 2p, 3s, 3p, 3d, …という記号をつける．水素原子の場合よりも原子核からの引力が強いので，各状態の定常波は原子核のそばに引き寄せられている．水素原子の場合には，同じ主量子数の状態（例えば 2s と 2p）のエネルギーは同じであるが，水素原子よりも重い原子の場合には，同じ主量子数をもっていても軌道角運動量の小さい状態の方がエネルギーが低くなる．その理由は，軌道角運動量の小さい状態の波動関数の方が原子核の近傍で振幅が大きく，原子核による引力を強く感じるからである．

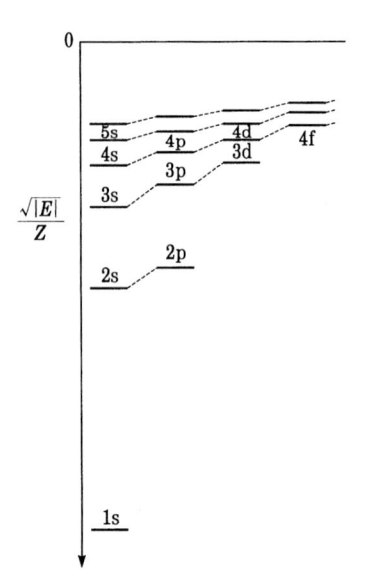

図 3.10 原子内にある電子の定常状態のエネルギー E の概念図．E は原子番号 Z の 2 乗に近似的に比例するので，縦軸に $\sqrt{|E|}/Z$ を選んだ．

一般に水素より重いほとんどの原子における電子の占める状態のエネルギーの大きさの順序は，エネルギーの低い方から順に

$$1s,\ 2s,\ 2p,\ 3s,\ 3p,\ (4s, 3d),\ 4p,\ (5s, 4d),\ 5p,\ (6s, 5d, 4f),\ \cdots \quad (3.31)$$

である（図 3.10）．括弧内の状態のエネルギーはほぼ等しく，個々の原子で順序が異なっている．

原子の殻模型と元素の周期律

水素より重い原子の一番エネルギーの低い状態は，すべての電子が 1s 状態にいる場合であろうか．もしそうだとすると，原子番号が大きい原子ほど大きさが小さいはずである．しかし，このような事実はない．その理由は，前節で示したパウリ原理から次の事実が導かれるからである．

表 3.1　元素の周期表（元素記号の左側の数字は原子番号）

周期表の縦の列を**族**という．左から数えて，1 族から 18 族まである．横の行を**周期**という．上から数えて，第 1 周期から第 7 周期の中途まである．第 2 周期以降の 1 族と 2 族の原子の最外殻電子は s 状態にあり，第 2 周期以降の 13 族から 18 族までの族数の 1 桁の数字は，最外殻に含まれる s 状態と p 状態の電子の数である．

水素以外の 1 族の元素を**アルカリ金属**といい，広義には 2 族の元素，狭義には Be, Mg 以外の 2 族の元素を**アルカリ土類金属**という．3 族から 12 族までは d 状態の存在に対応し，ランタノイド，アクチノイドは f 状態の存在に対応する．

^{1}H																	^{2}He
^{3}Li	^{4}Be											^{5}B	^{6}C	^{7}N	^{8}O	^{9}F	^{10}Ne
^{11}Na	^{12}Mg											^{13}Al	^{14}Si	^{15}P	^{16}S	^{17}Cl	^{18}Ar
^{19}K	^{20}Ca	^{21}Sc	^{22}Ti	^{23}V	^{24}Cr	^{25}Mn	^{26}Fe	^{27}Co	^{28}Ni	^{29}Cu	^{30}Zn	^{31}Ga	^{32}Ge	^{33}As	^{34}Se	^{35}Br	^{36}Kr
^{37}Rb	^{38}Sr	^{39}Y	^{40}Zr	^{41}Nb	^{42}Mo	^{43}Tc	^{44}Ru	^{45}Rh	^{46}Pd	^{47}Ag	^{48}Cd	^{49}In	^{50}Sn	^{51}Sb	^{52}Te	^{53}I	^{54}Xe
^{55}Cs	^{56}Ba	57–71 ランタノイド	^{72}Hf	^{73}Ta	^{74}W	^{75}Re	^{76}Os	^{77}Ir	^{78}Pt	^{79}Au	^{80}Hg	^{81}Tl	^{82}Pb	^{83}Bi	^{84}Po	^{85}At	^{86}Rn
^{87}Fr	^{88}Ra	89–103 アクチノイド															

パウリ原理：　1 つの状態にはただ 1 個の電子しか存在できない．

電子はスピン 1/2 をもっているので，スピンの向きの異なる 2 つの状態がある．この 2 つの状態を**スピンが上向きの状態**と**下向きの状態**とよぶことにする．スピンの向きまで考慮すると，s 状態，p 状態，d 状態，f 状態にはそれぞれ 2, 6, 10, 14 個の状態が存在するので，電子がそれぞれ 2 個，6 個，10 個，14 個入ることができる．元素の周期表（表 3.1）を眺めると，(3.31) の順に $2(2l+1)$ 個ずつ $(2, 2, 6, 2, 6, (2, 10), 6, (2, 10), 6, \cdots$ 個と）電子が詰まっていく様子が読みとれる．エネルギーが大きい状態ほど，電子は原子核から遠くにあるので，周期表の各行で詰まっていく状態を 1 つの殻と見なし，原子核に近いものから順に K 殻，L 殻，M 殻，N 殻，O 殻，P 殻，Q 殻とよぶ．そして，各原子の一番外側の殻を**最外殻**とよび，最外殻の電子を**最外殻電子**とよぶ．このように原子の中で電子が殻構造をなすという

原子模型を，**原子の殻模型**という．

　原子を原子番号の順に調べよう．原子は，原子核と電子が結合したものである．原子核は正電荷 e を帯びた陽子 p^+ と電気的に中性な中性子 n^0 が結合したものである．原子の原子核中の陽子数 Z を**原子番号**とよぶ．電気的に中性な原子の中には，原子番号と同数の電子が存在する．

　原子番号2のヘリウム原子では，2個の電子はエネルギーが最低の1s状態にある．1つの電子はスピンが上向きで，もう1つの電子はスピンが下向きである．これで1s状態は満席である．1s状態と次の2s状態のエネルギーの差は大きいので，ヘリウム原子は励起されにくい．これが，ヘリウムが化学的に不活性な原因である．

　原子番号3のリチウム原子では，3個の電子のうちの2個が1s状態に入り，残りの1個は2s状態に入る．この2s電子は大きなエネルギーをもつので，比較的容易に原子の中からとり除くことができて，リチウム原子は1価の正イオンになる．したがって，リチウムは化学的に極めて活性である．原子番号4のベリリウム原子では，電子が1sと2s状態に2個ずつ入り，両方を満席にする．

　原子番号5のホウ素から原子番号10のネオンまでの原子では，1sと2s状態は満席で，電子が2p状態に順序よく入り，ネオン原子では1s, 2s, 2pの各状態が満席になる．2p状態と次の3s状態のエネルギーの差は大きいので，ネオンは励起されにくく，化学的に不活性である．これに対して，フッ素原子は2p状態に空席が1つあるので，他の原子の電子をこの空席に引きずり込んで負イオンになろうとする傾向が強く，したがって，フッ素は化学的に極めて活性である．

　原子番号11のナトリウムから原子番号18のアルゴンまでの8種類の原子では1s, 2s, 2pの状態はすべて満席で，電子が3sと3p状態に順序よく入っていく．その順序は，リチウムからネオンまでの原子で電子が2sと2p状態に入っていく順序と同じである（表3.1）．そこで，この2組の対応する

原子の一番外側にある電子の配置はそっくりである．このことが，元素の化学的性質が原子番号の増大とともにくり返す理由である．例えば，ナトリウムはリチウムに，ケイ素は炭素に，塩素はフッ素に化学的な性質がよく似ている．

原子番号19のカリウムから先の原子も同様に理解できる．表3.1の一番右の列の18族の元素は，希ガス元素である．最外殻の状態が満席の希ガス原子は特別に安定で，他の原子と結合したり，電子を授受したりしにくいので，常温では単原子分子の気体として存在する．左から1列目（1族），2列目（2族）の原子は，電子を失って，希ガス原子と同じ安定な電子配置の正イオンになりやすい．例えば，NaはNa^+に，MgはMg^{2+}になりやすい．それに対して，右から2列目（17族），3列目（16族）の原子は，電子を受けとって，希ガス原子と同じ安定な電子配置の負イオンになりやすい．例えば，ClはCl^-に，OはO^{2-}になりやすい．

このように，電子が図3.10の定常状態をエネルギーの低い方から順序よく占めていくと考えると，「元素を原子番号の順に並べると，似た化学的性質をもつ元素が周期的な間隔で現れる」という**元素の周期律**（周期的性質）を見事に説明できる．

最外殻電子は，原子の最も外側にあるので，ほかの原子に近づきやすい．また，エネルギーがもっとも高いので，内側の殻の電子に比べると原子の外にとび出しやすい．そのため，原子が結合するときや原子間での電子の移動によってイオンができるときには，最外殻電子が関係する．なお，最外殻電子を**価電子**ともいう．ただし，希ガス原子の最外殻電子は，化学変化に関係しないので，価電子とはいわない．

　（参考）　ハートリー近似とハートリー-フォック近似
　この節では，原子の中では電子が(3.31)に示した順にエネルギーの低い方から1電子状態を占めていき，1つ1つの電子は独立な定常波として振舞うと近似した．この場合，原点にある原子核とZ個の電子から構成された原子番号Zの原子の波動関数 $\Psi(r_1, s_1, r_2, s_2, \cdots, r_Z, s_Z)$ は各電子の波動関数 $\Psi_j(r_j, s_j)$ の積として次

のように表される.
$$\Psi(r_1, s_1, r_2, s_2, \cdots, r_Z, s_Z) = \Psi_1(r_1, s_1)\Psi_2(r_2, s_2)\cdots\Psi_Z(r_Z, s_Z) \quad (3.32)$$
ここで，$\Psi_j(r_j, s_j)$ は j 番目の電子の状態の波動関数である．この近似を**ハートリー近似**という．

ハートリー近似の波動関数 (3.32) は，2粒子の座標の入れ替えで波動関数が反対称（もとの波動関数の符号を変えたものになる）という性質，つまり，(3.29) を満たさない．そのため，電子はフェルミオンだという条件を満たすように改良したものが，**ハートリー-フォック近似**である．この近似での波動関数は，**スレーターの行列式**とよばれ，

$$\Psi(r_1, s_1, r_2, s_2, \cdots, r_Z, s_Z) = \frac{1}{\sqrt{Z!}} \begin{vmatrix} \Psi_1(r_1, s_1) & \Psi_2(r_1, s_1) & \cdots & \Psi_Z(r_1, s_1) \\ \Psi_1(r_2, s_2) & \Psi_2(r_2, s_2) & \cdots & \Psi_Z(r_2, s_2) \\ \cdots & \cdots & \cdots & \cdots \\ \Psi_1(r_Z, s_Z) & \Psi_2(r_Z, s_Z) & \cdots & \Psi_Z(r_Z, s_Z) \end{vmatrix}$$
$$(3.33)$$

である．この式の係数 $1/\sqrt{Z!}$ は，行列式を展開したときに $Z!$ 個の項が現れることによる規格化定数である．

§3.7 フェルミ分布とボース分布

フェルミオンとボソン

§3.5 で，電子，陽子，中性子，光子は質量，電荷，スピンなどをもつが，同じ種類の粒子は同じ質量，同じ電荷，同じスピンをもつので，互いに区別できない同種粒子であること，電子，陽子，中性子のようにスピンが半奇数 ($1/2, 3/2, \cdots$) の同種粒子をフェルミオン（フェルミ粒子）とよび，光子のようにスピンが整数の同種粒子をボソン（ボース粒子）とよぶことを学んだ．

基底状態の原子は複合粒子であるが，励起が無視できる場合には互いに区別できないので，やはり同種粒子である．陽子や中性子もクォークから構成された複合粒子であるが，励起が無視できる場合には構造がない素粒子と見なせるのである．

原子は多数のフェルミオン（電子，陽子，中性子）から構成された複合体

であるが，偶数個のフェルミオンの複合体はスピンが整数なのでボソンであり，奇数個のフェルミオンの複合体はスピンが半奇数なのでフェルミオンである．例えば，ヘリウムには，宇宙に存在するヘリウムのほとんどである質量数 4 の ^{4}He のほかに，安定な同位体である質量数 3 の ^{3}He がある．^{4}He は陽子 2 個，中性子 2 個，電子 2 個の合計 6 個のフェルミオンからできているのでボソンであり，^{3}He は陽子 2 個，中性子 1 個，電子 2 個の合計 5 個のフェルミオンからできているのでフェルミオンである．

フェルミ分布とボース分布

同種粒子の集団で，構成粒子間の相互作用が強くないときは，個々の粒子は他の粒子とは独立な定常波に対応する状態にあると考えられる．これらの状態を，電子の場合には 1 電子状態あるいは状態とよぶが，一般の粒子についても 1 粒子量子状態あるいは単に状態とよぶ．

相互作用が弱いフェルミオンの集団の場合，**パウリ原理**は次のように表される．

『2 個以上のフェルミオンは同じ状態（1 粒子量子状態）には存在できない．つまり，1 つの状態に存在するフェルミオンの数は，1 個あるいは 0 個である．』

これに対してボソンの集団の場合，

『ボソンは 1 つの状態（1 粒子量子状態）に何個でも存在できる．』

古典統計力学では「温度 T の粒子集団の構成粒子がエネルギー ε をもつ確率分布はボルツマン分布とよばれ，$e^{-\varepsilon/k_BT}$ に比例する」ことを §1.6 で学んだ．古典論はすべての粒子は区別できるという前提に基づいている．これに対して，フェルミオンもボソンも互いに区別できないので，ボルツマン分布には従わない．量子統計力学によれば，2 種の粒子はそれぞれ次の統計分布に従う．

(1) フェルミ分布：温度 T の相互作用の弱いフェルミオンの集団で，エネルギー ε_j の状態 j を占めるフェルミオンの平均粒子数は

80　3. 原　　子

$$\bar{n}_j = \frac{1}{e^{(\varepsilon_j-\mu)/k_\mathrm{B}T}+1} \tag{3.34}$$

である．この分布を**フェルミ分布**という．$\bar{n}_j$ は $0<\bar{n}_j<1$ という不等式を満たす．

(2)　ボース分布：温度 T の相互作用の弱いボソンの集団でエネルギー ε_j の状態 j を占めるボソンの平均粒子数は

$$\bar{n}_j = \frac{1}{e^{(\varepsilon_j-\mu)/k_\mathrm{B}T}-1} \tag{3.35}$$

である．この分布を**ボース分布**という．

(3.34), (3.35) に現れる μ は**化学ポテンシャル**とよばれ，粒子集団の粒子数が N であるという条件，

$$N = \sum_{j=1}^{\infty} \bar{n}_j \tag{3.36}$$

で決まる．なお，光子集団には決まった光子数はないので，(3.35) の μ はゼロである．

　高温でのフェルミ分布とボース分布を考えよう．高温では，フェルミオンもボソンも，各粒子は大きなエネルギーをもつので多くの状態に広く分布する．したがって，1 つの状態を占める平均粒子数は少なく，$\bar{n}_j \ll 1$ である．このことは (3.34), (3.35) の分母で $e^{(\varepsilon_j-\mu)/k_\mathrm{B}T} \gg 1$ を意味し，フェルミオン

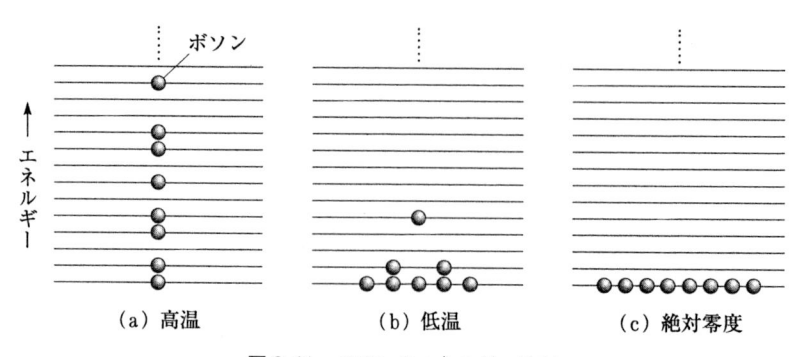

図 3.11　ボソンのエネルギー分布

でもボソンでも，1つの状態を占める平均粒子数は

$$\bar{n}_j \simeq e^{-(\varepsilon_j - \mu)/k_B T} \tag{3.37}$$

となる．これはボルツマン分布にほかならない．この場合でも，(3.37) の化学ポテンシャル μ は (3.36) から決められる．

演習問題

[1] 基底状態にある水素原子が 13.6 eV 以上のエネルギーをもつ光子を吸収するとどうなるか．

[2] ミュー粒子とよばれる素粒子がある．質量が約 200 倍重いことを除くと，ミュー粒子は電子と同じ性質をもつ．水素原子核とミュー粒子で原子を構成することが可能である．
 (1) このような原子の基底状態の半径は水素原子の場合の何倍か．
 (2) このような原子から放出される光子のエネルギーは水素原子の場合のそれと比べて何倍か．

[3] 1価のヘリウムイオンの基底状態の結合エネルギー E はいくらか．

[4] 軌道角運動量が L の電子は磁気モーメント $\boldsymbol{\mu} = -(e/2m)\boldsymbol{L}$ をもつ．磁場 $\boldsymbol{B}$ の中の磁気モーメントの位置エネルギーは $-\boldsymbol{\mu} \cdot \boldsymbol{B}$ である．磁場 $\boldsymbol{B}$ が $+z$ 方向を向いている場合，軌道角運動量の大きさが l の電子のエネルギー準位はどのようになるか．

[5] カリウムとナトリウムの化学的性質が似ている理由を述べよ．

[6] 原子番号が 3 のリチウム原子は 1s 状態に 2 個，2s 状態に 1 個の電子があるが，この電子配置を $(1s)^2 2s$ と記す．次の原子とイオンの電子配置を記せ．

$\qquad$ Ne，$\quad$ O^{2-}，$\quad$ Mg^{2+}，$\quad$ Cl^-

[7] 第 1 章の演習問題 [6] を参照して，温度が 1 K の液体ヘリウム中のヘリウム原子のド・ブロイ波長を計算し，平均原子間距離と比較せよ．

ボース-アインシュタイン凝縮

1925年にアインシュタインは，ボソンである原子の理想気体を考え，ある温度 T_B 以下では，最低エネルギー ε_1 をもつ状態を占めるボソン（原子）の数 $\bar{n}_1$ が全粒子数 N に匹敵する大量の数まで増大すると理論的に予言した．この現象をボース-アインシュタイン凝縮（BEC）というが，それは高温の水蒸気を冷却していったとき，水分子が集まって水滴ができる凝縮（condensation）現象に似ているからである．

このときの $\bar{n}_1$ は

$$\bar{n}_1 = N\left[1 - \left(\frac{T}{T_B}\right)^{3/2}\right] \quad \left(T < T_B, \quad T_B \fallingdotseq \frac{2\pi\hbar^2}{mk_B}\left(\frac{N}{2.61\,V}\right)^{3/2}\right)$$

となることが後に導かれた．

この現象は，ある温度の容器にボソンが閉じ込められているとき，密度がある値以上になるとその後に加わったボソンが，すべて一番低いエネルギー状態を占めるということである．

このような1つの値のエネルギーをもつ複数の粒子は，互いに識別ができないので，個別の粒子の集団というより，全体としてのまとまった性質をもつ．それが超流動，超伝導などの劇的な現象を示すことになる．

ボース-アインシュタイン凝縮は1995年にルビジウム ^{87}Rb 原子，ナトリウム ^{23}Na 原子，リチウム ^{7}Li 原子などの気体で実験的に観測された．原子を真空中に蒸発させ，拡散しないように磁場による力で集めて，原子気体を作る．この原子気体の温度を，レーザー光を当てるなどの方法で，約 $100\,\text{nK} = 10^{-7}\,\text{K}$ まで下げたところ，原子気体にボース-アインシュタイン凝縮が起こった．

第5章のコラムで紹介する液体ヘリウムの超流動と第6章のコラムで紹介する超伝導は，ボース-アインシュタイン凝縮によって起こる現象である．

4 分 子

物質を構成する基本的な要素である元素は約100種類であるが，これらの元素の原子から構成される物質の種類は1000万種類以上もある．本章と次章では，原子が結合して物質を構成する仕組みを学ぶ．まず，本章では，原子が結合して分子を作る代表的な仕組みであるイオン結合と共有結合を学ぶ．どちらの仕組みでも，原子を結合させる主役は電子である．

§4.1 分 子

分子は気体の研究を通じて発見された．気体は気体分子の集団である．気体分子の中には希ガス元素の分子のように，分子 = 原子 の単原子分子もあるが，複数の原子から構成される分子は，NaClやH_2のように元素記号と原子数を表す数字を含む分子式によって表される．

次章で学ぶように，結晶の中には，ドライアイスのように，CO_2分子が弱い分子間力で結合して規則正しく配列している**分子性結晶**とよばれるものもある．一方，食塩（塩化ナトリウム）のような**イオン結晶**とよばれる結晶は，NaCl分子が規則正しく配列したものではなく，Na^+イオンとCl^-イオンが規則正しく配列したものである．

2原子分子の基底状態

複数の原子から構成された分子として一番簡単なのは，2原子から構成された2原子分子である．原子核の質量は電子の質量の$10^3 \sim 10^5$倍なので，

分子中での原子核の運動の速さは電子の速さに比べると非常に遅く，電子の運動を議論する際には原子核は静止していると近似的に考えてよい．そこで，2個の原子核が距離 R だけ離れて静止していると考え，シュレーディンガー方程式を解いて，最小のエネルギー固有値 $E_1(R)$ を計算すると，図4.1のようになる．$R \to \infty$ でのエネルギー固有値 $E_1(\infty)$ は，孤立した原子のエネルギーの和であり，$R \to 0$ では原子核間のクーロン反発力のために $E_1(R)$ は無限大になる．2原子分子の基底状態での原子核間距離は，$E_1(R)$ の極小値に対応する R の値 R_e であり，そのエネルギー固有値は $E_1(R_e)$ である（厳密には，原子核間距離の量子力学的不確定さにともなう振動の零点エネルギーだけ異なる）．

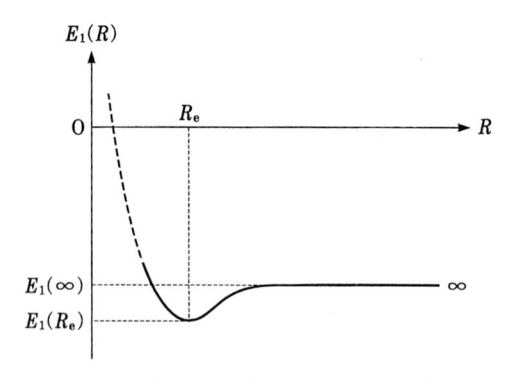

図4.1 基底状態のエネルギー固有値 $E_1(R)$ の2原子分子内の原子核間距離 R 依存性

さて，$E_1(R) - E_1(\infty)$ は2個の原子の間にはたらく原子間力のポテンシャルエネルギーであり，原子間力には原子内の電子が重要な役割を演じる．§3.6で説明したように，原子内の電子はそれぞれ1電子軌道を占め，殻構造を作っている．完全に詰まった内部の殻（閉殻）は安定で，2つの原子が近づいても変化は少ないと考えられる．これに対して，最外殻を不完全に占めている価電子の状態は，周囲に他の原子があれば変化しやすい．このように，原子間力は原子の価電子の状態によって大きな影響を受ける．2原子の結合の仕方として代表的なものに**イオン結合**と**共有結合**があるが，その違いは原子の価電子が占めている状況に由来する．

イオン結合とは，2個の中性原子 A，B の一方からもう一方に電子が移動することによって生じた正イオン A^+ と負イオン B^- がクーロン引力で結び

つく結合の仕組みである(イオン結合の詳細は§4.2で学ぶ).

共有結合とは,2個の原子が電子を1個ずつ出し合い,スピンがそれぞれ逆方向を向いた電子のペアを2原子が共有することによる結合の仕組みである.「共有」という言葉の意味は,両方のイオンが2つの電子を共有していることである.このとき,電子のペアの確率密度は2個の原子核の中間付近で大きくなる.その結果,電子と原子核の間の引力は原子核の間の反発力より強くなり,2原子は結合する(共有結合の詳細は§4.3,4.4で学ぶ).

両方の原子の最外殻が満席で閉殻の希ガス原子の場合には,§5.3で学ぶ**ファン・デル・ワールス力**とよばれる原子間力がはたらくが,この力は弱いので,2原子を結合させて分子を作ることはできない.つまり,希ガス元素の分子は単原子分子である.

§4.2 イオン結合

周期表の左方に位置する1族や2族の原子は,価電子を失って電子配置が閉殻構造の正イオンになりやすい.原子から電子(e^-)1個をとり去って,無限の遠方に移すのに要するエネルギーを**イオン化エネルギー**という(表4.1参照).例えば,1族のナトリウム原子のイオン化エネルギーは5.14 eV,つまり,

$$Na + 5.14\,eV = Na^+ + e^-$$

である.

周期表の右方に位置する17族や16族の原子は,価電子を獲得して電子配置が閉殻構造の負イオンになりやすい.中性原子が無限の遠方にあった電子

表4.1 イオン化エネルギー (eV)

1族		2族		14族		17族		18族	
Li	5.39	Be	9.32	C	11.26	F	17.42	Ne	21.56
Na	5.14	Mg	7.64	Si	8.15	Cl	13.01	Ar	15.76
K	4.34	Ca	6.11	Ge	7.88	Br	11.84	Kr	14.00

表 4.2 電子親和力 (eV)

1 族		14 族		16 族		17 族	
Li	0.62	C	1.27	O	1.46	F	3.40
Na	0.55	Si	1.39	S	2.08	Cl	3.61
K	0.5					Br	3.36

と結合したときに放出されるエネルギーを**電子親和力**という（表4.2参照）．例えば，17族の塩素原子の電子親和力は 3.61 eV，つまり，

$$Cl + e^- = Cl^- + 3.61 \text{ eV}$$

である．

したがって，遠く離れているナトリウム原子と塩素原子を Na^+ イオンと Cl^- イオンにするのに必要なエネルギーは $5.14 \text{ eV} - 3.61 \text{ eV} = 1.53 \text{ eV}$ なので，ナトリウム原子と塩素原子から NaCl 分子を作るには，外から 1.53 eV のエネルギーを注入しなければならない．しかし，遠く離れた正負のイオンがクーロン引力で近づいて，NaCl 分子内の原子核間距離である $r = 2.36 \times 10^{-10}$ m になると，クーロン力の位置エネルギー

$$-\frac{e^2}{4\pi\varepsilon_0 r} = -8.99 \times 10^9 \times \frac{(1.602 \times 10^{-19})^2}{2.36 \times 10^{-10}} \text{ J} = -9.77 \times 10^{-19} \text{ J}$$
$$= -6.10 \text{ eV}$$

が生じるので，安定な NaCl 分子が作られることになり，その結合エネルギーはおよそ $6.10 \text{ eV} - 1.53 \text{ eV} \approx 4.6 \text{ eV}$，つまり，

$$Na + Cl = NaCl + 4.6 \text{ eV}$$

であると推測される．なお，Na^+ イオンと Cl^- イオンが近づきすぎると，パウリ原理によって反発力がはたらくようになる．

NaCl 分子のように，2個の中性原子が正イオンと負イオンになり，クーロン引力で結びつく原子の結合の仕組みを**イオン結合**という．電荷 e の正イオンと電荷 $-e$ の負イオンがイオン結合して分子になると，この分子は電気的には中性であるが，分子内で正，負の電荷分布が偏って分極している

ために，**電気双極子**を作る．正イオンの電荷分布の中心と負イオンの電荷分布の中心の間隔が r なら，この分子は

$$p = er \quad (e = 1.602 \times 10^{-19}\,\text{C})$$

という大きさの**電気双極子モーメント** p をもつはずである．

原子核間距離が $r = 2.36 \times 10^{-10}$ m の NaCl 分子は

$$p = (1.602 \times 10^{-19}\,\text{C}) \times (2.36 \times 10^{-10}\,\text{m}) = 3.78 \times 10^{-29}\,\text{C·m} \quad (\text{予想値})$$

という大きさの電気双極子モーメントをもつと予想される．これに対して，実験値は

$$p = 2.99 \times 10^{-29}\,\text{C·m} \quad (\text{実験値})$$

である．予想値と実験値のずれは，相手のイオンのもつ異符号の電荷がおよぼす引力のために，正イオンの電荷分布の中心と負イオンの電荷分布の中心がいずれも相手の方に近づくために生じる．この効果を考慮に入れて補正すると，電気双極子モーメントは電子が1個ナトリウム原子から塩素原子に移った場合に対応した値になる．

なお，同じ1族の水素原子と17族の塩素原子から構成された塩化水素分子 HCl の電気双極子モーメントの実験値は $p = 0.374 \times 10^{-29}$ C·m と予想値より1桁も小さいので，この2原子分子はイオン結合でできたのではなく，次節で学ぶ共有結合によって結合していると考えられる．このように第1周期の1族の元素である水素は，第2周期以降の1族のアルカリ金属元素とは結合の仕組みが異なることに注意しよう．

§4.3 共有結合1 ─ 水素分子 ─

分子軌道

原子の殻模型では，原子中の電子は，原子核および他の電子の作用する力を平均した力のポテンシャル（**平均場**）の中の原子軌道を占めていると考える．これに対応して，共有結合で結合した分子の場合には，分子中の原子を結合させる役割の電子は，結合している原子の原子核および他の電子の作る

平均場の中の1電子状態である分子軌道を占めていると考える．原子1と原子2を結合させる役割の電子の分子軌道は原子1, 2の全体に広がって存在し，分子軌道の波動関数 $\phi(r)$ は，電子が原子核1に近いときには原子1の価電子の波動関数 $\Psi(r-R_1)$ に似ていると考え，原子核2に近いときには原子2の価電子の波動関数 $\Psi(r-R_2)$ に似ていると考えて，$\phi(r)$ は2つの原子軌道の1次結合，

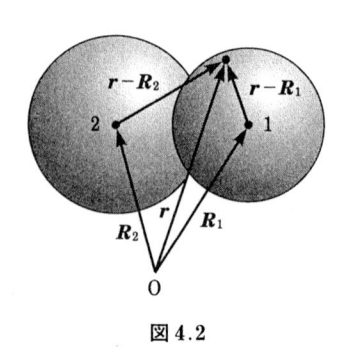

$$\phi(r) = C_1\Psi(r-R_1) + C_2\Psi(r-R_2) \tag{4.1}$$

図 4.2

で近似できるとする．ここで，R_1，R_2 は原子核1, 2の位置ベクトルである（図4.2）．

係数の C_1 と C_2 は定数である．水素分子のように，2つの原子が同種類の場合には，対称性から $|C_1|=|C_2|$ である．2つの原子が異種類の場合には，一般に，$|C_1|\neq|C_2|$ で，$|C_1|>|C_2|$ ならば，電子の確率密度は原子2の中より原子1の中の方が大きいので，原子1は負に帯電し，原子2は正に帯電する．なお，$C_1=1$ で $C_2=0$ ならば，原子1が負イオンで，原子2が正イオンのイオン結合の場合になっている．

水素分子の分子軌道

水素分子 H_2 は2個の水素原子が共有結合したものである．2個の原子核の位置ベクトルを R_1，R_2 とすると，孤立している2個の水素原子の1s軌道の波動関数は $\Psi_{1s}(|r-R_1|)$，$\Psi_{1s}(|r-R_2|)$ である（図4.3）．水素原子が近づいて波動関数が重なると，

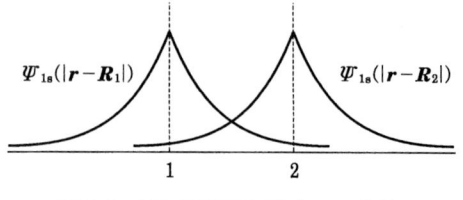

図 4.3　原子軌道関数 $\Psi_{1s}(|r-R_1|)$，$\Psi_{1s}(|r-R_2|)$

図 4.4 分子軌道
(a) 結合状態
(b) 反結合状態

分子軌道とよばれる2つの1電子状態が新しくでき，この分子軌道は原子軌道の1次結合で近似される．

まず1つは**結合状態**とよばれ，その近似的な波動関数は

$$\phi_b(r) = \frac{1}{\sqrt{2}}[\Psi_{1s}(|r-R_1|) + \Psi_{1s}(|r-R_2|)] \quad (4.2)$$

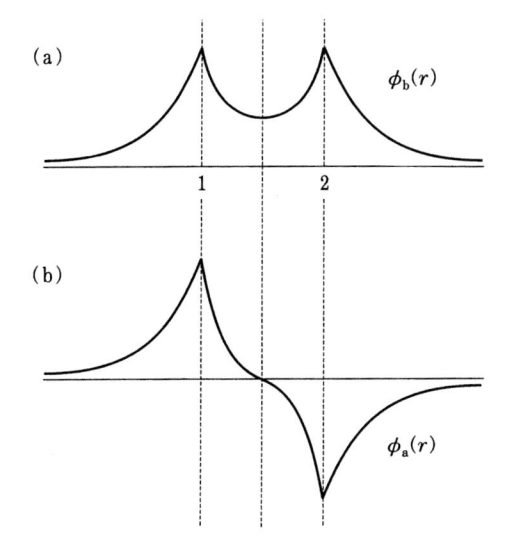

である（図4.4(a)）．ここで重要なのは，2つの Ψ_{1s} の和になっていることで，便宜上選んだ係数の大きさ $1/\sqrt{2}$ は気にしなくてよい．この軌道は分子軸（2つの原子核を結ぶ線分）の周りの回転で対称な分子軌道なので，原子の場合のsに対応して，**σ（シグマ）軌道**とよばれる．結合状態では，電子の確率密度は2個の原子核間で大きい．

もう1つは**反結合状態**とよばれ，その近似的な波動関数は

$$\phi_a(r) = \frac{1}{\sqrt{2}}[\Psi_{1s}(|r-R_1|) - \Psi_{1s}(|r-R_2|)] \quad (4.3)$$

であり（図4.4(b)），**σ*軌道**とよばれる（これも回転対称性をもつ）．反結合状態では，2個の原子核間での電子の確率密度は小さく，中間点ではゼロ

である．

なお，電子は σ 軌道と σ^* 軌道のそれぞれに，スピンの自由度によって，2個まで入ることができる．

水素分子イオン H_2^+ の分子軌道

水素原子 H と水素イオン H^+ が近づいて，水素原子の 1s 軌道に入っていた電子が σ 軌道に移り，それが 2 原子に共有された状態が水素分子イオン H_2^+ である．波動関数 (4.2) を使って，H_2^+ の結合状態（σ 軌道）のエネルギー E_b を求め，水素原子の基底状態のエネルギー $E_{1s} = -13.6\,\text{eV}$ との差を ΔE とすると，

$$E_b = E_{1s} - \Delta E \tag{4.4}$$

$$\Delta E \simeq \frac{1}{2} \frac{e^2}{4\pi\varepsilon_0} \int dV \left(\frac{1}{|\boldsymbol{r}-\boldsymbol{R}_1|} + \frac{1}{|\boldsymbol{r}-\boldsymbol{R}_2|} - \frac{2}{|\boldsymbol{R}_1-\boldsymbol{R}_2|} \right)$$
$$\times \Psi_{1s}(|\boldsymbol{r}-\boldsymbol{R}_1|)\Psi_{1s}(|\boldsymbol{r}-\boldsymbol{R}_2|) \tag{4.5}$$

であることが示せる．この積分の被積分項の $\Psi_{1s}(|\boldsymbol{r}-\boldsymbol{R}_1|)\Psi_{1s}(|\boldsymbol{r}-\boldsymbol{R}_2|)$ という因子は，量子力学における波の重ね合わせという性質で生じた因子であり，結合状態では電子の確率密度が 2 つの原子核の中間で大きいのでこの値も大きい．電子が 2 つの原子核の中間にある場合には，電子 − 原子核間の引力の効果を表す $1/|\boldsymbol{r}-\boldsymbol{R}_1|+1/|\boldsymbol{r}-\boldsymbol{R}_2|$ の項の方が原子核間の反発力の効果を表す $2/|\boldsymbol{R}_1-\boldsymbol{R}_2|$ の項より大きく，積分は正なので ΔE は正，つまり (4.4) から，σ 軌道のエネルギー E_b は水素原子の 1s 軌道のエネルギー E_{1s} より低いことがわかる（図 4.5）．

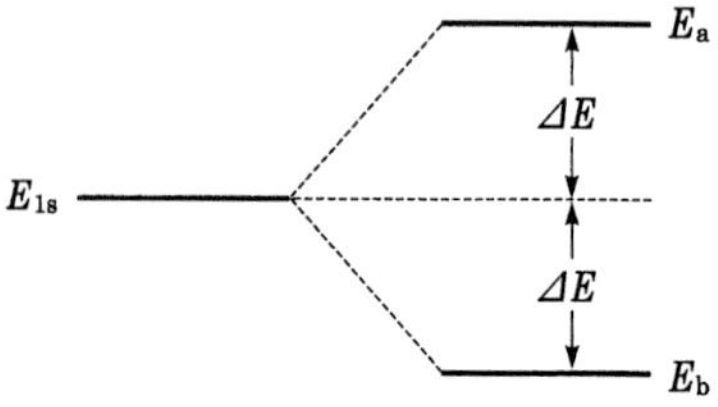

一方，反結合状態（σ^* 軌道）のエネルギーは，(4.5) の ΔE を使って，近似的に

$$E_a \simeq E_{1s} + \Delta E \quad (\Delta E > 0) \tag{4.6}$$

図 4.5 結合状態と反結合状態のエネルギー

§4.3 共有結合 1　91

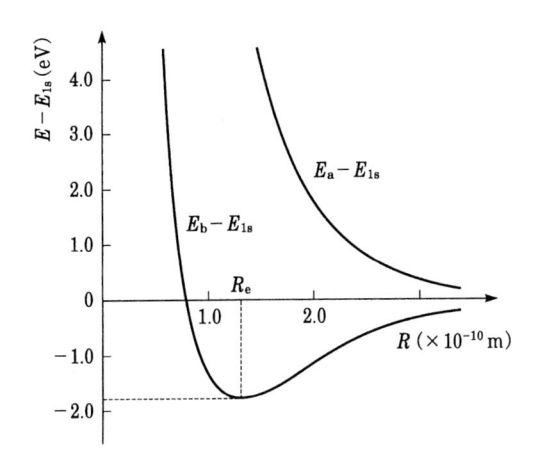

図 4.6 結合状態と反結合状態のエネルギーの原子核間距離依存性

と表されるので，σ^* 軌道のエネルギー E_a は 1s 軌道のエネルギーより高いことがわかる（図 4.5）．

分子軌道近似で水素分子イオンの結合エネルギー ΔE を計算すると，これが最大になるのは，結合状態で原子核間距離 $R_e = |\bm{R}_1 - \bm{R}_2| = 1.32 \times 10^{-10}$ m のときで，このとき $\Delta E = 1.77$ eV である（図 4.6）．つまり，

$$\text{理論値は} \quad R_e = 1.32 \times 10^{-10} \text{ m}, \quad \Delta E = 1.77 \text{ eV}$$

であり，水素分子イオンが安定に存在することが理論的に確かめられた．これと比べるべき

$$\text{実験値は} \quad R_e = 1.06 \times 10^{-10} \text{ m}, \quad \Delta E = 2.68 \text{ eV}$$

である．理論値と実験値の差から，分子軌道近似の誤差についてもわかる．

水素分子 H_2

次に，分子軌道法で水素分子 H_2 を考える．波動関数 (4.2) で表される σ 軌道には，スピンが逆向きの電子を 1 個ずつ入れることができる．2 個の水素原子が近づいて，各原子の 1s 軌道に 1 個ずつ入っていた電子の両方が σ 軌道に移り，パウリ原理を満たすようにスピンの向きが逆方向を向くと，スピンの部分まで含めた水素分子の波動関数 $\Psi(\bm{r}_1, \bm{r}_2, s_1, s_2)$ は，

$$\Psi(r_1, r_2, s_1, s_2) = \phi_b(r_1)\phi_b(r_2)[\alpha(s_1)\beta(s_2) - \beta(s_1)\alpha(s_2)]$$
(4.7)

となる．ここで波動関数の軌道部分は，(4.2) で座標をそれぞれ r_1, r_2 としたものの積である． $\alpha(s_1)\beta(s_2)$ という項は電子 1 がスピン上向き，電子 2 がスピン下向きであることを表し，$\beta(s_1)\alpha(s_2)$ は電子 1 がスピン下向き，電子 2 がスピン上向きであることを表す．

この波動関数は，逆向きのスピンをもった 2 個の電子が，全体のエネルギーが低くなるように，2 つの水素原子核の中間に集まっている状態を表す．この場合，2 つの水素原子はスピンが逆向きの 2 つの電子を共有しているといえる．このように，逆向きのスピンをもつ 2 電子を共有して 2 個の原子が結合する結合の仕方を，**共有結合**という．

水素分子を 2 個の水素原子に解離させるのに必要なエネルギーを水素分子の**解離エネルギー**という．分子軌道の波動関数 (4.7) を使って，エネルギーが最小になる原子核間距離 R_e とその場合の解離エネルギー D を求めると，$R_e = 0.85 \times 10^{-10}$ m, $D = 2.68$ eV である．なお，実験値は $R_e = 0.74 \times 10^{-10}$ m, $D = 4.51$ eV である．

ヘリウム分子イオン He_2^+ とヘリウム分子 He_2

2 原子の 1s 軌道の結合状態である σ 軌道 (4.2) には電子は 2 個しか入れない．2 個の 1s 電子を含むヘリウム原子 He と 1 個の 1s 電子を含むヘリウムイオン He^+ が近づくとヘリウム分子イオン He_2^+ ができ，そのとき 2.17 eV のエネルギー（解離エネルギー）を放出する（$He + He^+ = He_2^+ + 2.17$ eV）．ヘリウム分子イオン He_2^+ では，3 個の電子のうちの 2 個は σ 軌道を占めるが，残りの 1 個は 2 原子の s 軌道の反結合状態である $σ^*$ 軌道に入る．

常温ではヘリウム気体中のヘリウム分子は単原子分子 He であるが，極低温では 2 原子分子のヘリウム分子 He_2 が存在する．He_2 の解離エネルギーはほとんどゼロなので，He_2 は常温では安定に存在できない．分子軌道法では，ヘリウム分子 He_2 の 4 個の電子は，スピンが逆向きの電子のペアが

σ軌道とσ*軌道に1組ずつ入って，両方の軌道を満席にする．

水素分子H_2の解離エネルギー（4.51 eV）は水素分子イオンH_2^+の解離エネルギー（2.68 eV）より大きく，ヘリウム分子He_2の解離エネルギー（～0）はヘリウム分子イオンHe_2^+の解離エネルギー（2.17 eV）より小さい．その理由は，σ軌道はエネルギーが$E_b \fallingdotseq E_{1s} - \Delta E$なので分子を安定にする軌道で，σ*軌道はエネルギーが$E_a \fallingdotseq E_{1s} + \Delta E$なので分子を不安定にする軌道だからであるということを考えれば，定性的に理解できる．

§4.4　共有結合2 ― 方向性のある結合 ―
価電子の波動関数の方向性

前節では，水素分子が原子のs軌道に入っている価電子の共有によって共有結合をしていることを学んだ．

2個の原子の結合に大きな役割を果たす価電子は，原子の種類によって，s軌道以外に，p軌道やd軌道に入っているものがある．§3.2で学んだように，軌道角運動量の大きさがlで，そのz成分がm_zの電子の波動関数は，動径部分$R_{nl}(r)$と角度部分$Y_{lm_z}(\theta, \phi)$の積によって

$$\Psi(r, \theta, \phi) = R_{nl}(r) Y_{lm_z}(\theta, \phi) \tag{4.8}$$

と表される．$Y_{lm_z}(\theta, \phi)$は(3.13)で与えた球面調和関数である．

例えば，$l = 0, 1$ ($m_z = 1, 0, -1$) の球面調和関数 $Y_{lm_z}(\theta, \phi)$ は

$$\left. \begin{aligned} Y_{0,0} &= \frac{1}{\sqrt{4\pi}} \\ Y_{1,1} &= -\sqrt{\frac{3}{8\pi}} \sin\theta (\cos\phi + i\sin\phi) = -\sqrt{\frac{3}{8\pi}} \frac{x+iy}{r} \\ Y_{1,0} &= \sqrt{\frac{3}{4\pi}} \cos\theta = \sqrt{\frac{3}{4\pi}} \frac{z}{r} \\ Y_{1,-1} &= \sqrt{\frac{3}{8\pi}} \sin\theta (\cos\phi - i\sin\phi) = \sqrt{\frac{3}{8\pi}} \frac{x-iy}{r} \end{aligned} \right\} \tag{4.9}$$

94 4. 分　　　子

である．$l=0$ の状態の波動関数は，方向によらず一定値である．$l=1$ の状態の波動関数は，角度変数 θ, ϕ で表した形と x, y, z で表した形を示した．これは，x, y, z についての 1 次式を r で割ったものであることに注意しよう．

s 電子　　$l=0$ の s 軌道を占めている電子（s 電子）の確率密度の角度依存性は

$$|Y_{0,0}|^2 = \frac{1}{4\pi} \tag{4.10}$$

つまり，電子は原点（原子核）の周囲に球対称に分布していて，確率密度が特定の方向で大きいということはない（図 4.7(a) の灰色の線）．したがって，s 電子は特定の方向にある原子と強く結合して分子を作る能力には乏しい．

p 電子　　これに対して，$l=1$ の p 軌道を占めている電子（p 電子）の確率密度は角度依存性をもつ．例えば，$l=1$, $m_z=0$ の p 軌道を占めている電子（簡単のため p_z 電子とよぶ）の確率密度の角度依存性は

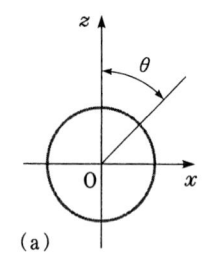

図 4.7　電子の確率密度の角度依存性
(a) s 電子，(b) p_z 電子，
(c) p_x 電子，(d) p_y 電子

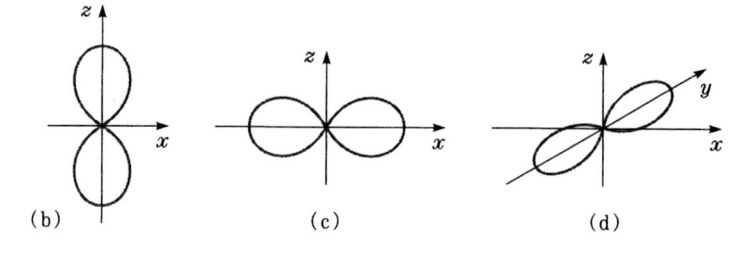

$$|Y_{1,0}|^2 = \frac{3}{4\pi}\cos^2\theta$$
$$= \frac{3}{4\pi}\frac{z^2}{r^2} \tag{4.11}$$

なので，z 軸方向の確率密度が大きい（図 4.7(b)）．

ここで $l=1$，$m_z=1$ の状態の波動関数と $l=1$，$m_z=-1$ の状態の波動関数を重ね合わせた，

$$\frac{1}{\sqrt{2}}(-Y_{1,1}+Y_{1,-1}) = \sqrt{\frac{3}{4\pi}}\sin\theta\cos\phi = \sqrt{\frac{3}{4\pi}}\frac{x}{r} \tag{4.12 a}$$

$$\frac{i}{\sqrt{2}}(Y_{1,1}+Y_{1,-1}) = \sqrt{\frac{3}{4\pi}}\sin\theta\sin\phi = \sqrt{\frac{3}{4\pi}}\frac{y}{r} \tag{4.12 b}$$

という波動関数を作ると，これは 2 つの p 軌道を占めている電子，p_x 電子と p_y 電子にそれぞれ対応する．p_x，p_y 電子の確率密度も角度依存性をもち，x 軸方向，あるいは y 軸方向の確率密度が大きい（図 4.7(c), (d)）．共有結合の強さは電子の波動関数の重なりが大きいほど強いので，価電子に p 電子を含む原子は，特定の方向の原子と強く結合して分子を作る能力に富む．

混成軌道

原点に原子核がある原子の p_z 原子軌道関数，

$$\Psi_{p_z} = f_p(r)\frac{z}{r} = f_p(r)\cos\theta \tag{4.13}$$

と s 原子軌道関数，

$$\Psi_s = f_s(r) \tag{4.14}$$

の重ね合わせで，次の 2 つの新しい軌道関数

$$\psi_{+z} = \frac{1}{\sqrt{2}}(\Psi_s + \Psi_{p_z}) = \frac{1}{\sqrt{2}}[f_s(r) + f_p(r)\cos\theta]$$
$$\tag{4.15 a}$$

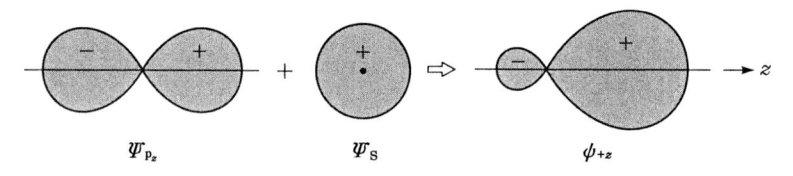

図 4.8 s, p 軌道の混成

$$\psi_{-z} = \frac{1}{\sqrt{2}}(\Psi_s - \Psi_{p_z}) = \frac{1}{\sqrt{2}}[f_s(r) - f_p(r)\cos\theta]$$

(4.15 b)

を作ると，ψ_{+z} は $+z$ 軸に沿う部分のみに確率密度の大きい領域をもち，ψ_{-z} は $-z$ 軸に沿う部分のみに確率密度の大きい領域をもつという著しい指向性がある（図 4.8）．このような s 原子軌道と p 原子軌道の重ね合わせでできた原子軌道を **sp 混成軌道** という．

メタン分子 CH₄

sp 混成軌道によって結合している分子の例として，1 個の炭素原子（これを原点にとる）が 4 個の水素原子と結合しているメタン分子 CH_4 の場合を考える．炭素原子の最外殻の電子配置は $(2s)^2(2p)^2$ である．いま 1 個の 2s 電子を 2p 軌道に励起して，電子配置を $(2s)(2p)^3$ にしたとする．全電子のエネルギーを電子数 4 で割って 1 電子当りのエネルギーを求めると，励起前の値は $(2E_s + 2E_p)/4$ で，励起後は $E_h = (E_s + 3E_p)/4$ となる（図 4.9(b) 参照）．$E_p - E_s \sim 7.4\,\mathrm{eV}$ であることを使うと，このとき 1 電子当り 1.8 eV ほど増えている．つまり，この段階ではエネルギー的に損をする．

次に，$(2s)(2p)^3$ の 4 つの原子軌道関数 $\Psi_s, \Psi_{p_x}, \Psi_{p_y}, \Psi_{p_z}$ を重ね合わせて，次の 4 つの混成軌道

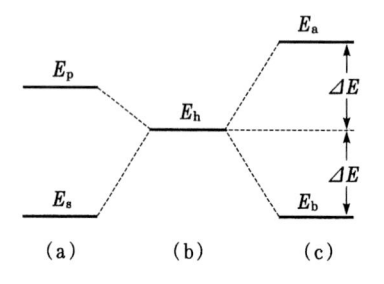

図 4.9 sp 混成軌道のエネルギー

$$\left.\begin{aligned}\phi_1 &= \frac{1}{2}(\Psi_s + \Psi_{px} + \Psi_{py} + \Psi_{pz}) \\ \phi_2 &= \frac{1}{2}(\Psi_s + \Psi_{px} - \Psi_{py} - \Psi_{pz}) \\ \phi_3 &= \frac{1}{2}(\Psi_s - \Psi_{px} + \Psi_{py} - \Psi_{pz}) \\ \phi_4 &= \frac{1}{2}(\Psi_s - \Psi_{px} - \Psi_{py} + \Psi_{pz}) \end{aligned}\right\} \quad (4.16)$$

を作る．これを **sp^3 混成軌道** という．$\phi_1 \sim \phi_4$ の右辺の係数をこのように選ぶと，4つの混成軌道は，それぞれ原点から点 $(1,1,1)$, $(1,-1,-1)$, $(-1,1,-1)$, $(-1,-1,1)$ の方向，つまり，原点に中心がある立方体の8つの頂点のうち，隣り合わない4つの頂点（正四面体の頂点）の方向に，電子分布が伸びている状態を表すことになる（図4.10）．

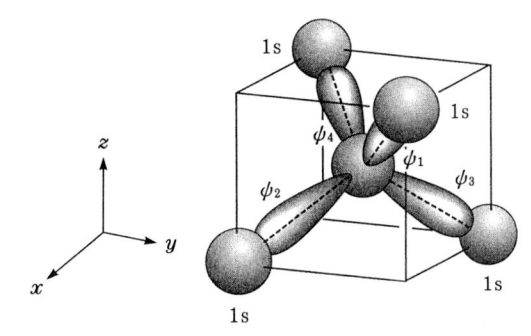

図4.10 sp^3 混成軌道と水素の1s原子軌道による結合状態の分子軌道

炭素原子の4つの混成軌道の各々が伸びた方向に4個の水素原子をおくと，その1s原子軌道との重ね合わせによって，C_1, C_2 を正の定数として

$$\phi_i(\boldsymbol{r}) = \frac{1}{\sqrt{2}}[C_1 \phi_i(\boldsymbol{r}) + C_2 \Psi_{1s}(|\boldsymbol{r} - \boldsymbol{R}_i|)] \quad (i = 1, 2, 3, 4) \quad (4.17)$$

という4つの結合状態の分子軌道が作られる（図4.10）．その各々にスピンが逆向きの2個の電子が入ると，正四面体の重心にある炭素原子が共有結合で正四面体の4つの頂点にある水素原子と結合したメタン分子 CH$_4$ ができる（図4.11(a)）．この構造を **正四面体構造** という．(4.17) で，$\boldsymbol{R}_i$ ($i = 1, 2, 3, 4$) は原点に炭素原子があるメタン分子の水素原子の位置ベクトルで

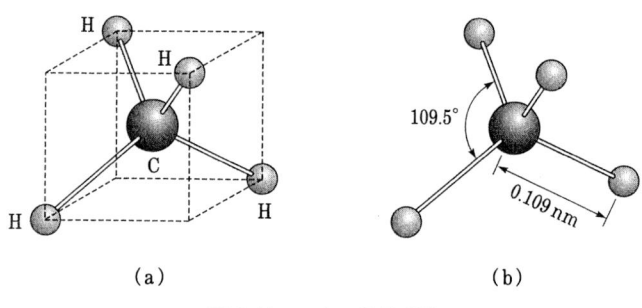

図4.11 メタン分子 CH$_4$

ある．このときの結合状態のエネルギー E_b と反結合状態のエネルギー E_a の関係は図4.9(c) に示した．

メタン分子中の水素原子はわずかに正電荷を帯び，炭素原子は負電荷を帯びる．4つの C－H 共有結合の長さは 1.09×10^{-10} m，結合角 θ は 109.5° (図4.11(b)，演習問題 [2] 参照) で，C－H 結合の結合エネルギーは 1 つの結合当り 4.3 eV である．

§4.5　2重結合と3重結合

エチレン分子 C$_2$H$_4$

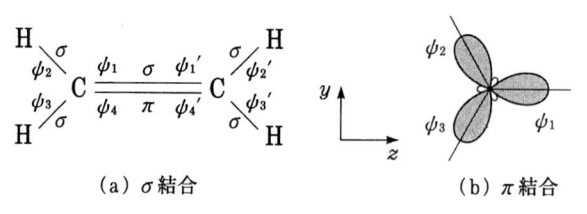

エチレン分子は，炭素原子と水素原子が図4.12(a) のように 1 平面内にある構造をもつ．ここではこの平面を yz 平面とし，分子軸（2個の炭素原子核を含む軸）は z 軸方向とする．この場合，左側の炭素原子の原子軌道として，yz 平面に平行な 3 つの sp^2 混成軌道 ψ_1, ψ_2, ψ_3 と yz 平面に垂直な

図4.12 エチレン分子 C$_2$H$_4$ の 2 重結合

ψ_4 を選ぶと，それぞれの原子軌道は次のように表せる．

$$
\left.\begin{aligned}
\phi_1 &= \frac{1}{\sqrt{3}}\Psi_s + \sqrt{\frac{2}{3}}\Psi_{pz} \\
\phi_2 &= \frac{1}{\sqrt{3}}\Psi_s - \frac{1}{\sqrt{6}}\Psi_{pz} + \frac{1}{\sqrt{2}}\Psi_{py} \\
\phi_3 &= \frac{1}{\sqrt{3}}\Psi_s - \frac{1}{\sqrt{6}}\Psi_{pz} - \frac{1}{\sqrt{2}}\Psi_{py} \\
\phi_4 &= \Psi_{px}
\end{aligned}\right\} \quad (4.18)
$$

なお，$\phi_1 \sim \phi_3$ の右辺の係数をこのように選ぶと，$\phi_1 \sim \phi_3$ は原点から点 $(0, 0, 1)$，$(0, \sqrt{3}/2, -1/2)$，$(0, -\sqrt{3}/2, -1/2)$ の方向に電子分布が伸びている状態を表す．

図 4.12(a) で右側の炭素原子の原子軌道は，2 つの炭素原子の中点を通り分子軸に垂直な面（xy 平面）に関して (4.18) と対称な軌道で，それを ϕ_1', ϕ_2', ϕ_3', ϕ_4' とする．ϕ_1, ϕ_2, ϕ_3 の結合角は 120°，ϕ_1', ϕ_2', ϕ_3' の結合角も 120° である（図 4.12(b)）．ϕ_4 と ϕ_4' はいずれも $\pm x$ 方向に伸びている．

エチレン分子では，ϕ_2, ϕ_3, ϕ_2', ϕ_3' は水素原子の 1s 原子軌道と重なり合って，(4.17) のような結合状態の分子軌道を 4 つ作り，そのすべてにスピンが逆向きの 1 組の電子が入る．ϕ_1 と ϕ_1' および ϕ_4 と ϕ_4' は，それぞれ炭素原子 1，2 の周りの結合状態の分子軌道

$$\phi_\sigma(\boldsymbol{r}) = \frac{1}{\sqrt{2}}[\phi_1(\boldsymbol{r}-\boldsymbol{R}_1) + \phi_1'(\boldsymbol{r}-\boldsymbol{R}_2)] \quad (4.19\,\text{a})$$

$$\phi_\pi(\boldsymbol{r}) = \frac{1}{\sqrt{2}}[\phi_4(\boldsymbol{r}-\boldsymbol{R}_1) + \phi_4'(\boldsymbol{r}-\boldsymbol{R}_2)] \quad (4.19\,\text{b})$$

を作る．2 種類の結合状態の分子軌道のそれぞれには，スピンが逆向きの 1 組の電子が入る．図 4.13(a) に示すように，結合状態の分子軌道 $\phi_\sigma(\boldsymbol{r})$ は分子軸の周りで回転対称なので **σ 軌道**といい，これによる結合を **σ 結合**という．結合状態の分子軌道 $\phi_\pi(\boldsymbol{r})$ は，図 4.13(b) での上下の部分に符号の違いがあるように，分子軸の周りで回転対称ではなく，原子の場合の p に

100　4. 分　　子

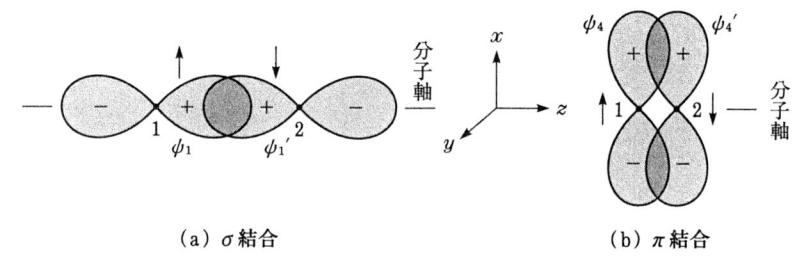

(a) σ結合　　　　　　　　　　(b) π結合

図4.13　σ結合と π結合（矢印はスピンの向きを表す）

対応して，**π 軌道**といい，これによる結合を **π 結合**という．

　いま述べたように，エチレン分子の2個の炭素原子は σ結合と π結合の2重の結合をしている．このような結合を **2重結合**といい，$C=C$ のように2本の線で表す．π結合が強いのは，図4.13(b) に示すように原子軌道 ϕ_4 と ϕ_4' の重なりが大きい場合，つまり，ϕ_4 と ϕ_4' が同じ方向を向いているときである．もし，炭素原子1と2の x 軸方向がずれていると，ϕ_4 と ϕ_4' の重なりが小さくなり，π結合が弱くなってしまう．これがエチレン分子の中の炭素原子と水素原子が同一平面内にある理由である．

　なお，エチレン分子 C_2H_4 の水素原子2個が塩素原子2個におきかわった $C_2H_2Cl_2$ という分子があるが，この分子も $C=C$ という2重結合のために，6個の原子は1平面上にあり，$C=C$ 軸の周りの回転は極めて起こりにくい．そのため，**シス型**（図4.14(a)）と**トランス型**（図4.14(b)）とよばれる2つの**異性体**がある（ギリシャ語でシスは「こちら側」，トランスは「向こう側」を意味する）．

(a) シス型　　　(b) トランス型

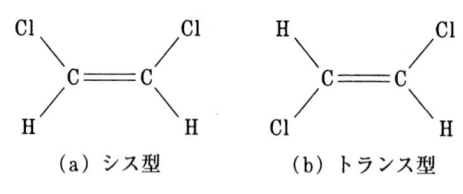

図4.14　$C_2H_2Cl_2$ 分子

アセチレン分子 C_2H_2

　アセチレン分子はCとHがHCCHという順に1直線上にある構造をもつ（図4.15）．いま，この分子

図4.15　アセチレン分子 C_2H_2

軸は z 軸方向だとする。この場合，左側の炭素原子の原子軌道として，(4.15) の 2 つの sp 混成軌道 ψ_{+z} と ψ_{-z} および 2 つの p 原子軌道関数 Ψ_{px}, Ψ_{py} を選ぶ。右側の炭素原子の原子軌道は，分子軸に垂直な面（xy 平面）に関してこれらと対称な軌道で，それらを ψ_{-z}', ψ_{+z}', Ψ_{px}', Ψ_{py}' とする。ψ_{+z} と ψ_{-z}' は σ 分子軌道，Ψ_{px} と Ψ_{px}', Ψ_{py} と Ψ_{py}' は π 分子軌道を作る。したがって，アセチレン分子の 2 個の炭素原子は σ 結合と 2 つの π 結合という 3 重の結合をしている。このような結合を **3 重結合** といい，$C \equiv C$ のように 3 本の線で表す。

なお，2 個の炭素原子が σ 結合だけで結合している分子の例として，図 4.16 に示すエタン分子 C_2H_6 がある。2 個のメタン分子から水素原子をそれぞれ 1 個ずつとり除き，空いた混成軌道が σ 結合しているエタン分子の電子構造は説明するまでもないだろう。このような 2 個の炭素原子の結合を **1 重結合** といい，$C-C$ のように 1 本の線で表す。

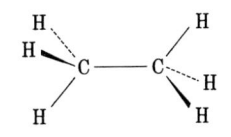

図 4.16 エタン分子 C_2H_6

2 重結合は 1 重結合よりも強く，3 重結合は 2 重結合よりも強いことは，炭素－炭素結合の結合エネルギーが 3 重結合の場合 10.0 eV，2 重結合の場合 7.1 eV，1 重結合の場合 3.8 eV である事実からも確かめられる。この事実は，炭素－炭素結合の長さが，3 重結合の場合 1.21×10^{-10} m，2 重結合の場合 1.34×10^{-10} m，1 重結合の場合 1.54×10^{-10} m であることにも反映されている。

ポリアセチレン

有機化合物は炭素を基本骨格にもった物質で，一般に複雑な構造をもつ。容易に新しい種類の物質を作ることができ，これまでに 1 千万以上の有機化合物が登録されている。有機化合物の中には **合成高分子** とよばれる，原子が数万，数百万とつながり，繊維や樹脂を形成する特徴をもつものがある。アセチレン分子 C_2H_2（図 4.15）が鎖状につながったポリアセチレンはその一

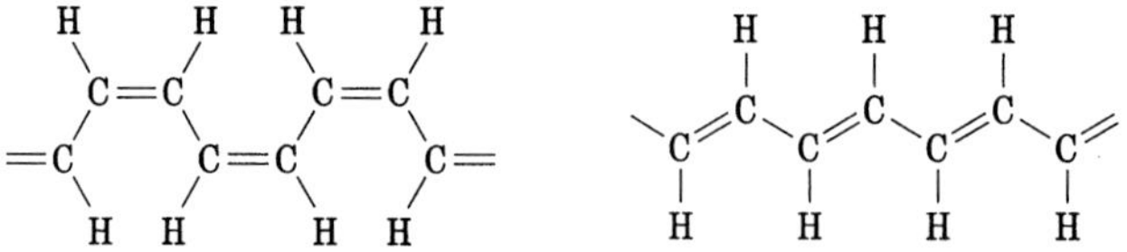

102   4. 分　　子

```
      H   H         H   H                H   H   H   H
      |   |         |   |                |   |   |   |
      C = C         C = C                C = C   C = C
     /     \       /     \              /     \ /     \
= C           C = C         C =    — C           C         C —
  |           |   |         |        |           |         |
  H           H   H         H        H           H         H
```
      (a) シス型　　　　　　　　　　(b) トランス型

図 4.17　ポリアセチレン

例である．

  図 4.17 に示すように，ポリアセチレンは炭素原子が 2 重結合と 1 重結合のくり返しをもつ共役系とよばれる高分子である．エチレン分子の場合の分子軌道から，ポリアセチレンの場合の分子軌道は容易に推測できるだろう．なお，ポリアセチレンにはシス型（図 4.17(a)）とトランス型（図 4.17(b)）という 2 種類の異性体がある．

演習問題

[1]　水素原子 H のイオン化（電離）エネルギーは 13.60 eV，水素分子 H_2 のイオン化エネルギーは 15.43 eV で，水素分子を解離するのに必要なエネルギーは 4.51 eV である．これを熱化学方程式で示すと，次のようになる．

$$H + 13.60\,\mathrm{eV} = H^+ + e^-$$
$$H_2 + 15.43\,\mathrm{eV} = H_2^+ + e^-$$
$$H_2 + 4.51\,\mathrm{eV} = H + H$$

水素分子イオン H_2^+ を水素原子 H と水素イオン H^+ に解離するのに必要なエネルギー（解離エネルギー）$D(H_2^+)$ を求めよ．

[2]　メタン分子の原子配置は，人が両手と両足を大きく開き，上半身を 90° 回した場合を想像すると理解しやすい．原点に炭素原子があり，両足に対応する結合の手が xz 面内，両手に対応する結合の手が yz 面内にあるとし，結合の手の

なす角（結合角）を 2θ，炭素と水素の距離を r とすると，4つの水素原子 A, B, C, D の位置は

A：$(r\sin\theta, 0, -r\cos\theta)$,　　B：$(-r\sin\theta, 0, -r\cos\theta)$,

C：$(0, r\sin\theta, r\cos\theta)$,　　D：$(0, -r\sin\theta, r\cos\theta)$

と表される．このとき，結合角 2θ を求めよ．

[3] 酸化マグネシウム MgO の融点は 2826 ℃ で，沸点は 3600 ℃ であり，酸化カルシウム CaO の融点は 2572 ℃ で，沸点は 2850 ℃ である．この実験結果から，Mg^{2+} と Ca^{2+} のどちらが O^{2-} との結合力が強いといえるか．その理由も述べよ．

導電性高分子

§4.5 で紹介した高分子のポリアセチレンは電気を伝えない．ところが，白川英

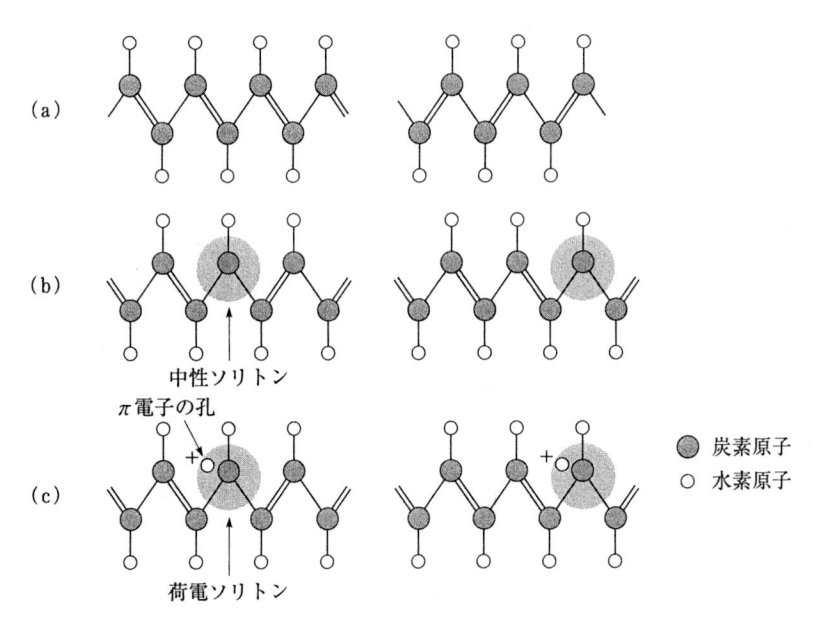

樹，ヒーガー，マクダイアミッドの三人は，ポリアセチレンのフィルムにヨウ素を加えること（ドーピング）により，電気伝導度が 12 桁（1 兆倍）も大きくなることを発見した．さらに驚くべき事実は，この高い伝導度を担っているのが自由電子ではないことであった．

ポリアセチレン（トランス型）には，図 (a) に示すような 2 重結合の位置関係だけが異なる 2 つの構造がある．この 2 つの構造をつなげた境界にある炭素原子を考えると，その π 電子は，結合の相手がなくて孤立している不対電子となっている（図 (b)）．

この不対電子が 1 つおいた隣りの炭素原子に容易に移ることにより（図 (b) の右側），大きな速度で分子に沿って伝播する．このように 2 重結合の様子が変り不対電子がある領域が孤立波として伝播するとき，この波を**ソリトン**という．このソリトンは電気的に中性なので，それがいくら動いても電流はゼロである．

ところが，ポリアセチレンに対してアクセプターのはたらきをするヨウ素をドーピングすると，中性ソリトンが π 電子を引き抜かれて正に帯電し（図 (c)），この荷電ソリトンが移動することにより（図 (c) の右側），電流を運ぶ．これが，観測された非常に大きな電気伝導度の原因である．（参考書：白川英樹 著：「化学に魅せられて」（岩波新書））

5 固体の結合性

　物質がとる状態には気体，液体，固体がある．気体と液体は，一定の形をもたず，入れる容器の形に応じて自由に変形するので，流体とよばれている．それでは，固体とはどのような状態だろうか．静止気体，静止液体の中では，ある面を境にして両側で引っ張ったり（引張応力）ずれたり（ずれ応力）することは起きない．これに対して，構成原子が互いに結合している固体の中では，引張応力やずれ応力がはたらく．つまり，固体とはこのような力学的な性質をもつ物質である．

　身の周りを見回すと，目に見えるもの，例えば，机，本，携帯電話，パソコン，牛革や人工皮革の靴，衣服，樹木の幹や葉，プラスティック製容器，鉄筋コンクリートの建物などのほとんどは，流体ではなく固体であり，固体は多種多様である．

　気体は高温，低密度でボイル-シャルルの法則に従うなどの共通の性質をもつ．これに対して，固体には金属，半導体，超伝導体，セラミック，ポリマー（重合した高分子）などとよばれるそれぞれ特徴的な性質をもつグループがある．さらに，2種類以上の純粋な金属を混ぜて合金を作ったり，シリコンの結晶に不純物を加えたりして，望ましい性質をもつ材料を作る物質の制御も広く行われている．固体の場合には，莫大な数のすべての固体に，ボイル-シャルルの法則のような，共通の性質は見当たらない．したがって，固体の理解には，広範囲に成り立つ基本的な概念や法則の理解と個別的な物質の理解の両方が必要であり，これが固体の学習の魅力でもある．

　固体を考える第一歩は混合物ではない純物質の固体を考えることであろう．常圧では，ヘリウム以外のすべての純物質の液体は冷やすと固体になる．急速に冷却したときの固体の内部構造はアモルファス（非晶質）で，液体内の無秩序な原子配置に似ている．ゆっくりと温度を制御しながら冷却すると，原子が規則的に

配列した単結晶を作ることができる．多くの物質の固体は小さな結晶から構成された多結晶である．ダイヤモンドとグラファイト（黒鉛）のように，同じ元素の単体でも性質の異なる同素体とよばれるものがある．どの同素体ができるかは，冷却するときの圧力の違いによる．

　本章では，まず，原子や分子が結合して結晶を作る際の代表的な結合の仕組みを学ぶ．これらの仕組みには，前章で学んだ分子を作る仕組みでもある，イオン結合と共有結合のほかに，ファン・デル・ワールス結合，金属結合，水素結合などがある．

　固体は，物質によってさまざまな物理的性質（物性）を示す．例えば，銅は電気を通すが，ダイヤモンドは電気を通さない．ダイヤモンドは透明だが，銅は不透明である．このような性質の違いは銅とダイヤモンドにおける電子の振舞の違いによって生じる．そこで，本章では，これらの結合の仕組みによって作られる結晶の構造が，その力学的性質，電気的性質，光学的性質，熱的性質にどのように反映しているかについても学ぶ．なお，固体中の電子のバンド構造は次章で学ぶ．

§5.1　結晶構造

　原子あるいは分子がどのような仕組みで結合して結晶になるかを議論する前に，結晶中の原子配列を学ぶことにする．

　固体の中では原子は周期性のある規則的な配列をしている．これを**結晶**という．結晶には**単結晶**と**多結晶**がある．単結晶とは1個の固体の端から端まで，原子が一定の規則で周期的に並んでいるものである．半導体産業では，数kgの大きなシリコンの単結晶が製造されている．食塩の単結晶がサイコロのような形をしているように，単結晶の外見には原子配列の規則性が反映する．これに対して，多結晶は微小な単結晶の集まりである．われわれが目にする鉄の塊には結晶らしさがないが，その理由は多結晶だからである．

　それでは，結晶中では原子はどのように並ぶのだろうか．

　原子が球状で互いに中心力の引力（等方的な引力）で作用し合えば，低温では原子は結晶のエネルギーがなるべく低くなるように，そして密度が最大

§5.1 結晶構造

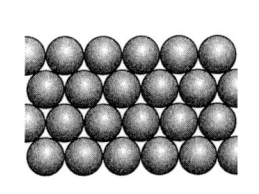

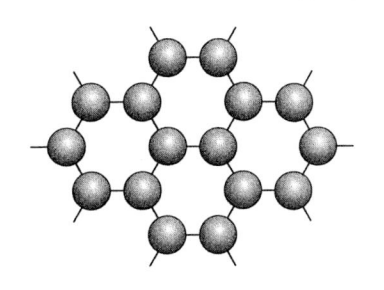

(a) 球形の原子が中心力で
引き合う場合

(b) 3本の結合の手をもつ原子
が結合する場合

図5.1 平面上に並んだ原子の結晶構造

になる配列をとる．これを**最密構造**という．例えば，球状の原子を平面上にできるだけ密に詰めると，図 5.1(a) のような三角形の配列になる．

原子間にはたらく力は等方的な中心力とは限らない．原子が 3 本の結合の手をもっていて，それが平面内に 120°ずつの角度で出ていれば，図 5.1(b) のような六角形の原子配列が生じる．

このように，原子を結びつける力の性質によって，原子はいろいろな形に規則正しく配列する．固体における原子の規則正しい並び方を**結晶構造**という．

実際の固体では原子は 3 次元に配列する．3 次元の最密構造を作る 1 つの方法は，図 5.1(a) の三角配列の隙間の真上に 1 つおきに原子を並べ，同じ三角配列の層を積み上げることである．これを**六方最密（hcp）構造**という（図 5.2(a)）．図では，原子を白丸で示し，白丸の配列で結晶を表した．結晶内の原子を剛体球と見て配列し，これが重ならずに隙間なく空間を埋めるようにしたときに，原子が空間を占める割合を**充塡率**という．六方最密構造の場合の充塡率は $\pi/3\sqrt{2} \fallingdotseq 0.74$ である（この値を求めるのを演習問題 [1] とする）．図 5.2(b) の**面心立方（fcc）構造**も充塡率が $\pi/3\sqrt{2} \fallingdotseq 0.74$ の最密構造である．また結合力の性質によって，最密構造以外の**体心立方（bcc）構造**（図 5.2(c)）（充塡率 $\fallingdotseq 0.68$），**ダイヤモンド構造**（図

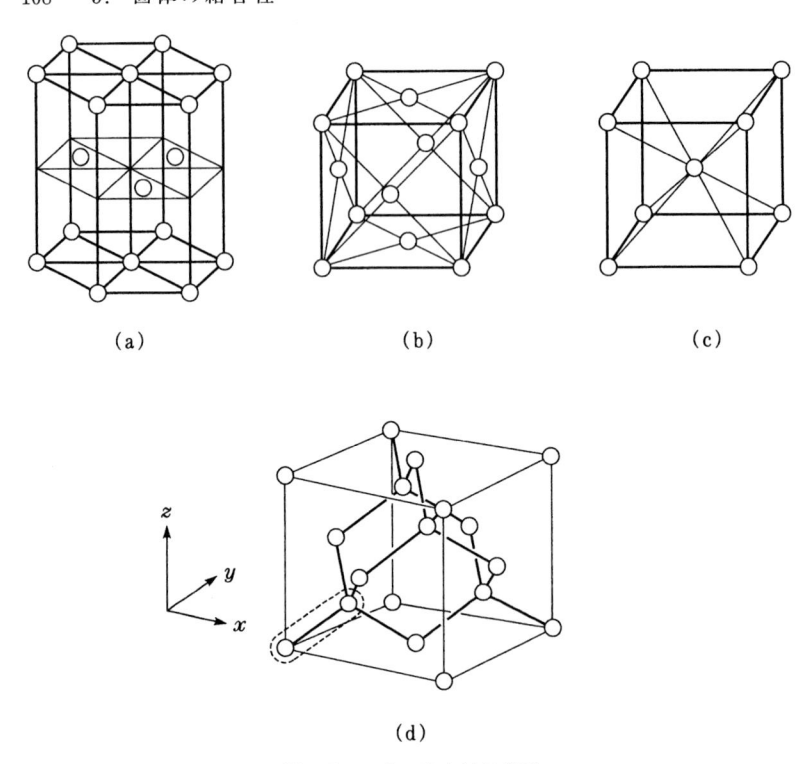

図 5.2 いろいろな結晶構造

(a) 六方最密（hcp）構造： 三角配列した原子面を1つおきにずらして重ねた構造．
(b) 面心立方（fcc）構造： 立方体を積み上げ，立方体の頂点と面の中心（面心）に原子を配置した構造．
(c) 体心立方（bcc）構造： 立方体を積み上げ，立方体の頂点と中心（体心）に原子を配置した構造．
(d) ダイヤモンド構造： 各原子の結合の手の向きはメタン分子 CH_4（図 4.11）と同じ．

5.2(d)）（充填率 ≒ 0.35）などいろいろな結晶構造が生じる．

何種類もの原子が結合した固体では，一般に原子の配列は複雑である．しかし，結晶構造は常にある原子配列が単位になり，そのくり返しで構成されている．結晶の特徴は，この原子配列の周期性である．単位となる原子配列を1つの点で表すと，結晶全体の構造は点の配列で表される．これを**結晶格**

§5.1 結晶構造 109

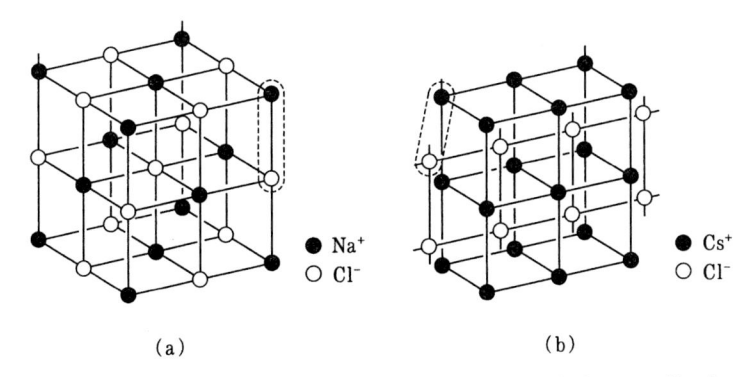

図 5.3 (a) 塩化ナトリウム NaCl の結晶構造： Na$^+$ イオンと Cl$^-$ イオンのペア（例えば図の点線で囲んだペア）が面心立方格子の格子点に配置した形になっている.
(b) 塩化セシウム CsCl の結晶構造： Cs$^+$ イオンと Cl$^-$ イオンのペアが単純立方格子の格子点に配置した形になっている.

子といい，各点を**格子点**という．塩化ナトリウム NaCl の結晶構造は図 5.3(a) のように Na$^+$ イオンと Cl$^-$ イオンが立方体の各頂点に 1 つおきに配置した構造をしている．これを Na$^+$ イオンと Cl$^-$ イオンのペアを単位にしてみると，全体は，単位となるペアが面心立方格子の格子点に配置した形になる．このことは，ペアの片方のイオンだけを考えたものが面心立方格子を作ることからわかる（面心立方格子とは，面心立方構造の結晶格子である）．また，塩化セシウム CsCl の結晶構造は図 5.3(b) のように Cs$^+$ イオンと Cl$^-$ イオンのペアを単位にしてみると，全体は，単位のペアが単純立方格子の格子点に配置した形になっている．ダイヤモンドの結晶構造は複雑に見えるが，図 5.2(d) のように炭素原子のペア（点線で囲んだもの）を単位にしてみると，全体は単位のペアが面心立方格子の格子点に配置している．このように，

結晶構造 ＝ 格子 ＋ 単位の原子群の配列（基本構造ともいう）

である．

結晶における原子配列の規則正しさを表す方法に，**対称性**という考え方が

110　5. 固体の結合性

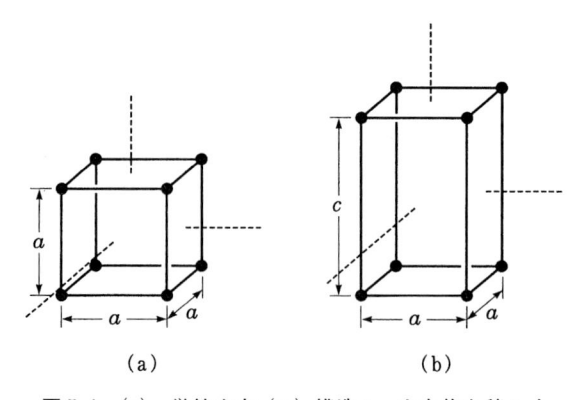

図 5.4 (a) 単純立方 (sc) 構造： 立方体を積み上げ，各頂点に原子を配置した構造
(b) 正方構造： 底面が正方形の角柱を積み上げ，各頂点に原子を配置した構造

ある．例えば，図 5.4(a) の単純立方 (sc) 構造の場合，立方体の 1 辺の長さが a なので，結晶格子全体を立方体の辺の向きに a の整数倍だけ移動させると，移動した格子はもとの格子にぴったり重なる．これは結晶構造の周期性によるものである．また，立方体の 1 辺に平行な軸（図 5.4(a) の点線）の周りに 90°，180°，270°，360° 回転しても，回転した格子はもとの格子にぴったり重なる．

これに対して，図 5.4(b) のような側面が長方形の格子（正方格子）の場合，底辺に平行な軸の周りに 180°，360° 回転すると回転した格子はもとの格子にぴったり重なるが，90°，270° 回転すると，回転した格子はもとの格子に重ならない．

どのような仕方で結晶格子を動かせば，動かした後の格子がもとの格子にぴったり重なるかは，その格子の対称性で決まる．対称性によって結晶格子を分類すると，単純立方格子，体心立方格子，面心立方格子，正方格子など，全部で 14 種類の格子が存在する．

§5.2 ブラッグ反射

固体の結晶構造を知るには，X線の回折を利用すればよい．3次元の結晶の中には，**格子面**とよばれる原子が周期的に配列した面が，平行に等間隔に並んでいる．結晶にX線を入射する場合，1つの格子面上に並んでいる原子からのX線の反射波は，図5.5の一番上の格子面（面A）に示すように，「入射角＝反射角」という反射の法則を満たす．波長がλのX線のとき，間隔dで等間隔に並んでいる平行な格子面からの反射X線が強め合うのは，格子面とX線の入射方向のなす角θが**ブラッグの条件**

$$2d\sin\theta = n\lambda \qquad (n は整数) \tag{5.1}$$

を満たす場合であり（図5.5），これは，面Aと面Bの光路差が，X線の波長の整数倍のときである．このとき起こるX線の強い反射を**ブラッグ反射**という．平行で等間隔な一群の格子面によるブラッグ反射を観測すれば，入射X線と反射X線の進行方向から格子面の法線の方向がわかり，(5.1)を使うと，入射角

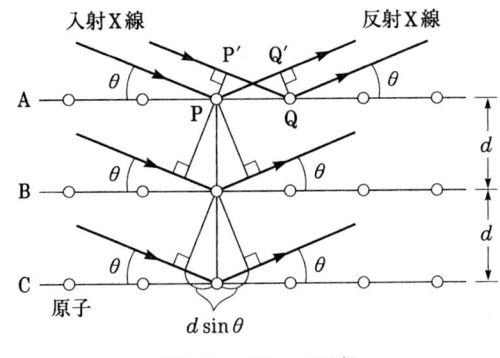

図5.5 ブラッグ反射

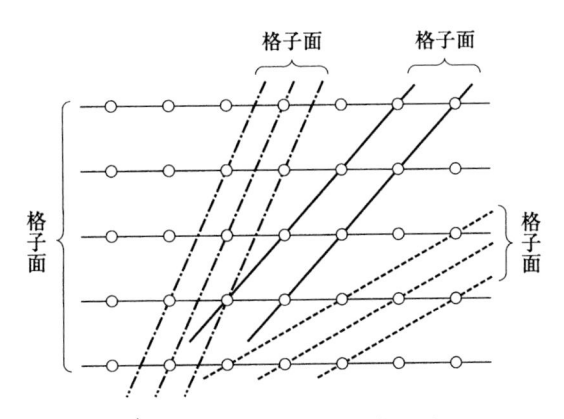

図5.6 いろいろな向きの格子面

と波長から格子面の間隔がわかる．

3次元の結晶にはブラッグ反射を起こすいろいろな向きの格子面が多数存在するので（図5.6），それらの格子面によるブラッグ反射を観測すれば，結晶内の原子配列を知ることができる．

（参考） 逆格子ベクトル G

§2.1の (2.17) で定義した波数 $k = 2\pi/\lambda$ をベクトルにして，波長 λ のX線の進行方向を向き，大きさが $k = 2\pi/\lambda$ の**波数ベクトル k** を使う．一群の平行な格子面によるブラッグ反射でX線の波数が k_i から k_f に変化しても波長は変わらないので波数の大きさも変わらず，また，入射角＝反射角なので，波数の変化 $k_\mathrm{f} - k_\mathrm{i}$ は格子面に垂直である（図5.7）．よって，

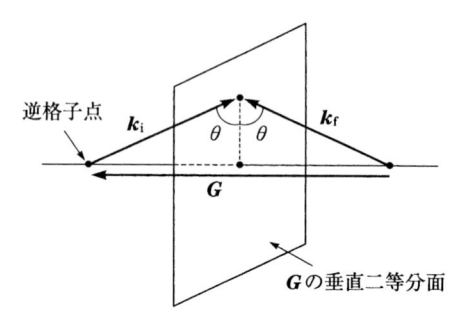

図5.7 ブラッグ反射するX線の波数ベクトルと逆格子ベクトルの関係

$$G = k_\mathrm{f} - k_\mathrm{i} \tag{5.2}$$

とおいてブラッグの条件 (5.1) を満たさせると，G の大きさは

$$G = 2k \sin\theta = \frac{4\pi}{\lambda}\sin\theta = \frac{2n\pi}{d} \quad (n\text{ は整数}) \tag{5.3}$$

と表される．したがって，G は向きが結晶の格子面に垂直で，その大きさは G に垂直な格子面の間隔 d の逆数の $2n\pi$ 倍のベクトルであることがわかる．G をこの格子面の**逆格子ベクトル**という．

単結晶にいろいろな波長のX線をさまざまな方向から入射してブラッグ反射の様子を調べると，いろいろな向きの結晶面とその間隔が求められ，結晶構造を決定できる．

§5.3 結晶の結合の仕組み

2原子分子の基底状態は，分子を構成する原子核と電子の全エネルギーが最小の状態である．2原子を接近させると，電子は全エネルギーを最小にするように，イオン結合の場合は原子間を移動したり，共有結合の場合は原子間の中間に移動したりする．そして，2つの原子核の間隔は全エネルギーが

最小になるような状態に対応している．同じように結晶では全エネルギーが最小になるように原子核が配列し，電子がその間を満たしている．原子がばらばらでいるときのエネルギーと固体になったときのエネルギーの差を**固体の結合エネルギー**という．

　それでは，固体内の電子はどのような状態にあるのだろうか．結晶の結合も分子の結合の場合と同じように，結晶の中で価電子がどのように存在するかによって分類される．§4.2～4.4で，原子が結合して分子になる仕組みには，イオン結合と共有結合があることを学んだ．また，希ガス原子が結合しているのはファン・デル・ワールス結合によることを次項で学ぶ．原子あるいは分子が結合して結晶を作る場合にも，これらの結合の仕組みで結合する場合がある．ファン・デル・ワールス力で結合した結晶を分子性結晶，イオン結合で結合した結晶をイオン結晶，共有結合で結合した結晶を共有結晶という．

　原子のs軌道は球対称で方向性がないので，価電子がs電子の原子は特定の数個の相手と結合するより，多数の原子が集まって，集団全体で多数の電子を共有する方がエネルギー的に有利な場合がある．このように，結合に関与する電子の占める1電子軌道が結晶全体に広がっていることから，導体である金属には結晶全体を移動できる自由電子が存在することを説明できる．そこで，このタイプの結合の仕組みを**金属結合**といい，金属結合で結合した結晶を**金属結晶**という．

　結合の仕組みの違いによって，結晶の電気的，力学的，光学的な性質に差が生じる．例えば，同じ炭素原子で構成されていても，原子配列の差によって絶縁体のダイヤモンドになったり，電気を伝えるグラファイトになったりする．

ファン・デル・ワールス力

　アルゴンなどの希ガス元素の原子では，電子は閉殻構造をしており，すべての電子は原子に強く束縛されている．原子は電気的に中性で，電子は原子

核を中心に球対称に分布しているので,このままでは原子間に電気力は作用しない.しかし2つの原子が近づき,電子の分布が変化して原子が電気的に分極し電気双極子になると,電気双極子は周囲に距離の3乗に反比例する電場を生じる.これは,電磁気学の教えるところである.この電場は近くの原子を分極させてそこに新たな電気双極子を生じ,両方の電気双極子の間には距離の6乗に反比例するエネルギーの低下を生じる.このときはたらく弱い引力を**ファン・デル・ワールス力**という.

水素分子 H_2 や二酸化炭素分子 CO_2 などは,電場がかかっていないときには電気双極子になっていない,つまり分極していないので,**無極性分子**とよばれる.しかし,無極性分子の間にもファン・デル・ワールス力が作用する.

2つの原子あるいは無極性分子がさらに近づいて電子分布が重なると,2つの正電荷を帯びた原子核間の反発力および同じ状態に2個の電子は入れないというパウリ原理のために,原子あるいは分子間には反発力がはたらく.

このように希ガス元素の原子あるいは無極性分子の間にはたらく力(ファン・デル・ワールス力)は,遠距離では弱い引力で近距離では強い反発力である.このような力のポテンシャルとして,**レナード・ジョーンズポテンシャル**とよばれる

$$V(r) = 4\varepsilon\left[\left(\frac{\sigma}{r}\right)^{12} - \left(\frac{\sigma}{r}\right)^{6}\right]$$

(ε, σ は定数) (5.4)

がある(図5.8).

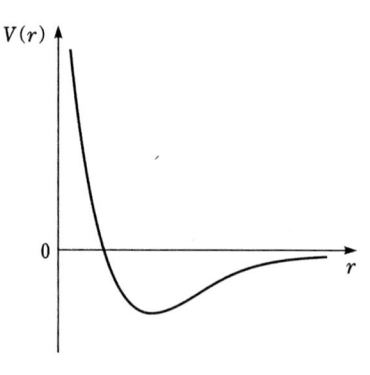

図5.8 レナード・ジョーンズポテンシャル

ファン・デル・ワールス結合と分子性結晶

ファン・デル・ワールス力によって生じる分子間あるいは原子間の結合を**ファン・デル・ワールス結合**といい,ファン・デル・ワールス結合によって

§5.3 結晶の結合の仕組み 115

表 5.1 希ガス結晶の結合エネルギーと融点と沸点

結晶	結合エネルギー (eV)	融点 (℃)	沸点 (℃)
Ne	0.02	−249	−246
Ar	0.08	−189	−186
Kr	0.116	−156	−153
Xe	0.17	−112	−108

表 5.2 いくつかの結晶の結合の種類と融点と沸点

結合	物質	融点 (℃)	沸点 (℃)	結合	物質	融点 (℃)	沸点 (℃)
共有	ダイヤモンド	3550	4800	ファン・デル・ワールス	ヘリウム	−272	−269
	石英（水晶）	1550	2950		水素	−259	−253
	シリコン	1412	3266		窒素	−210	−196
	ゲルマニウム	937	2834		メタン	−183	−162
イオン	酸化マグネシウム	2800	3600		エタン	−184	−89
	塩化ナトリウム	801	1485		アセチレン	−82	−74
	塩化カルシウム	772	2008		塩素	−101	−34
金属	ナトリウム	98	883		ヨウ素	114	184
	銅	1085	2571	水素	アンモニア	−78	−33
	鉄	1536	2863		水	0	100
	タングステン	3407	5555		メタノール	−98	65

弱く結合した結晶を**分子性結晶**という．分子性結晶は，結合力が弱く結合エネルギーが小さいので，一般にやわらかくて融点が低く，昇華しやすいものが多い．希ガス結晶の結合エネルギーと融点と沸点のデータを表 5.1 に示す．比較のために，ほかの結合タイプの物質の融点と沸点の値を表 5.2 に示す．

ネオン Ne，アルゴン Ar，クリプトン Kr，キセノン Xe などの希ガス元素のほか，酸素 O_2，水素 H_2 や，ベンゼン C_6H_6，ナフタレン $C_{10}H_8$ などの有機化合物，ポリエチレンなどの高分子の結晶は分子性結晶である．なお，CO_2 分子の分子性結晶がドライアイスである．

分子性結晶を構成する原子あるいは分子中の電子は，もとの原子あるいは分子に束縛されたままである．そのため，分子性結晶の多くは絶縁体である．

また，希ガスの原子は弱い引力をおよぼす剛体球のようなものと考えてよいので，ネオン，アルゴンなどの希ガス元素が固体になると，最密構造である面心立方（fcc）構造（図5.2(b)）の結晶になる．

イオン結合とイオン結晶

§4.2で述べた分子の場合と同じように，原子が正負のイオンになり，そのイオン同士の間に作用するクーロン引力によって結合する機構を**イオン結合**といい，イオン結合でできた結晶を**イオン結晶**という．その結晶構造は，クーロン力による位置エネルギーをなるべく小さくするように，正負のイオンが互いに近くに配列して，交互に並んだ形になる．

例えば，塩化ナトリウムNaClでは（立方体を積み上げ，各頂点に原子を配置した構造の）単純立方構造（図5.4(a)）をした格子の上に，Na^+イオンとCl^-イオンが交互に配列する（図5.3(a)）．また，塩化セシウムCsClは体心立方（bcc）構造をした格子の上に，Cs^+イオンとCl^-イオンが体心の位置と頂点の位置に分かれて並んだ構造になる（図5.3(b)）．正負のイオンがともに閉殻構造なら，イオンの電荷分布は球対称なので結合は方向性をもたない．また，クーロン力は距離の2乗に反比例するので，分子性結晶や共有結晶に比べて，力の到達距離は長い．

イオン結合の結合力は強いので，イオン結晶の融点は高く，常温ではすべて固体であり，硬くてもろい．分解せずに気体になる場合には，イオン結合の分子が気体を構成する．イオン結晶では，自由に動ける電子がなく，正負のイオンは移動できないので通常は絶縁体である．しかし，加熱によって融解した液体の状態ではイオンが自由に動き回るので，導体になる．

水は比誘電率が約80と非常に大きく，水中では正負のイオン間のクーロン力が真空中での値を比誘電率で割っただけ弱まる．その結果，イオン結晶には水に溶けやすいものが多く，溶けると正イオンと負イオンになるので，水溶液は電気をよく伝える．

Na^+イオン，Cl^-イオンなどは，電子が閉殻構造をなしているので安定

で，イオン同士が近づいて電子分布が重なると，パウリ原理でイオンの間に強い反発力がはたらく．このとき，イオンはある距離以下に近づくことができないので，これらのイオンは剛体球であると見なせる．この剛体球の半径は原子やイオンごとに決まっており，**イオン半径**とよばれる．イオン結晶では，正負のイオン半径の和が格子定数にほぼ一致する．

（注意） 組成式と分子式

結晶の組成を表す NaCl のような組成式と，気体分子の構成を表す H_2 のような分子式は，どちらも元素記号と原子数を表す数字を含むが，一般に異なる意味をもつ．結晶の中には，弱い分子間力で結合した分子が規則正しく配列している分子性結晶もあるが，イオン結晶は，NaCl 分子のような分子が規則正しく配列したものではなく，Na^+ イオンと Cl^- イオンのような正負のイオンが規則正しく配列したものである．この場合，NaCl は組成を表す式で，Na と Cl の原子数の比が 1:1 であることを意味する．

共有結合と共有結晶

前章で学んだ共有結合によって原子が結合した結晶を**共有結晶**という．その代表例が図 5.9(a) に示したダイヤモンドである．図 5.9(b) のメタン分子 CH_4 は，炭素原子を中心とする正四面体の頂点に 4 個の水素原子を配置した形をしている．メタン分子の水素原子を炭素原子でおきかえ，炭素原子同士が共有結合で次々に σ 結合して，3 次元の網の目を作ってつながると，

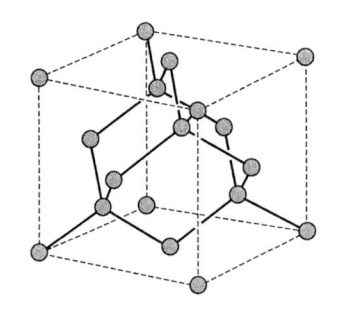

(a) ダイヤモンドの結晶構造　　　(b) メタン分子 CH_4

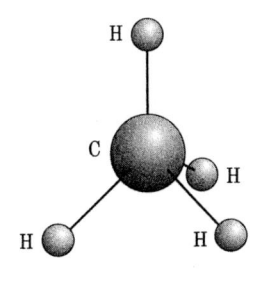

図 5.9

固体のダイヤモンドになる．これを**ダイヤモンド構造**という．ダイヤモンド構造では最近接原子数は4であり，最密構造の場合の12に比べると非常に少ない．このようにダイヤモンドが隙間の多い構造になるのは，共有結合が方向性をもつことによる．共有結合は強い結合なので，ダイヤモンドは非常に硬く融点が極めて高い．また，共有結晶は水に溶けにくい．

炭素と同じ14族のシリコンやゲルマニウムも，共有結合でダイヤモンド構造の固体になる．共有結合の結晶は，次章で説明するように，バンドのエネルギーギャップの大きさによって，絶縁体あるいは半導体になる．エネルギーギャップが大きいダイヤモンドは絶縁体である．

二酸化ケイ素SiO_2の結晶は石英とよばれ，ダイヤモンド構造をしたシリコンの結晶のシリコン原子の間に酸素原子が挿入された形，つまり，シリコン結晶のSi$-$Si結合をSi$-$O$-$Si結合でおきかえた形になっている．

金属結合と金属結晶

イオン結合と共有結合では，結合に関与する電子が結晶空間のどの辺に存在するかをいうことができた．これらの電子によって，隣接する原子が次々結びついて大きな結晶ができていると理解される．これに対して，金属原子が集まって固体になると，結合に関与する電子はもとの原子から離れ，結晶全体で共有され，結晶全体を動き回る伝導電子の状態になる．したがって，金属は周期的に配列した正イオンと，その間を波として運動する電子からできていると見なせる．つまり，電子はどこにいるかではなく，どのような波長（あるいは波数）で動いているかが重要になる．

電子が動くとき，そのエネルギーは運動量によって異なるので，個々の原子に局在していたときには同じエネルギーをもっていた準位が，図5.10のように，エネルギーの異なる多数の準位に分かれる．例えば，1族のアルカリ金属の場合，原子は最外殻のs軌道に1個の価電子をもつが，N個の原子が集まって固体になると，s軌道はN個の準位に分かれてsバンドになる（§6.1参照）．電子はスピンが1/2のフェルミオンなので，1つの軌道状

態には電子が2個まで入ることができる．そこで，N個の電子がsバンドの準位をエネルギーの低い方から順に半分まで占めることになる．このとき全体のエネルギーは，電子が個々の原子に局在していたときよりも低くなることは図5.10からも明らかだろう．

このように金属では，各原子の価電子が個々の原子から離れて結晶全体に共有されることによって，原子を結びつける「にかわ」の役割を果たす．このような仕組みによる金属結合による結晶を**金属結晶**という．

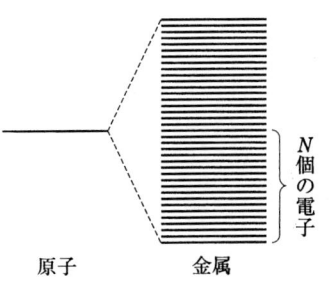

図5.10 孤立した原子の準位が結合状態と反結合状態に分裂してできた莫大な数の準位から構成された金属のエネルギーバンド

金属結晶は，内部を自由に移動できる伝導電子があるために導体であり，熱もよく伝える．また原子同士の位置が少しずれても，伝導電子が結晶全体に共有されているので，金属結合の強さは変わらない．いわば，金属結晶の中のイオンは特定の結晶面に沿って滑れるので，金属は**展性**（箔状に広げられる性質）と**延性**（線状に伸ばせる性質）を示す．金，銀，銅は特に展性，延性が大きい．

金属結合の結晶は，体心立方（bcc），面心立方（fcc），六方最密（hcp）構造のいずれかをとる．これはイオン芯（伝導電子を結晶内に放出した原子）が小さく，なるべく密に詰まろうとするからである．

（参考） グラファイト（黒鉛）

ダイヤモンドの同素体である**グラファイト（黒鉛）**では，各炭素原子の4個の価電子の占める原子軌道は，1つの平面上にある3つのsp^{2}混成軌道とそれに垂直なp軌道（§4.5のエチレン分子の項を参照）である．sp^{2}混成軌道は，隣接する3個の炭素原子のsp^{2}混成軌道とσ結合の分子軌道を作り，隣り合う炭素原子は共有結合をして，正六角形の網目の平面構造を作る（図5.11）．垂直なp軌道はπ結合によって結晶全体に広がる軌道を作り，これによって各炭素原子の4番目の価電子は平面全体で共有され，平面内を自由に動けるので，グラファイトは電気

の良導体である．

この六角形の網目状の平面構造は，互いにファン・デル・ワールス結合で積み重なっている．そのため平面方向へはがれやすく，すべすべして軟らかい．平面内の炭素原子のC－C結合の距離は1.42×10^{-10} m で，ダイヤモンド結晶のC－C結合の距離1.54×10^{-10} mよりかなり短く，そのため，通常の温度と圧力ではグラファイトはダイヤモンドよりエネルギーが1原子当り0.02 eV低く，グラファイトの方がより安定である．これがダイヤモンドが希少な理由である．

このグラファイトの層を1枚とり出し，丸めて作った筒が**カーボン・ナノチューブ**である．また，炭素原子の作る結晶としては，このほかにサッカーボールの形をした**フラーレン**とよばれるC_{60}分子（図5.12）の作る面心立方(fcc)構造の結晶がある．

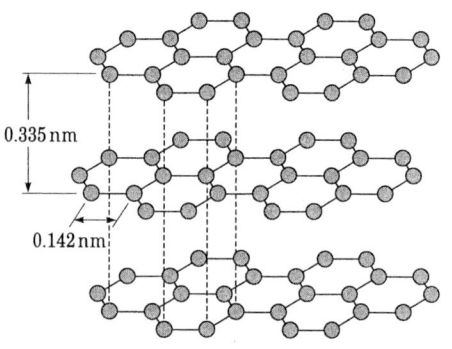

図5.11 グラファイトの結晶構造

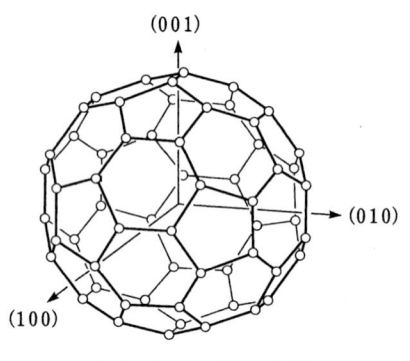

図5.12 C_{60}原子の構造

§5.4 結合の型と結晶の物理的性質

結晶には，ファン・デル・ワールス結合による分子性結晶，イオン結合によるイオン結晶，共有結合による共有結晶，金属結合による金属結晶があることを学んだ．章末の付録で説明する水素結合を含めた5つのタイプの結合を比べると，分子性結合が最も弱く，共有結合，イオン結合が強い．この事実は表5.2に示した融点と沸点のデータからも推測される．

次に述べるように，結合の型は結晶の力学的性質，電気的性質，光学的性質，熱的性質に大きな影響をおよぼす（表5.3参照）．

ファン・デル・ワールス力は弱いので，例えば表5.1に示した分子性結晶

表5.3 化学結合の種類と結晶の性質

	イオン結晶	共有結晶	金属結晶	分子性結晶
構成粒子	正イオン, 負イオン	原子	正イオンと伝導電子	分子
結合の種類	イオン結合	共有結合	金属結合	分子間力
融点・沸点	高い	極めて高い	種々の値	低い
力学的性質	硬くてもろい	非常に硬い	展性・延性がある	軟らかく昇華性
電気伝導性	通さない	グラファイト以外通さない	通す	通さない
例	NaCl	ダイヤモンド	Fe, Na	Ar, CO_2, N_2

の結合エネルギーは，ほかの3種類の結晶の結合エネルギーに比べてはるかに小さい．その結果，分子性結晶は柔らかいが，ほかの3種類の結晶は硬い．また，分子性結晶の融点は，ほかの3種類の結晶よりも低い．

金属結晶は，結晶内部を移動できる伝導電子が存在するので導体であるが，他の3種類の結晶は導体ではない．さらに，伝導電子が熱伝導に寄与するので，金属結晶の熱伝導率は高い．また，伝導電子のために電磁波である光は金属結晶の内部に入れないので，光は金属表面で反射され，そのため金属は**金属光沢**をもつ．

金属結晶の中のイオンは滑れるので，金属には延性と展性がある．これに対して，イオン結晶では正負のイオンは滑れず，共有結晶では原子が滑れないので，この2つの結晶は硬いがもろい傾向がある．また，イオン結合と共有結合，特に共有結合は方向性の強い結合なので，これらの結合による結晶は，ある方向に割れやすい（へき開しやすい）という性質がある．

なお，実際に使われている多くの材料は純物質ではなく，合金であったり，不純物を人為的にドープしたり，複合した材料を使ったりしている．こうして，多様な物性をもつ材料を利用することができる．

§5.5 格子振動

液体が固体になると，不規則に動き回っていた原子は，ポテンシャルエネルギーを最小にする平衡な配置に固定される．しかし，固体になっても，原子の熱運動は完全に静止するわけではない．原子が平衡位置からずれると，周りの原子によってもとの位置に押し戻されるので，原子は平衡な位置の周りで振動を始める．このような固体内の原子の振動を**格子振動**という．

平衡な位置からずれた原子は隣の原子に押し戻されるが，同時に隣の原子を押し返すので，振動は原子から原子へと伝わっていく．振動は個々の原子で独立に起こることはできず，固体内を伝わる振動（ある種の弾性波（音波））になる．この振動の振動数は波の波長によって異なる．長波長の波は，速さが振動数によらず一定で，連続な弾性体を伝わる波と同じであり，角振動数ωは波数$k = 2\pi/\lambda$（λは波長）に比例する．短波長の波では固体の構造が影響して波長と振動数間に比例関係は成り立たず，おおよそ図5.13のような関係が見られる．

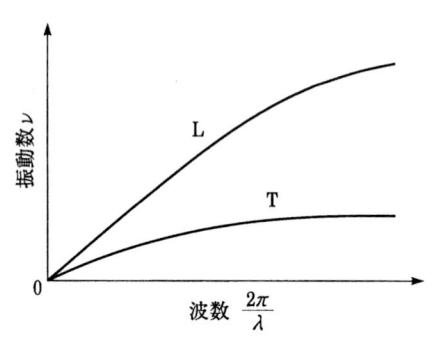

図5.13 固体の格子振動における波数と振動数の関係（Lは縦波の振動，Tは横波の振動）

フォノン

量子力学によると，ミクロな粒子の振動は特定のエネルギーをもつとびとびの状態しかとれない．ある振動の角振動数をωとすると，その振動がとり得るエネルギーEは

$$E = \left(n + \frac{1}{2}\right)\hbar\omega \quad (n = 0, 1, 2, \cdots) \tag{5.5}$$

で与えられる．量子数がnの状態は，エネルギーが$\hbar\omega$の粒子がn個存在

するものとみることができる．

　格子振動の場合もこれと同じで，固体は種々の振動エネルギーをもつ粒子の集団のように振舞う．この粒子を光（電磁波）の場合の光子（フォトン）をまねて，**フォノン（音の量子）** とよぶ．低温における固体の熱的な性質，つまり比熱や熱伝導などは，フォノンの集団の性質として理解できる．

演習問題

[1] 六方最密構造の充填率は $\pi/3\sqrt{2} \fallingdotseq 0.74$ である．面心立方構造の充填率も同じ $\pi/3\sqrt{2} \fallingdotseq 0.74$ であることを示せ．

[2] アルミニウムの結晶は，単位格子の1辺が 4.05×10^{-10} m の面心立方構造である．

　（1）　結晶 $1\,\mathrm{cm}^3$ の中にアルミニウム原子はいくつ含まれるか．

　（2）　アルミニウム原子の原子量は 27.0 であり，結晶の密度は $2.70\,\mathrm{g/cm}^3$ である．アボガドロ定数を求めよ．

[3] サッカーボールの表面は五角形と六角形から構成されていて，各頂点では五角形1個と六角形2個が接している．図 5.12 に示したように，60 個の頂点の上に炭素原子が各 1 個ずつ配置されているのが，フラーレン原子 C_{60} である．サッカーボールの表面は 12 個の五角形と 20 個の六角形から構成されていることを示せ．

[4] 次の（1）〜（4）の結晶について，下の各群から対応するものを 1 つずつ選べ．

　（1）　イオン結晶　（2）　分子性結晶　（3）　共有結晶　（4）　金属結晶

　[A]　粒子間の結合

　(a)　ファン・デル・ワールス力　　(b)　伝導電子による結合

　(c)　クーロン力　　(d)　電子対を共有する結合

124   5. 固体の結合性

[B]　一般的性質

(a)　延性・展性があり，電気伝導性が良い．

(b)　極めて硬く，融点も高い．

(c)　固体では電気を通さないが，融解状態では電気を通す．

(d)　軟らかく，融点，沸点が低い．

[C]　物質の例

(a)　ヨウ素　　　(b)　ダイヤモンド　　　(c)　銅　　　(d)　塩化ナトリウム

[5] NaCl 結晶で，面から測った角度 $\theta = 8°35'$ でX線を入射させたとき，$n = 1$ のブラッグ反射が観測された．用いた X 線の波長 λ を求めよ．また，この X 線で $n = 2$ のブラッグ反射が観測される角度 θ を求めよ．

付録　　水分子 H_2O の構造と水素結合

水分子 H_2O

酸素原子 O の電子配置は $(1s)^2(2s)^2(2p)^4$ で，価電子は 6 個である．(4.16) で表される 4 つの sp^3 混成軌道 ψ_1, ψ_2, ψ_3, ψ_4 を考え，ψ_1 と ψ_2 に電子を各 1 個，ψ_3 と ψ_4 の両方にスピンが上向きと下向きの電子のペアを入れる．このとき，ψ_1 と ψ_2 は水素原子の 1s 原子軌道と重ね合った分子軌道

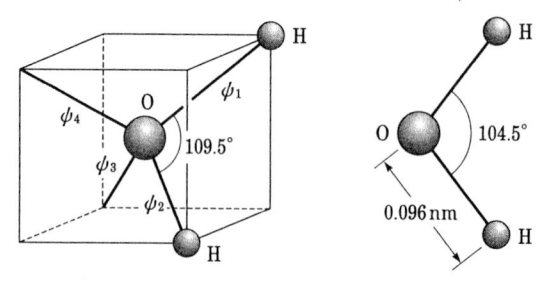

$$\phi_{b1}(r) = C_0\psi_1(r - R_O) + C_H\Psi_{1s}(|r - R_{H1}|) \qquad (5.6\,\text{a})$$
$$\phi_{b2}(r) = C_0\psi_2(r - R_O) + C_H\Psi_{1s}(|r - R_{H2}|) \qquad (5.6\,\text{b})$$

(a) 酸素原子の sp^3 混成軌道と水素原子　　　(b) 水分子 H_2O

図 5.14　水分子 H_2O

を作り、各々に水素原子からの電子1個と酸素原子の価電子1個がスピンが逆向きになるように入る。これが水分子 H_2O の電子構造である (図 5.14(a))。この説明では、$H-O-H$ の角度は 109.5° になり、結合角の実験値の 104.5° より少し大きいが (図 5.14(b))、このモデルは水分子の良い近似であると考えられる。

水素結合

水分子は全体としては電気的に中性であるが、上記の電子配置からわかるように、水分子中の水素原子は正に帯電し、酸素原子は負に帯電して、水分子は電気双極子になる。酸素の価電子が ψ_3 と ψ_4 に 2 個ずつ入っているので、O 原子の中心から ψ_3 の方向と ψ_4 の方向に負電荷の電子密度の大きい部分が存在している。いうなれば、結合の手が 2 本伸びている。

水中で、ある水分子の負電荷 $-\delta$ を帯びた結合の手が、他の水分子の正電荷 $+\delta$ を帯びた水素原子核（陽子）に近づくと、2 分子の全エネルギーは減少するので、2 つの水分子では、一方の O 原子とほかの H 原子が結合する。この結合の仕組みを **水素結合** という (図 5.15)。

水素結合の結合エネルギーは 0.2 eV 程度なので、弱い結合である。1 個の水分子は、2 つの結合の手と 2 個の水素原子核を含み、水素原子核はほかの水分子の O と結合する。結局、1 個の水分子は周囲にある 4 個の水分子と結合できる。このため、水分子が水素結合で作る結晶の氷の密度は、液体である水の密度より小さい。

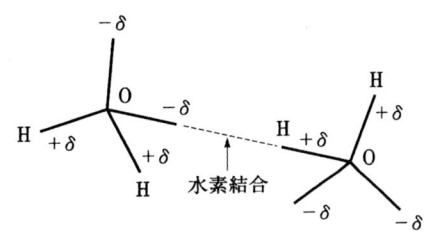

図 5.15 水分子の水素結合

液体ヘリウムの超流動

ボース-アインシュタイン凝縮が最初に発見されたのは液体ヘリウムの超流動である．ヘリウムはもっとも液化しにくい物質で，1気圧の下で液化する温度は 4.2 K であり，さらに温度を下げても絶対零度まで液体のままで固体にはならない．ボソンである ^{4}He 原子の集団である普通のヘリウムの液体を冷却していくと，2.17 K で液体の性質が急に変わり，それより低温では液体はまったく粘性なしに流れるようになる．この現象を**超流動**という．例えば，超流動状態の液体ヘリウムの表面に空の試験管を（底を下にして）突っ込むと，液体ヘリウムは薄い膜になって，スルスルと試験管の表面を登って試験管の中に入り，試験管の内外の液面の高さが等しくなるまで侵入を続ける．中性子散乱によって凝縮体の存在が発見されているので，ヘリウムのボース-アインシュタイン凝縮は確認されている．

なお同じヘリウムでも，フェルミオンである ^{3}He の液体は 2 K 付近でも超流動にならない．しかし，0.0026 K で超流動になる．その理由は，フェルミオンであるヘリウム 3 の 2 原子が，弱い磁気力で結合してボソンになるからである．

6 固体のバンド構造

　本書では，自然現象を理解するのに必要な，電子や光がもつ粒子と波の2重性を第1章で学び，2重性をもつ電子の従う量子力学の初歩を第2章で，原子について第3章で学んだ．量子力学の基本方程式であるシュレーディンガー方程式を解くと，電子のとり得る状態を表す波動関数とそのエネルギーが求められる．

　原子，分子，結晶などの中で，電子は原子核や他の電子からの作用を受けるので，電子の状態は複雑である．しかし，このような状況でも電子は近似として，原子核および他の電子が作用する力を平均した力のポテンシャル（平均場）の中を独立に運動すると見なしてよい．その状態は1電子状態で近似できると考え，第3章では原子軌道，第4章では分子中に広がる分子軌道を考え，原子と分子を定性的に理解できた．そして第5章では，隣り合う原子，分子，イオンなどが分子内の結合と同じような仕組みで結びつくと考えて結晶の結合性を理解したが，本章では，結晶の中の電子が結晶全体に広がる1電子状態を占めると考える．このような1電子状態のエネルギーの値が示すバンド構造によって，金属，絶縁体，半導体の違いが理解できる．この意味で，固体の物性を量子力学的に理解する基礎は，固体中の電子のバンド構造を理解することであるといえる．

§6.1　固体のバンド構造の考え方

　第3章で学んだように，原子の殻模型では，原子内の電子は原子軌道を占めていると考えた．原子軌道はとびとびのエネルギー準位を構成し，準位はエネルギーが同じか近いもの同士のグループ（s, p, d殻）に分かれる（図6.1(a)）．

128   6. 固体のバンド構造

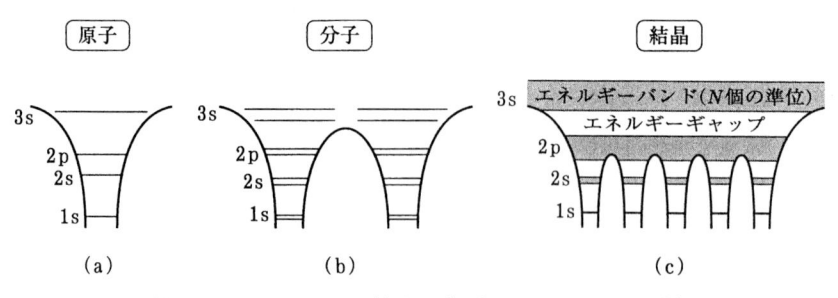

図6.1 原子，分子から結晶へ（エネルギーバンドの形成）

2個の原子が結合してできた2原子分子では，分子中の電子が原子から原子へ飛び移って原子間を行き来するようになり，波動関数が2個の原子に広がるので，電子は，結合する原子の原子核および他の電子の作る平均場の中の1電子状態である分子軌道を占めると考えた（第4章）．分子軌道の波動関数 $\phi(r)$ は，電子が原子核1に近いときには原子1の価電子の波動関数 $\Psi(r-R_1)$ に似ていると考え，原子核2に近いときには原子2の価電子の波動関数 $\Psi(r-R_2)$ に似ていると考えて，2つの原子軌道の1次結合，

$$\phi(r) = C_1\Psi(r-R_1) + C_2\Psi(r-R_2) \tag{6.1}$$

で近似できると考えた．2原子が同種類の場合には，電子を各原子の中に発見する確率は等しい．したがって，広がった波動関数は2原子において等しい振幅 $|\phi|$ をもつので，(6.1) の係数は $|C_1|=|C_2|$ を満たし，$C_1=C_2$ か $C_1=-C_2$ という2つの場合がある．ただし，この2つの分子軌道のエネルギーは異なる．つまり，2個の原子が近づくと，2原子分子にはエネルギーの異なる2つの準位が生じる（図6.1(b)）．この2つの分子軌道のエネルギーの差は，波動関数の位相（C_1 と C_2 の符号）の違いによって，2つの原子の近くで振幅が違うために生じるのである．波動関数 (6.1) の2つの項の重なりが大きいほど，エネルギー準位の分裂は大きい（§4.3 参照）．

このことは，多数の原子が集まって結晶になるときの状況でも同じである．各原子付近に局在していた電子は原子から原子へ飛び移るようになり，1電子状態は結晶全体に広がる．この場合も電子は，結晶中のすべての原子

核および他の電子の作る平均場の中の1電子状態である軌道を占めていると考える．同一原子の場合，その波動関数は各原子付近で等しい振幅をもつが，波動関数の位相が隣接している原子の近くでどのように変わるかによって，それぞれの1電子状態のエネルギーが異なるので，原子の準位はエネルギーの異なる多数の準位に分裂する（図6.1(c)）．結晶の原子数をNとすれば，原子のある準位が分裂して生じた準位の総数はNである．

このようなことは，原子のすべての原子軌道にも生じる．つまり，N個の原子が集まって固体になると，すべての原子軌道のとびとびな準位が帯状に広がったN個の準位になる（図6.1(c)）．それぞれの帯状のエネルギー準位を**エネルギーバンド**あるいは単に**バンド**という．このように結晶では，電子のとりうるエネルギーの値は，原子の異なる準位に由来するとびとびのバンドに分類され，各バンドの中ではエネルギー固有値が連続的に分布するという特徴がある．

原子軌道の重なりが小さいときは，バンドの広がりが小さいので，バンドの間に準位の存在しないエネルギー領域が存在する．これを**エネルギーギャップ**あるいは単に**ギャップ**という．原子間での波動関数の重なりが大きいと，バンドも広くなり，バンド同士が重なり合う．

§6.2, 6.3では，1次元結晶のバンド構造を，(1) 結晶中で整列している原子の原子軌道がつながり，エネルギーの値が広がる，(2) 自由電子が弱い周期的ポテンシャルの中を運動するとエネルギーが波数kの関数として不連続になる，という2つの見方で説明する．この節で述べたエネルギーバンドの説明は(1)の見方に立っている．

§6.2　強い周期ポテンシャル中の電子（1次元）

簡単のために，1直線上に一定の間隔aで同一種類の原子が並んでいる1次元結晶を考えよう．この原子の1つの原子軌道の波動関数を$\Psi_n(x)$とし，そのエネルギー固有値をε_nとする（nは量子数）．つまり，$\Psi_n(x)$は

1原子のポテンシャル $v(x)$ をもつシュレーディンガー方程式

$$H\Psi_n = -\frac{\hbar^2}{2m}\frac{d^2\Psi_n}{dx^2} + v(x)\Psi_n = \varepsilon_n\Psi_n \tag{6.2}$$

の解だとする．第2辺で定義されている H をハミルトニアンという．

原子軌道の線形結合（**LCAO**；Linear Combination of Atomic Orbitals）**近似**では，結晶中の1電子軌道の波動関数 $\phi(x)$ は

$$\phi(x) = \cdots + C_{-1}\Psi_n(x+a) + C_0\Psi_n(x) + C_1\Psi_n(x-a) + \cdots$$
$$+ C_j\Psi_n(x-ja) + \cdots$$
$$= \sum_{j=-\infty}^{\infty} C_j\Psi_n(x-ja) \tag{6.3}$$

と表される．すべての原子は同一なので，係数 C_j は

$$\cdots = |C_{-1}| = |C_0| = |C_1| = \cdots = |C_j| = \cdots \tag{6.4}$$

という条件を満たす．

波動関数 (6.3) は，間隔 a で周期的に変化するポテンシャル（後出の図6.3(a) 参照）

$$V(x) = \cdots + v(x+a) + v(x) + v(x-a) + \cdots + v(x-ja) + \cdots$$
$$= \sum_{j=-\infty}^{\infty} v(x-ja) \tag{6.5}$$

をもつ時間に依存しないシュレーディンガー方程式

$$H\phi = -\frac{\hbar^2}{2m}\frac{d^2\phi}{dx^2} + V(x)\phi = E_n\phi \tag{6.6}$$

の解である．(6.5) の $v(x-ja)$ は，$x = ja$ にある原子（正イオン）によるポテンシャルである．

ところで，周期 a の周期的なポテンシャル $V(x)$ をもつシュレーディンガー方程式 (6.6) の解 $\phi(x)$ は

$$\phi(x+a) = e^{ika}\phi(x) \quad (k\text{ は実数}) \tag{6.7}$$

という形をもつことが1928年にブロッホによって証明された．これを**ブロッホの定理**という．したがって，(6.3) の波動関数 $\phi(x)$ は

§6.2 強い周期ポテンシャル中の電子（1次元）

$$\psi_{nk}(x) = \cdots + e^{-ika}\Psi_n(x+a) + \Psi_n(x) + e^{ika}\Psi_n(x-a) + \cdots$$
$$+ e^{ikja}\Psi_n(x-ja) + \cdots$$
$$= \sum_{j=-\infty}^{\infty} e^{ikja}\Psi_n(x-ja) \quad (k \text{ は実数}) \tag{6.8}$$

という1群の解に対応することになる．(6.8)で，原子軌道を区別するパラメータ n が同じで実数 k の異なる解に対応する準位は，1つのエネルギーバンドを形成する．

ところで，
$$e^{2\pi mi} = 1 \quad (m = \text{整数})$$

なので，(6.8) で k と $k + 2\pi m/a$ は同じ波動関数を与える．したがって，(6.8) の実数 k の値としては，

$$-\frac{\pi}{a} < k \leqq \frac{\pi}{a} \tag{6.9}$$

という範囲だけを考えればよい．この k の領域の長さ $2\pi/a$ は (5.3) で $n=1$ とした逆格子ベクトル G の単位の長さ $2\pi/d$ に等しいことを注意しておく．

この1次元結晶は N 個の原子から構成された長さが $L=Na$ の結晶だとして，周期的境界条件 $\psi_{nk}(Na) = \psi_{nk}(0)$（この意味は，直線状に並んでいる両端の原子の波動関数が同じということ）を課すと，ブロッホの定理 (6.7) によって，

$$\psi_{nk}(Na) = e^{ikNa}\psi_{nk}(0) = \psi_{nk}(0) \tag{6.10}$$

となるので，k の値に対する条件

$$kNa = 2m\pi \quad (m \text{ は整数}) \tag{6.11}$$

が導かれるが，条件 (6.9) も考慮すると，(6.8) に現れる実数 k の値として可能な値は

$$k = \frac{2m\pi}{Na} \quad \left(-\frac{N}{2} < m \leqq \frac{N}{2}\right) \tag{6.12}$$

という N 個の値であることがわかる（ここでは，N を偶数とした）．すべ

ての原子軌道 $\Psi_1, \Psi_2, \Psi_3, \cdots$ のそれぞれに対して，上記の N 個の k の値に対する準位から構成されたバンドが存在する（1つのバンドには N 個の準位が存在する）.

波動関数 (6.8) で表される状態のエネルギー固有値 $E_n(k)$ は

$$E_n(k) = \frac{\int dx\, \psi_{nk}^*(x)\, H\, \psi_{nk}(x)}{\int dx\, \psi_{nk}^*(x)\, \psi_{nk}(x)} \fallingdotseq \varepsilon_n + \alpha_n + 2\beta_n \cos ka$$

(6.13 a)

$$\alpha_n = \sum_{j \neq 0} \int dx\, \Psi_n^*(x)\, v(x - ja)\, \Psi_n(x) \qquad (6.13\,\mathrm{b})$$

$$\beta_n = \int dx\, \Psi_n^*(x \pm a)\, v(x)\, \Psi_n(x) \qquad (6.13\,\mathrm{c})$$

である（図 6.2）（ε_n は (6.2) で決まる原子軌道のエネルギー固有値）．(6.13 a) の積分の被積分関数は周期 a の周期関数なので，積分範囲は N を大きな整数として，区間 $[0, L = Na]$ とすればよい．ここで (6.13 a) の α_n は周りに存在する原子のポテンシャルの効果を表し，同じバンドのすべての準位に共通の値である．

(6.13 c) の β_n は隣接する原子の波動関数が重なり合う度合いを表す．$k \sim 0$ の場合には $2\beta_n \cos ka \sim -2|\beta_n|$ であり，エネルギーが大きく下がるが，隣り合う原子において電子波の位相差 ka はほとんどゼロなので，こ

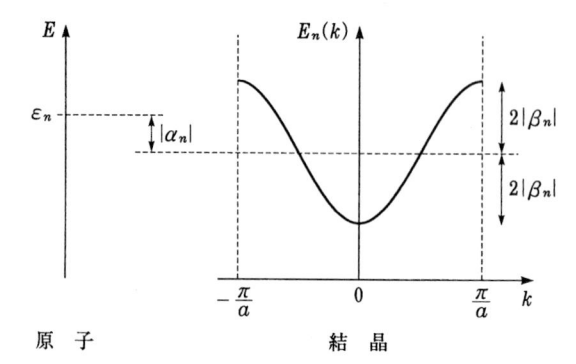

図 6.2 原子のエネルギー準位 ε_n に対応する 1 次元結晶のバンド構造

§6.2 強い周期ポテンシャル中の電子（1次元） 133

れは分子軌道の場合の結合状態に対応する．$k \sim \pi/a$（つまり，$ka \sim \pi$）の場合には $2\beta_n \cos ka \sim 2|\beta_n|$ であり，エネルギーが大きく上がるが，隣り合う原子において電子波の位相差 ka はほとんど π で，波動関数は逆符号なので，これは分子軌道の場合の反結合状態に対応する．なお，$4|\beta_n|$ はバンド幅であり，電子が隣の原子へ移る確率が高い $|\beta_n|$ の大きい場合には，バンドの幅は広いことがわかる．

（参考） ブロッホ関数と周期的境界条件

周期 a の周期ポテンシャル (6.5) の中を運動する電子の波動関数 $\psi(x)$ は，周期 a の周期関数 $u_k(x)$ と平面波を表す指数関数 e^{ikx} の積（図 6.3(d)），

$$\psi_k(x) = e^{ikx} u_k(x) \quad [u_k(x+a) = u_k(x)] \tag{6.14}$$

として表せることがブロッホの定理から導かれる．ここで k の値は (6.12) を満たすものに限ることができる．(6.14) の形の波動関数を**ブロッホ関数**という．

シュレーディンガー方程式を解くためには，境界条件が必要である．例えば，第 2 章で学んだ束縛状態の場合には，電子を発見する確率を全空間で和をとると 1

(a) $V(x)$

(b) $u_k(x)$

(c) e^{ikx}

(d) $\psi_k(x)$

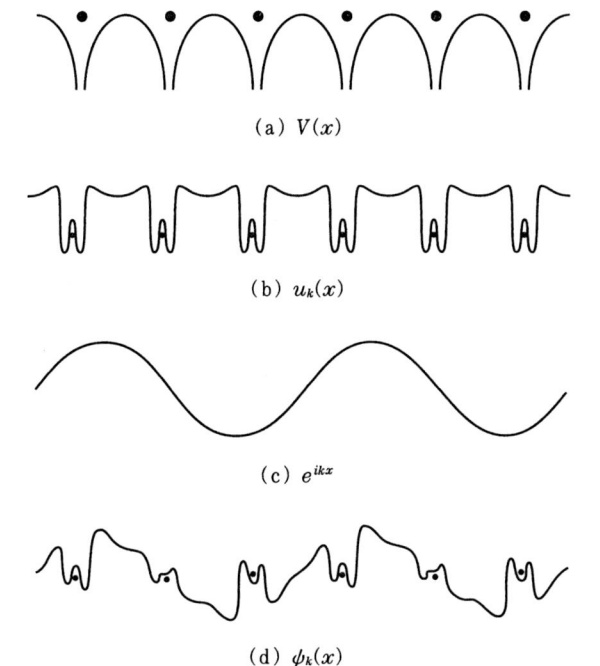

図 6.3 周期ポテンシャル $V(x)$ と波動関数 $\psi_k(x) = e^{ikx} u_k(x)$ の概念図（実数部の図）

なので，$|x| \to \infty$ で $\Psi(x) \to 0$ が境界条件であった．そして，無限に深い井戸型ポテンシャルの場合の境界条件は $\Psi(0) = \Psi(L) = 0$ であった．

§2.1 では，x 方向に進む電子ビームに対応する電子波として平面波 e^{ikx} を考えた．この波は無限の遠方 ($x = -\infty$) から無限の遠方 ($x = +\infty$) まで伝わる無限に長い波である．実際の波は，**波束**とよばれる，長さが有限な進行波で，導体の表面のような境界に到達すると反射される．量子力学では，簡単のために，進行波の波動関数 $\phi(x)$ を無限に長い平面波で近似し，長さが L の領域の両端で，波動関数が**周期的境界条件**とよばれる境界条件，

$$\phi(x + L) = \phi(x) \tag{6.15}$$

を満たすことを要求する．この条件は，「波動関数 $\phi(x)$ が長さ L ごとに同じ値になる周期関数である」ことを要請している．この境界条件は，導体の表面での反射が問題にならない性質を調べる場合に，大きな導体中の長さが L の部分での境界条件だと考えればよい．

§6.3 弱い周期ポテンシャル中の電子（1 次元）

前節で考えた 1 次元結晶中の 1 電子状態の波動関数 (6.8) は，原子軌道関数で展開された．これは電子に対する周期ポテンシャルを作る原子の影響が強い状況に対応している波動関数である．この節では，1 次元結晶中の電子の感じる周期ポテンシャルが非常に弱い場合を考える．

§2.1 で示したように，1 次元のシュレーディンガー方程式 (6.6) で $V(x) = 0$ の場合の解は，1 次元結晶中を

$$\text{運動量 } p = \hbar k, \qquad \text{エネルギー } E = \frac{p^2}{2m} = \frac{\hbar^2 k^2}{2m} \tag{6.16}$$

で x 方向に進行する電子（質量 m）を表す進行波，

$$\psi_k(x) = A_k e^{ikx} \qquad (A_k \text{ は定数}) \tag{6.17}$$

であり，ブロッホ関数 (6.14) で周期関数 $u_k(x) = $ 一定 の場合である．これに $x = 0$ と $x = L = Na$ の周期的境界条件を課すと (6.12) に示したように，許される実数 k の値は，間隔が $2\pi/Na$ のとびとびの値，

$$k = \frac{2m\pi}{Na} \qquad (m \text{ は整数}) \tag{6.18}$$

§6.3 弱い周期ポテンシャル中の電子（1次元）

である．

さて，弱い周期的ポテンシャルが存在するとこの進行波はどうなるだろうか．ブラッグ条件を満たさない波長のX線は結晶中を直進するように，電子波の場合も特定の値以外の波数 k（$=2\pi/\lambda$）の電子波は結晶中を直進する．3次元結晶に波長 λ のX線を入射するとき，間隔 a の格子面によって強い反射が起きるのは，反射角 θ がブラッグの条件，

$$2a\sin\theta = n\lambda \quad (n \text{ は整数}) \tag{6.19}$$

を満たす場合である（図5.5と (5.1) 参照）．原子間隔が a の1次元結晶に波長 λ の電子波を $+x$ 方向に入射した場合，$-x$ 方向に進む強い反射波が生じ，逆向きに進む2つの波の重ね合わせによって定常波が生じる場合がある．それは (6.19) で $\theta = \pi/2$（$\sin\theta = 1$）とおいて得られる，

$$2a = n\lambda \quad (n \text{ は整数}) \tag{6.20}$$

すなわち，結晶の原子間隔 a の2倍が電子波の波長の整数倍の場合である．

(6.16) の第1式とド・ブロイ波長の式 $p = h/\lambda$ から導かれる $\lambda = 2\pi/k$ を (6.20) に代入すると，ブラッグ反射のために定常波が生じる場合の波数は

$$k = \frac{n\pi}{a} \quad (n \text{ は整数}) \tag{6.21}$$

であることがわかる．

このとき，入射波 $e^{ikx} = e^{in\pi x/a}$ と反射波 $e^{-ikx} = e^{-in\pi x/a}$ の重ね合わせで，

$$\frac{e^{in\pi x/a} + e^{-in\pi x/a}}{2} = \cos\frac{n\pi x}{a} \tag{6.22a}$$

$$\frac{e^{in\pi x/a} - e^{-in\pi x/a}}{2i} = \sin\frac{n\pi x}{a} \tag{6.22b}$$

という2つの定常波ができる．正イオンの位置 $x =$「a の整数倍」（ポテンシャルの谷）は，定常波 (6.22a) の腹の位置（電子の確率密度が大きい所）に一致し（図6.4(a)），一方，定常波 (6.22b) では節の位置（電子の確率密度の小さい所）に一致する（図6.4(b)）．前者の場合には電子は正イオンによる引力の効果を強く受けて電子のエネルギーは下がり，後者の場合

には定常波の腹がポテンシャルの山にあるので電子のエネルギーは上がる.

弱い周期ポテンシャルの効果を無視すれば, 電子のエネルギーは運動エネルギーだけなので, 電子のエネルギー E と波数 k の関係は

$$E = \frac{p^2}{2m} = \frac{\hbar^2 k^2}{2m} \tag{6.23}$$

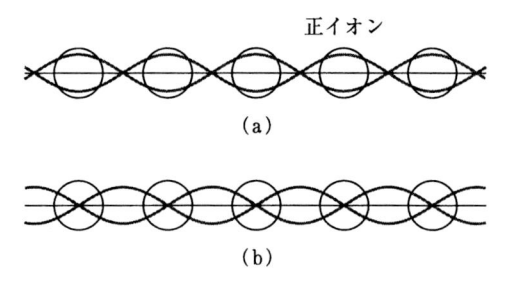

図 6.4 ブラッグ反射によって生じる電子の定常波の例 (波長 $\lambda = 2a$ (a は原子間隔) の場合)
(a) 正イオンの位置が定常波の腹の場合
(b) 正イオンの位置が定常波の節の場合

である. しかし, 弱い周期ポテンシャルの効果をとり入れると, 前述したように, k が条件 (6.21) を満たす場合には進行波が定常波に変わり, 電子のエネルギーには正イオンによるポテンシャルエネルギーによって増減が生じる. 波数が条件 (6.21) を正確に満たさなくても, その近傍では, 周期ポテ

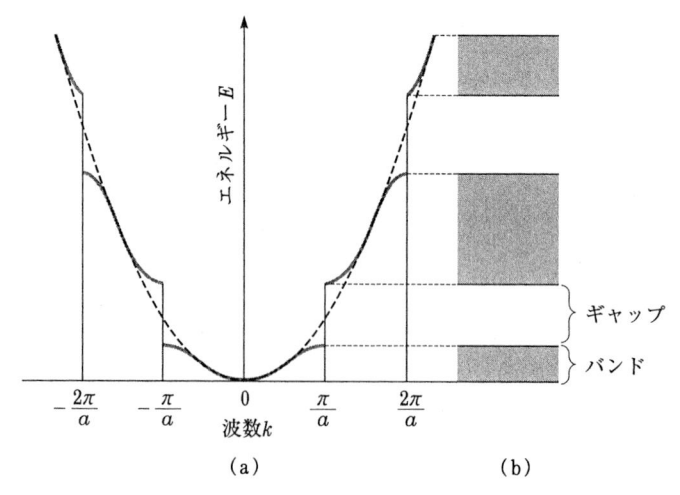

図 6.5 1次元結晶における電子準位の波数 k とエネルギー E の関係 (a) とそれによって生じるバンド構造 (b)

ンシャルの効果を受けて、電子のエネルギーが変化する。その結果、電子の波数kとエネルギーEの関係は (6.23) からずれて、図6.5のようになる。つまり、エネルギー固有値の分布が不連続になり、エネルギーバンドにギャップが生じる。

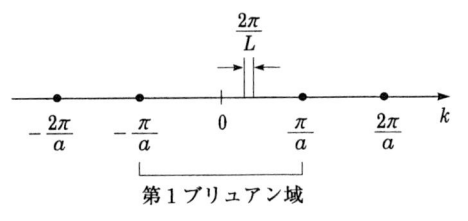

図6.6 1次元結晶の波数空間。$k = \pm \pi/a$, $\pm 2\pi/a$, …の点で電子のエネルギーが不連続になる。

波数を1直線上で表すと、図6.6のように直線上にはエネルギーが不連続になる点（黒丸）が分布する。$-\pi/a < k < \pi/a$ ではエネルギーは連続である。このようにエネルギーが k の関数として連続な一続きの領域を**ブリュアン域**といい、原点 $k = 0$ を含む領域を、特に**第1ブリュアン域**という。（第1ブリュアン域の外にある k は、適当な逆格子 ($2\pi m/a$) を加えると第1ブリュアン域内の同等の k に移せる。）ブリュアン域の長さは $2\pi/a$ であるが、(6.18) からわかるように、許される k の値は k 軸上の長さ $2\pi/L = 2\pi/Na$ に1個ずつあるので、長さが $2\pi/a$ の各ブリュアン域には

$$\frac{2\pi}{a} \div \frac{2\pi}{L} = \frac{L}{a} = \frac{Na}{a} = N \tag{6.24}$$

個の電子準位が含まれる。つまり、準位の数は正イオンの総数に等しい。

このように1電子状態のエネルギーが波数 k の関数として不連続になるために、エネルギーで見ると電子準位はバンド構造を形成し、バンド間には準位の存在しないエネルギー域（ギャップ）が生じる。

§6.4 周期ポテンシャル中の電子（3次元）

実際の3次元の結晶中の1電子状態も1次元の場合と基本的には同じである。違いは、波数 k を3次元空間のベクトルと考えることである。3次元空間を自由に直進運動する電子の状態は、運動方向に進む平面波で表される。

長さが $2\pi/\lambda$ で波の進行方向を向いたベクトル k を,その波の**波数ベクトル**という.電子の運動量 p と波数ベクトル k の間には,1次元の場合の関係 (6.16) の第1式を3次元に拡張した関係

$$p = \hbar k \tag{6.25}$$

がある.

このような電子波が3次元の結晶中を伝わるときにも,波がブラッグの条件 (5.1) を満たすときに強い反射が起こり,電子のエネルギーは k の関数として不連続になる.1つの波数ベクトル k を,x 成分 k_x,y 成分 k_y,z 成分 k_z を3つの座標軸とする波数空間内の1点で表すと,エネルギーが不連続になる k は,§5.2 の図5.7でみたように,それぞれの G の垂直二等分面上にある.

この平面に対応して,格子定数が a の2次元の正方結晶の場合には図 6.7(a) のような種々の直線が得られる.第1ブリュアン域は,1辺の長さが $2\pi/a$ の正方形である.3次元の単純立方結晶(格子定数 a)では,第1ブリュアン域は1辺の長さが $2\pi/a$ の立方体になる.どちらの場合にも,

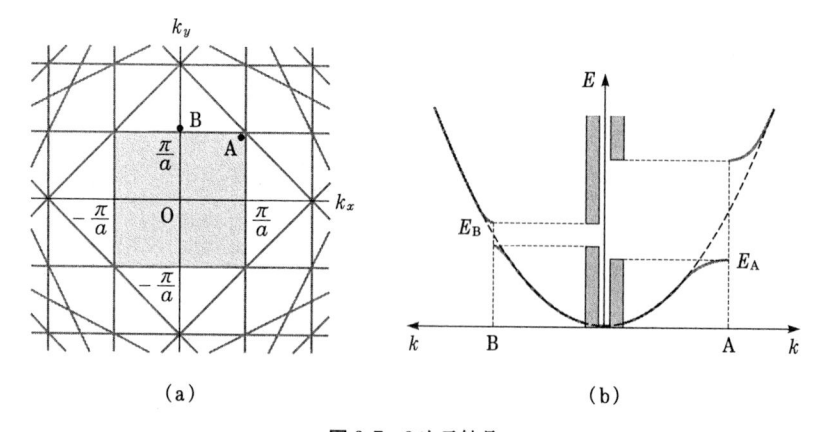

図6.7 2次元結晶
(a) 波数空間: 図の直線上で電子のエネルギーが不連続になる.
(b) $E_A < E_B$: バンド構造の図は,右側が k 空間の $(1,1)$ 方向の k と E の関係,左側が $(0,1)$ 方向の k と E の関係から生じたものである.

1つのブリュアン域に含まれる電子準位の数は結晶中のイオン数に等しい．

図 6.7 で点 A と点 B のエネルギー E_A, E_B を比べよう．周期ポテンシャルがゼロのときには原点 O より遠い点 A の波数ベクトルの方が，B の波数ベクトルより大きいから，

$$E_A > E_B \tag{6.26}$$

である．周期ポテンシャルがはたらくと，ブリュアン域の境界でエネルギーの不連続が生じ，その効果で第 1 ブリュアン域の上端のエネルギー E_A は下がり，第 2 ブリュアン域の下端のエネルギー E_B は上がる．しかし，周期ポテンシャルが弱ければ，$E_A > E_B$ という大小関係は変わらない．

強い周期ポテンシャルがはたらくと，E_A の下がりが大きく E_B の上がりも大きいので，関係は逆転して，

$$E_A < E_B \tag{6.27}$$

となる可能性がある（図 6.7(b)）．(6.27) であれば点 A と点 B の 2 つのバンドのギャップに共通するギャップ領域があるので実際にギャップが生じるが，(6.26) では 2 つのバンドが重なることになり，ギャップが現われない．したがって，1 次元の結晶では図 6.5 のようにバンドの間に必ずギャップが生じたが，2 次元や 3 次元の結晶では，周期ポテンシャルが強くなって初めてギャップが現れる．

§6.5　金属と絶縁体

固体のバンド構造であるエネルギー準位に，電子がどのように分布するのかを見てみよう．電子はスピン 1/2 のフェルミオンであるから，1 つの軌道にはスピンの向きが上向きと下向きの電子が 1 個ずつ入れる．したがって，N 個の原子から構成された固体では，1 つの原子軌道に対応するバンドに $2N$ 個の電子を入れることができる．

この事実を考慮すると，絶対零度における電子分布には次の 3 つの場合が考えられる．

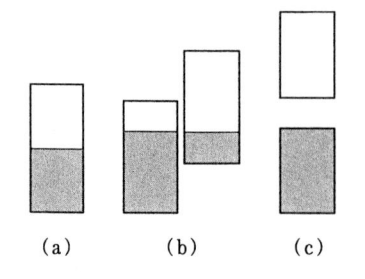

図6.8 バンドでの電子分布
(a) 価電子が1原子当り1個
(b) 価電子が1原子当り2個（バンドが重なっている場合）
(c) 価電子が1原子当り2個（バンドが重なっていない場合）

(1) 価電子が1原子当り1個の場合，固体中の価電子の総数はNなので，1つのバンドのちょうど半分まで満たされる（図6.8(a)）．

(2) 周期ポテンシャルが弱くて2つのバンドが重なっているときには，価電子が1原子当り2個でも，電子の一部は上のバンドに入るために，2つのバンドとも電子が途中まで詰まっている（図6.8(b)）．

(3) 周期ポテンシャルが強くてバンドの間にギャップがあるときは，価電子が1原子当り2個であれば，1つのバンドが完全に満たされ，その上のバンドは空の状態になる（図6.8(c)）．

(3)の場合に電子分布を変化させるには，電子をギャップを超えて上のバンドに持ち上げなければならない．(1), (2)の場合には，電子が分布している準位のすぐ上に，連続的に空っぽの準位が存在するから，わずかなエネルギーで電子分布を変えることができる．つまり，(1), (2)では電子分布を外力によって変えやすく，(3)では変えにくい．例えば，電場をかけたとき，(1), (2)では電流が流れ，(3)では流れない．すなわち，前者が金属のバンドの詰まり方で，後者が絶縁体のバンドの詰まり方である．

金属の自由電子近似とフェルミ面

ナトリウムなどのアルカリ金属では価電子は1原子当り1個であるから，電子分布は図6.8(a)のようになる．この場合，周期ポテンシャルの効果はブリュアン域の境界近くでは重要であるが，電子の分布するバンドの下半分では小さい．したがって，電子はほとんど自由に振舞う．これらの価電子は電気伝導に寄与するので，**伝導電子**とよばれる．

電子は波数が小さい状態ほどエネルギーが低い．したがって，絶対零度において電子が分布する領域は，波数ベクトル空間の原点を中心とする球の内部である（図6.9）．球の体積は第1ブリュアン域の体積の半分である．この球を**フェルミ球**といい，球の表面を**フェルミ面**という．フェルミ球の半径を k_F とすれば，フェルミ面上の電子準位のエネルギーは

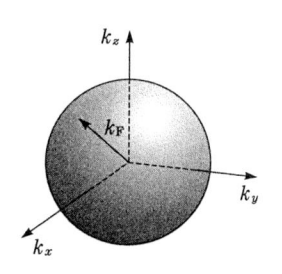

図6.9 フェルミ球

$$E_F = \frac{\hbar^2 k_F^2}{2m} \tag{6.28}$$

である．これを**フェルミエネルギー**という．

フェルミエネルギーの大きさを推定しよう．フェルミ球の直径 $2k_F$ は第1ブリュアン域の幅の $2\pi/a$ 程度，格子定数 a は 3×10^{-10} m 程度なので，

$$k_F \sim \frac{\pi}{a} \sim 10^{10} \,/\text{m} \tag{6.29}$$

$$E_F = \frac{\hbar^2 k_F^2}{2m} \sim \frac{(10^{-34}\,\text{J}\cdot\text{s})^2 (10^{10}\,/\text{m})^2}{2 \times 10^{-30}\,\text{kg}} = 5 \times 10^{-19}\,\text{J} \sim 3\,\text{eV} \tag{6.30}$$

となる．したがって，フェルミエネルギー E_F は 3 eV 程度である．絶対温度 T の 1 原子分子の気体の 1 分子当りのエネルギーは $(3/2)k_B T$ である（$k_B = 1.38 \times 10^{-23}$ J/T はボルツマン定数）．これより，金属の電気伝導に寄与する，エネルギー $E \sim E_F$ の伝導電子のフェルミ温度とよばれる T_F は

$$T_F \sim \frac{E_F}{k_B} \sim 4 \times 10^4\,\text{K}$$

となり，フェルミ温度は非常に高温である．この原因は，パウリ原理のために，電子は高いエネルギー状態まで占めるからである．

伝導電子の速さ v は

$$v \sim \frac{p}{m} \sim \frac{\hbar k_F}{m} \sim 10^6\,\text{m/s}$$

なので,非常に高速である.電子波は周期的なポテンシャルの中を散乱されることなく直進する.しかし,有限温度では格子点に配列している正イオンはその点で熱振動している.電子波は熱振動している正イオンや不純物に衝突すると散乱し,これが電気抵抗を引き起こす.

なお,1価の金属のフェルミ面は球面であるが,2価や3価の金属ではフェルミ面の形が複雑になる.

§6.6 半 導 体

電気伝導率が金属($\sim 10^6 \sim 10^8 (\Omega\cdot m)^{-1}$)より小さいが,絶縁体($\sim 10^{-7} \sim 10^{-17} (\Omega\cdot m)^{-1}$)より大きいことから,**半導体**とよばれる物質がある.シリコンとゲルマニウムはその代表例である.シリコンとゲルマニウムは炭素と同じ14族の元素で,4個の価電子を出し合って,共有結合でダイヤモンド構造の結晶を作る.絶対零度では価電子帯は完全に満たされ,伝導帯はまったく空っぽなので(図6.10),電流は流れず,結晶は絶縁体である.価電子帯と伝導帯のギャップの大きさE_gは,ゲルマニウムでは0.67 eV,シリコンでは1.14 eV,ダイヤモンドの場合は5.47 eVである(表6.1).

ゲルマニウムやシリコンの場合,価電子帯と伝導帯の間のギャ

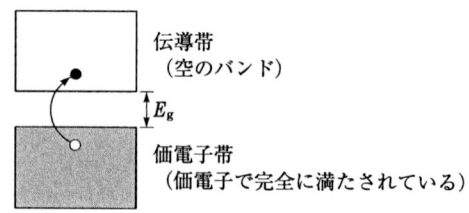

● 電子, ○ 正孔

図6.10 真性半導体のバンド

表6.1 半導体のエネルギーギャップ E_g
(単位は eV,温度は 300 K)

	物 質	E_g
元 素	ダイヤモンド C	5.47
	シリコン Si	1.14
	ゲルマニウム Ge	0.67
13~15族化合物	GaP	2.26
	GaAs	1.43
	InAs	0.35
	InSb	0.18
12~16族化合物	ZnS	3.6
	CdS	2.55
	CdSe	1.74

ップが狭いので，有限温度では価電子帯の電子がわずかではあるが熱的に励起され，ギャップを越えて，伝導帯に移って伝導電子になれる（図6.10）．電場をかけると伝導電子が動くので，電流が流れる．シリコンの場合，熱的に励起される電子数は常温で $1\,\mathrm{cm}^3$ 当り 10^{10} 個（原子 10^{12} 個当り 1 個）程度である．このように伝導電子が少ないので，シリコンの電気伝導率は金属よりはるかに小さいが，それでも絶縁体よりはるかに大きい．温度が上がるほど，伝導帯に熱的に励起される電子数が増えるので，温度上昇とともに半導体の電気伝導率は増加し，電流が流れやすくなる．（伝導電子の数は $e^{-E_g/2k_BT}$ に比例する．演習問題 [2] 参照．）これは金属の場合とは逆の傾向である．

価電子帯の電子が伝導帯に励起されると，価電子帯に孔が空くので，この孔に近所の電子が入り込み，そのまた空いた孔には他の原子の電子が入り込む．このように電子の抜けた孔は，水中を泡が動くように，結晶の中を移動して行く．そこで，電圧をかけると，電子の運動とは逆向きに，あたかも正電荷を帯びた孔が電場の方向に運動するような状況が起こる（図6.11の矢印は孔の運動の向きを示す）．この孔を**正孔**あるいは**ホール**という．したがって，この場合には，伝導帯の伝導電子と価電子帯の正孔の両方で電気伝導が起こる．このような物質を**真性半導体**という．

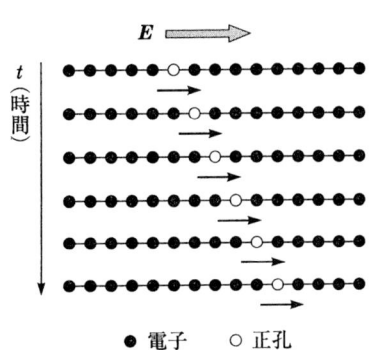

図 6.11 電子が電場とは逆方向に動くとき，正孔は電場の向きに動く．

化合物半導体

13族元素と15族元素の1：1の化合物（InSb，InAs，GaP など）や12族元素と16族元素の1：1の化合物（CdS，CdSe，ZnS など）も半導体になる．例えば，InSb の結晶は，ダイヤモンド構造の格子点に In 原子と Sb

原子が 1 つおきに並んだ構造をしている（図 6.12）．In の価電子は 3 個，Sb の価電子は 5 個なので，電子が 1 個 Sb 原子から In 原子に移れば，電子配置はシリコンと同じになる．いくつかの物質のエネルギー・ギャップを表 6.1 に示した．

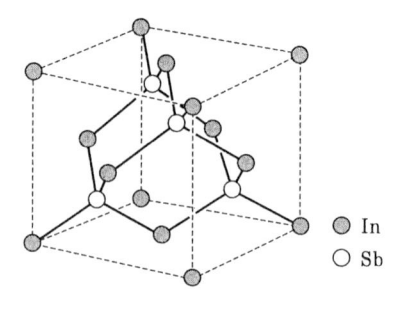

図 6.12　InSb の結晶構造

n 型半導体と p 型半導体

半導体の中で，応用上重要なのはシリコンに不純物を注入した物質である．

シリコンの結晶に，5 個の価電子をもつ 15 族元素のリン P，ヒ素 As，アンチモン Sb，ビスマス Bi などを不純物として加えると，不純物の原子は結晶の格子点に入り，4 個の価電子を出して周囲の 4 個のシリコン原子と共有結合する．その結果，不純物原子の価電子が 1 個ずつ余る．この電子は価電子帯（充満帯）の上の伝導帯に入るはずであるが，正イオンになった不純物原子からのクーロン力で引きつけられる．しかし，物質中のクーロン力は誘電効果で真空中のおよそ 1/10 にまで弱められ，その上，この電子は見かけ上小さな質量をもつように振舞うので，不純物原子が電子を束縛する力は極めて弱い．その結果，余分な電子は伝導帯の少し下（約 0.01 eV）の不純物準位にいる．この電子はわずかな熱エネルギーによって不純物原子を離れて伝導帯に移り，結晶の中を動き回れる伝導電子になる．そこで電圧をかけると伝導電子が動くので，電流が流れる．したがって，シリコン結晶が原子 10^9 個に 1 個の割合で不純物を含めば，伝導帯に励起されている電子のほとんどは不純物によって供給されたものであることになる．このような物質を **n 型半導体** とよび，不純物原子を **ドナー**，不純物準位を **ドナー準位** とよぶ（図 6.13(a)）．

一方，シリコンの結晶に，3 個の価電子しかない 13 族元素のホウ素 B，

§6.6 半 導 体　145

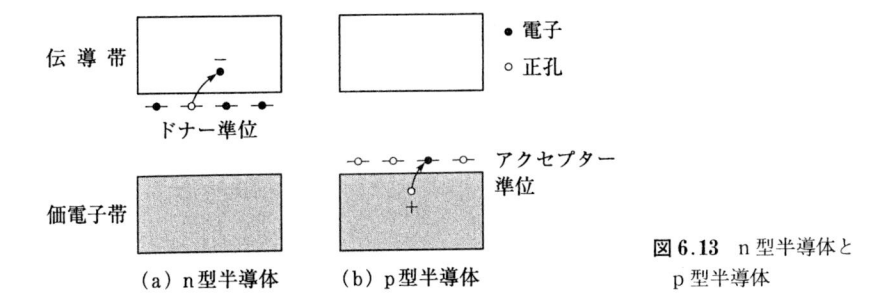

　　　　　　　　　　　　　　　　● 電子
　　　　　　　　　　　　　　　　○ 正孔

（a）n 型半導体　　（b）p 型半導体

図 6.13　n 型半導体と p 型半導体

　アルミニウム Al，ガリウム Ga，インジウム In などを不純物として加えると，周囲のシリコン原子と共有結合するには価電子だけでは電子が 1 個ずつ不足する．したがって，完全な共有結合をするにはシリコンの価電子帯から 1 個ずつ電子が各不純物原子に移り，不純物原子の数だけ価電子帯に正孔が空いている必要がある．このとき不純物原子は負の電荷をもつことになるので正孔は不純物原子に束縛されるが，ドナーの場合と同様に，その力は非常に弱い．したがって，不純物原子に束縛されている正孔を価電子帯に励起するのに必要なエネルギー（電子でいえば，価電子帯から不純物原子に移すエネルギー）は小さく，この不純物が入った半導体の結晶には，価電子帯のすぐ上に不純物準位が存在する．これを**アクセプター準位**という（図 6.13(b)）．なお，不純物原子を**アクセプター**という．

　価電子帯にいる電子がエネルギーをもらうと，空いているアクセプター準位に飛び移って，価電子帯に孔ができる（図 6.13(b)）．この孔は前に説明した正孔（ホール）である．そこで，電圧をかけると，正孔の移動によって電流が流れる．このような物質を **p 型半導体**という．なお，n 型，p 型の名は，電荷の担い手（**キャリヤ**）のもつ電荷が負（negative）か正（positive）かによっている．以上述べてきたように，固体の電気伝導はエネルギーバンドという概念を導入すると理解できる．

　このように半導体の性質は，含まれる不純物に敏感に影響される．この事実を利用して，高純度のシリコンを作り，そこに決まった種類の不純物を一

定量溶かし込む（**ドーピング**するという）ことによって，望みどおりの性質をもつp型およびn型半導体を望みどおりの場所に作ることができる．この手法はいろいろなデバイスを作るのに用いられる．

§6.7　固体のバンド構造 ― まとめ ―

この章では，固体を1電子近似で扱うと，電子準位はバンド構造を示すことが示され，電気伝導率の大小はバンド構造の違いによることが理解できた．

図6.8(a), (b)のように，価電子帯が電子で部分的に占められていれば金属であり，図6.8(c)のように，価電子帯が電子で完全に占められていれば絶縁体であり，価電子帯が満席でも，その上の空っぽの伝導帯との間のギャップが狭ければ半導体である．

このほかに，バンドが重なっている図6.8(b)の特別な場合として，伝導帯と価電子帯がわずかに重なり，このわずかな重なりのところに少数の伝導電子と正孔が存在する場合がある（図6.14）．グラファイト，ビスマス，アンチモンなどがその代表的な例である．伝導電子の密度が低いので，電気伝導率の大きさは金属と半導体の中間の大きさである．これらの物質を**半金属**という．

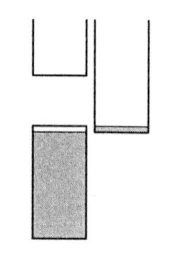

図6.14　半金属のバンド構造

なお，グラファイトの場合，図6.14の左側のほぼ満席のバンドはπ結合しているp電子に由来するバンドであり，右側のほとんど空っぽのバンドはπ*結合しているp電子に由来するバンドである．

ある元素の単体でできる物質が金属のとき，その元素を**金属元素**といい，それ以外の元素を**非金属元素**という．周期表の1族から12族までの元素は，水素を例外として，すべて金属元素である．高等学校の理科の教科書の表紙の裏などに元素の周期表が掲載されている場合，B, Si, As, Te, Atから右上が非金属元素と記され，Al, Ge, Sb, Poから左下が金属元素と記されている．しかし，この分類では，境界付近の元素である，Geのような半

導体やSb, Biのような半金属が金属元素に分類されてしまっているので注意が必要である．

演習問題

[1] 電荷 $-e$，質量 m の伝導電子は，熱振動している正イオンや不純物と衝突して散乱されながら，電場 $\boldsymbol{E}$ の中で電気力 $-e\boldsymbol{E}$ の作用を受けて，加速度 $-e\boldsymbol{E}/m$ の加速度運動を行う．ある衝突から次の衝突までの平均時間を τ とすると，この間の平均速度（**ドリフト速度**とよばれる）は $-e\boldsymbol{E}\tau/m$ である．物質の伝導電子密度を n とすると，電流密度 $\boldsymbol{j}$ は

$$\boldsymbol{j} = -ne\boldsymbol{v} = -ne\left(-\frac{e\boldsymbol{E}\tau}{m}\right) = \frac{ne^2\tau}{m}\boldsymbol{E} = \sigma\boldsymbol{E}$$

となるので，この物質の電気伝導度 σ は

$$\sigma = \frac{ne^2\tau}{m}$$

と表される．

(1) $1\,\mathrm{m}^3$ に約 10^{29} 個の伝導電子を含む銅で作った断面積が $2\,\mathrm{mm}^2$ の導線に $I=1\,\mathrm{A}$ の電流を流したとき，ドリフト速度 v は約 $3\times 10^{-5}\,\mathrm{m/s}$ であることを示せ．

(2) 室温での銅の電気伝導率 $\sigma = 0.6\times 10^8/\Omega\cdot\mathrm{m}$ と伝導電子密度 $n\sim 10^{29}/\mathrm{m}^3$ から，電子の平均衝突時間間隔 τ を求めよ．

(3) 伝導電子が衝突してから次の衝突までの間の，速さ $v_\mathrm{F}\sim 10^6\,\mathrm{m/s}$ の運動による平均移動距離を求めよ．

[2] 次の問に答えよ．

(1) 真性半導体の場合，図 6.10 の価電子帯と伝導帯のエネルギー準位密度が同じだとすると，電子の総数が N であるという条件 $N = \sum_{j=1}^{\infty}\bar{n}_j$（$\bar{n}_j$ はエネルギー準位 j を占める平均電子数 (3.35)）から決まる化学ポテンシャ

ル μ は，大きさが E_g のエネルギーギャップの中央の値をとることがいえる．シリコン結晶に不純物をドープして作った p 型と n 型の半導体の化学ポテンシャルは定性的にどう変化するか．

（2） pn 接合を作ると，p 型領域と n 型領域の電子分布は，同じ化学ポテンシャルの分布である．それが実現するために，p 型領域と n 型領域の間で電子の移動が起こり，電位が変化し，電子準位のエネルギーの値が変化する．このことを図示して説明せよ．

[3] 電子はフェルミ分布に従うので，前問で示した化学ポテンシャルの値を使うと，真性半導体の伝導電子数と正孔数および電気伝導度 σ は $e^{-E_g/2k_BT}$ に比例し，温度とともに増加することを示せ．この場合，電子の従うフェルミ分布（3.34）の化学ポテンシャル μ はギャップの中央にくること，シリコンの場合エネルギーギャップ $E_g = 1.14$ eV なので，$E_g \gg 2k_BT$ であることを使え．ボルツマン定数 $k_B = 1.38 \times 10^{-23}$ J/K $= 8.6 \times 10^{-5}$ eV/K である．

[4] 1 次元結晶では，エネルギーバンドに重なりが生じない理由を述べよ．

[5] (6.13 a) 式のグラフ（図 6.2）を考察して，バンドの性質を議論せよ．

超 伝 導

ボース−アインシュタイン凝縮が重要な役割を演じる現象として，やはり極低温で起きる超伝導がある．**超伝導**とは，物質を極低温に冷やしていくと，物質によっては，ある温度（転移温度）で突然に電気抵抗がなくなる現象である．この電気抵抗がゼロの状態を超伝導状態という．金属や合金の超伝導の機構はバーディーン−クーパー−シュリーファーによって解明された．3 人の頭文字をとった BCS 理論とよばれる考えによると，格子上の金属イオンの振動と電子との間の相互作用が原因になって，2 個の電子の間に弱い引力が生じ，スピンが逆向きの 2 つの電子は**クーパー・ペア**というボソンを形成する．極低温ではクーパー・ペアのボース−アインシュタイン凝縮が起こる．クーパー・ペアは電荷を帯びているので，超伝導状態では，いったん電流が流れると，いつまでも流れ続ける．

さらに勉強する人のために

光電効果から物質科学へ

アインシュタインが1905年に発見した3つの理論の中で，光電効果の理論は，特殊相対性理論やブラウン運動ほどなじみがないかもしれない．だがそれが源になって誕生した量子力学によって，物質のミクロな視点からの理解が可能となった．今日では，量子力学の成果である先端技術が生活のいたる所に浸透している．

本書は，日常用いている物質やデバイスを，量子力学によって理解するための入門書といえるだろう．本書で学んだことに続く**物質科学**が，先端技術を生み，支えている．例えば，コンピューターは身の周りの多くのものに組み込まれているが，それを動かしているのは半導体のICである．これは広範かつ多彩な物質利用のほんの一例にすぎない．物質利用の最前線は日々新たに展開している．以下では，本書を読んだ後に物質科学を学ぶための導入を試みる．

物性の例としての電気伝導

物質科学の幹となるのは**物性**であり，物質はその物性を生かした機能材料として用いられる．物性は，物質を構成する原子，分子の性質にさかのぼって理解される．結晶構造を決めている原子や分子の配置が，電子に対する周期ポテンシャルを生じ，その中を運動する電子が，電気伝導，磁性，光物性などさまざまな物性を担う．これら電子の生み出す性質に加えて，原子・分子の格子点からの熱的なずれである格子振動が，比熱や熱伝導のもとになっている．

電気伝導は，物性の中でもっとも身近なものといってよいだろう．物質

は，電気伝導度によって4つに分類できる．伝導性の良いものが導体，悪いものが絶縁体である．3番目がその中間の半導体である．トランジスターに始まり半導体レーザーやICにいたる半導体デバイスが，今日の高度情報化社会を支えている．超微細加工技術によるICの開発のおかげで，コンピューターは驚くほど小さくなり，かつ極めて高速に演算処理ができるようになった．半導体はバンド構造に現れるエネルギーギャップの大きさが物質によって違い，それを組み合せることによってデバイス作用を高度に制御できる．

導体よりもっと伝導性が良いのが，低温で電気抵抗がゼロとなる超伝導体である．超伝導体は，コイルを用いた強磁場の発生，量子干渉計による生体磁気の測定などに用いられ，磁気浮上を利用する高速列車が開発されつつある．また，エネルギーロスなしに電流を運べるので，室温での超伝導物質が見つかれば，エネルギー問題の解決が期待される．

物性研究から新物質開発へ

広い温度範囲で物性を測定し，得られた温度変化を理解することは，どんな物性研究でも最初のステップであった．電気伝導度を例にすれば，温度を上げると格子振動による妨げが増えるので，金属では伝導度が減る．半導体では，この効果にキャリアの数の増加が打ち勝って，伝導度が急激に増大する．これらの事実を理解するには，固体内での電流と電気抵抗のメカニズムや半導体のバンドモデルが必要である．温度以外にも，磁場，圧力，光照射など多くの外的環境をパラメーターとして，物性の変化が調べられる．現在は，超強磁場，超高圧，大強度の光，超高真空などの**極限的な環境**で物性が研究され，未知の物性が探索されている．

しかし，物質科学の目的は物性の理解にとどまらない．その物性が，物質のどんな成分や構造に由来するかを知り，それよりも望ましい特性をもつ物質を創り出すことである．例えば，常温に近い温度で超伝導になる物質を探す．自然界にある物質を与えられたものとして使うのではなく，われわれが

欲しい性質をもつ，それまで存在しなかった物質を創るのである．これを，**物質設計**あるいは**新物質開発**とよんでいる．

原子レベルの考えに基づいて物質を創るには，原子サイズでの作業が必要である．つまり，必要な原子を選んで運び，積み上げて結晶を作る．具体的には，非常に高真空の中で原子や分子のビームを飛ばしてある基板の上にゆっくり積み重ねるという，分子線エピタキシー法で結晶を作る．できた結晶表面の原子配列を走査プローブ顕微鏡（走査トンネル顕微鏡ともいう）で見ることができる．これはナノスケールの世界を直接見る手段であり，その原理は量子力学のトンネル効果である．この小節の参考書として，三浦 登・毛利信男・重川秀実 共著：「極限実験技術」（朝倉書店）を挙げておこう．

固体物理学の参考書

物質科学は物性・物質合成・材料機能を三本柱とする総合科学であり，そこには固体物理学，合成化学，電子工学などが含まれる．これらの分野を思いのままに行き交って研究を進めることが，物質創製においてブレークスルーをもたらすであろう．そのとき根幹となるのが，固体物理である．固体物理の定評のある教科書には，キッテル 著：『固体物理学入門　上，下』（丸善）とアシュクロフト，マーミン 著：『固体物理の基礎　上I, II, 下I, II』（吉岡書店）がある．どちらも固体物理の全容をカバーする大著である．より基本的な項目に絞ったものとしては，岡崎 誠 著：『固体物理学－工学のために－』（裳華房）を挙げておく．また，同じ著者による『物質の量子力学』（岩波書店）は量子力学と固体物理学をつなぐことを意図して書いた教科書である．

量子情報科学

量子力学は物質科学の分野以外にも新しい世界を構築しつつある．近年特に目立っているのは，量子情報科学の分野であろう．古典物理にはない量子力学特有の不思議な概念から，想像もしなかった技術が生まれつつある．近い将来，超高速通信や量子コンピューターの実現が期待される．『量子が見

せる超常識の世界　テレポーテーションから量子コンピューターまで』（日経サイエンス社）には，量子情報科学のトピックス，新しい量子世界がもたらす未来技術などが紹介されている．ジョージ・ジョンソン著：『量子コンピューターとは何か』（早川書房）は，専門知識をもたない人向けの本である．最後に余談になるが，『ウルトラ怪獣大全集』（小学館，1984 年）には，ウルトラマンが瞬間的に別の場所へ移動する能力として，テレポーテーションという言葉が登場している（テレビでは 1966 年に放映）．子供の世界は，未来を先取りしているのかもしれない．

演習問題略解

第 1 章

[1] $E = h\nu = \dfrac{hc}{\lambda} = \dfrac{6.63 \times 10^{-34}\,\text{J·s} \times 3 \times 10^8\,\text{m/s}}{3.8 \times 10^{-7}\,\text{m}} \fallingdotseq 5.2 \times 10^{-19}\,\text{J}$

$= \dfrac{5.2 \times 10^{-19}}{1.6 \times 10^{-19}}\,\text{eV} \fallingdotseq 3.3\,\text{eV}$

$E = \dfrac{6.63 \times 10^{-34}\,\text{J·s} \times 3 \times 10^8\,\text{m/s}}{7.7 \times 10^{-7}\,\text{m}} \fallingdotseq 2.6 \times 10^{-19}\,\text{J} \fallingdotseq 1.6\,\text{eV}$

[2] $\nu_0 = \dfrac{W_0}{h} = \dfrac{2.3 \times 1.6 \times 10^{-19}\,\text{J}}{6.63 \times 10^{-34}\,\text{J·s}} \fallingdotseq 5.6 \times 10^{14}\,\text{Hz}$

$\lambda_0 = \dfrac{c}{\nu_0} = \dfrac{3.0 \times 10^8\,\text{m/s}}{5.6 \times 10^{14}\,\text{/s}} \fallingdotseq 5.4 \times 10^{-7}\,\text{m}$

[3] $h\nu = \dfrac{hc}{\lambda} = \dfrac{6.63 \times 10^{-34}\,\text{J·s} \times 3 \times 10^8\,\text{m/s}}{5.1 \times 10^{-7}\,\text{m}} \fallingdotseq 3.9 \times 10^{-19}\,\text{J}$

光子数 $= \dfrac{(2 \sim 6) \times 10^{-17}\,\text{J} \times 0.1}{3.9 \times 10^{-19}\,\text{J}} \fallingdotseq (5 \sim 15)$ 個

[4] $\lambda = \dfrac{c}{\nu} = \dfrac{3.0 \times 10^8\,\text{m/s}}{2.4 \times 10^{20}\,\text{/s}} \fallingdotseq 1.25 \times 10^{-12}\,\text{m}$

$\lambda' = \lambda + 2.43 \times 10^{-12}(1 - \cos\phi)\,\text{m}$

$= 1.25 \times 10^{-12}\,\text{m} + 2.43 \times 10^{-12}\,\text{m} = 3.68 \times 10^{-12}\,\text{m}$

$\nu' = \dfrac{c}{\lambda'} = \dfrac{3.0 \times 10^8\,\text{m/s}}{3.68 \times 10^{-12}\,\text{m}} \fallingdotseq 8.2 \times 10^{19}\,\text{Hz}$

$K = h(\nu - \nu') = 6.63 \times 10^{-34}\,\text{J·s} \times 1.6 \times 10^{20}\,\text{Hz} \fallingdotseq 1.1 \times 10^{-13}\,\text{J}$

[5] 運動量 $p = mv = h/\lambda$ なので，

$v = \dfrac{h}{m\lambda} = \dfrac{6.63 \times 10^{-34}\,\text{J·s}}{9.11 \times 10^{-31}\,\text{kg} \times 10^{-10}\,\text{m}} \fallingdotseq 7.3 \times 10^6\,\text{m/s}$

$\dfrac{v}{c} = \dfrac{7.3 \times 10^6\,\text{m/s}}{3.0 \times 10^8\,\text{m/s}} \fallingdotseq \dfrac{1}{40}, \quad \therefore\ 光速の\ \dfrac{1}{40}$

$E = \dfrac{1}{2}mv^2 = \dfrac{1}{2} \times 9.11 \times 10^{-31}\,\text{kg} \times (7.3 \times 10^6\,\text{m/s})^2$

$\fallingdotseq 2.4 \times 10^{-17}\,\text{J} \fallingdotseq 1.5 \times 10^2\,\text{eV}$

[6] $p = \sqrt{3mk_\text{B}T} = \sqrt{3 \times 1.67 \times 10^{-27}\,\text{kg} \times 1.38 \times 10^{-23}\,\text{J/K} \times 300\,\text{K}}$

$\fallingdotseq 4.55 \times 10^{-24}\,\text{kg·m/s} = \dfrac{h}{\lambda}$

154　演習問題略解

$$\lambda = \frac{h}{p} = \frac{6.63 \times 10^{-34}\,\text{J·s}}{4.55 \times 10^{-24}\,\text{kg·m/s}} \fallingdotseq 1.46 \times 10^{-10}\,\text{m}$$

$$v = \frac{p}{m} = \frac{4.55 \times 10^{-24}\,\text{kg·m/s}}{1.67 \times 10^{-27}\,\text{kg}} \fallingdotseq 2.7 \times 10^{3}\,\text{m/s}$$

[7]　$\lambda = h/\sqrt{2meV} = \sqrt{150.41/V} \times 10^{-10}\,\text{m}$ なので，$V = 54\,\text{V}$ では $\lambda \fallingdotseq 1.67 \times 10^{-10}\,\text{m}$. $d\sin\theta = n\lambda$ なので，$n = 1$ では $\sin\theta = \lambda/d = 1.67 \times 10^{-10}\,\text{m}/2.17 \times 10^{-10}\,\text{m} \fallingdotseq 0.77$ より，$\theta \fallingdotseq 50°$. $V = 181\,\text{V}$ では $\lambda \fallingdotseq 0.91 \times 10^{-10}\,\text{m}$ なので，$\theta \fallingdotseq 25°$.

[8]　$$\Delta p \sim \frac{\hbar}{\Delta x} = \frac{1.06 \times 10^{-34}\,\text{J·s}}{0.5 \times 10^{-10}\,\text{m}} \fallingdotseq 2 \times 10^{-24}\,\text{kg·m/s}$$

$$\Delta v = \frac{\Delta p}{m} \sim \frac{2 \times 10^{-24}\,\text{kg·m/s}}{9.1 \times 10^{-31}\,\text{kg}} \fallingdotseq 2 \times 10^{6}\,\text{m/s}$$

$E \sim \frac{1}{2}m(\Delta v)^2 \sim 2 \times 10^{-18}\,\text{J} \fallingdotseq 11\,\text{eV}$. これは $13.6\,\text{eV} = 2.2 \times 10^{-18}\,\text{J}$ とほぼ同程度の大きさである．

第 2 章

[1]　(1)　$E_n = \dfrac{n^2\pi^2\hbar^2}{2mL^2} = n^2 \dfrac{(\pi \times 1.06 \times 10^{-34}\,\text{J·s})^2}{2 \times 9.11 \times 10^{-31}\,\text{kg} \times (10^{-10}\,\text{m})^2}$
$= 6.0 n^2 \times 10^{-18}\,\text{J} = 38 n^2\,\text{eV}$
$(E_1, E_2, E_3) \fallingdotseq (38\,\text{eV},\ 1.5 \times 10^{2}\,\text{eV},\ 3.4 \times 10^{2}\,\text{eV})$

　　(2)　$(E_1, E_2, E_3) \fallingdotseq (3.8 \times 10^{-3}\,\text{eV},\ 1.5 \times 10^{-2}\,\text{eV},\ 3.4 \times 10^{-2}\,\text{eV})$

[2]　(1)　$h\nu = E_2 - E_1$ より

$$\lambda = \frac{c}{\nu} = \frac{ch}{E_2 - E_1} = \frac{3.0 \times 10^{8}\,\text{m/s} \times 6.63 \times 10^{-34}\,\text{J·s}}{3 \times 6.0 \times 10^{-18}\,\text{J}}$$
$\fallingdotseq 1.1 \times 10^{-8}\,\text{m}$ （紫外線）

　　(2)　$\lambda \fallingdotseq 1.1 \times 10^{-4}\,\text{m}$ （マイクロ波）

[3]　時間に依存しないシュレーディンガー方程式 (2.21) は

$$-\frac{\hbar^2}{2m}\frac{d^2\Psi(x)}{dx^2} = E\Psi(x) \quad (x < -a,\ x > a) \quad (1)$$

$$-\frac{\hbar^2}{2m}\frac{d^2\Psi(x)}{dx^2} - V_0\Psi(x) = E\Psi(x) \quad (-a < x < a) \quad (2)$$

$$E + V_0 = \frac{\hbar^2 k^2}{2m},\quad E = -\frac{\hbar^2 \kappa^2}{2m},\quad V_0 = \frac{\hbar^2(k^2 + \kappa^2)}{2m} \quad (3)$$

とおくと，(1), (2) 式は

$$\frac{d^2\Psi}{dx^2} = \kappa^2 \Psi \quad \left(\kappa = \frac{\sqrt{-2mE}}{\hbar}\right) \quad (x < -a, x > a) \quad (4)$$

$$\frac{d^2\Psi}{dx^2} = -k^2 \Psi \quad \left(k = \frac{\sqrt{2m(E+V_0)}}{\hbar}\right) \quad (-a < x < a) \quad (5)$$

となる．これらの式の一般解が

$$\Psi = Ae^{\kappa x} + Be^{-\kappa x} \quad (x > a) \quad (6)$$
$$\Psi = C\sin kx + D\cos kx \quad (-a < x < a) \quad (7)$$
$$\Psi = Fe^{\kappa x} + Ge^{-\kappa x} \quad (x < -a) \quad (8)$$

と表せることは，それぞれが2階微分方程式の解であるために2個の任意定数を含むことと，微分方程式に代入すれば左辺＝右辺であることからわかる．

$x \to \infty$ で $e^{\kappa x} \to \infty$, $x \to -\infty$ で $e^{-\kappa x} \to \infty$ なので，規格化条件 (2.33) の積分が収束するためには

$$A = 0, \quad G = 0 \quad (9)$$

となることが必要である．この場合のように，ポテンシャルが原点に関して対称 $(V(-x) = V(x))$ である場合には，エネルギー固有関数は x の偶関数 $\Psi(-x) = \Psi(x)$ か，奇関数 $\Psi(-x) = -\Psi(x)$ であることが示せる．したがって，偶関数の解は

$$\Psi = Be^{-\kappa x} \quad (x > a)$$
$$\Psi = D\cos kx \quad (-a < x < a)$$
$$\Psi = Be^{\kappa x} \quad (x < -a)$$

奇関数の解は

$$\Psi = Be^{-\kappa x} \quad (x > a)$$
$$\Psi = C\sin kx \quad (-a < x < a)$$
$$\Psi = -Be^{\kappa x} \quad (x < -a)$$

である．

$x = -a$ と $x = a$ で，Ψ と $d\Psi/dx$ の値が連続であるという境界条件は

偶関数の場合 $Be^{-\kappa a} = D\cos ka, \quad \kappa Be^{-\kappa a} = kD\sin ka$
$$\therefore \quad \kappa = k\tan ka$$

奇関数の場合 $Be^{-\kappa a} = C\sin ka, \quad -\kappa Be^{-\kappa a} = kC\cos ka$
$$\therefore \quad -\kappa = k\cot ka$$

エネルギー固有値 E は $-V_0 = \hbar^2(k^2 + \kappa^2)/2m$ と $\kappa = k\tan ka$ あるいは $-\kappa = k\cot ka$ を満たす E の値として求められる．

[4] $0.01 = e^{-2\kappa a}$ から $2\kappa a = \ln 100 \fallingdotseq 4.6$.

$$V_0 - E = \frac{1}{2m}\left(\frac{\kappa a \hbar}{a}\right)^2 = \frac{1}{2 \times 9.11 \times 10^{-31}\,\text{kg}}\left(\frac{2.3 \times 1.05 \times 10^{-34}\,\text{J·s}}{5 \times 10^{-10}\,\text{m}}\right)^2$$
$$\fallingdotseq 1.3 \times 10^{-19}\,\text{J} \fallingdotseq 0.8\,\text{eV}$$

$$\therefore E = 10\,\text{eV} - 0.8\,\text{eV} = 9.2\,\text{eV}$$

[5] (1) $(5 \times 10^{-11}\,\text{s}) \times (3 \times 10^8\,\text{m/s}) = 1.5 \times 10^{-2}\,\text{m} = 1.5\,\text{cm}$

(2) $w = \dfrac{10\,\text{J}}{1.5 \times 10^{-2}\,\text{m} \times 2 \times 10^{-6}\,\text{m}^2} \fallingdotseq 3.3 \times 10^8\,\text{J/m}^3$

(3) $E = \sqrt{\dfrac{w}{\varepsilon_0}} = \sqrt{\dfrac{3.3 \times 10^8\,\text{J/m}^3}{8.85 \times 10^{-12}\,\text{C}^2/(\text{N}\cdot\text{m}^2)}}$
$\fallingdotseq 6.1 \times 10^9\,\text{N/C}$

(4) 光子1個のエネルギーは $E = h\nu = hc/\lambda = (6.63 \times 10^{-34}\,\text{J}\cdot\text{s} \times 3 \times 10^8\,\text{m/s})/(6.9 \times 10^{-7}\,\text{m}) \fallingdotseq 2.9 \times 10^{-19}\,\text{J}$. 光子の個数は $10\,\text{J}/(2.9 \times 10^{-19}\,\text{J}) \fallingdotseq 3.4 \times 10^{19}$ 個.

第 3 章

[1] 電子が水素原子の中から飛び出し,水素原子は H^+ イオンになる.

[2] (1) (3.20)から半径は質量 m に反比例するので,1/200 倍.

(2) (3.19)からエネルギーは質量 m に比例するので,200 倍.

[3] ヘリウム原子核の電荷は $2e$ だから,電気引力は $2e^2$ に比例するので,(3.19) の e^4 は $4e^4$ となる.よって,$E = 4 \times (-13.6\,\text{eV}) = -54.4\,\text{eV}$.

[4] 位置エネルギー $-\boldsymbol{\mu}\cdot\boldsymbol{B} = (e/2m)\boldsymbol{L}\cdot\boldsymbol{B}$. 磁場方向の $\boldsymbol{L}$ の成分の測定値は $l\hbar, (l-1)\hbar, \cdots, -l\hbar$ なので,エネルギー準位は $2l+1$ 本に分離し,間隔は $e\hbar B/2m$ である.

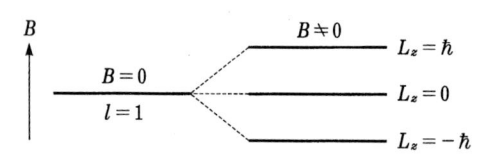

[5] どちらも1族の原子であり,最外殻電子が1個のためである.

[6] Ne, $(1\text{s})^2(2\text{s})^2(2\text{p})^6$; O^{2-}, $(1\text{s})^2(2\text{s})^2(2\text{p})^6$;
Mg^{2+}, $(1\text{s})^2(2\text{s})^2(2\text{p})^6$; Cl$^-$, $(1\text{s})^2(2\text{s})^2(2\text{p})^6(3\text{s})^2(3\text{p})^6$

[7] $\lambda = \dfrac{h}{\sqrt{3mk_\text{B}T}}$

$= \dfrac{6.63 \times 10^{-34}\,\text{J}\cdot\text{s}}{\sqrt{3 \times (4 \times 1.67 \times 10^{-27}\,\text{kg}) \times (1.38 \times 10^{-23}\,\text{J/K}) \times (1\,\text{K})}}$

$\fallingdotseq 1.3 \times 10^{-9}\,\text{m}$

液体ヘリウムの密度は $0.125\,\text{g/cm}^3$,ヘリウムの原子量は 4.0 なので,$10^{-6}\,\text{m}^3$

($= 1\,\mathrm{cm}^3$) の中に $0.125 N_\mathrm{A}/4.0$ 個のヘリウム原子がある．したがって，原子 1 個の体積は $10^{-6}\,\mathrm{m}^3 \times 4.0/(0.125 \times 6.0 \times 10^{23}) \fallingdotseq 5.3 \times 10^{-29}\,\mathrm{m}^3$．平均原子間距離は原子の体積の立方根の $4 \times 10^{-10}\,\mathrm{m}$ 程度であり，ド・ブロイ波長の方が長い．

第 4 章

[1]　$D(\mathrm{H}_2^+) = \mathrm{H}^+ + \mathrm{H} - \mathrm{H}_2^+$
　　　　$= (\mathrm{H} - \mathrm{e}^- + 13.60\,\mathrm{eV}) + \mathrm{H} - (\mathrm{H}_2 - \mathrm{e}^- + 15.43\,\mathrm{eV})$
　　　　$= \mathrm{H} + \mathrm{H} - \mathrm{H}_2 - 1.83\,\mathrm{eV} = 4.51\,\mathrm{eV} - 1.83\,\mathrm{eV} = 2.68\,\mathrm{eV}$

[2]　図を参照のこと．$\overline{AB} = \sqrt{(A_x - B_x)^2 + (A_y - B_y)^2 + (A_z - B_z)^2} = \sqrt{(2r\sin\theta)^2} = 2r\sin\theta$，同様に考えて $\overline{AC}^2 = 2r^2\sin^2\theta + 4r^2\cos^2\theta$，これは $\overline{AB}^2 = 4r^2\sin^2\theta$ に等しいから

$$3\cos^2\theta = 1, \quad \therefore\ \cos\theta = \frac{1}{\sqrt{3}}, \quad 2\theta = 109.6°$$

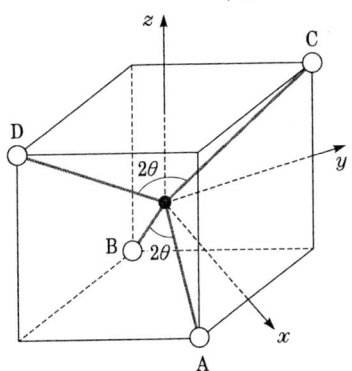

[3]　正イオンと負イオンの間の引力によって，イオン結晶は結合している．したがって，イオン結晶である MgO と CaO で MgO の融点が高い事実は，Mg^{2+} は Ca^{2+} よりも O^{2-} との結合力が強いことを意味する．

第 5 章

[1]　六方最密構造：図 5.2(a) の六角柱の底面の六角形の 1 辺の長さを a とすると，六方最密構造では，単位格子としての六角柱の高さは $2\sqrt{2/3}\,a$ である．した

がって，底面積は $3\sqrt{3}\,a^2/2$．最近接原子間距離は，六角形の1辺 a であり，半径 $a/2$ の球で空間が充塡される．体積が $3\sqrt{2}\,a^3$ の六角柱の中に，半径 $a/2$ の球が6個入っているので（12の各頂点に原子の1/6があるので計2個，2つの各面心に原子の1/2があるので計1個．内部に3個あるので，合計 $2+1+3=6$ 個），充塡率は $[6\cdot(4\pi/3)\cdot(a/2)^3]/3\sqrt{2}\,a^3 = \pi/3\sqrt{2} ≒ 0.74$．

面心立方構造：最近接原子間距離は，立方体の1辺の長さを a として，立方体頂点と面心の間の $a/\sqrt{2}$ である．その半分 $(1/2\sqrt{2})a$ の半径の球で空間を充塡する．図5.2(b) の1辺の長さ a の立方体の中に，この原子が4個入っている．（8つの各頂点に原子の1/8があるので計1個，6つの各面心に原子の1/2があるので計3個．合計 $1+3=4$ 個．）充塡率は $[4\cdot(4\pi/3)\cdot(a/2)^3]/a^3 = \pi/3\sqrt{2} ≒ 0.74$．

[2] （1） 面心立方構造には，立方体の頂点に8個，面の中心に6個の原子があるから，単位格子中の原子数は，$8×(1/8)+6×(1/2)=4$ 個．結晶 $1\,\text{cm}^3$ 中に含まれるアルミニウムの原子数は $4 個 × 1\,\text{cm}^3/(4.05×10^{-8}\,\text{cm})^3 ≒ 6.02×10^{22}$ 個．

（2） 体積 $1\,\text{cm}^3$ のアルミニウムには $2.70/27.0 = 0.100\,\text{mol}$ が含まれているので，アボガドロ定数は，$6.02×10^{22}/0.1000 = 6.02×10^{23}/\text{mol}$．

[3] 五角形の頂点の数はサッカーボールの頂点の数 60 に等しいので，「五角形の数」$= 60/5 = 12$．六角形の頂点の数はサッカーボールの頂点の数の2倍の 120 に等しいので，「六角形の数」$= 120/6 = 20$．

[4] （1） (c), (c), (d)．　（2） (a), (d), (a)．
　　　（3） (d), (b), (b)．　（4） (b), (a), (c)．

[5] (5.1) から波長 $\lambda = 2d\sin 8°35' = 2×2.82×10^{-10}\,\text{m}×0.149 ≒ 0.842×10^{-10}\,\text{m}$, $n=2$ での角度 θ は $\sin\theta = 2\lambda/2d ≒ 0.298$ より，$\theta = 17°22'$．

第 6 章

[1] （1） 電流密度 $j = I/A$ なので，$v = I/neA$（断面積を A とする）．

$$\therefore\ v = \frac{1\,\text{C/s}}{10^{29}/\text{m}^3 × 1.6×10^{-19}\,\text{C} × 2×10^{-6}\,\text{m}^2} ≒ 3×10^{-5}\,\text{m/s}$$

（2） $\tau = \dfrac{m\sigma}{ne^2} = \dfrac{9×10^{-31}\,\text{kg}×0.6×10^8/\Omega\cdot\text{m}}{10^{29}/\text{m}^3×(1.6×10^{-19}\,\text{C})^2} ≒ 2×10^{-14}\,\text{s}$

（3） $v_\text{F}\tau = (10^6\,\text{m/s})×(2×10^{-14}\,\text{s}) ≒ 2×10^{-8}\,\text{m}$

[2] （1） p 型半導体は，同じ原子数の純粋のシリコン結晶に比べて電子が少な

いので，化学ポテンシャルの値はシリコンの値より下がる．n型半導体は，同じ原子数の純粋のシリコン結晶に比べて電子が多いので，化学ポテンシャルの値はシリコンの値より上がる．

（2）電子（●）がn型領域からp型領域へ移動し，n型領域が正に，p型領域が負に帯電すると，n型領域はp型領域より電位が高くなり，負電荷を帯びた電子のエネルギー準位は低くなる．その結果，両方の領域の化学ポテンシャル（鎖線）は同じ値になる（図参照）．接合部の遷移領域がキャリアのない空乏層になることも理解できる．

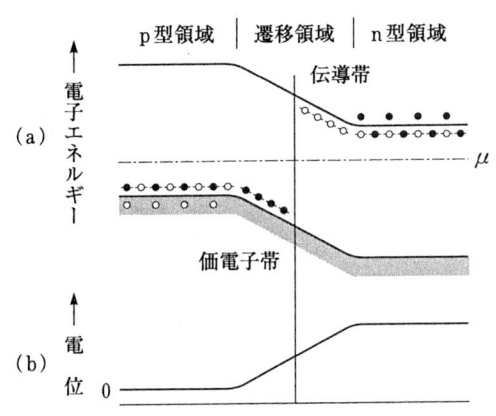

[3] 電気伝導率の式 $\sigma = ne^2\tau/m$ の平均衝突時間間隔 τ は温度が変化してもそれほど大きく変化しない．$E_g \gg 2k_BT$ なので，$e^{E_g/2k_BT} \gg 1$ であり，伝導帯の下端付近の準位の平均電子数も価電子帯の上端付近の準位の平均空孔数も $e^{-E_g/2k_BT}$ に比例するので，σ は $e^{-E_g/2k_BT}$ に比例し，温度 T が上昇すると σ は急激に増加する．

[4] エネルギー準位 $E(\boldsymbol{k})$ は，波数 $\boldsymbol{k}$ の電子波がブラッグ反射するエネルギー値のところで，ギャップを生じる．1次元の場合は，k に1つの方向しかなく，単にバンド間にギャップができるだけで，バンドに重なりを生じない．なお，2次元以上のときは，異なる $\boldsymbol{k}$ の方向でギャップのでき方が違うために，重なりが生じることがある．

[5] バンドのエネルギーは，$\varepsilon_n + a_n$ を中心とする振幅 $2|\beta_n|$ の，k を変数とする余弦関数である．電子の飛び移りが大きいと $|\beta_n|$ が大きく，バンドの幅が広がる．$k=0$ 近くでエネルギーが $E = \hbar^2 k^2 / 2m^*$ と表せるとして有効質量 m^* を導入すると，$m^* = -(\hbar^2/2a^2)(1/\beta_n)$ となる（$\beta_n < 0$）．これにより，飛び移りが大きいと（$|\beta_n|$ が大），有効質量は小さくなる．

索引

ア

アクセプター 145
——準位 145
アセチレン分子 100, 101
アボガドロ定数 4
アモルファス（非晶質） 105
アルカリ金属 75
アルカリ土類金属 75

イ

1次元の自由粒子のシュレーディンガー方程式 41
1電子状態 74
イオン化エネルギー 85
イオン結合 86, 116
イオン結晶 83, 84, 116
イオン半径 117
異性体 100

ウ

運動量 24
　角—— 61
　　——の大きさ 61
　　——のz成分 61
　軌道—— 69
　スピン—— 69

エ

f 軌道 65
fcc（面心立方）構造 107, 119
hcp（六方最密）構造 107
LCAO（原子軌道の線形結合）近似 130
n 型半導体 144
s 軌道 65
sp 混成軌道 96
sp^2 混成軌道 98
sp^3 混成軌道 97
エタン分子 101
エチレン分子 98
エネルギーギャップ 129
エネルギー固有関数 49
エネルギー固有状態 49
エネルギー固有値 49
エネルギー準位 30
エネルギーバンド 129
延性 119

オ

音の量子（フォノン） 123
音波 122

カ

解離エネルギー 92
化学ポテンシャル 80
角運動量 61
　——の大きさ 61
　——のz成分 61
　軌道—— 69
　スピン—— 69
確率密度 24
　軌道—— 68
化合物 3
重ね合わせの原理 23
活性 76
不—— 76
価電子 77
カーボン・ナノチューブ 120

キ

規格化条件 45
基底状態 30, 46
軌道 67
　——角運動量 69
　——確率密度 68
　σ—— 88, 89
　σ^*—— 88
　π—— 100
　d—— 65
　f—— 65
　p—— 65

索引 161

s —— 65
sp 混成 —— 96
sp² 混成 —— 98
sp³ 混成 —— 97
原子 —— の線形結合
　　（LCAO）近似　130
　　分子 —— 89
逆格子ベクトル　112
ギャップ　129
　　エネルギー ——　129
キャリア　145
球座標　63
球面調和関数　64
境界条件　44
　　周期的 ——　131, 134
共有結合　92
共有結晶　84, 117
極限的な環境　150
金属結合　113
金属結晶　113, 119
金属元素　146
　　非 ——　146
金属光沢　120

ク

クォーク　8
クーパー・ペア　148
グラファイト（黒鉛）
　119

ケ

結合状態　89
　　反 ——　89
結晶　106
　　—— 格子　108

　　—— 構造　107
イオン ——　83, 84,
　116
共有 ——　84, 117
金属 ——　113, 119
多 ——　106
単 ——　106
分子性 ——　83, 115
ゲルマニウム　142
限界振動数　15
原子軌道の線形結合
　（LCAO）近似　130
原子の殻模型　76
原子番号　76
原子量　4
元素の周期律　77

コ

格子振動　122
格子点　109
光子（フォトン）　12
格子面　111
合成高分子　101
光電効果　14
黒鉛（グラファイト）
　119
黒体放射の法則　12
固体の結合エネルギー
　113
固有 X 線　18
コンプトン散乱　19

サ

3 重結合　101
最外殻　75

—— 電子　75
最密構造　107
　　六方 ——　107

シ

σ 結合　99
σ 軌道　88, 89
σ* 軌道　89
時間に依存しないシュレ
　ーディンガー方程式
　43
時間に依存するシュレー
　ディンガー方程式　43
指向性　57
仕事関数　16
シス型　100
質量数　8
周期的境界条件　131,
　134
周期表　4
充填率　107
縮退　67
主量子数　65
シリコン　142
真性半導体　143
新物質開発　151

ス

水素結合　125
水素原子　10
水素分子　91
スピン　69
　　—— が上向きの状態
　　75
　　—— 角運動量　69

索引

——が下向きの状態 75
——と統計の関係 73
スレーターの行列式 78

セ

正孔 143
正四面体構造 97
正方格子 110
　単純—— 109
線スペクトル 29

ソ

走査プローブ顕微鏡 151
組成式 117
ソリトン 104
素粒子 8

タ

第1ブリュアン域 136
対称 72
　——性 109
　反—— 72
体心立方 (bcc) 構造 107, 110
ダイヤモンド構造 107
多結晶 106
単結晶 106
単純立方格子 109
単色性 57
単体 3

チ

中心力 63
　——ポテンシャル 63
超流動 126
調和振動子 49
　——ポテンシャル 49

テ

d 軌道 65
定常状態 30
　——のエネルギー 46
　——の波動関数 46
電気双極子 87
　——モーメント 87
電気抵抗 142
電気伝導 149
電子親和力 86
電子の磁気モーメント 69
電子の束縛状態 47
電子の2重性 20
展性 119
伝導電子 140

ト

同位体 8
透過率 53
動径方向 64
同種粒子 72
　——の波動関数 73
同素体 106

ドナー 144
　——準位 144
ドーピング 146
ド・ブロイ波長 25
トランス型 100
ドリフト速度 147
トンネル効果 51
トンネルダイオード 53

ニ

2重結合 100

ネ

熱中性子線 36

ハ

π 軌道 100
π 結合 100
ハートリー近似 78
ハイゼンベルクの不確定性関係 28
パウリ原理 73, 114
波数ベクトル 112, 138
波束 134
波動関数 23
　定常状態の—— 46
　同種粒子の—— 73
波動性 13
波動方程式 40
ハートリー-フォック近似 78
半金属 146
反結合状態 89
反射の法則 111
反対称 72

バンド 129
　エネルギー―― 129
半導体 142
　n 型―― 144
　p 型―― 145
　真性―― 143

ヒ

bcc（体心立方）構造 107, 110
BCS 理論 148
p 軌道 65
p 型半導体 145
光の 2 重性 13
非金属元素 146
非晶質（アモルファス） 105
比誘電率 116

フ

ファン・デル・ワールス結合 114
ファン・デル・ワールス力 85, 114
フェルミエネルギー 141
フェルミオン 73
フェルミ球 141
フェルミ分布 80
フェルミ面 141
フェルミ粒子 73
フォトン（光子） 12
フォノン（音の量子） 123
不確定性原理 28

深さが有限なポテンシャル 47
不活性 76
不純物準位 144
物質科学 149
物質設計 151
物性 106, 149
沸点 115
ブラッグの条件 111
ブラッグ反射 111
フラーレン 120
プランク定数 12
プランクの放射法則 11
フランク‐ヘルツの法則 31
ブリュアン域 137
　第 1 ―― 137
ブロッホ関数 133
ブロッホの定理 130
分子軌道 89
分子式 117
分子性結晶 83, 115
分子線エピタキシー法 151

ヘ

平均場 87
　――近似 73
ヘリウム分子 92
　――イオン 92

ホ

ボーア半径 35, 69
ボース‐アインシュタイン凝縮 126

ボース分布 80
ボース粒子 73
ボソン 73
ポリアセチレン 101
ホール 143
ボルツマン分布 33
ポンピング 56

ム

無極性分子 114
無限に深い井戸型ポテンシャル 43

メ

面心立方（fcc）構造 107, 119

ユ

融点 115
ゆらぎ 28

リ

リッツの結合法則 30
粒子性 13
量子数 46
　主―― 65
量子力学 23

ル

ルジャンドルの陪多項式 64

レ

励起状態 30, 46
零点エネルギー 47, 51

レーザー 55
── 発振器の原理 57
レナード・ジョーンズポ

テンシャル 114

ロ

六方最密 (hcp) 構造 107

著者略歴

原　康夫（はら　やすお）

　1934年 神奈川県出身．東京大学理学部物理学科卒，同大学院数物系研究科物理学専攻博士課程修了．東京教育大学理学部助手，カリフォルニア工科大学研究員，シカゴ大学研究員，プリンストン高等学術研究所研究員，東京教育大学理学部助教授，筑波大学物理学系教授，同副学長，帝京平成大学情報学部教授を経て，筑波大学名誉教授．理博．

岡崎　誠（おかざき　まこと）

　1934年 中国，旅順市に生まれる．東京大学理学部物理学科卒，同大学院博士課程修了．東京大学工学部物理工学科助手，講師，助教授，筑波大学物質工学系教授を経て，現在，同大学名誉教授．理博．

裳華房テキストシリーズ-物理学　**工科系のための 現代物理学**

2006年 3月15日	第 1 版 発行
2009年 2月20日	第 2 版 発行
2024年 3月15日	第 2 版 7 刷発行

検印省略

定価はカバーに表示してあります．

増刷表示について
2009年4月より「増刷」表示を「版」から「刷」に変更いたしました．詳しい表示基準は弊社ホームページ
http://www.shokabo.co.jp/
をご覧ください．

著作者　　原　康夫
　　　　　岡崎　誠

発行者　　吉野和浩

発行所　　〒102-0081 東京都千代田区四番町8-1
　　　　　電話　03-3262-9166
　　　　　株式会社　裳華房

印刷製本　株式会社デジタルパブリッシングサービス

一般社団法人
自然科学書協会会員

JCOPY 〈出版者著作権管理機構 委託出版物〉
本書の無断複製は著作権法上での例外を除き禁じられています．複製される場合は，そのつど事前に，出版者著作権管理機構（電話03-5244-5088, FAX 03-5244-5089, e-mail: info@jcopy.or.jp）の許諾を得てください．

ISBN 978-4-7853-2225-0

© 原　康夫・岡崎　誠, 2006　　Printed in Japan

工学へのアプローチ 量子力学

山本貴博 著　Ａ５判／208頁／定価 2640円（税込）

　工学へのアプローチを念頭においた半期用テキスト．無闇に対象とする系を広げず，思い切って１次元系に絞り，必要に応じて２次元系や３次元系への拡張を行うようにした．これによって，数学的な煩雑さを避けながらも，量子力学の基本的な考え方や本質を学べる．
【主要目次】1. ようこそ！ 量子の世界へ　2. 量子とは何か？　3. シュレーディンガー方程式　4. 量子力学における測定　5. 束縛電子の量子論　6. 散乱電子の量子論　7. 周期ポテンシャル中の電子の量子論　8. 多粒子系の量子論　9. 電気伝導の量子論

基礎からの 量子力学

上村　洸・山本貴博 共著　Ａ５判／388頁／定価 4180円（税込）

　近年重要となってきた"物質の量子力学"までを一貫して解説した入門書．
【主要目次】1. 躍動する量子力学　2. 量子力学の起源　3. シュレーディンガーの波動力学　4. 量子力学の一般原理と諸性質　5. １次元のポテンシャル問題　6. 中心力ポテンシャルの中の粒子　7. 原子の電子状態 〜同種粒子系の量子力学〜　8. 分子の形成 〜水素分子〜　9. 周期ポテンシャルの中の電子状態 〜ブロッホの定理〜　10. 結晶の中の電子状態 〜原子から結晶へ〜　11. シュレーディンガー方程式の近似解法　12. 電子と光子の相互作用　13. 配位子場の量子論 〜量子力学の宝庫探索〜

工科系 量子力学

椎木一夫 著　Ａ５判／258頁／定価 2970円（税込）

【主要目次】1. はじめに　2. 波でもあるし粒子でもある量子力学的存在　3. 粒子の状態を表すにはどうすればよいか　4. 物理量はどのように表されるか　5. 箱の中に閉じ込められた粒子　6. 同種粒子は区別できない　7. 物理量を表す演算子　8. 角運動量とスピン　9. 量子力学は物理量の値を決められない　10. 結晶の中の粒子に対する簡単なモデル　11. 解析力学の方法　12. 水素原子の問題（Ⅰ）　13. 水素原子の問題（Ⅱ）　14. 量子力学の近似解法（Ⅰ）（摂動論）　15. 量子力学の近似解法（Ⅱ）（変分法）　16. 散乱の問題　17. 行列力学の基礎　18. さらに奥深く量子力学を学ぶために

固体物理学 ー工学のためにー

岡崎　誠 著　Ａ５判／304頁／定価 3520円（税込）

　非常に広範な固体物理の分野から取り上げる内容を精選し，基礎的な事項と重要な物性を解説した工学部３，４年生向けの教科書・参考書．「基礎的な知識と考え方を応用する力」を習得できるように，多くの教育的配慮と工夫を施した．
【主要目次】1. 結晶構造と周期性　2. k 空間　3. 量子力学　4. 固体の結合　5. 格子振動　6. 格子比熱と熱伝導　7. 自由電子論　8. エネルギーバンド　9. バンド理論の応用　10. 電気伝導　11. 光学的性質　12. 磁性　13. 半導体の物理　14. 超伝導　15. 多体問題

裳華房ホームページ　https://www.shokabo.co.jp/